国家物流与供应链系列报告

中国冷链物流发展报告

China Cold Chain Logistics Development Report

(2021)

中国物流与采购联合会冷链物流专业委员会

Cold Chain Logistics Committee of CFLP

国家农产品现代物流工程技术研究中心

National Engineering Research Center for Agricultural Products Logistics

深圳市易流科技股份有限公司

Shenzhen E6 Technology Co., Ltd.

中国财富出版社有限公司

图书在版编目（CIP）数据

中国冷链物流发展报告.2021／中国物流与采购联合会冷链物流专业委员会，国家农产品现代物流工程技术研究中心，深圳市易流科技股份有限公司编.—北京：中国财富出版社有限公司，2021.6

（国家物流与供应链系列报告）

ISBN 978－7－5047－7453－8

Ⅰ.①中…　Ⅱ.①中…②国…③深…　Ⅲ.①冷冻食品—物流管理—研究报告—中国—2021　Ⅳ.①F252.8

中国版本图书馆CIP数据核字（2021）第099905号

策划编辑	郑欣怡	**责任编辑**	白　昕　张宁静		
责任印制	梁　凡　郭紫楠	**责任校对**	杨小静	**责任发行**	敬　东

出版发行	中国财富出版社有限公司		
社　　址	北京市丰台区南四环西路188号5区20楼	**邮政编码**	100070
电　　话	010－52227588转2098（发行部）		010－52227588转321（总编室）
	010－52227588转100（读者服务部）		010－52227588转305（质检部）
网　　址	http：//www.cfpress.com.cn	**排　　版**	宝蕾元
经　　销	新华书店	**印　　刷**	宝蕾元仁浩（天津）印刷有限公司
书　　号	ISBN 978－7－5047－7453－8/F·3304		
开　　本	787mm×1092mm　1/16	**版　　次**	2021年6月第1版
印　　张	29　　**彩　插**　1	**印　　次**	2021年6月第1次印刷
字　　数	507千字	**定　　价**	280.00元

《中国冷链物流发展报告（2021）》
编　委　会

《中国冷链物流发展报告（2021）》
编　辑　部

前　言

《中国冷链物流发展报告（2021）》是中国物流与采购联合会冷链物流专业委员会（以下简称“中物联冷链委”）连续第十一年编写出版的冷链物流行业研究报告。在这十余年中，我们见证了中国食品冷链产业的发展历程，用严谨的文字和翔实的数据记载了行业的变迁，希望能给读者带来有关冷链行业的思考与启发。

2020年受新冠肺炎疫情等多重因素的影响，部分行业受到较为显著的市场冲击，但冷链物流行业整体仍旧保持稳步增长的势头。在疫情的影响下，各级政府意识到了冷链物流对于保障基础民生工作的重要意义。大力发展冷链物流产业、推进冷链物流基础设施布局，成为很多地方政府的发展重点。随着新冠肺炎疫情等一系列突发事件的影响，政府对于冷链物流发展的关注度进一步深化，冷链行业监管力度趋严，标准化体系建设逐步完善，这些都是报告涵盖并展现给读者的。

在结构布局方面，今年的报告共分为八章：第一章“2020年冷链物流发展情况分析”，从冷链物流行业环境分析，冷链物流市场需求分析，冷链物流百强企业发展分析，冷链物流行业现状、问题与发展趋势分析四个方面对冷链物流进行分析；第二章“2020年全国食品冷链需求情况分析”，针对水果、蔬菜、肉类、水产品、乳制品、速冻食品六大品类分析其相应的产量、需求情况以及趋势；第三章“2020年全国冷库市场情况分析”，详细介绍了冷库市场概况、冷库市场运行情况分析以及农产品产地仓储系统重构研究；第四章“2020年全国冷链运输市场情况分析”，在阐述冷藏车市场情况和冷藏车市场政策环境及趋势的基础上，主要进行了铁路冷链及国际冷藏车市场的分析；第五章“2020年冷链物流技术专题”，详细对冷链物流监控追溯、冷链消杀防控、冷链消杀技术、冷藏车及冷库门的发展升级等方面进行了阐述；第六章“后疫情时代的冷链物流”，阐述了疫情凸显冷链流通的重要性；第七章“2020年冷链热门领域专题”，重点包括国家骨干冷链物流基地建设现状与发展规划、冷链物流标准化建设的思考、跨境冷链物流面临的新形势与新机遇、长三角冷链协同发展现状及前景分析、自贸港建设带来的冷链发展新机遇、广东农产品冷链物流发展情况分析、“碳中和”背景下善用绿色金融助力冷链物流低碳发展以及“十四五”冷链物流新时代；第八章“冷链物流资料汇编”，主要介绍了2018—2020年国家相关部委和各地政府出台的冷链相关政策及标准、星级冷链物流企业名单以及部分省区市备案冷库公示信息汇总。

为了更全面客观地描述行业发展现状，今年的报告侧重于行业热点情况及行业基础数据的统计整理。编委会调研了大量的企业，收集了丰富的数据，联动了多方专家共同探讨，坚持以求真务实、严谨负责的态度完成本次报告的资料收录和书稿编写工作，希望可以为行业从业者呈现更深入、更系统的行业现状，如有疏漏与不足之处恳请批评指正。

中国物流与采购联合会副会长兼秘书长　崔忠付

2021年4月12日

目　录

第一章　2020 年冷链物流发展情况分析

本章重点梳理了国内冷链物流行业的发展环境、市场需求情况、百强企业发展分析、行业发展现状与趋势等。本章内容共分为四节，第一节从宏观经济形势、物流业运行情况、冷链物流相关政策和标准等方面对2020年我国冷链物流行业发展环境进行了分析；第二节对冷链物流行业宏观数据进行了统计测算，包括冷链物流需求量、冷链物流市场规模、冷藏车保有量、冷库容量等核心指标；第三节针对我国冷链物流百强企业发展情况进行了分析比较，包括百强企业的营收、主营业务、地域分布、发展方向等；第四节主要探讨了冷链物流行业的发展现状、现存问题与未来趋势。

第一节　冷链物流行业环境分析

一、宏观经济形势分析

2020 年我国经济运行稳定恢复，在世界主要经济体中率先实现正增长，经济总量迈入百万亿元新台阶。我国 GDP 为 1015986 亿元[①]，按不变价格计算比 2019 年增长 2.3%。其中，第一产业增加值 77754 亿元，增长 3.0%；第二产业增加值 384255 亿元，增长 2.6%；第三产业增加值 553977 亿元，增长 2.1%。分季度看，第一季度至第四季度 GDP 增速分别为 －6.8%、3.2%、4.9%和 6.5%，经济显现出持续恢复的势头，展现出我国经济发展强大的韧性。

① 国内生产总值、三次产业及相关行业增加值、地区生产总值、人均国内生产总值和国民总收入绝对数按现价计算，增长速度按不变价格计算。数据为初步统计值。

二、物流业运行情况

2020 年，新冠肺炎疫情防控和经济社会发展取得重大成果，物流运行持续稳定恢复，呈现以下三个特点。

（一）社会物流总额增速持续回升

2020 年全国社会物流总额 300.1 万亿元，按可比价格计算同比增长 3.5%。从构成看，工业品物流总额 269.9 万亿元，按可比价格计算同比增长 2.8%；农产品物流总额 4.6 万亿元，同比增长 3.0%；单位与居民物品物流总额 9.8 万亿元，同比增长 13.2%；进口货物物流总额 14.2 万亿元，同比增长 8.9%；再生资源物流总额 1.6 万亿元，同比增长 16.9%。

（二）社会物流总费用与 GDP 的比率基本持平

2020 年社会物流总费用 14.9 万亿元，同比增长 2.0%。社会物流总费用与 GDP 的比率为 14.7%，与上年基本持平。从结构看，运输费用 7.8 万亿元，同比增长 0.1%；保管费用 5.1 万亿元，同比增长 3.9%；管理费用 1.9 万亿元，同比增长 1.3%。[①]

（三）物流业总收入实现小幅增长

2020 年物流业总收入 10.5 万亿元，比上年增长 2.2%。根据交通运输部综合规划司的数据显示，2020 年全国公路货运量累计为 3426413 万吨，同比微降 0.3%；全年货物周转量为 601718452 万吨公里，同比微升 0.9%。其中，按可比口径计算，2020 年货运量同比增幅最大的地区是重庆，增速为 10.8%；同比降幅最大的地区是新疆，下降了 41.8%。2020 年货物周转量同比增幅最大的地区是贵州，增速为 11.2%；同比降幅最大的地区是新疆，下降了 38.8%。

根据 G7 物联网大数据平台发布的 2020 年公路货运指数报告，2020 年公路整车货运量前五名的行业与 2019 年一致，分别为煤炭、工业品及机械

---

① 部分数据因四舍五入的原因，存在总计与分项合计不等的情况，未做机械调整。全书同。

设备、食品饮料、矿石金属和日用百货，如图 1－1 所示。

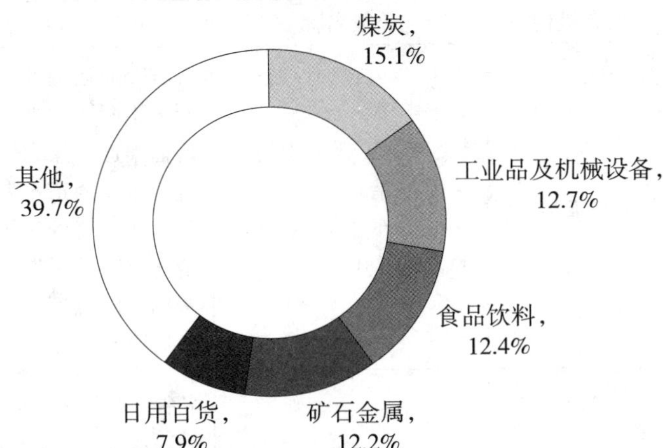

图 1－1　2020 年公路整车货运量占比情况

三、冷链物流发展政策环境分析

2020 年政府对冷链物流行业高度重视，新冠肺炎疫情防控类相关的冷链政策多达 7 条。据不完全统计，2020 年国家层面出台的冷链相关政策、规划超过 56 项，从多维度指导部署推动冷链物流行业健康发展，2020 年国家发布的部分冷链物流相关政策如表 1－1 所示。

表 1－1　2020 年国家发布的部分冷链物流相关政策

序号	时间	发布机构	政策名称	内容摘要
1	2020－1－6	农业农村部办公厅	《农业农村部办公厅关于做好“三农”领域补短板项目库建设工作的通知》	突出加强主产区和优势区镇村农产品仓储保鲜冷链物流设施建设，进一步降低农产品损耗和物流成本，推动农产品提质增效和农业绿色发展，提升农产品品牌价值和市场竞争能力，促进农民增收和乡村振兴，持续巩固脱贫攻坚成果，更好满足城乡居民对高质量农产品的消费需求
2	2020－1－30	农业农村部办公厅、交通运输部办公厅、公安部办公厅	《农业农村部办公厅 交通运输部办公厅 公安部办公厅关于确保“菜篮子”产品和农业生产资料正常流通秩序的紧急通知》	保障“菜篮子”产品和农业生产资料正常流通秩序。严禁未经批准擅自设卡拦截、断路阻断交通等违法行为，维护“菜篮子”产品和农业生产资料正常流通秩序

续 表

序号	时间	发布机构	政策名称	内容摘要
3	2020－2－1	交通运输部	《交通运输部关于切实保障疫情防控应急物资运输车辆顺畅通行的紧急通知》	各省交通运输部门要严格落实“一断三不断”的要求，坚决阻断病毒传播渠道，保障公路交通网络不断、应急运输通道不断、必要的群众生产生活物资的运输通道不断。在疫情防控特殊时期，要将重要生活物资纳入应急运输保障范围，落实绿色通道政策，确保“三不一优先”
4	2020－2－2	交通运输部办公厅	《交通运输部办公厅关于统筹做好进鄂应急物资中转运输有关工作的通知》	各省（自治区、直辖市）交通运输部门要及时向社会公告中转调运站的名称、位置及联系方式，利用多种渠道做好宣传引导，充分发挥行业协会的作用，提高中转调运站社会知晓率，指导各应急物资运输单位，合理安排运输计划、运输路线和中转接驳方式，确保应急物资在中转调运站及时中转运输，保障疫情防控物资需求
5	2020－2－4	农业农村部办公厅	《不得以防疫为由拦截这三种车辆》	推动将商品畜禽、禽蛋、生鲜乳等运输车辆纳入重要物资供应绿色通道，协调办理交通通行证，解决运输过程中存在的问题，确保畜产品运得出生产一线、运得到消费一线，防止出现“卖难”和“断供”现象
6	2020－2－5	中共中央、国务院	《中共中央 国务院关于抓好“三农”领域重点工作确保如期实现全面小康的意见》	加强农产品冷链物流统筹规划、分级布局和标准制定。安排中央预算内投资，支持建设一批骨干冷链物流基地
7	2020－2－6	商务部办公厅	《商务部办公厅关于做好疫情防控期间生活物资对接调运保供有关工作的通知》	指导流通企业严格按要求开展运输。各地商务主管部门要指导相关流通企业按要求办理《新型冠状病毒感染的肺炎疫情防控物资及人员运输车辆通行证》等手续，充分利用免费通行、绿色通道、“三不一优先”等便利政策，严格遵守卫生检疫、交通管控等要求，高效、合规做好生活物资运输工作，切实提高对接调运保供质量和效率

续　表

序号	时间	发布机构	政策名称	内容摘要
8	2020－2－8	国务院办公厅	《关于做好公路交通保通保畅工作 确保人员车辆正常通行的通知》	要切实做好应急物资运输。各地区、各有关部门要突出重点，优先保障湖北省特别是武汉市的各类应急运输，优先保障疫情防控物资、生活必需物资运输。对持有“疫情防控应急物资及人员运输车辆通行证”的车辆，要严格执行应急运输绿色通道政策。对于短期向疫情重点区域运送物资的司机、装卸工等提供保障的人员，原则上不需采取隔离 14 天的措施
9	2020－2－11	商务部办公厅、财政部办公厅	《商务部办公厅 财政部办公厅关于疫情防控期间进一步做好农商互联完善农产品供应链体系的紧急通知》	各地可根据本地实际情况，在 2019—2020 年服务业发展资金支持农商互联工作事项中合理安排一定比例资金用于支持保供工作，相关资金不受 70% 资金比例用于支持产地商品化处理设施和农产品冷链物流的限制。支持方向主要包括农产品流通企业在承担保供任务中发生的运费、租金、保供储备、冷链、防疫以及供应链中断恢复过程中发生的相关费用补贴
10	2020－2－12	交通运输部、国家卫生健康委	《交通运输部 国家卫生健康委关于切实简化疫情防控应急运输车辆通行证办理流程及落实对应急运输保障人员不实行隔离措施的通知》	严格执行应急运输绿色通道政策，确保应急运输车辆不停车、不检查、不收费，优先便捷通行

续 表

序号	时间	发布机构	政策名称	内容摘要
11	2020-2-12	国务院应对新型冠状病毒感染肺炎疫情联防联控机制	《国务院应对新型冠状病毒感染肺炎疫情联防联控机制关于压实"菜篮子"市长负责制做好农产品稳产保供工作的通知》	要落实好鲜活农产品运输"绿色通道"政策，维护正常市场流通秩序。把粮油、蔬菜、肉蛋奶、水产品等农产品纳入疫情防控期间生活必需品保障范围，除必要的对司机快速体温检测外，对运输车辆严格落实不停车、不检查、不收费等优先便捷通行措施，确保区域间快速调运，必要的地方可设立农产品运输接驳区。畅通农业生产资料物流通道，不得拦截蔬菜种苗、仔畜雏禽及种畜禽、水产种苗、饲料、化肥等农资运输车辆。对承运的企业和车主，地方财政可适当给予补助
12	2020-2-13	商务部办公厅	《商务部办公厅关于进一步做好疫情防控期间农产品产销对接工作的通知》	鼓励各地综合采取多种措施，提高收储能力，协调财政等部门，通过补贴、贴息、政府储备等方式支持流通企业在产地和销地增加商业库存，充分发挥冷库等仓储设施的"蓄水池"作用，对滞销农产品上市进行错峰调节
13	2020-2-14	财政部办公厅、农业农村部办公厅	《关于切实支持做好新冠肺炎疫情防控期间农产品稳产保供工作的通知》	新冠肺炎疫情对家庭农场和农民合作社影响相对较重，各地要结合今年准备启动的农产品冷藏保鲜冷链物流设施建设，利用中央财政安排的农业生产发展资金，加大对家庭农场和农民合作社的支持力度，进一步实化细化支持内容，重点完善田间地头冷藏保鲜设施，不断增强农产品生产供给的弹性和抗风险能力
14	2020-2-15	交通运输部	《交通运输部关于新冠肺炎疫情防控期间免收收费公路车辆通行费的通知》	加强公路保通保畅。结合疫情防控工作需要以及交通量等相关状况，配合有关部门，科学实施防控检测和交通管理，强化保通保畅，保护人民群众生命安全和身体健康，保障疫情防控和生产生活物资运输，支持企业复工复产，为稳定经济社会大局提供有力支撑

续　表

序号	时间	发布机构	政策名称	内容摘要
15	2020－2－18	商务部	《商务部关于应对新冠肺炎疫情做好稳外贸稳外资促消费工作的通知》	开展网络促销活动，促进网上品牌品质消费。鼓励电商、快递等企业与实体店、商务楼宇和小区物业等合作，开展末端配送服务合作。鼓励探索无直接接触配送服务，推广定点收寄、定点投递等方式。鼓励生活服务企业拓展线上销售，采用“中央厨房＋线下配送”等新发展模式经营
16	2020－3－10	国家发展改革委、农业农村部	《国家发展改革委 农业农村部关于支持民营企业发展生猪生产及相关产业的实施意见》	加强冷链物流等基础设施建设。推动建设覆盖生猪主产区和主销区的冷链物流基础设施网络，鼓励并引导银行、产业基金和民间资本等支持冷链建设。鼓励屠宰企业建设标准化预冷集配中心、低温分割加工车间、冷库等设施，提高猪肉制品加工储藏能力。加快建设一批国家骨干冷链物流基地，整合集聚冷链物流市场供需、存量设施资源，提高冷链物流服务效率和质量
17	2020－3－16	国家发展改革委	《关于开展首批国家骨干冷链物流基地建设工作的通知》	以构建国家层面的骨干冷链物流基础设施网络为目标，以整合存量冷链物流资源为主线，重点面向高附加值生鲜农产品（包括果蔬、畜禽、奶制品、水产品、花卉等）优势产区和集散地，依托存量冷链物流基础设施群建设一批国家骨干冷链物流基地，整合集聚冷链物流市场供需、存量设施以及农产品流通、生产加工等上下游产业资源，提高冷链物流规模化、集约化、组织化、网络化水平，支持生鲜农产品产业化发展，促进城乡居民消费升级

续　表

序号	时间	发布机构	政策名称	内容摘要
18	2020－3－16	市场监管总局	《市场监管总局关于加强冷藏冷冻食品质量安全管理的公告》	受托方负责贮存运输质量安全管理。受托方应当按照相关标准或标签标示要求贮存、运输冷藏冷冻食品，加强贮存、运输过程管理，确保冷藏冷冻食品贮存、运输条件持续符合食品安全的要求，并按照委托方要求定期测定并记录冷藏冷冻食品温度
19	2020－3－17	市场监管总局	《市场监管总局关于印发2020年立法工作计划的通知》	拟制修订部门规章48部，包括食品相关产品质量安全监督管理办法、食品生产经营监督检查办法、食品标识监督管理办法、食用农产品市场销售质量安全监督管理办法等
20	2020－3－18	国家发展改革委办公厅、农业农村部办公厅	《国家发展改革委办公厅 农业农村部办公厅关于多措并举促进禽肉水产品扩大生产保障供给的通知》	完善屠宰加工冷链配送等配套能力。鼓励各地充分利用现有屠宰产能，提高产能利用率，带动周边地区活禽屠宰。根据各地实际，研究建立临时的集中屠宰点，建立点对点的活禽销售通道。坚持以“规模养殖、集中屠宰、冷链运输、冰鲜上市”为发展方向，配套建设集中屠宰点、冷链物流、水产品加工等基础设施，健全冷鲜肉、鲜活水产品流通和配送体系，持续推进生产消费新模式
21	2020－3－19	商务部办公厅、国家发展改革委办公厅、国家卫生健康委办公厅	《商务部办公厅 国家发展改革委办公厅 国家卫生健康委办公厅关于支持商贸流通企业复工营业的通知》	打造城乡便民消费服务中心，推进餐饮、家政、生鲜菜店、便利店、理发、洗衣、代收代缴等生活服务集聚化、便利化发展，满足城乡居民日常生活服务需求。推动新型城镇化发展，加快重点县城农贸市场、配送投递、冷链物流等公共服务设施建设。 保障农产品供应，指导农产品批发市场、菜市场等农产品流通企业有序复工营业；加大与相关部门的协调力度，推动农产品流通企业加强产销对接，完善物流配送和网点服务，在继续做好农产品市场保供的同时，促进农产品流通和销售

续　表

序号	时间	发布机构	政策名称	内容摘要
22	2020－3－27	国家发展改革委办公厅、工业和信息化部办公厅、农业农村部办公厅、商务部办公厅、文化和旅游部办公厅	《关于发挥国家农村产业融合发展示范园带动作用进一步做好促生产稳就业工作的通知》	各地要在落实疫情防控措施的基础上，加快投资计划下达和资金拨付到位，抓紧开展示范园道路、小型水利、垃圾污水处理、公共卫生、冷链物流等基础设施建设，积极推动新上一批带动就业能力强的第一、第二、第三产业融合发展项目
23	2020－4－3	商务部	《进一步发挥中欧班列作用应对新冠肺炎疫情做好稳外贸稳外资促消费工作的通知》	支持中欧班列冷链物流业务发展。支持已具备冷藏冷冻仓库、冷藏车厢维护设施等条件的中欧班列场站同当地城市冷链物流服务体系相互衔接，支持企业利用中欧班列进口肉类、蔬菜、水果和奶制品，向受疫情影响较大的省市投送，满足各地居民消费需求
24	2020－4－9	商务部、国务院扶贫办	《商务部 国务院扶贫办印发关于切实做好扶贫农畜牧产品滞销应对工作的通知》	协调公安、交通运输等部门，畅通省内省际扶贫农畜牧产品运输，确保车辆应享尽享“三不一优先”（不停车、不检查、不收费、优先通行）等鲜活农产品“绿色通道”政策。组织农产品运输企业、物流集散中心与批发市场、生产基地、龙头企业、农民专业合作社加强合作，优先配送滞销农畜牧产品（包括扶贫产品）
25	2020－4－10	商务部、工业和信息化部、生态环境部、农业农村部、中国人民银行、市场监管总局、银保监会、中国物流与采购联合会	《商务部等8部门关于进一步做好供应链创新与应用试点工作的通知》	涉农相关企业要大力发展农产品集采配送、分拣包装、冷藏保鲜、仓储运输、初加工等设施设备，促进与农户（贫困户）、新型农业经营主体的全面、深入、精准对接。加快构建集智慧农业、电商平台、智慧物流为一体的农产品供应链体系，提升农产品商品化、规模化、标准化、品牌化水平，提高农产品附加值

续 表

序号	时间	发布机构	政策名称	内容摘要
26	2020－4－16	农业农村部	《农业农村部关于加快农产品仓储保鲜冷链设施建设的实施意见》	重点在河北、山西、辽宁、山东、湖北、湖南、广西、海南、四川、重庆、贵州、云南、陕西、甘肃、宁夏、新疆16个省（自治区、直辖市），聚焦鲜活农产品主产区、特色农产品优势区和贫困地区，选择产业重点县（市），主要围绕水果、蔬菜等鲜活农产品开展仓储保鲜冷链设施建设，根据《农业农村部 财政部关于做好2020年农业生产发展等项目实施工作的通知》（农计财发〔2020〕3号）要求，鼓励各地统筹利用相关资金开展农产品仓储保鲜冷链设施建设。有条件的地方发行农产品仓储保鲜冷链物流设施建设专项债。鼓励其他地区因地制宜支持开展仓储保鲜冷链设施建设
27	2020－5－7	农业农村部	《农业农村部办公厅关于开展"互联网＋"农产品出村进城工程试点工作的通知》	建设提升农产品生产加工和仓储物流基础设施。针对试点农产品，集中打造一批标准化、品牌化农产品生产供应基地，配备生产、加工过程质量管理的智能化设施设备和农产品质量追溯设备，支持有条件的地方实施农产品追溯。结合农产品仓储冷链物流设施建设工程，统筹现有的县级农业产业园、示范园或电商孵化园等资源，建设改造具有集中采购和跨区域配送能力的农产品县级集配中心，作为出村进城的枢纽，配备预冷、低温分拣加工、冷藏运输等冷链设施设备，有完善的电子商务物流仓储功能，集中实现网销农产品商品化处理、品控分拣、打包配送、统配统送等功能。合理规划和建设农产品产地初加工服务站点，开展农产品分等分级、预冷仓储、包装等服务。整合利用快递物流、供销合作社、益农信息社、电商服务站点等现有条件，完善县乡村三级物流体系，提高县域内冷链物流连通率和覆盖率

续　表

序号	时间	发布机构	政策名称	内容摘要
28	2020 - 5 - 24	国家发展改革委、公安部、财政部、自然资源部、生态环境部、住房城乡建设部、交通运输部、农业农村部、商务部、税务总局、市场监管总局、银保监会	《关于进一步优化发展环境促进生鲜农产品流通的实施意见》	促进包括民营企业在内的各类企业提质壮大升级，提高生鲜农产品流通业集中度，促进流通降本减耗增效，为助力农民增收致富、实现乡村振兴、保障和改善民生发挥更大作用
29	2020 - 5 - 29	国家发展改革委	《国家发展改革委关于加快开展县城城镇化补短板强弱项工作的通知》	围绕产业培育设施提质增效，完善产业平台配套设施、冷链物流设施和农贸市场
30	2020 - 6 - 2	国务院办公厅	《国务院办公厅转发国家发展改革委 交通运输部关于进一步降低物流成本的实施意见的通知》	布局建设一批国家骨干冷链物流基地，有针对性补齐城乡冷链物流设施短板，整合冷链物流以及农产品生产、流通资源，提高冷链物流规模化、集约化、组织化、网络化水平，降低冷链物流成本。加强县乡村共同配送基础设施建设，推广应用移动冷库等新型冷链物流设施设备
31	2020 - 7 - 7	国家发展改革委	《关于做好 2020 年国家骨干冷链物流基地建设工作的通知》	入选 2020 年建设名单的国家骨干冷链物流基地既要进一步加强冷链物流设施设备改造，促进业务流程和经营模式创新，不断提高冷链物流服务能力和效率；又要发挥好示范引领作用，结合实际先行先试，为以后年度国家骨干冷链物流基地建设探索经验，同时重点从能力提升、资源整合、互联互通、规范发展、食品安全等方面做好国家骨干冷链物流基地建设工作

续 表

序号	时间	发布机构	政策名称	内容摘要
32	2020－9－9	国家发展改革委、工业和信息化部、公安部、财政部、自然资源部、交通运输部、农业农村部、商务部、市场监管总局、银保监会、铁路局、民航局、邮政局、中国国家铁路集团有限公司	《关于印发〈推动物流业制造业深度融合创新发展实施方案〉的通知》	鼓励邮政、快递企业针对单位价值较高以及个性化较强的产品提供高品质、差异化寄递服务。稳步推进国家骨干冷链物流基地建设。推动构建全国性、区域性冷链物流公共信息平台。鼓励企业提升港区及周边冷链存储能力。加快农产品产地“最先一公里”预冷、保鲜等商品化处理和面向城市消费者“最后一公里”的低温加工配送设施建设
33	2020－9－21	国务院办公厅	《国务院办公厅关于以新业态新模式引领新型消费加快发展的意见》	推动线上线下融合消费双向提速。支持互联网平台企业向线下延伸拓展，加快传统线下业态数字化改造和转型升级，发展个性化定制、柔性化生产，推动线上线下消费高效融合、大中小企业协同联动、上下游全链条一体发展。引导实体企业更多开发数字化产品和服务，鼓励实体商业通过直播电子商务、社交营销开启“云逛街”等新模式。加快推广农产品“生鲜电子商务＋冷链宅配”“中央厨房＋食材冷链配送”等服务新模式。组织开展形式多样的网络促销活动，促进品牌消费、品质消费
34	2020－9－27	国务院办公厅	《国务院办公厅关于促进畜牧业高质量发展的意见》	加快健全畜禽产品冷链加工配送体系。引导畜禽屠宰加工企业向养殖主产区转移，推动畜禽就地屠宰，减少活畜禽长距离运输。鼓励屠宰加工企业建设冷却库、低温分割车间等冷藏加工设施，配置冷链运输设备。推动物流配送企业完善冷链配送体系，拓展销售网络，促进运活畜禽向运肉转变。规范活畜禽跨区域调运管理，完善“点对点”调运制度。倡导畜禽产品安全健康消费，逐步提高冷鲜肉品消费比重

地方政策基调与中央政府及各部委一致，对地方政府影响大的政策有《关于进一步优化发展环境促进生鲜农产品流通的实施意见》《冷链食品生产经营新冠病毒防控技术指南》《冷链食品生产经营过程新冠病毒防控消毒技术指南》《国务院办公厅转发国家发展改革委 交通运输部关于进一步降低物流成本实施意见的通知》，大多区域冷链政策以中央政府政策为蓝本制订相关实施方案。

虽然冷链物流政策环境不断优化，但整体行业监管仍涉及多政府部门的多个监管主体，且各地方与国家层面政策存在差异，给企业在经营运作中带来了困难。现行较多生鲜食品相关标准为几年前修订的农业行业标准，随着社会的发展及产品品种的更替，已无法满足当前需求，冷链物流标准和实际操作之间存在不匹配的现象。

四、冷链物流标准环境分析

标准化程度是反映一个行业整体发展水平的重要标志，完善冷链物流标准化体系建设，对于引导冷链物流行业健康有序发展、推动产业衔接、促进企业降本增效、保障食品安全具有重要意义。

（一）2020 年发布实施的冷链物流相关国家标准

《食品安全国家标准 食品冷链物流卫生规范》（GB 31605—2020）已于 2020 年 9 月 11 日发布，于 2021 年 3 月 11 日正式实施。此项标准包括在食品冷链物流过程中的基本要求、交接、运输配送、储存、人员、管理制度、追溯文件管理等方面的要求和管理准则，适用于各类食品出厂后到销售前需要温度控制的物流过程。

《电子商务冷链物流配送服务管理规范》（GB/T 39664—2020）已于 2020 年 12 月 14 日发布，于 2021 年 7 月 1 日正式实施。此项标准包括电子商务冷链物流配送服务提供方的基本要求、内审及改进要求，信息、设施设备、人员、包装及温控材料管理要求，收货、堆码、分拣、配货、配装、配送、客户签收等流程的作业要求，以及配送异常情况下的返件处理、商品撤回要求，适用于电子商务冷链物流配送服务提供方对配送作业服务的管理。

（二）2020年发布实施的冷链物流相关行业标准

1.《枇杷冷链流通技术规程》（GH/T 1272—2019）已于2019年11月28日发布，于2020年3月1日正式实施。此项标准规定了鲜食枇杷采收、预冷、分级、包装、贮运、销售等冷链流通环节的技术要求，从而更好地确保产品到达消费者手中的新鲜品质。

2.《食品冷链末端配送作业规范》（WB/T 1103—2020）已于2020年5月11日发布，于2020年6月1日正式实施。此项标准规定了食品冷链末端配送的基本要求和作业要求，适用于对食品冷链末端配送的作业与管理。

3.《冷链寄递保温箱技术要求》（YZ/T 0174—2020）已于2020年12月8日发布，于2021年3月1日正式实施。此项标准适用于除医药冷链外的保温箱的制作、检验、包装、标志、运输和储存。

4.《冷链货物空陆联运通用要求》（JT/T 1348—2020）已于2020年12月30日发布，于2021年4月1日正式实施。此项标准适用于国内冷链货物航空和公路的联运。

（三）2020年发布实施的冷链物流相关团体标准

1.《冷链物流 运输车辆作业管理规范》（T/DGSWLHYXH 002—2019）已于2019年12月26日发布，于2020年1月16日正式实施。此项标准从冷链物流运输车辆作业管理规范的术语和定义、冷藏车分类、车厢性能、车辆装备和运输作业管理要求等方面来规范冷链物流运输车辆作业工作的管理，适用于冷冻冷藏食品运输用冷藏车的设施要求和作业管理。

2.《电子商务冷链物流配送管理规范》（T/SZXQ 002—2020）已于2020年5月30日发布，于2020年6月10日正式实施。此项标准规定了电子商务冷链物流配送服务提供方的一般要求、服务质量管理、信息管理、拒收管理、评审与改进，适用于电子商务运营企业对其冷链物流配送服务提供方的管理。

3.《羊肉冷链物流操作规程》（T/YNLTX 001—2020）已于2020年2月24日发布，于2020年4月16日正式实施。此项标准规定了羊肉冷链物流的术语和定义、基本要求、操作流程、包装与标识，标准适用于在宁夏回族自治区辖区内屠宰加工的羊肉的冷链物流操作。

4.《供港蔬菜冷链物流操作规程》（T/YNLTX 002—2020）已于2020

年 2 月 26 日发布，于 2020 年 4 月 16 日正式实施。此项标准规定了供港蔬菜冷链物流的术语和定义、基本要求、操作流程、包装与标识，适用于银川市与毗邻地区农产品交流、研究分析市场、办理绿色通行证等。

5.《东阿黄河鲤鱼净养与冷链配送技术规程》（T/DEXYYXH 002—2020）已于 2020 年 7 月 16 日发布，于 2020 年 7 月 18 日正式实施，此项标准提出了东阿黄河鲤鱼商品鱼的收购、净化暂养、销售运输的技术层次要求。

6.《冷链物流城市配送作业规范》（T/HNLL 01—2020）已于 2020 年 8 月 15 日发布，于 2020 年 9 月 1 日正式实施，此项标准规定了冷链物流城市配送作业流程及其操作规范，适用于冷链物流城市配送作业相关活动。

7.《冷链物流企业新冠肺炎疫情防控指南》（T/DAWS 0001—2020）已于 2020 年 9 月 20 日发布，于 2020 年 9 月 30 日正式实施。此项标准提供了冷链物流企业新冠肺炎疫情防控的总体原则、人员防控、货物防控、应急处置、防护设施及用品保障、防控管理保障的建议，适用于水产品、肉类冷链物流企业对新冠肺炎疫情的防控，其他冷链物流企业或组织可参照使用。

8.《胡萝卜采后商品化处理及冷链运输操作技术规程》（T/GXAS 069—2020）已于 2020 年 9 月 11 日发布，于 2020 年 9 月 17 日正式实施。此项标准规定了胡萝卜采后商品化处理及冷链运输操作技术的采收、分级、包装、标签与标志、预冷、贮藏、冷链运输，适用于胡萝卜采后商品化处理及冷链运输的操作。

9.《线椒采后商品化处理及冷链运输操作技术规程》（T/GXAS 070—2020）已于 2020 年 9 月 11 日发布，于 2020 年 9 月 17 日正式实施，此项标准规定了线椒采后商品化处理及冷链运输操作技术的采收、分级、包装、标签与标志、预冷、贮藏、冷链运输，适用于线椒采后商品化处理及冷链运输的操作。

10.《果蔬冷链物流操作技术规程》（T/GXAS 086—2020）已于 2020 年 9 月 11 日发布，于 2020 年 9 月 17 日正式实施。此项标准规定了果蔬冷链物流的包装与标识、贮存、运输，标准适用于生鲜水果、蔬菜物流的贮存、运输等环节。

11.《青皮黄瓜采后商品化处理及冷链运输操作技术规程》（T/GXAS 093—2020）已于 2020 年 9 月 11 日发布，于 2020 年 9 月 17 日正式实施。此项标准规定了青皮黄瓜的采收、分级、包装、标志与标签、产地预冷、贮藏、冷链运输，适用于青皮黄瓜采后商品化处理及冷链运输操作。

12.《鲜食葡萄冷链物流作业规范》（T/TPCX 02—2020）已于2020年7月1日发布，于2020年8月1日正式实施。此项标准规定了鲜食葡萄冷链物流作业的术语和定义、冷藏技术及管理要求、仓储、运输、装卸与配送、交接、温度监控系统等，适用于吐鲁番市各品种鲜食葡萄贮存、装卸、运输等环节的冷链物流作业过程。

13.《食品冷链包裹城市运输与配送服务规范》（T/GJSH 000007—2020）已于2020年11月7日发布，于2020年12月1日正式实施。此项标准规定了食品冷链包裹城市运输与配送的基本服务要求与作业要求，适用于提供食品冷链包裹城市运输与配送服务的组织和人员。

14.《快递冷链多温控城市配送车辆（车厢）》（T/GJSH 000008—2020）已于2020年11月7日发布，于2020年12月1日正式实施。此项标准规定了用于城市冷链配送用车的主要参数、技术要求、试验方法、检验规则和包装、运输、贮存，适用于城市冷链配送用车团体标准，有特殊要求的改装按合同执行。

15.《柠檬冷链作业规范》（T/CQLC 006—2020）已于2020年11月30日发布，于2020年12月1日正式实施。此项标准规定了柠檬冷链作业过程中的术语和定义、基本要求、采收、冷链作业、运输与配送、交接的要求，适用于柠檬果的冷链作业过程，不适用于柠檬加工制品的冷链作业过程。

16.《农产品冷链物流配送中心建设与运营规范》（T/CQLC 007—2020）已于2020年11月30日发布，于2020年12月1日正式实施。此项标准规定了农产品冷链物流配送中心建设与运营的术语和定义、基本要求和运营要求，适用于农产品冷链物流配送中心的建设与运营。

17.《冷链物流配送中心作业规范》（T/GSQA 011—2020）已于2020年12月16日发布并正式实施。此项标准规定了食品冷链物流配送中心的作业流程及其操作规范等方面的内容。

18.《地理标志产品罗浮山荔枝 冷链物流配送规范》（T/GDNB 18—2020）已于2020年12月25日发布，于2020年12月25日正式实施。此项标准规定了地理标志产品罗浮山荔枝在预冷、控温运输工具、装载、运输和卸货等冷链物流配送环节中的操作规范，适用于国家市场监督管理总局（原国家质量监督检验检疫总局）根据《地理标志产品保护规定》批准保护的罗浮山荔枝。

19.《中央厨房供应链食品冷链物流和终端温度控制要求》（T/GSQA 021—2020）已于 2020 年 12 月 26 日发布，于 2020 年 12 月 26 日正式实施。此项标准规定了中央厨房供应链内果蔬、水产品、畜禽肉等冷链食品在储存、运输、销售环节的温度控制要求及温度测量仪器、测量方法、测量要求、测量位置。

20.《进口冷链食品集中监管仓工作指南》（T/HASP 0002—2020）已于 2020 年 12 月 17 日发布，于 2020 年 12 月 18 日正式实施。此项标准规定了进口冷链食品集中监管仓管理的术语和定义、工作流程、运输工具、场所消杀、作业人员防护、文件管理、阳性处置的要求，文件适用于进口冷链食品集中监管仓的工作管理。

第二节 冷链物流市场需求分析

2020 年，中国物流与采购联合会冷链物流专业委员会通过对蔬菜、水果、肉类、水产品、乳制品和速冻食品这六大类食品（其他食品产量较少或基本不采用冷链物流运输，故没有计算在内）的年产量进行统计，并结合各品类的冷链流通率，测算 2020 年我国食品冷链物流需求总量为 2.65 亿吨，比 2019 年增长 3191 万吨，同比增长 13.69%，如图 1－2 所示。

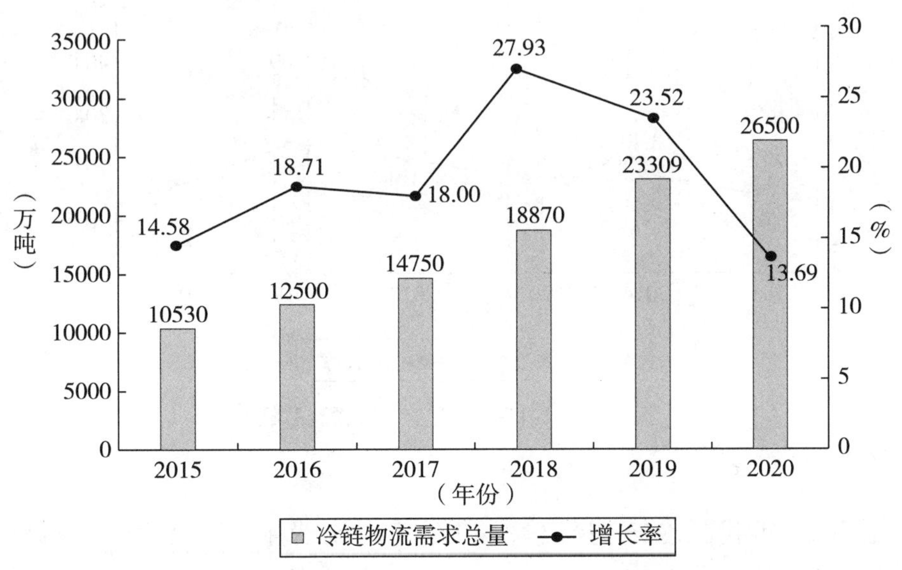

图 1－2 2015—2020 年冷链物流需求总量

资料来源：中物联冷链委。

其中，蔬菜冷链物流需求总量为7780.70万吨，水果冷链物流需求总量为6696.00万吨，肉类冷链物流需求总量为4597.15万吨，水产品冷链物流需求总量为4054.63万吨，乳制品冷链物流需求总量为1780.84万吨，速冻食品冷链物流需求总量为1590.83万吨。

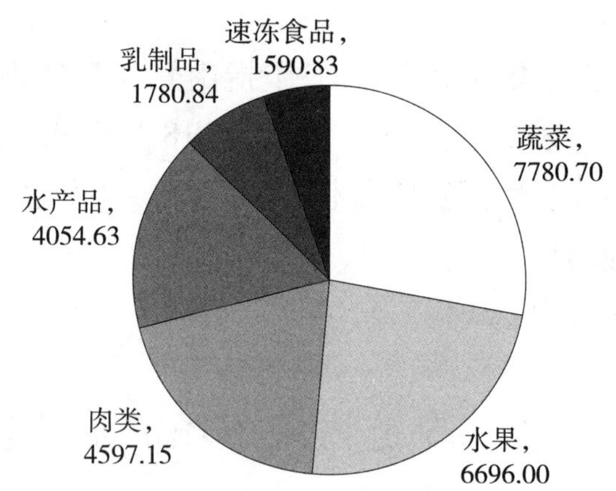

图1－3　不同类型食品冷链物流需求总量（万吨）

资料来源：中物联冷链委。

按照冷链食品平均价格与2019年的持平计算，2020年我国冷链物流总额约为6.99万亿元，同比增长16.5%，约占2020年社会物流总额的2.33%，如图1－4所示。

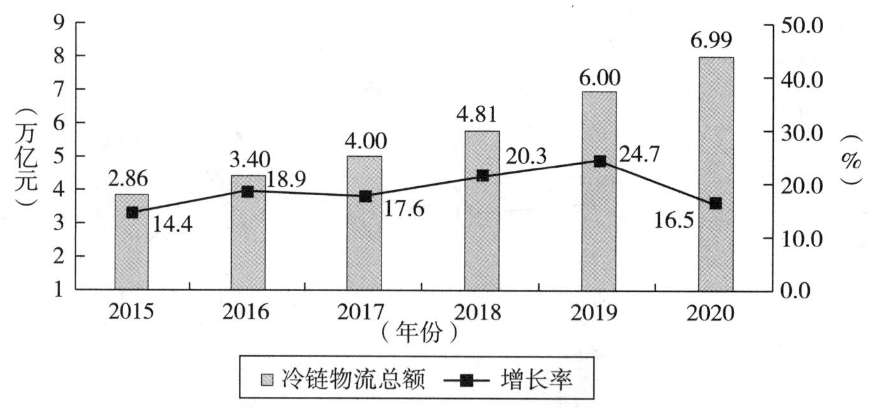

图1－4　2015—2020年冷链物流总额

资料来源：中物联冷链委。

根据2020年我国冷链物流总额和冷链物流费用占比情况，中物联冷链委分析测算得到2020年我国冷链物流市场总规模为3832.0亿元，比2019年增长440.8亿元，同比增长13.0%，仍保持增长态势，如图1－5所示。

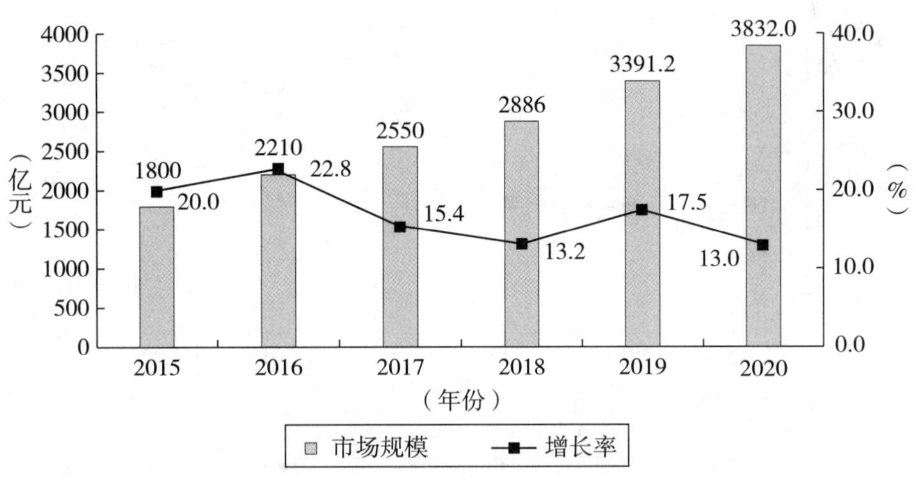

图 1－5 2015—2020 年冷链物流市场规模

资料来源：中物联冷链委。

2020 年全国冷藏车市场保有量达到 28.67 万辆，较上年增长 7.2 万辆，同比增长 33.54%，如图 1－6 所示。

图 1－6 2015—2020 年我国冷藏车保有量及增速

资料来源：中物联冷链委。

据中物联冷链委不完全统计，2020 年全国冷库总量达到 7080 万吨，折合 1.77 亿立方米，新增库容 1027.5 万吨，同比增长 16.98%，如图 1－7 所示。

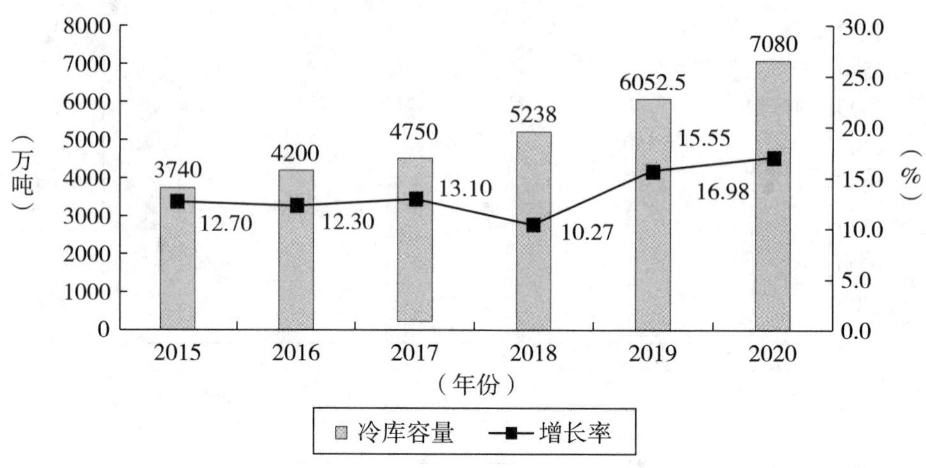

图 1 -7　2015—2020 年全国冷库容量情况

资料来源：中物联冷链委。

第三节　冷链物流百强企业发展分析

在 2019 年中国冷链物流百强企业中，民营企业有 71 家，国有企业有 13 家，外资企业有 1 家，合资企业有 9 家，港澳台资企业有 2 家，其他企业有 4 家，如图 1 -8 所示。民营企业仍是冷链物流百强企业的主要组成部分，体现出了整体环境的市场竞争性，同时也在一定程度上反映出了冷链物流行业的开放性。

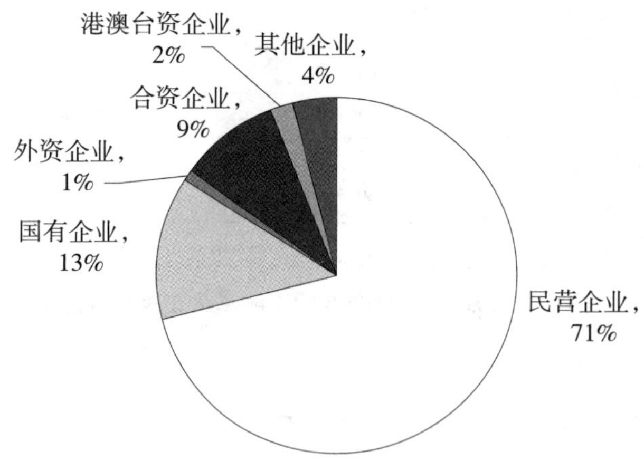

图 1 -8　冷链物流百强企业性质分布

资料来源：中物联冷链委。

近 5 年来冷链业务发展迅速，百强企业营收规模不断扩大，年复合增长率达 29. 96%。2019 年冷链物流百强企业冷链业务营业收入合计达 549. 76 亿元，同比增长 38. 05%，占 2019 年冷链物流市场规模的 16. 21%，百强企业的市场占有率相较于 2016 年的 9. 22%、2017 年的 10. 19%、2018 年的 13. 79%逐年增长，冷链市场集中度不断提高，如图 1－9 所示。

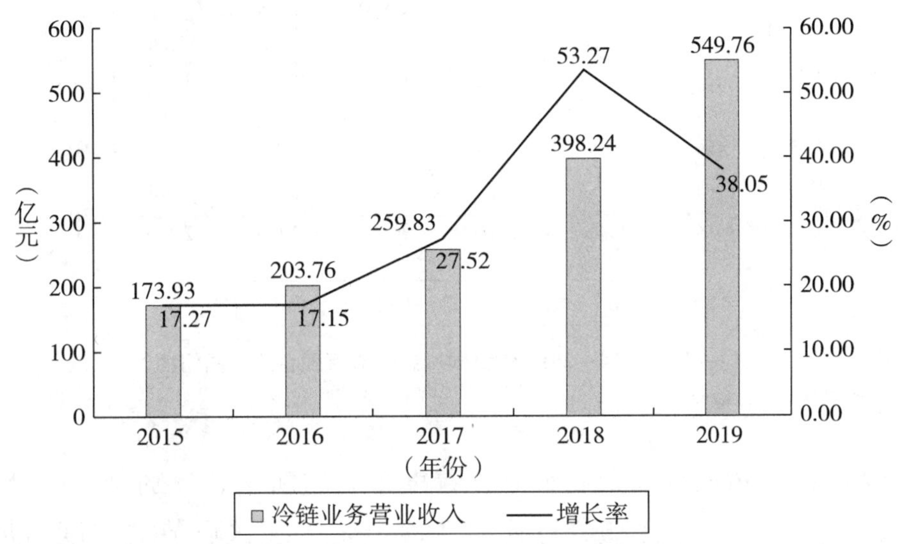

图 1－9　2015—2019 年我国冷链物流百强企业冷链业务营业收入

资料资料来源：中物联冷链委。

2019 年冷链物流百强企业营收增长的主要原因有以下几点：①国家政策利好；②生鲜电商市场规模本身增长幅度较大；③通过自营、外包等多类型运力资源组合模式和科技赋能实现降本增效；④企业新建冷库、园区投入运营，自身业务和服务范围扩大；⑤积极开展多方合作，探索协作共赢的合作模式，客户类型和数量增多；⑥运输资源和网络进一步完善，运输系统、订单系统等一系列信息系统的建立。

2019 年冷链物流百强企业入围门槛为营业收入 8961 万元，较上年提高 2210 万元，同比增长 32. 74%，如图 1－10 所示。除 2016 年受经济形势影响入围门槛有所回落外，其余年份冷链物流百强企业入围门槛保持逐年上升，表明冷链物流企业竞争越来越激烈，同时整体冷链物流企业不断发展壮大，企业营收水平逐年提升。

整体来看，2019 年冷链物流百强企业在促进社会就业方面保持了平稳速度的增长，提供就业岗位数量约 7. 6 万个，同比增长 4. 11%，主要在头部企业，百强企业中前15名的员工人数达4.1万人；而剩下企业的员工人数约为3.4万人。

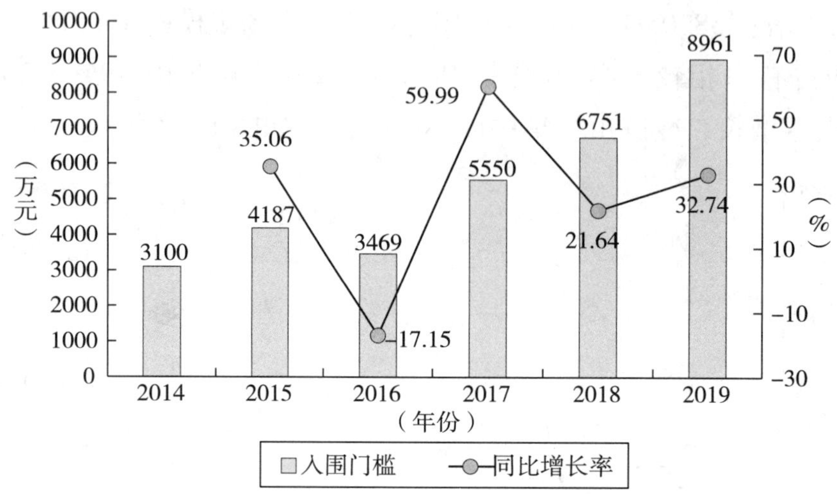

图1－10　2014—2019年我国冷链物流百强企业入围门槛

资料来源：中物联冷链委。

2019年冷链物流百强企业中业务着重布局的前三名分别是：冷链仓储、城市配送、干线运输。伴随着行业对于冷链末端配送环节关注度增加，提供冷链宅配服务的冷链物流百强企业数量较上年有明显增长；开展供应链业务、冷链园区业务的企业也有明显增加，越来越多的冷链物流企业开始增强对产业链的综合赋能。大部分冷链物流企业涉及多项业务，企业在扩展业务多元化的同时，也在不断地进行资源的集中与优化，更加注重核心业务的专业化与精细化打造，实现业务的横、纵扩展。

将地区按入围企业数量排序：华东 > 华北 > 华中 > 华南 > 东北 > 西南 > 西北，华东入围企业数量最多，是冷链物流最为集中的区域。将地区按冷链物流百强企业营收排序：华东 > 华南 > 华北 > 华中 > 东北 > 西南 > 西北，华东入围企业总营收最高，占总营收的比例为51.3%，2018年此数据为44.2%，华东区域性优势进一步显现；东北排名较上年上升一名，区域整体行业营收能力提升较为显著。将地区按百强企业营收均值排序：华南 > 华东 > 华北 > 华中 > 西南 > 东北 > 西北，华南入围企业平均营收最高，华北排名较上年上升一名，企业营收水平进一步提升，如图1－11所示。

冷链物流百强企业冷藏车资源方面，近5年来冷藏车总量逐年攀升。2019年冷链物流百强企业投入使用的冷藏车共计120508辆，较上年增长

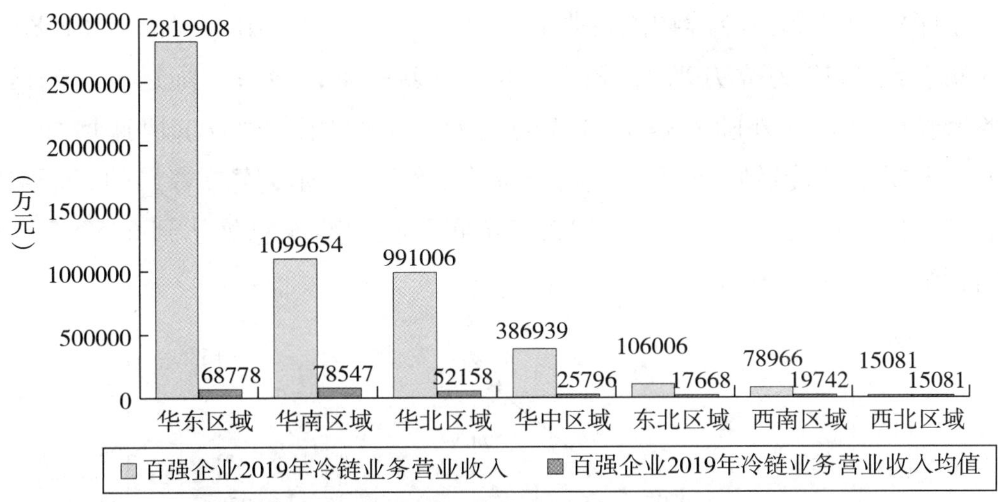

图 1－11　2019 年不同区域冷链物流百强企业营业收入情况

资料来源：中物联冷链委。

6.7%，约占全国冷藏车保有量的 56.13%。与上年数据相比自有车辆减少、外协车辆增加。根据调研，一方面是在国家政策影响下，企业在 2019 年淘汰了一批国Ⅲ标准冷藏车，并逐步补充国Ⅴ标准、国Ⅵ标准冷藏车；另一方面由于行业竞争加剧，企业对资源投入更为谨慎，更多通过外协车辆来进行运力的补充。同时由于城配、宅配等业务增加，企业偏向于购置轻型、中型冷藏车。2019 年冷链物流百强企业冷链运输平均月公里数为 10094.68 公里/车，与上年相比增长 19.63%，表明企业运输效率进一步提升，2015—2019 年冷链物流百强企业冷藏车保有量情况如图 1－12 所示。

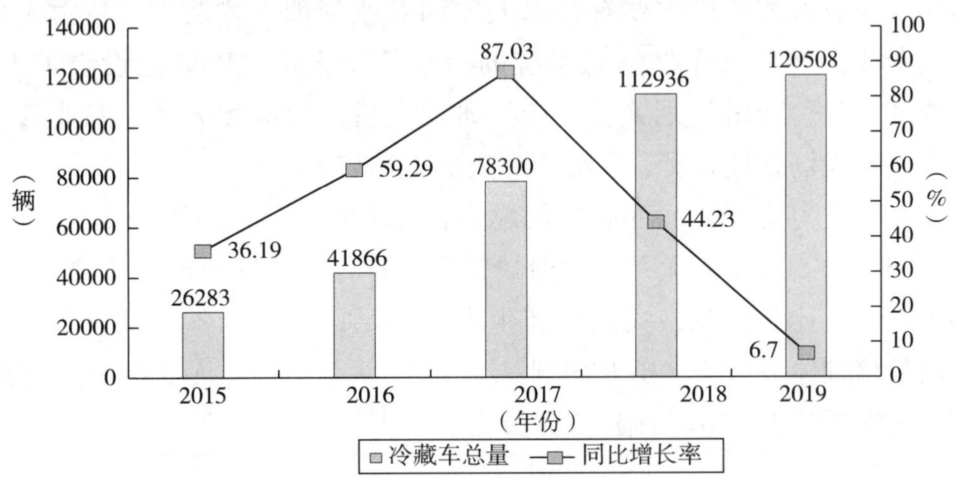

图 1－12　2015—2019 年冷链物流百强企业冷藏车保有量情况

资料来源：中物联冷链委。

冷库资源方面，冷链物流百强企业 2019 年投入使用的冷库共约 1685 万吨（折合约 4213 万立方米），较上年增长 19.93%，冷库的配送型、园区型业务增长明显。另外随着跨境冷链的发展，保税型冷库需求快速增加，如图 1－13 所示。冷链物流百强企业冷库总量约占全国冷库总容量的 27.84%，与上年相比有小幅增长。截至 2019 年年底，我国冷库总量达到 6052.5 万吨（折合约 1.51 亿立方米）。

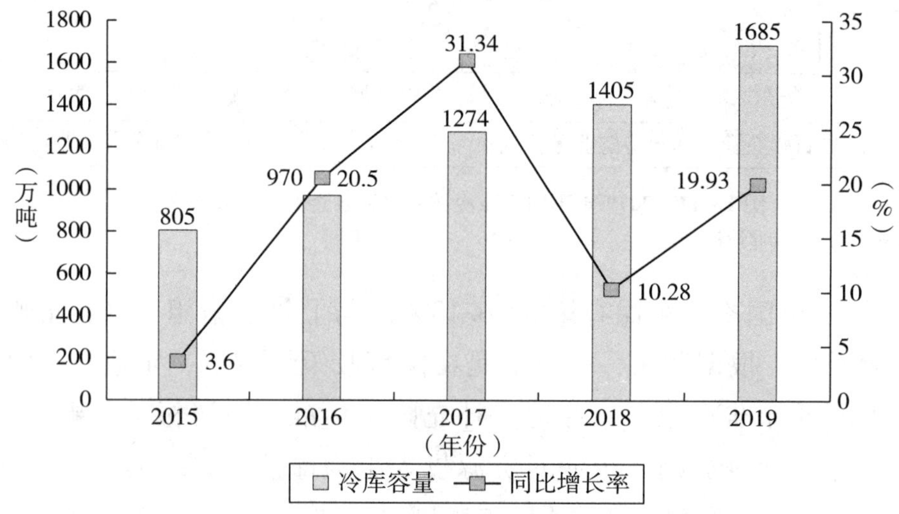

图 1－13　冷链物流百强企业冷库容量

资料来源：中物联冷链委。

冷链物流百强企业人力资源方面，一线人员流失仍为各企业的重点关注问题。企业人才缺口主要有技术人才和专业管理人才两类，技术人才需求包括专业的运输及仓储信息系统的运维开发人员、库区建设维护人员、运输调度人员、冷链规划人员、产品研发人员、标准类人才，专业管理人员需求包括现场管理人员、高级管理人员、销售人员。

企业在人力资源方面面临的问题有：①对应聘人员不够了解，对企业认同感较低；②行业内优秀人才稀缺，比较难外招到冷链经验丰富的人员；③招聘叉车工比较困难，尤其是新生力量不足；④在职各类人员专业度不足，内部培训体系缺失；⑤周期性人才结构盘点不足，无法准确了解企业内部人员实际情况；⑥薪酬达不到员工的需求。

第四节　冷链物流行业现状、问题与发展趋势分析

一、冷链物流行业现状

2020 年我国冷链物流行业总体呈现出以下发展特点。

（一）冷链物流市场需求稳定

近年来，随着居民收入水平稳步提升，城乡居民消费水平和消费能力不断提高，对冷链物流的需求日趋旺盛。构建符合我国国情的“全链条、网络化、严标准、可追溯、新模式、高效率”现代化冷链物流体系，能够满足城乡居民消费升级需要，促进农民增收，保障食品消费安全。尽管受到新冠肺炎疫情影响，进口食品需求逆势增长，海关总署数据显示，2020 年中国肉类（含杂碎）累计进口 991 万吨，同比增长 60.4%，其中猪肉进口量 439.22 万吨，同比增长 108.34%。速冻食品市场需求旺盛，以三全、思念、安井、海欣为代表的龙头企业，2020 年上半年营收同比增长均在 20% 以上、利润同比增长均在 50% 以上。另外，生鲜电商获得爆发式增长，2020 年上半年生鲜电商交易额达到 1821.2 亿元，同比增长 137.6%。2020 年我国食品冷链物流需求总量为 2.65 亿吨，比 2019 年增长 3191 万吨，同比增长 13.69%。

（二）冷链物流资源配置进一步完善

伴随着国家支持冷链物流发展的相关政策出台，冷链物流项目纷纷上马，各类冷链物流相关资源配置进一步完善。2020 年在新冠肺炎疫情的影响下，各级政府意识到冷链物流对于保障基础民生工作具有重要意义，发展冷链物流产业、推进冷链物流基础设施布局，成为很多地方政府的发展重点。伴随着冷链新基建政策的逐步深入，冷链物流两端及流通环节的各类基础设施及服务体系进一步完善，逐步向体系化、系统化方向沉淀。据中物联冷链委不完全统计，2020 年我国冷库容量突破 7080 万吨（折合 1.77 亿立方米），同比增长 16.98%；2020 年全国冷藏车市场保有量达到 28.67 万辆，较上年增长 7.2 万辆，同比增长 33.54%。

（三）冷链物流行业监管力度趋严

随着新冠肺炎疫情等一系列突发事件的影响，政府对于冷链物流发展的关注度进一步提高，冷链行业监管力度趋严，标准化体系建设逐步完善。国务院、海关总署、交通运输部先后针对进口冷链食品出台多项法规和指南要求，搭建全国进口冷链食品追溯监管平台。由国家食品安全风险评估中心、中物联冷链委等单位共同起草的《食品安全国家标准 食品冷链物流卫生规范》强制性国家标准于2021年3月11日正式实施，这也是目前为止我国食品冷链物流领域首个强制性国家标准。

（四）冷链物流行业政策环境趋好

中共十九届五中全会提出了加快构建以国内大循环为主体、国内国际双循环相互促进的新发展格局的重大战略部署，推动我国冷链物流高质量发展，促进冷链物流以国内大循环为主体、国内国际双循环相互促进的新发展格局。在“十四五”开局之年，乡村振兴战略地位日益凸显，全面完成脱贫攻坚战后，需要在继续实施产业扶贫政策的基础上，做好前瞻性规划，注重扶贫产业向振兴产业转型，此时在特色农产品优势产区大力发展冷链物流显得尤为重要。2020年国家发布关于冷链物流重点政策近百条，涉及十余个国家部委，围绕行业规划、发展指导、疫情防控、财政支持等多个维度。在2021年的中央一号文件中，全面促进农村消费引起高度关注，这也是继2010年之后，时隔多年中央一号文件再次明确涉及农村市场与农村消费需求，并且升级为全面促进，同时指出要“促进农村居民耐用消费品更新换代”“满足农村居民消费升级需要，吸引城市居民下乡消费”。针对冷链物流环节也明确提出“加快实施农产品仓储保鲜冷链物流设施建设工程，推进田头小型仓储保鲜冷链设施、产地低温直销配送中心、国家骨干冷链物流基地建设”。

二、冷链物流行业主要问题

（一）冷链物流基础环节建设方面

1. 冷链物流基础设施建设结构失衡

当前我国冷链物流基础设施体量依然无法满足市场需求，盲目建设冷库、购置车辆、扩充网络等问题依旧严重。我国冷链物流基础设施建设地域性差异明显，从冷库分布上来看，华东、华南、华北、华中地区冷链发展较受重视，其中，上海、山东、广东、江苏等地的冷链水平较高，冷链网络及体系相对健全；中部农牧业主产区和西部特色农业地区冷库则较为短缺，大型农批市场、区域性农产品配送中心等关键物流节点缺少相配套的冷冻冷藏设施及设备，冷链物流在生产源头缺乏预冷。

2. 冷链相关设施设备市场混乱

国内商用制冷设备行业规模小而散，缺乏高品质、规模型企业，且针对制冷行业的监管体系有待完善。随着多地区、多领域出台涉及冷链物流的政策，冷链物流标准化体系将逐渐完善，冷藏车行业监管将逐渐加强，向标准化和规范化方向发展，但就目前情况来说，冷藏车行业监管体系仍存在诸多问题。冷藏车改装未能专业化、系统化，仍以个体改装为主，冷藏车生产市场散乱，缺乏相关行业标准。同时，当前在国内部分地区存在数量庞大的二手海柜改装基地，二手海柜技术指标达不到国家要求，安全性差，但因为价格较低挤压了冷藏半挂车市场空间。

3. 冷链物流运输网络搭建成本高

目前冷链物流整体运输网络主要依靠各自企业搭建，整体投入资源较多。同时由于行业内企业间的联动发展不足，也造成了运输网络搭建过程中的资源浪费。目前冷链物流运输网络搭建环节整体投入还是相对较大，行业内企业为缓解此问题，减少自身企业资本投入，优先依托于自身现有业务，围绕自身业务情况进行冷链物流网络搭建。但此模式下，利于独立企业发展，但不利于整体行业网络的打造，难以形成联动发展机制。

4. 冷链物流终端宅配环节发展仍需完善

目前冷链宅配环节多以“泡沫箱 + 冰袋”的“伪冷链”模式，无法保证全程冷链运输。冷链宅配面临着两方面的问题，一方面是城市中社区周边的小型冷库建设问题，另一方面则是季节性导致的波峰波谷，以及由此而带来的资源冗余和紧张的波动问题。

（二）冷链物流规划及运营管理方面

1. 供应链结构还需优化，项目建设与实际需求存在不匹配

生鲜食品行业上游货源相对分散，导致食品货源供应风险系数较高，并且在送达消费者手中前要经过多层转运、储存，导致中间环节损耗增加。中物联冷链委调研走访发现部分冷链园区、冷库的建设较为盲目，前期行业调研不足、设施布局和实际作业需求不匹配，导致招商困难、实际运营环节出现各种问题。

2. 制冷剂选择缺乏理性

5 种常用的制冷剂循环理论能效比如表 1－2 所示。氨的能效比最高，二氧化碳的能效比最低。由于压缩机电机组合方式以及机型结构不同，氨系统的实际能效比在表 1－2 中差异的基础上至少还要比氟系统高 10%。在加强安全监管及具备条件的情况下，选用氨制冷剂可以在相同库容和运行的条件下能效比较高。但有的企业反馈在选择制冷剂时专业知识不足，且更多考虑政府批准方面的优势，在项目投资成本、制冷费用、节能环保方面关注不足。同时，由于氨制冷冷库出现过安全事故，造成政府方面对于氨制冷冷库的建设审批进一步收紧，限制了制冷剂的选择。

表 1－2　5 种常用的制冷剂循环理论能效比

制冷剂型号	工况（蒸发温度/冷凝温度℃/过冷过热各 2℃）	能效比
R717	－25/35	3. 23
R22	－25/35	3. 17
R507	－25/35	2. 93
R404A	－25/35	2. 75
R744	－25/31	2. 10

资料来源：农业农村部冷库及制冷设备质量监督检验测试中心。

3. 冷链物流行业人才缺乏

目前冷链物流行业人才缺口很大，一线操作员工、中层管理人员、专业技术人员以及高级管理人员均存在缺口。冷链管理需要复合型的人才，既要懂物流，也要懂制冷，还需了解相关商品的知识，这样的人才十分稀缺。信息化、自动化等技术在物流领域的应用日益成熟，但是对于冷链物流环节，由于受温差变化、技术环境、业务场景、操作主体等限制，国内冷链物流的信息化、自动化应用，整体发展还是相对落后，还有较大的发展空间，此方面专业人才的储备不足问题也逐步凸显。

4. 冷链物流行业监管有待完善

伴随着冷链物流的快速发展，有关政府关注度日益提升，整体监管及营商环境也在逐步优化，但就目前实际监管政策而言，仍存在诸多限制因素，制约了行业的整体发展。如冷链物流通行限制较多、行业资源投入及审批复杂等。由于冷链涉及多政府部门的多个监管主体，且各地方与国家层面政策存在差异，执行上均以当地政策为标准，如不同省市动检证、限号、绿通等规定不同、政策执行标准有差异，给企业在经营运作过程中带来一定困难。同时现有的生鲜食品相关标准多为几年前修订，随着社会的发展及产品品种的更替，已无法满足当前需求，冷链物流标准和实际操作存在不匹配的情况。

（三）技术赋能冷链物流发展

1. 冷库设计建造、节能环保水平有待提升

冷库从土建结构设计到保温结构设计是一个系统工程，由于系统配置和设备选型设计的局限性，导致集中供冷系统整体效率低下、制冷系统设计选型及组合方式均有待进一步完善、制冷剂选择缺乏理性、制冷系统的施工及维护保养不规范等因素导致冷库项目存在质量和安全隐患。国内部分消防法规并不利于国外较为成熟的节能新技术的运用，目前快速建造技术的成本仍然较高，一定程度上制约了快速建造技术的大规模推进。

2. 冷藏车生产、研发技术有待提高

目前冷藏车生产企业仍普遍采用德国湿式制法和意大利干式制法，工艺水平改进效果不明显，制冷方式单一，在多个方面还存在明显的差距。新能源冷藏车发展技术尚不成熟，受到续航里程、充电桩等配套设施覆盖率的影响，还存在较大发展空间。

（四）疫情防控常态化背景下，冷链物流面临的挑战

1. 疫情防控常态化背景下，上下游产业变动影响冷链物流发展

疫情防控常态化背景下，旅游业受限、餐饮业发展受挫，冷链行业也受到了一定影响，整体货品流动性变慢，仓储积压增加，造成了资源占用，冷链物流整体发展受限。近年来，社会中的突发事件较为集中，冷链物流关系到民生更是得到了全社会的关注，但是对于冷链物流的认知仍然存在

偏差，易产生误解。

2. 冷链物流应急联动体系不够完善

近期国内各类突发情况较多，而冷链物流直接关系到基础民生保障，因此应急联动体系的搭建，对解决突发事件、稳定社会发展、保障民生生活具有极大的积极意义。目前灾害相关数据库建立并不完备，在应急情况发生时没有可参考信息，对于相关应急工作的筹备会造成较大困难，同时也会造成各类资源的浪费和重复投入。

3. 跨境冷链形势严峻

冻品、海鲜产品外包装样本进行核酸检测给跨境生鲜进口量增加了不确定性，进口商遭受经济损失导致信心受到影响，国内订单有所减少。国内多省市上线了进口冷链食品追溯平台，但进口商反馈仍面临条码成本高、货物消杀及人员定期核酸检测方面暂无政府补贴等问题。

（五）冷链物流消毒杀菌环节问题凸显

1. 运作成本提升

现阶段消毒杀菌环节所产生的成本大部分由企业自行承担，涉及进口业务或在口岸进行业务布局的企业问题更为严重。随着疫情防控常态化，冷链消杀要求日趋严格，部分企业受到自身操作能力限制且运营成本增加，导致业务收缩、经营风险加大。消毒杀菌环节成本存在向上下游转移的风险。

2. 缺乏标准化体系

目前冷链消杀操作尚无官方标准规范，针对不同冷链消杀环节、消杀操作规范、消毒试剂、消杀方式、验收标准等均缺乏明确标准要求。由于标准不明、各地执行情况不一，易导致重复消杀。另外部分冷链产品若实行全部消毒，操作难度较大。同时行业内针对相关操作过程的标准培训，以及第三方消毒团队的官方认证目前仍较为缺乏。

3. 作业效率影响

由于增加消杀环节导致作业时间延长，以及受到作业人员数量、消杀设施设备、场地空间等限制，时常需要排队，影响冷链作业效率。不同地区消杀结果不互认致使重复消杀，影响了流通时效性。目前消杀操作以人工作业为主，操作人员面临健康风险。

4. 食品安全及货损风险

目前多数货品以纸质包装为主，喷洒消毒剂后可能出现包装破损、渗透污染等情况，如果消毒剂种类或喷洒方式选择不当，还会导致食品安全风险加大。食品级消毒剂型号、规范用量和稀释程度等缺乏统一标准，且消杀环节易造成断链脱冷，从而影响食品品质。同时，消毒剂的使用易对物流设施设备产生影响。

三、冷链物流行业发展趋势

（一）疫情防控新常态化环境已然来临

新冠肺炎疫情的突然来袭，让冷链物流行业发展在2020年上半年进入停滞状态。虽然在下半年国内疫情逐步得到了控制，但全球疫情态势仍然严峻。冷链物流是保障民生和全球生鲜食品流通的重要工具。做好疫情防控的应对工作颇为关键。

（二）新消费场景加速冷链的发展升级

在新消费的背景下，伴随着整体经济的发展和居民生活水平的提高，消费群体、消费理念、消费方式、消费场景等进入全新的阶段。冷链物流随着消费的升级将会得到进一步发展助力。

（三）新流通格局赋予冷链新价值

伴随着新消费模式的出现，冷链物流得到了跨步式的发展机遇，同时也提出了更高的运作要求。终端消费者对于“新鲜、安全”的核心诉求，将进一步催促冷链物流全环节加快货品周转效率，增强全链监控追溯能力。优化周转环节，调整供应链结构，提升物流效率，降低全链成本等举措，都是冷链物流价值在新流通格局中的重要体现。

（四）技术驱动冷链升级

冷链物流已经逐渐向智能化、科技化、自动化方向转型升级，企业开始加大冷链物流技术方面的资源投入。随着科技的不断进步，新技术将为冷链物流赋予更高价值。伴随着“新基建”等相关政策落地实施，互联网、大数据、区块链等在物流专业领域逐步渗透，冷链物流全链条将进一步实现技术赋能，逐步构建智能化冷链物流体系。

第二章　2020 年全国食品冷链需求情况分析

本章共分为六节，依次研究水果、蔬菜、肉类、水产品、乳制品、速冻食品六大品类的产量、消费、进出口贸易以及产业结构等情况，分析了各大品类的冷链需求趋势。

第一节　水果冷链需求情况分析

一、我国水果生产情况

近五年来，中国水果种植面积逐步扩大，水果总产量持续增加。据统计数据显示，2020 年全国水果总产量约 2.79 亿吨，同比增长 1.8%，如图 2－1 所示。根据 2020 年我国水果产量和冷链流通率测算，2020 年我国水果冷链需求量为 6696 万吨。

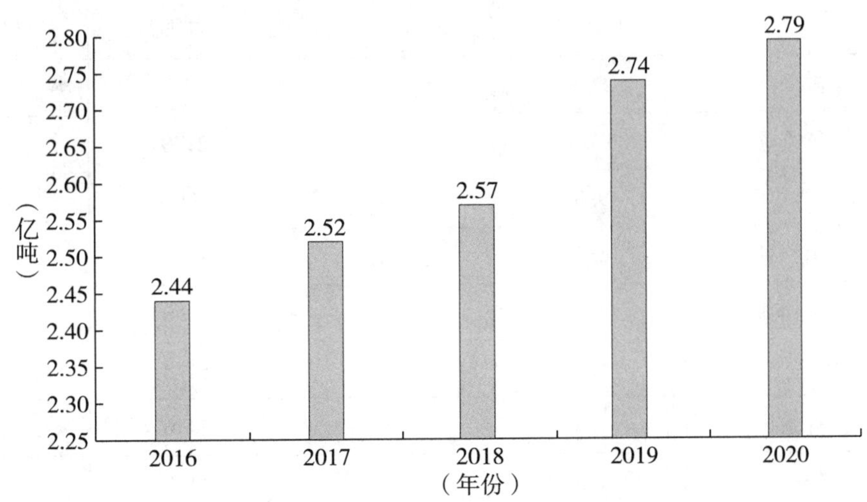

图 2－1　2016—2020 年全国水果产量

资料来源：农业农村部。

二、水果进出口情况分析

海关总署数据显示，2020 年我国水果进口额首次突破百亿美元，达到了 102.6 亿美元，同比增长 8%。但是水果的进口量则出现下滑，进口量同比下降 8%。进口量出现萎缩主要是由于新冠肺炎疫情对国际物流造成冲击。

2020 年中国进口额较多的水果品类分别是鲜榴梿、鲜樱桃、香蕉、山竹果、鲜葡萄、鲜火龙果、鲜龙眼、鲜猕猴桃和橙子（干或鲜），以上 9 种水果的进口额占中国水果进口总额的 78%。鲜榴梿的进口额位居榜首，占进口总额的 22%，其中 90% 以上是从泰国进口的。根据泰国农业部门的统计数据，2020 年中国从泰国进口了 57.5 万吨鲜榴梿，总额约合 22.56 亿美元，中国已经成为泰国最大的鲜榴梿出口市场，同时泰国也是中国最大的水果供应国。以进口额排序，前十位的供应国依次为泰国、智利、菲律宾、越南、新西兰、澳大利亚、秘鲁、厄瓜多尔、南非、美国，具体见表 2 -1、图 2 -2。

表 2 -1　　2020 年我国进口额前 9 的水果

序号	水果品类	进口额（亿美元）	同比增长率（%）	进口量（万吨）	同比增长率（%）
1	鲜榴梿	22.9	44	57.5	-5
2	鲜樱桃	16.3	16	21.0	9
3	香蕉	9.3	-15	174.7	-10
4	山竹果	6.8	-15	29.4	-19
5	鲜葡萄	6.4	0	25.0	0
6	鲜火龙果	5.5	53	61.8	42
7	鲜龙眼	4.9	16	34.6	-15
8	鲜猕猴桃	4.5	-1	11.7	-9
9	橙子（干或鲜）	3.1	-23	29.3	-32

资料来源：海关总署。

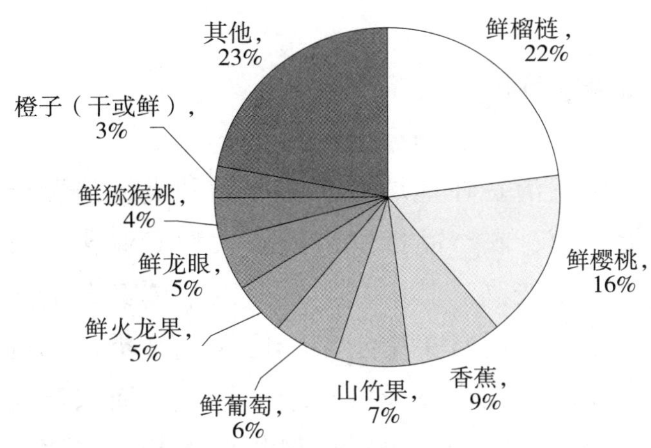

图 2 –2　2020 年我国水果进口品类进口额占比情况

资料来源：海关总署。

2020 年全年我国鲜、干水果及坚果出口额为 63.9 亿美元，同比增长 16%，出口量同比增长 7%。

按出口额排列，全年我国水果出口主要品类为鲜苹果、鲜葡萄、其他柑橘（包括小蜜橘及萨摩蜜柑橘）、鲜梨、鲜柿子、柠檬及酸橙、葡萄柚（包括柚）、鲜桃（包括油桃）、橙子（干或鲜），前九大品类出口额占我国水果总出口额的 82%，如表 2 –2 所示。

表 2 –2　　2020 年我国水果出口前九大品类（按出口额排序）

序号	水果品类	出口额（亿美元）	同比增长率（%）	出口量（万吨）	同比增长率（%）
1	鲜苹果	14.5	16	105.8	9
2	鲜葡萄	12.1	23	42.5	16
3	其他柑橘（包括小蜜橘及萨摩蜜柑橘）	11.6	38	71.4	12
4	鲜梨	6.7	17	53.9	15
5	鲜柿子	2.1	62	10.8	51
6	柠檬及酸橙	1.68	10	9.5	19
7	葡萄柚（包括柚）	1.36	28	17.4	28
8	鲜桃（包括油桃）	1.35	32	7.8	36
9	橙子（干或鲜）	1.1	27	6.2	15

资料来源：海关总署。

三、水果冷链需求分析

由于我国生鲜果蔬消费在地域分布、产品种类、消费层次各方面具有多样性，形成了批发商、农产品批发市场及大型专业化果蔬服务商并存的竞争局面，市场化程度较高。其中，批发商以个体经营为主，由于资金及管理能力等方面的限制，通常集中于某个区域或某类产品的采购销售，其市场份额逐渐被专业的批发市场及流通企业取代。而农产品批发市场及流通服务商等专业供应商之间的竞争有相对集中的趋势，逐渐出现一些规模较大的企业。

我国出口的生鲜果蔬主要是供应超市、专业批发商等大型客户，部分国家对食品进口有严格的检验、认证要求，因此只有大型专业化果蔬服务商能够开展进出口业务。同时，国外生鲜果蔬市场还面临来自本土和其他国家的竞争，其中本土农产品与我国出口品种多数为互补关系，竞争较小；其他国家的出口商中，发达国家的生鲜果蔬行业较为成熟，已形成若干规模较大的龙头企业，与我国出口的生鲜果蔬在产品种类、市场区域上存在较大的重叠，竞争较为明显。近年来，我国的生鲜果蔬虽然在出口的贸易总量上呈现不断上升的趋势，但是总体趋于放缓，整体产业的发展不容乐观，其中暴露出的一些问题也应引起重视。规模优势、品牌效应的提升，都将有助于创造一个健康的生鲜果蔬出口环境。

近年来，多项利好因素支持生鲜果蔬冷链物流。一是国家产业政策支持力度大，近年来国家相继出台多项农业产业扶持政策，支持农业发展。2021 年中央一号文件提出了全面推进乡村振兴、加快农业农村现代化。多项政策文件提及加强产地冷链设施建设，完善农产品采收、仓储、保鲜、运输等环节。二是居民消费能力显著提高，国内市场不断扩大，从人均消费水平来看，我国离世界平均水平还有着很大的差距，仍有巨大的提升空间。三是“互联网 +”带来的生鲜果蔬行业发展机遇，互联网将不断颠覆传统生鲜果蔬产业的组织形式、商业规则、产业链条、品牌传播渠道、竞争格局，延伸出很多新的商业模式。四是生鲜果蔬生产、流通社会化服务体系不断完善，不断提升农产品流通的公益属性，财政扶持、税费优惠、信贷支持等措施的实施，对农产品流通社会化服务的蓬勃发展也会起到积极促进作用。交通、仓储等流通基础设施不断投入与升级，促进了全国流通大市场的形成。五是食品安全监督加强，有利于减少低品质果蔬产品的市场份额、促进优质果蔬产品市场容量的扩张、助力优质果蔬企业的发展壮大。

第二节 蔬菜冷链需求情况分析

一、我国蔬菜生产情况

随着中国农村振兴战略的不断开展，蔬菜产业已经成为农村地区的支柱产业。如图 2－3 所示，2020 年蔬菜产量为 72200.00 万吨，如图 2－3 所示。根据 2020 年我国蔬菜产量和冷链流通率测算，2020 年蔬菜的冷链需求总量为 7780.70 万吨。

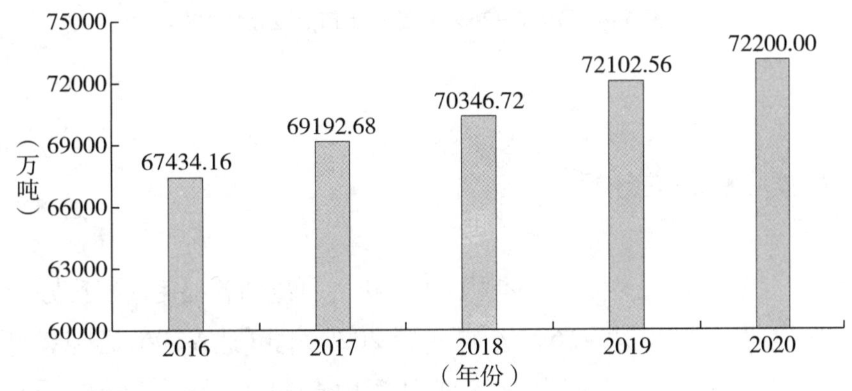

图 2－3 2016—2020 年蔬菜产量

资料来源：农业农村部。

二、蔬菜出口情况分析

从贸易方面来看，新冠肺炎疫情导致国际贸易局面更加复杂，蔬菜贸易市场整体偏弱。疫情缓解后，我国蔬菜出口出现恢复性增长，保持贸易顺差局面。我国是蔬菜出口大国，2020 年虽然受到新冠肺炎疫情影响，但是我国蔬菜出口量不降反增再创新高，根据海关总署数据，2020 年我国蔬菜出口量 1017 万吨，同比增长 3.9%，出口额 119.5 亿美元，同比下降

4.9%。其中冷鲜或冷藏蔬菜出口量692万吨，同比增长6.3%，占总体出口量的68%；出口额57.7亿美元，同比增长4.15%，如图2－4所示。

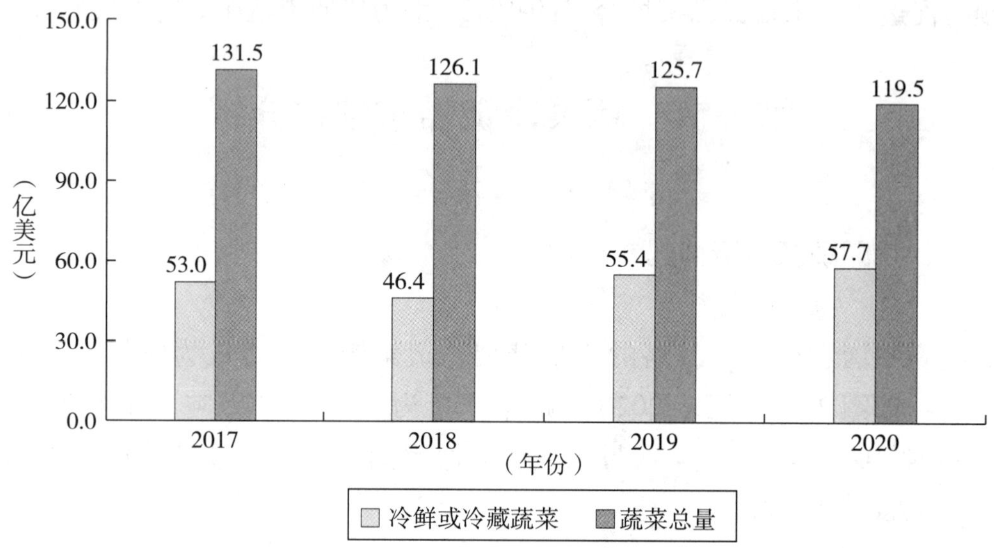

图2－4　2017—2020年蔬菜出口额变化情况

资料来源：海关总署。

三、蔬菜冷链需求分析

近年来，我国蔬菜生产总体稳中有进，增速略显趋缓态势。预计到2025年全国蔬菜产量可达7.69亿吨、到2029年可达7.96亿吨，年均增幅1.2%左右。这一时期，蔬菜产业发展目标由产量主导逐渐转向质量和绿色发展主导。

在区域供给方面，目前“西菜东进”成为“南菜北运”与“北菜南运”的有利补充，跨区域长距离运输使蔬菜流通成本和市场波动风险可能进一步加大。在产销对接方面，随着各种产业协会、供应链不断完善，“以产定销”模式将成为主流，带动产业生产标准化水平大幅提升。同时，由于供应链对农产品产地有一定要求，使蔬菜市场体系建设进一步强化，品牌建设持续加强，逐渐成为消费的主导方向。在生产规模方面，整个蔬菜种植比较优势仍相对较大。

在消费结构方面，蔬菜消费总量将小幅增长，消费需求更加重视绿色、品质和健康。鲜食消费将小幅增长，预计到2029年约占总消费的46.2%；

加工消费稳定发展，加工率达 23%；随着管理水平提高及蔬菜损耗逐年下降，估计年均自损率降幅为 1.3%。

在国际贸易方面，蔬菜贸易将继续保持竞争优势和贸易顺差格局。我国贸易进出口量年均增长率在 3% 以上，出口品类更加多样化，一些优势产品的出口数量、品质、价格方面得以保持。蔬菜进口规模较小，对国内供需影响有限，但蔬菜进口很可能给“一带一路”沿线国家提供新的机会，增加新的活力。

在价格方面，蔬菜价格将呈现波动上涨趋势，但未来十年价格上涨的幅度会小于过去十年。从年际变化看，各种成本资源约束、居民消费需求提档升级，导致价格维持小幅增长态势。

在蔬菜冷链物流发展方面，要加强冷链物流建设，提升蔬菜保鲜能力，制定统一冷链物流产品质量标准，防止运输途中温度改变，导致损害增加。另外，质量追溯技术也需要加强，借助科技手段提高蔬菜流通的可追溯性，进一步保证蔬菜产品质量。

第三节　肉类冷链需求情况分析

一、我国肉类产量情况分析

国家统计局数据显示，2020 年我国猪牛羊禽肉产量 7639 万吨，比上年下降 0.1%①，具体见图 2－5、图 2－6。其中，猪肉产量 4113 万吨，下降 3.3%；牛肉产量 672 万吨，增长 0.8%；羊肉产量 492 万吨，增长 1.0%；禽肉产量 2361 万吨，增长 5.5%。禽蛋产量 3468 万吨，增长 4.8%。牛奶产量 3440 万吨，增长 7.5%。年末生猪存栏 40650 万头，比上年末增长 31.0%；全年生猪出栏 52704 万头，比上年下降 3.2%。据了解，我国是全球第一大生猪生产国及猪肉消费国，生猪出栏量及猪肉消费量占全球的比重均在 50% 以上。

① 部分数据因四舍五入的原因，存在总计与分项合计不等的情况。国家统计局对 2019 年部分产品产量数据进行了核实调整，2020 年产量增速按可比口径计算。全书同。

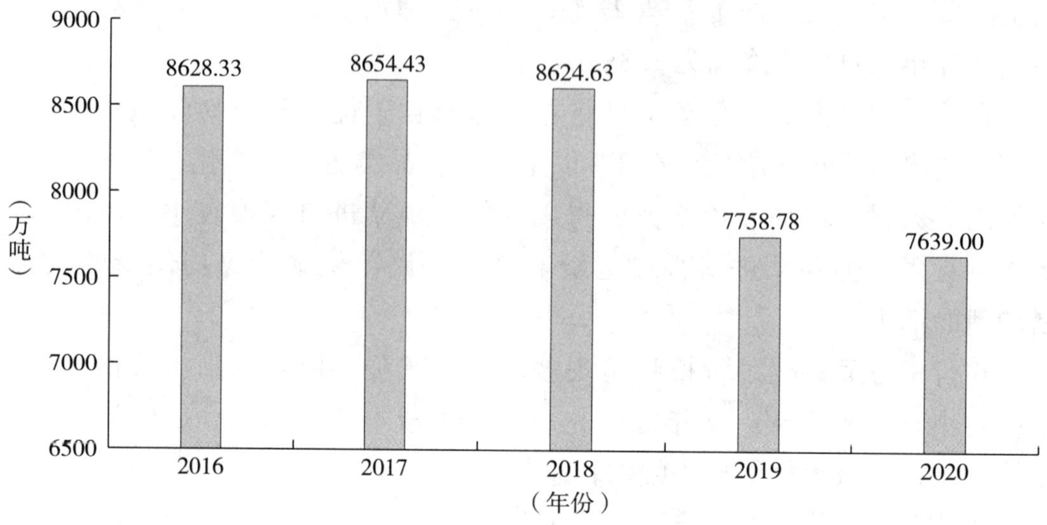

图 2－5　2016—2020 年肉类产量

资料来源：国家统计局。

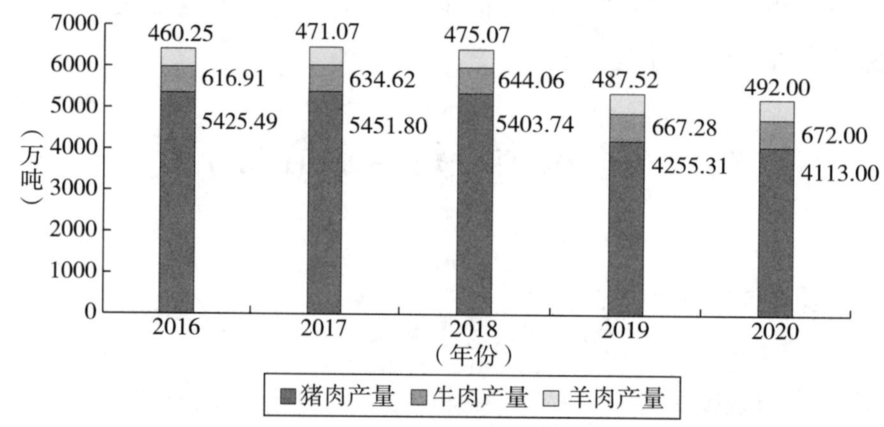

图 2－6　2016—2020 年全国猪、羊、牛肉产量

资料来源：国家统计局。

二、肉类进出口贸易分析

根据海关总署发布的数据，2020 年我国肉类（含杂碎）累计进口 991 万吨，同比增长 60. 4%，累计进口额 307. 33 亿美元，同比增长 59. 6%；其中猪肉进口 439. 22 万吨，同比增长 108. 34%，鸡肉进口 143. 3 万吨，同比增长 98. 28%，牛肉进口 212 万吨，同比增长 27. 65%，羊肉进口 36. 5 万吨，同比下降 6. 97%。

（一）猪肉进口

2020 年 1—12 月，猪肉累计进口量达 439.22 万吨，同比增长 108.34%，累计进口额达 120.41 亿美元，同比增长 157.59%，平均到岸价格 2742 美元/吨，同比增长 23.64%，具体见图 2－7。其中 12 月进口量为 44.01 万吨，同比增长 63.1%，环比增长 32.76%，平均到岸价格 2928 美元/吨，同比增长 0.87%，环比增长 4.67%。

进口猪肉来源于西班牙、美国、德国、巴西、加拿大、丹麦等 20 个国家，其中西班牙是第一大进口来源国，进口量达 96.15 万吨，占比 21.89%；之后是美国（69.91 万吨，占比 15.92%）、巴西（48.19 万吨，占比 10.97%）、德国（46.97 万吨，占比 10.69%）、加拿大（42.22 万吨，占比 9.61%）、丹麦（36.69 万吨，占比 8.35%）、荷兰（27 万吨，占比 6.15%）。

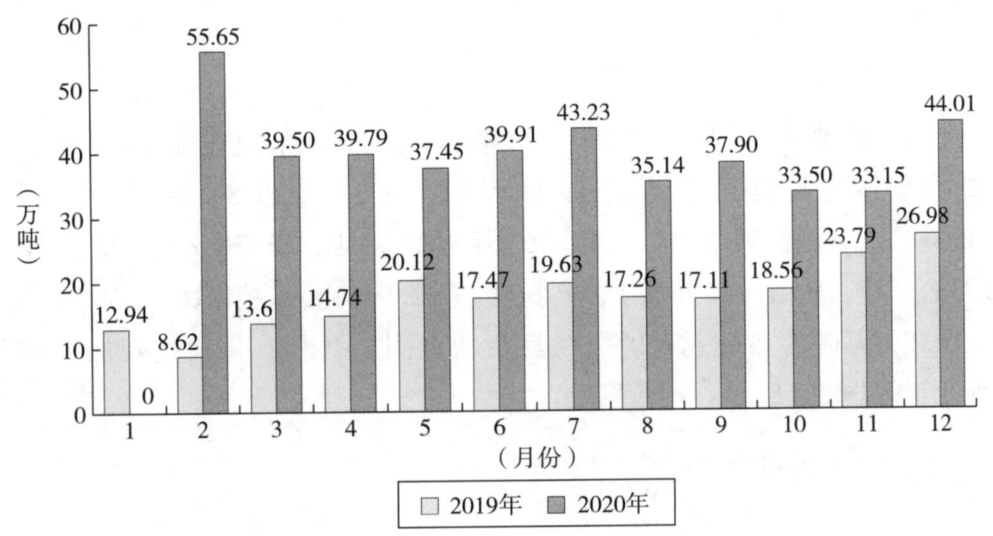

图 2－7　2019—2020 年各月份猪肉进口量对比

资料来源：海关总署。

注：2020 年 2 月数值为 1—2 月累计数据。

（二）牛肉进口

2020 年 1—12 月，牛肉累计进口量 212 万吨，同比增长 27.65%，累计进口额 101.79 亿美元，同比增长 23.76%，平均到岸价格 4805 美元/吨，同比下降3.05%；其中12月进口量为20.89万吨，同比增长10.40%，环比增长24.09%①，平均到岸价格4528美元/吨，同比下降17.05%，环比增长3.17%。

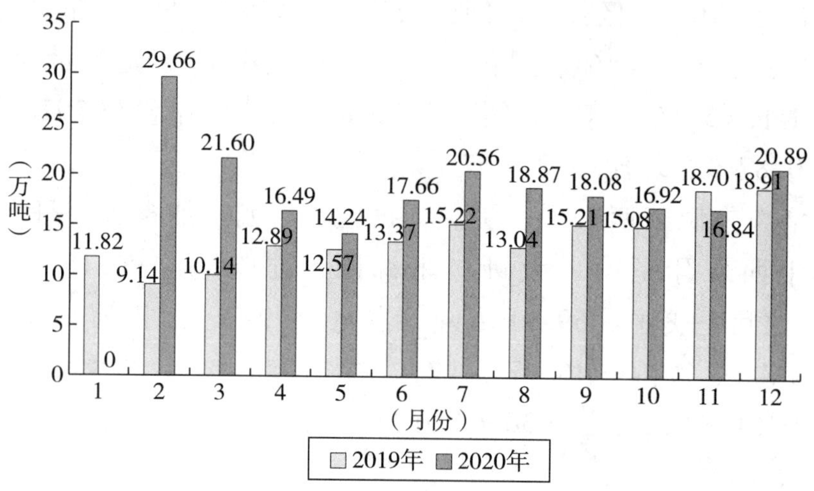

图2-8　2019—2020年各月份牛肉进口量对比

资料来源：海关总署。

注：2020年2月数值为1—2月累计数据。

进口牛肉来源于巴西、阿根廷、澳大利亚、乌拉圭、新西兰等29个国家，其中巴西是第一大进口来源国，进口量达84.84万吨，占比40.05%，之后是阿根廷（48.26万吨，占比22.78%）、澳大利亚（25.33万吨，占比11.96%）、乌拉圭（22.97吨，占比10.84%）、新西兰（16.99万吨，占比8.02%），其余从美国、智利、哥斯达黎加、南非、玻利维亚等国进口。

（三）羊肉进口

2020年1—12月，羊肉累计进口量36.5万吨，同比下降6.97%，累计进口额17.44亿美元，同比下降6.29%，平均到岸价格4779美元/吨，同比增长0.73%；其中12月进口2.87万吨，同比下降22.93%，环比下降3.54%，平均到岸价格5050美元/吨，同比下降9.48%，环比增长9%。

① 增速和比率是按实际数值计算，图中的数值存在四舍五入，因此计算结果可能存在差异，不进行机械调整。全书同。

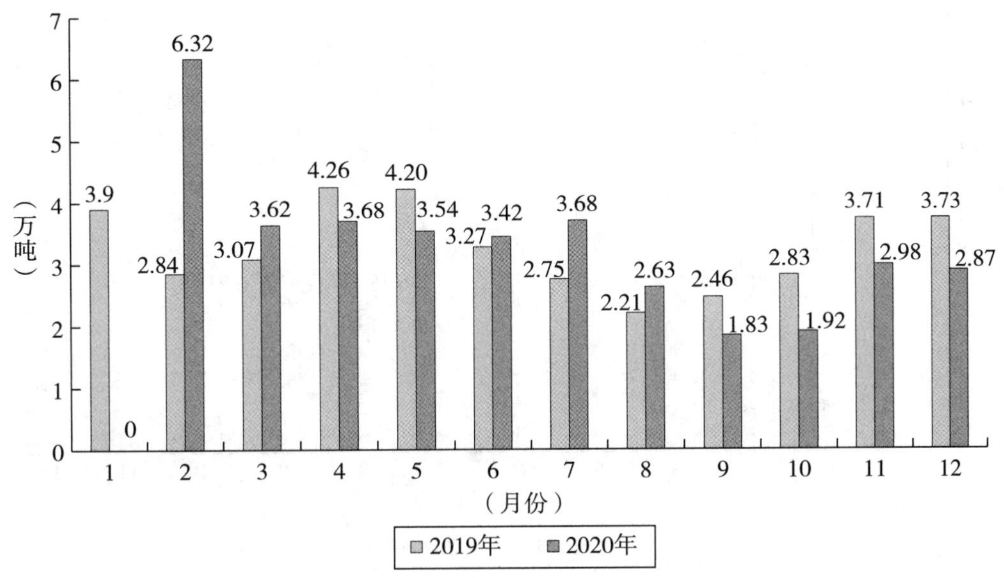

图 2－9　2019—2020 年各月份羊肉进口量对比

资料来源：海关总署。

注：2020 年 2 月数值为 1—2 月累计数据。

进口的羊肉来自新西兰、澳大利亚、乌拉圭等 7 个国家，其中从新西兰进口 20.06 万吨，占比 54.97%；之后是澳大利亚（15.22 万吨，占比 41.70%）、乌拉圭（0.82 万吨，占比 2.26%）。

（四）鸡肉进口

2020 年 1—12 月，鸡肉（含整鸡、鸡块、鸡爪、鸡翅）累计进口量达 143.3 万吨，同比增长 98.28%，累计进口额 32.83 亿美元，同比增长 74.78%，平均到岸价格 2291 美元/吨，同比下降 11.85%；其中 12 月进口量为 14.58 万吨，同比增长 82.11%，环比增长 14.11%，平均到岸价格 2075 美元/吨，同比下降 26.58%，环比下降 0.89%。

进口鸡肉来源于巴西、美国、俄罗斯、泰国等 12 个国家，其中巴西是第一大进口来源国，进口量达 63.76 万吨，占比 44.50%，之后是美国（39.11 万吨，占比 27.30%）、俄罗斯（14.16 万吨，占比 9.88%）、泰国（10.27 万吨，占比 7.17%）、阿根廷（9.22 万吨，占比 6.43%）。

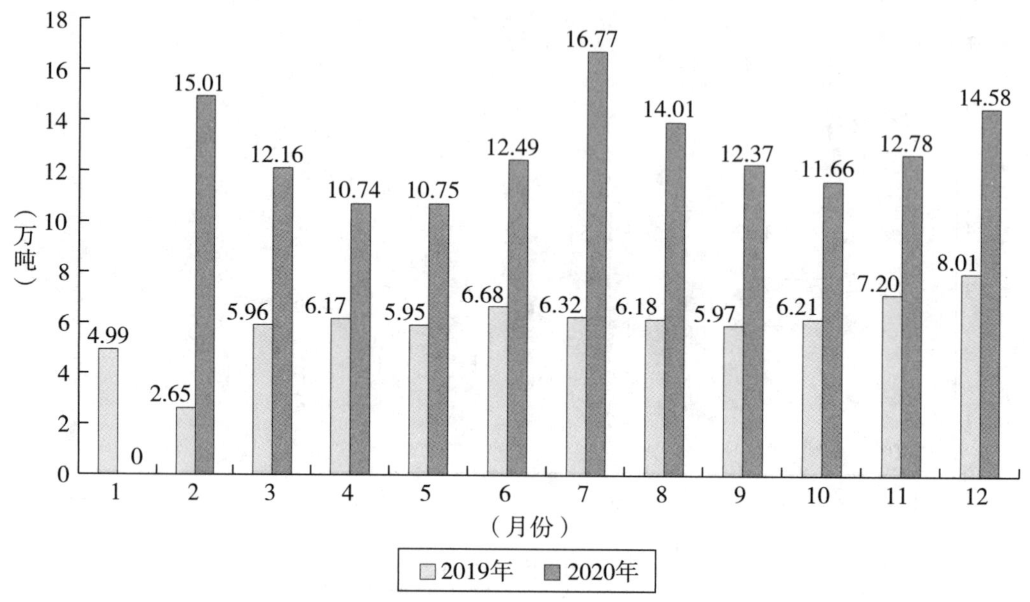

图 2－10　2019—2020 年各月份鸡肉进口量对比

资料来源：海关总署。

注：2020 年 2 月数值为 1—2 月累计数据。

三、肉类冷链需求分析

（一）加大生猪养殖、屠宰产业布局力度，多家企业跨界入局

2020 年在农牧养殖加工领域发生多起收并购事件，新希望、双汇、牧原等传统养猪巨头纷纷扩产，多家企业跨界入局养猪行业。

天邦股份发布业绩预告，2020 年净利润为 31.5 亿～33 亿元，报告期内，公司业绩的大幅提升主要来自生猪养殖业务。牧原股份发布业绩预告，2020 年归母净利润 270.00 亿～290.00 亿元。2020 年生猪销售量与生猪价格同比大幅增加是导致同期经营业绩大幅上升的主要原因。

（二）猪肉消费短期下降，替代性肉类有所增长

非洲猪瘟导致猪肉减产，加上部分消费者对猪肉食品安全存在担忧，一定程度上减少了猪肉消费量，转而增加其他肉类的消费。在猪肉价格持续上涨的背景下，替代性肉类正在发挥作用，以猪肉为主导的中国传统肉类消费结构受到冲击。

（三）品牌肉类更受认可，屠宰加工行业集中度增强

在多种因素叠加影响下，人们的食品安全观念进一步增强，生活品质不断提升，加速了消费者对肉类品牌厂家的认可度提升。各地方持续开展打击私屠滥宰等违法行为、取消小散屠宰场生猪定点屠宰资格、创建标准化屠宰企业，加速了行业的升级，市场消费对品牌厂家的认可度提升，肉类屠宰加工集中度逐步增强。

（四）屠宰加工企业开始自建物流仓储能力，加强食品安全管控

多地市场监督管理局持续开展生猪产品和冷链食品专项整治工作，将经营冷链食品和猪肉产品的农贸市场、超市、经营户和餐饮服务单位作为重点排查对象，加大进口冷链食品核酸抽检和环境、车间消毒工作力度，加强肉制品出厂检验及委托第三方检验。目前除按要求开展相关检测、消杀工作外，部分屠宰加工企业开始自建物流仓储设施，加强对肉类流通过程的管控，降低食品安全风险。

（五）2020 年冻品处于去库存阶段

2020 年随着生猪产能缓慢恢复，部分企业对未来猪肉价格判断呈下降趋势，屠宰场积极清理库存。国产猪肉价格处于高位，终端购买能力普遍偏弱，因此 B 端企业多倾向于购买低价库存冻肉或进口肉。随着货源逐渐恢复，屠宰场对后市信心不足，因此主动入库意向不强烈，冻品库存持续下滑。7—8 月猪肉价格上涨，猪肉成交活跃，不少企业开始采购低价进口肉，企业改变了“只出不进”局面，库容率下滑幅度放缓。截至 2020 年 12 月，重点屠宰企业平均冻品库容比 8. 44%，环比下降 0. 17 个百分点，较 2019 年同期下降 5. 13 个百分点。

（六）社区团购、生鲜电商等线上渠道增长显著

众多企业上线了社区团购和生鲜电商业务，美团、拼多多、滴滴、饿了么、阿里巴巴、京东纷纷推出社区团购的业务，大量的社区团购 App 如雨后春笋般出现，各大电商平台上肉类销售量也增长显著。企业反馈 2020 年来自社区团购、生鲜电商等渠道的猪肉需求量有明显增长。

第四节　水产品冷链需求情况分析

一、我国水产品产量情况分析

根据国家统计局的数据，2020 年全国水产品产量达到 6545 万吨，如图 2－11 所示。根据 2020 年我国水产品产量和冷链流通率测算，2020 年水产品冷链物流需求量为 4054. 63 万吨。

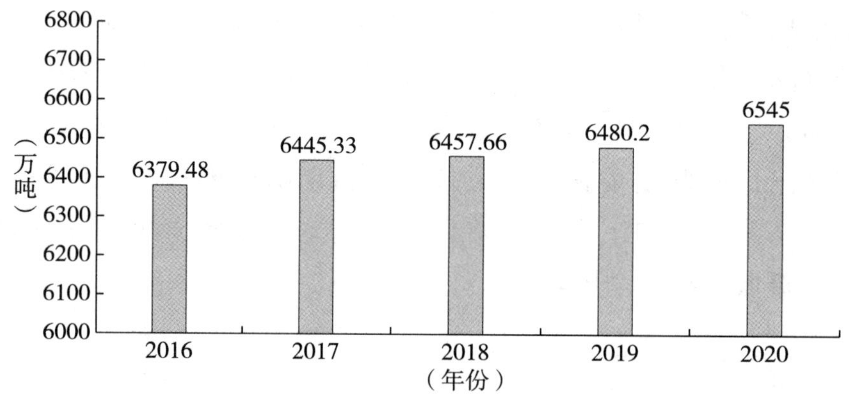

图 2－11　2016—2020 年全国水产品产量

资料来源：国家统计局。

2020 年我国冷冻水产品产量 680. 72 万吨，受新冠肺炎疫情影响，复工复产推迟，导致冷冻水产品产量同比下降 7. 9%，如图 2－12 所示。

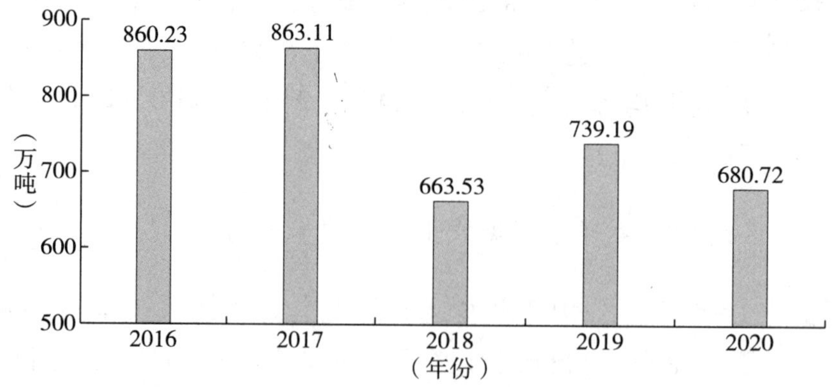

图 2－12　2016—2020 年全国冷冻水产品产量

资料来源：海关总署。

二、水产品进出口贸易分析

根据海关总署统计，2020 年我国水产品进出口总量 777 万吨，进出口总额 316.9 亿美元，同比分别下降 26.2% 和 19.5%。其中，进口量 402 万吨、进口额 129.3 亿美元，同比分别下降 12.5% 和 30.9%；出口量 375 万吨、出口额 187.6 亿美元，同比分别下降 10.9% 和 9.2%。2020 年受新冠肺炎疫情影响，多批次进口水产品检测结果不合格，导致进口量大幅下滑，贸易顺差上升到 58.3 亿美元。如图 2－13、图 2－14 所示。

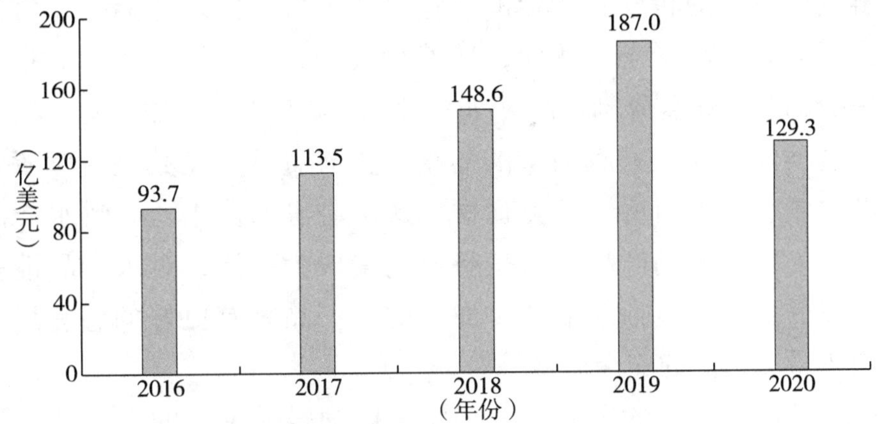

图 2－13　2016—2020 年中国水产品进口额

资料来源：海关总署。

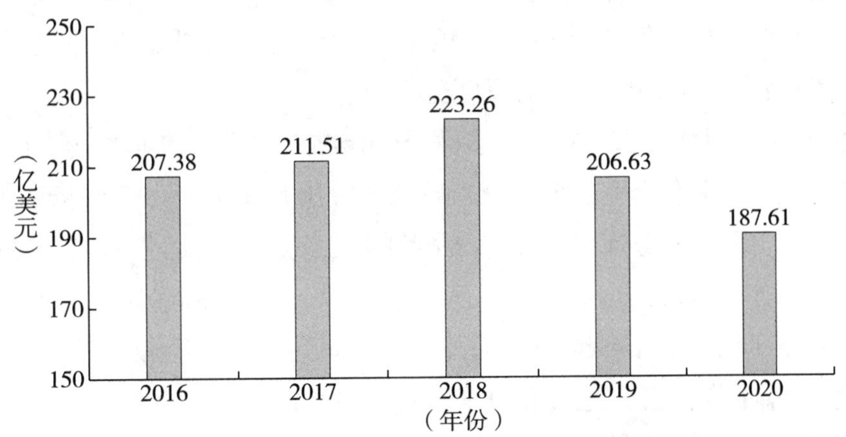

图 2－14　2016—2020 年中国水产品出口额

资料来源：海关总署。

三、水产品冷链需求分析

我国是水产品生产和消费大国，2020 年我国水产品产量 6545 万吨，比上年增长 1.0%。从水产品产业链角度看，水产品从生产供应到终端消费一般会经历养殖（捕捞）、加工、贮藏、运输、销售等环节，每个环节都会产生相应的损耗，这导致水产品生产成本增加，也在一定程度上影响水产品供给安全。

最近几年，水产食品消费端市场得到快速发展，并快速地拉动水产食品产业链发展态势的转变和产业的质量升级。传统的水产品是以鲜活鱼为主的产品形态和市场形态。然而，随着社会和经济发展进入新时期，一是方便、快捷的水产速食分割产品（如鱼片）、加工产品（如鱼丸）的需求显著增加，这不仅体现在家庭消费的需求，更有餐饮，尤其是连锁餐饮，以及大中型食堂、中央厨房、各类食材配送中心等的需求，导致水产品由鲜活鱼转向了加工、分割产品；二是质量消费成为主流，对水产品消费质量提出了更高的要求，包括鲜活的、加工的水产品具有更好的感官质量、更高的食用质量、更高的安全质量等。

顺应这种市场需求的发展，一些原来以饲料为主业的企业开始调整产业的布局，开始在水产食品产业链的关键环节布局，尤其是投资养殖水产品加工和消费端，涉足优质水产品的市场流通、养殖水产品的加工，并以速食分割产品为主的鱼片、鱼排、鱼柳、鱼浆等为主要产品形态，以餐饮消费、网络销售、集团配送等作为主要市场。

20 世纪五六十年代，水产品多采用间歇式、慢速的库房冻结方式，水产品要十几个小时才能完成冷冻作业。之后出现的连续式冻结现在还有不少企业在用，相比库房冻结方式，后者的设备成本和运营成本更低。而现在最主流的是快速连续式冻结，库房的温度从 −33℃ 调整为 −45℃，温度下限越低，冷冻产品的品质越好。海水流体冰等技术已经较为广泛地应用在生产流通销售环节，极大地保证了产品的新鲜度。

冷库在水产业扮演的角色也悄然发生了改变，很多现代化的冷库已经转型成了物流中心，除储存功能外，还有物流增值服务功能，如大包装的原材料入库后，可以帮商户分装成小包装产品，贴标签后提供给下游商超餐饮渠道。

第五节　乳制品冷链需求情况分析

一、我国乳制品生产情况分析

2020 年 1—12 月，我国乳制品产量 2780.4 万吨，同比增长 2.24%，如图 2－15 所示。其中液体乳产量 2599.43 万吨，同比增长 3.28%。

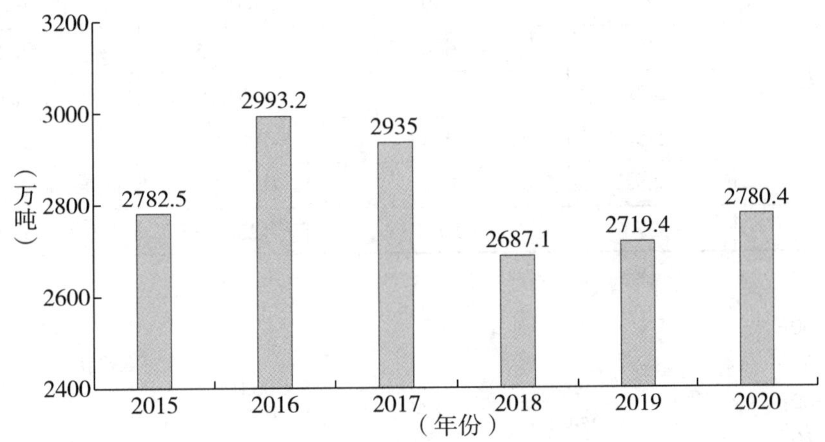

图 2－15　2015—2020 年全国乳制品产量

资料来源：国家统计局。

2020 年，全国的 31 个省（直辖市、自治区）中，乳制品产量处于正增长的有 16 个省（2019 年为 26 个），负增长的有 15 个省（2019 年为 5 个）。乳制品产量重点省区河北、内蒙古、山东、黑龙江、陕西、河南合计产量占全国的 49.15%。在液体乳产量中，河北占 13.4%，内蒙古占 12.3%，山东占 7.9%，河南占 6.8%，宁夏占 5.5%，黑龙江占 4.8%，合计占全国的 50.7%；乳粉产量中，黑龙江占 39.5%，陕西占 13.5%，河北占 10.4%，内蒙古占 9.5%，江苏占 5.5%，合计占全国的 78.4%。

二、乳制品进口情况分析

根据我国海关数据，2020 年中国乳制品进口量为 337 万吨，同比增长

10.2%；2020 年中国乳制品进口额为 125.0 亿美元，同比增长 6.5%。

表 2-3　　2020 年 1—12 月中国乳制品进口量及进口额

时间	累计进口量（万吨）	累计进口量同比增长（%）	累计进口额（千美元）	累计进口额同比增长（%）
2020 年 1—2 月	62	-1.3	2243201	4.1
3 月	87	1.8	3212150	5.5
4 月	113	2.0	4359532	7.4
5 月	137	2.1	5333421	6.2
6 月	163	4.3	6310388	5.9
7 月	193	5.9	7403070	6.1
8 月	220	6.0	8382352	5.0
9 月	247	7.7	9401195	6.6
10 月	275	9.3	10341711	6.8
11 月	305	9.3	11410972	5.7
12 月	337	10.2	12504688	6.5

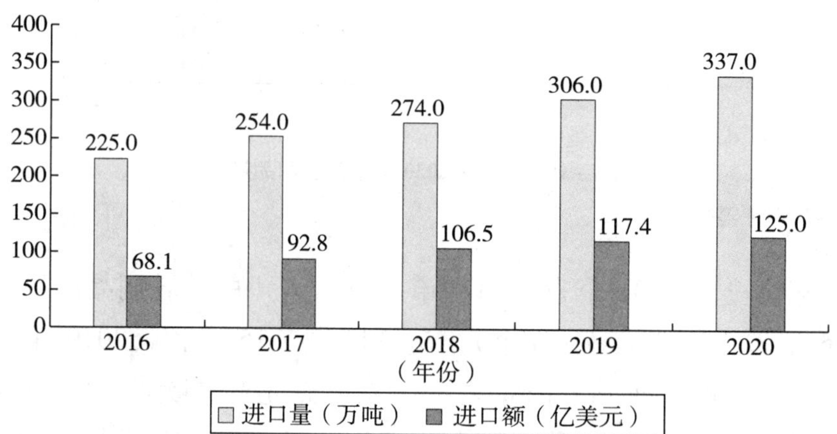

图 2-16　2016—2020 年中国乳制品进口量及进口额

资料来源：海关总署。

三、乳制品冷链需求趋势

近年来，随着我国人民生活水平的不断提升，乳制品消费量逐年增长。近年来受非洲猪瘟疫情影响，国内畜产品的供给量呈紧缺趋势，乳制品作为优质的蛋白质提供产品，消费需求进一步放大。近年来，我国休闲餐饮和烘焙产业高速发展，平均每年增长率高达 20%，乳制品作为重要原料，其需求进一步扩大。低温乳制品的质量安全与品质保证是制约乳制品行业健康发展的重要因素，这对于冷链物流也提出了更高的要求。

常温奶市场已趋于成熟，由量增转向价格升级和结构升级。目前，美国、澳大利亚、日本等国家低温奶市场占有率在 90% 以上，但自从超高温灭菌技术（UHT）被引入中国后，常温奶在我国迅速发展并迅速占领大部分市场。截至 2019 年年末，UHT 奶在市场中占比为 36.3%，位列第一，低温巴氏奶仅占比 13.2%，风味奶占比 22.2%。同时，伊利和蒙牛等龙头企业大规模铺设渠道，不断投入营销，实现了常温奶渠道和品类的快速扩张。目前我国常温奶行业依靠销量快速提升带动规模增长的时期已经过去，未来的增长将会依靠产品结构的不断升级。

一是内循环发展自有奶源。发展乳业原料是基础。近年来我国奶源增长乏力，区域不平衡的矛盾愈加凸显，奶源紧缺已成为制约行业发展的主要原因。各企业应将建设奶源基地、发展自有奶源提上日程，尽快提升原料奶自给率。当前我国市场上主流的液态纯牛奶有两种：常温奶和低温奶。常温奶采用超高温灭菌技术，可以储存长达 6 个月；而低温奶采用巴氏灭菌技术，只能冷藏不超过 10 天。在保存时间变长的同时，生牛乳中的各种天然活性物质大大减少，导致常温奶的营养价值下降：①低温奶中的乳铁蛋白是常温奶的 1800 倍；②低温奶中 β－乳球蛋白的含量为常温奶的 8 倍；③低温奶中损失的乳清蛋白仅为常温奶的 20%；④低温奶中的钙、磷等微量元素不会受损或变性，可以更好地被人体吸收利用；⑤低温奶很好地保留了维生素 B1、B2、C 等。

二是平抑奶价。这几年来奶价节节攀升，已成为制约我国乳业发展的主要因素之一。2020 年 12 月，10 个省份的平均奶价为 4.15 元/千克，这个价格已是乳业基础好的国家的 2 倍，同时期美国平均奶价为 2.56 元/千克。高价格降低了国产乳制品的市场竞争力，某些品种已不得不停止生产，干酪生产进展缓慢。

三是优化产品结构。由于消费习惯及市场供求关系的变化，乳制品的产品结构必须尽快优化。以乳粉产品为主的基地型企业，应因地制宜地发展液体奶业务。低温奶消费占饮用奶消费比例持续提升，从 2014 年的

8.3%提高到2019年的13.2%。巴氏奶从生产后到消费前需要冷链配送，保质期较短，因此进口巴氏奶缺乏销售优势，而宅配渠道（送奶到户）让区域性乳企获得竞争优势。巴氏奶前三大乳企为光明、三元、新希望，均是在各自优势区域盘踞，合计份额约为27%。低温酸奶的市场集中度低于常温酸奶，主要是因为低温酸奶受运输条件严格、保质期短、消费者忠诚度不高等因素的限制，区域性乳企具备一定优势，且拥有较为扎实的市场基础。从低温奶消费区域的目前市场来看，地域特征明显。消费集中在长三角地区和北京，仅上海就达到全国销售额的30%。低温奶的销售辐射半径限制是影响低温奶业务发展的核心问题，而扩大低温奶销售半径的核心抓手就是冷链物流。

四是冷链运输的发展有助于打破我国乳业资源分布不均的格局，实现较远距离销售。随着我国城镇化率进一步提升，将有效推动冷链行业持续稳定增长。冷链物流的快速发展将为巴氏奶的较远距离销售奠定基础，并且随着技术的发展，巴氏奶保质期由原先的3～7天延长至12～15天，同样也推动了巴氏奶突破原有销售半径。巴氏奶进入量价齐增阶段，行业增长进入提速期。随着消费升级，我国乳业整体高品质发展时期已经到来，符合健康消费需求的低温奶快速崛起，从2015年开始，低温奶的销售额增速一直大于常温奶，且该趋势仍将持续，低温奶是未来最具成长性的细分品类。2019年巴氏奶行业规模达343亿元，巴氏奶行业规模增速从2015年的6.1%提升到2019年的11.6%，行业增长进入加速期。

国家卫生健康委发布的《新型冠状病毒感染的肺炎防治营养膳食指导》明确建议每人每天摄入300克的奶及奶制品。同时，蒙牛、光明等各大乳企纷纷发力低温产品，加速培育市场，有利于促进消费者在乳制品方面的消费。

第六节　速冻食品冷链需求情况分析

一、我国速冻食品产量情况分析

随着冷链物流的发展，2016—2020年我国速冻食品行业市场规模持续扩大，2020 年市场规模近 1500 亿元，相较于 2019 年增长 18.4%，如图 2－17 所示。

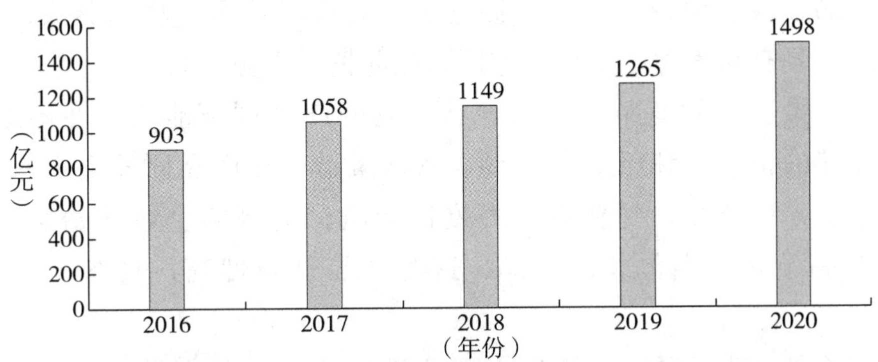

图 2－17　2016—2020 年全国速冻食品行业市场规模

资料来源：国家统计局、前瞻经济学人，中物联冷链委整理。

当前，我国速冻食品主要品类可分为三类，即速冻米面制品、速冻火锅料和速冻其他制品。从产品品类上看，速冻米面制品和速冻火锅料占据了主要的市场份额，其中，速冻米面制品为第一大品类，占比高达 52.4%；速冻火锅料为第二大品类，占比达 33.3%。近年来速冻火锅料在市场中占比增加，这主要得益于近年在国内兴起“火锅潮”，且除火锅业外，速冻火锅料还可广泛应用于多个餐饮市场，市场消费需求巨大，如图 2－18 所示。

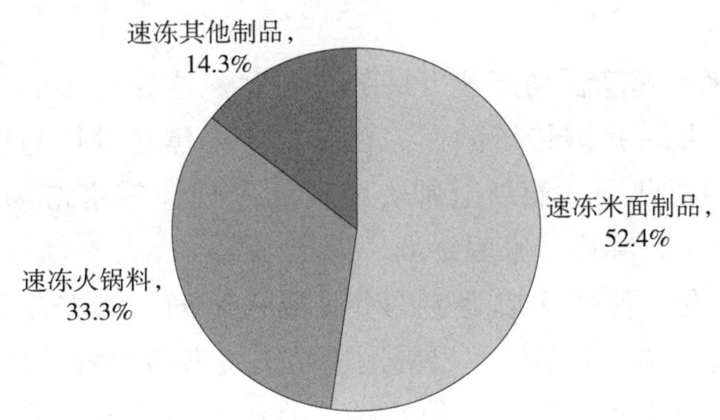

图 2－18　我国速冻食品细分品类占比情况

资料来源：前瞻产业研究院。

2020 年，速冻食品行业迎来供销两旺的利好局面。从消费端来看，居家办公引发了电商、商超等线上线下速冻食品的抢购热潮，实现了爆发式增长。现阶段，速冻食品行业正在向“以线下为主”和“全渠道、多出点”

同步发展。一方面，新冠肺炎疫情在短期内影响了速冻食品在农贸市场的销售，尤其是餐饮市场受到影响较为严重；另一方面，新冠肺炎疫情加速了速冻食品在线上渠道的销售，促进了家庭市场消费习惯的养成，加剧了行业洗牌。具有品牌力、全渠道的厂商在此情况下更受益。

除了在渠道上的变革，速冻食品厂商的产品创新能力也在不断提升。此前，更多的企业青睐于农贸市场、餐饮渠道，在产品研发上更侧重于大包装、平价系列产品。受新冠肺炎疫情影响，更多的企业开始布局电商，推出更多高端化、小包装的产品，这些产品创新性高，具有一定的竞争优势。

在现阶段，我国餐饮连锁化水平不到10%，从发达国家餐饮行业发展趋势看，餐饮连锁化是必然趋势，这意味着标准化食材需求将持续增长。因人工和房租的成本上升，出于时效性和经济性的考虑，更多餐饮企业愿意使用速冻食品简化烹饪流程，从而提升效率、降低成本。

数据显示，截至2020年6月，全国共登记注册且为在业/存续状态的速冻食品企业超5.6万家。此外，2020年上半年国内新增速冻食品企业7163家，已达2019年全年新增数量的63%，疫情之下，速冻食品发展继续高速。

二、速冻食品冷链需求趋势

2020年以来，速冻食品产业发展势头迅猛。这让更多的速冻食品厂商意识到自身的不足。我国传统的速冻食品主要聚焦在餐饮与经销商端，在零售端的布局相对薄弱，而新冠肺炎疫情的出现让零售市场步入快车道，企业开始加码线上、零售、家庭终端。

首先，标准化、便捷化成为速冻食品的代名词，速冻食品迎合了终端消费需求。在餐饮端，上菜快、出餐迅速是消费者考察餐饮店的重要依据，速冻食品可以提升上菜速度。在消费端，消费者随着生活节奏加快，对速冻食品的需求较大，速冻食品通过标准化生产，可以满足消费者的日常消费需求。因此速冻食品在终端消费市场的渗透率正在不断提升。

其次，新冠肺炎疫情加速了速冻食品的普及。疫情影响下，速冻食品的优势被逐渐挖掘。凯度消费者指数显示，在疫情暴发后的两周时间内，受益于消费者居家办公，速冻食品消费增长了49%。整体看来，速冻食品

C 端需求量呈现出持续高增长趋势，反映出当前消费环境下年轻消费群体对标准食材及食材半成品的需求提升。

最后，电商冷链物流的崛起推动了速冻食品产业的发展。近年来，随着电商平台、冷链物流系统等行业的迅速发展，消费者对速冻食品的需求也逐渐增加。

第三章　2020年全国冷库市场情况分析

本章内容共分为三节，第一节主要介绍了冷库市场概况，包括冷库保有情况、冷库市场发展特点、全年新增冷库和发展原因分析、区域冷库分布情况、部分地区备案冷库和进口冷链食品集中监管仓情况汇总；第二节分析了冷库市场供需情况和部分地区的价格行情；第三节对于农产品产地仓储系统进行了调研和分析。

第一节　冷库市场概况

一、冷库容量变化情况

冷库作为冷链物流的基础设施，对平衡市场波峰波谷、调节产品流通、减少货物损耗、推动上下游乃至整个产业链有着举足轻重的作用，尤其受新冠肺炎疫情影响，新的消费习惯催生了新的业态模式与需求，储存产品消耗量与人均配额形成了缺口，冷库的建设也得到了国家的大力支持，成为投资热点。据中物联冷链委不完全统计，2020年全国冷库总容量达到7080万吨，折合1.77亿立方米，新增库容1027.5万吨，同比增长16.98%，如图3－1、图3－2所示。

二、国内冷库发展特点

（一）短期过剩，长期不足

近几年，冷库的投资建设逐渐被推上风口，其容量也在迅速扩张。2015—2020年，每年增长率都在10%以上。国家发展改革委颁布《农产品冷链物流发展规划》时，中国的冷库总容量统计只有880万吨，到了2020

年已经是 7080 万吨。由于近几年冷库发展速度过快，目前已出现供大于求的迹象，但从长期发展来看，冷库总量还有一定缺口。

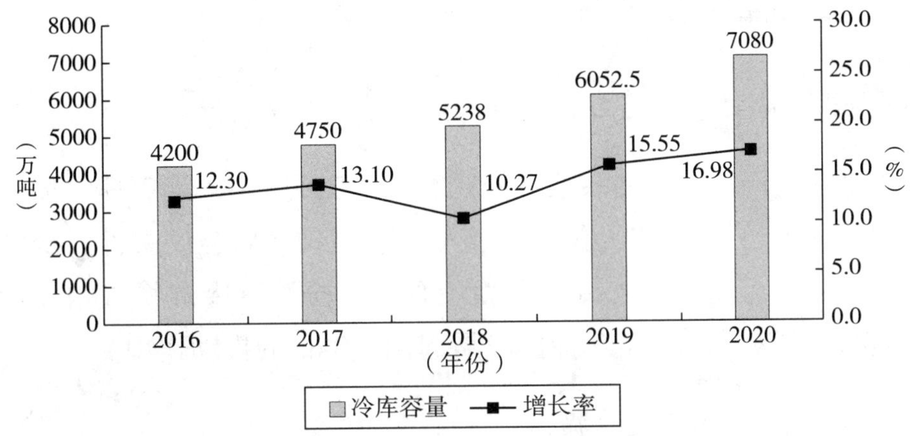

图 3－1　2016—2020 年全国冷库容量

资料来源：中物联冷链委。

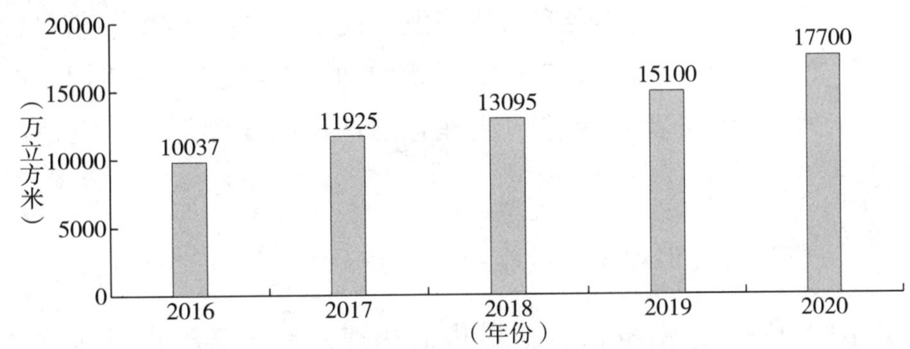

图 3－2　2016—2020 年全国冷库容量

资料来源：中物联冷链委。

（二）局部过剩，结构不合理

我国冷库从地域分布看，呈现东部多、西部少的特点。京津冀地区、长三角地区、粤港澳大湾区都是冷库聚集地，但西部地区明显不足，至今没有得到改善。冷库主要集中在冷链企业多、冷链体系相对健全的城市，但农产品产地缺乏规范的冷链设施和冷链服务保障。从冷库功能角度看，我国冷库的特点是冷冻类型多、冷藏类型少，储藏类型多、流通类型少。目前国内冷库总量中，冷冻库占比在 70% 以上，且储藏功能型冷库最多。经济强度决定冷库密度，从地区消费强度来看，华东地区消费强度居全国各地区首位，相比其他地区，华东地区的冷库及冷链物流企业总量也最多。

三、推动冷库发展的因素

（一）由于冷链涉及食品安全和民生保障，政府尤为重视

近年来涉及冷链发展的政策不断出台，尤其是 2019 年 7 月“城乡冷链物流基础设施建设补短板”第一次写入了中央政治局会议文件，冷链行业得到了空前关注。政策的支持以及新版食品安全法、冷链物流相关标准等文件的颁布，都对我国冷链物流的发展起到了良性的推动作用。

（二）人民生活水平逐步提高，消费不断升级

通常用国民人均收入值来衡量冷链物流发展水平，理论只要人均收入达到 4000 美元，冷链物流就会迎来快速发展期。我国在 2008 年就已经超过了这个数字，随着中产阶级人口数量不断增加，对冷链产品和物流的需求越来越大，政府和消费者对冷链物流理念的认识越来越深，冷链市场规模持续扩大。

（三）消费端的变化对冷库功能产生巨大影响

随着生鲜电商、连锁餐饮、新零售的快速发展，需求市场多样化，加之消费者对食品品质有更高的要求，使得冷库从原有单一的储存功能向流通型及多功能转变，极大地丰富了冷库的功能类型。

（四）冷链物流园区的发展将带动国内冷库容量的快速上升

在食品产业链中，根据不同的服务功能，每一个环节会形成不同的园区形态，每个园区的定位受到自身资源、产品、位置、流通路径政策、基础配套等因素影响。

冷链物流园区通常处于冷链物流作业集中与转运衔接的地区，众多与冷链相关的企业聚集在一起，可以实现专业化和规模化经营，以提供加工、包装、储藏、分拣、配送、交易、信息等一体化服务。随着国内冷链物流市场规模迅速扩大，促使生鲜农产品流通节点逐步由交易聚集地向物流聚集地及

加工聚集地转变。在消费升级和政策支持双轮驱动下，冷链物流行业发展模式也日趋多元化，不再以物流园区中的一个专业物流功能或单体冷库仓储形式存在，冷链物流园区已逐渐成为未来发展的重要趋势，如表 3－1 所示。

表 3－1　　全国部分在建及投产冷链物流园区情况

序号	省份	项目名称	规模	进度
1	浙江	普冷国际杭州下沙仓	18500 平方米	2020 年 6 月上旬开仓
2	浙江	万纬嘉兴平湖冷链产业园	17290 托	2021 年 7 月投入运营
3	天津	天津东疆港大冷链商品交易市场	12000 平方米	2021 年完工
4	河南	新村冷库	4800 平方米 + 12000 板	2020 年 7 月投入使用
5	天津	普冷天津武清京滨仓库	12000 平方米	现已建一期冷冻库总面积合计为 10000 平方米
6	广东	普冷广州增城仓库	18000 平方米	2020 年 6 月正式开仓
7	山东	东营综合保税区万通海欣国际贸易冷库	3.8 万吨	一期多温区冷库 17494 平方米已正式投入运营
8	上海	鲜生活（双手上海）华东冷链运营中心	20000 平方米	2020 年 10 月正式投入运营
9	江苏	江苏嘉美现代渔业产业园	1 万吨	土地已批复，规划中
10	四川	中国供销西南冷链物流达州基地	323834 平方米	—
11	宁夏	宁夏乐家物流发展有限公司	3000 平方米	2020 年 8 月底完工
12	江苏	江苏邦达冷链仓储服务有限公司	2 万立方米	2020 年 8 月初可用
13	辽宁	大连瑞驰冷链物流有限公司	3 万吨	2020 年 5 月底已投入使用
14	江西	江西阿顺供应链冷链物流	5 万平方米	—
15	广东	鲜之源二期冷库	4000 平方米	—
16	广东	和丰物流冷链仓配	6500 平方米 + 16000 平方米	6500 平方米在建中 + 16000 平方米年底动工开建
17	重庆	顺丰丰泰·重庆产业园	6000 平方米	2020 年 8 月正式开园
18	天津	天津奥特供应链天津新建冷库	8000 平方米	2020 年 7 月底正式开仓
19	广东	天津奥特供应链广州新建冷冻仓	2000 平方米	2020 年 6 月底正式开仓
20	安徽	六安城北西商二期智慧冷库	12710 平方米	2020 年 8 月启动建设
21	天津	京津物流园	15000 吨	计划于 2021 年第四季度完工
22	山东	山东美鲜冷链物流	2000 平方米	2020 年 7 月中旬完工
23	湖南	华通汇达食品供应链基地	33000 板	2020 年 6 月 4 日封顶
24	福建	栢合冷链物流园	8 万吨	2020 年 8 月动工

续 表

序号	省份	项目名称	规模	进度
25	河北	河北新发地智慧冷链物流园	50 万吨	预计 2021 年 8 月底交付
26	贵州	威宁江楠现代农副产品加工物流园	202700 平方米	一期首开区项目已陆续投入使用，一期后开区正做强夯基础处理
27	福建	连江宏晟冷链物流园	—	2020 年年底前完成交付
28	辽宁	大连义昌新建冷库	2 万吨	2020 年 7 月底完工
29	重庆	欧冷二期冷库	50000 平方米	2020 年 5 月中旬
30	山东	天驰（上合）冷链	16 万吨	2021 年 12 月交付
31	江苏	悦格（太仓）温控供应链智慧产业园	26396 平方米	预计 2021 年 12 月交付
32	浙江	嘉兴王店食品冷链产业园	13513 平方米	2020 年 6 月底完工
33	广西	柳州市康宏冷冻仓储	—	预计 2021 年建成
34	广西	柳州市天誉德农产品冷藏仓储配送中心	20000 立方米	2020 年 12 月建成
35	广西	广西唯尚品冷藏保鲜加工冷库	9800 立方米	2020 年 3 月投入运营
36	广西	广西桂海农产品冷链物流有限公司	超 20 万吨的智能化立体冷库 4 座	—
37	广西	广西东兴市兴源投资有限公司	70000 平方米	计划 2022 年 12 月完工
38	广西	广西桂物储运集团一期冷库	43000 平方米	计划 2022 年 12 月完工
39	广西	广西宏阳农产品加工区 + 冷链仓储	60000 平方米	已备案，土地落实中
40	广西	广西百丰物流仓储式冻库	50000 立方米	计划 2020 年 10 月建成
41	广西	广西田东现代农业投资地头冷库	4450 吨	2020 年 12 月建成
42	广西	田东县弘速冷链物流园区	12000 平方米	计划 2021 年建成
43	广西	隆林华农投资农产品冷藏保鲜库	1000 吨	计划 2021 年 6 月建成
44	贵州	贵阳新民食品新建冷库	1800 吨	2020 年 3 月建成
45	贵州	贵州瀑布冷链食品投资新建冷库	20 万吨	2020 年 12 月建成
46	福建	平潭综合实验区交通投资集团新建 2#冷库	16976 平方米	2020 年完工
47	福建	福建越秀投资新建 14#冷藏仓库	16228 平方米	2020 年完工
48	福建	温州市现代冷链物流冻品交易市场及冷库	217455. 94 平方米	2020 年建成
49	浙江	衢州东方粮食电商产业园	20000 立方米	2021 年 10 月建成
50	浙江	天台新农商农产品市场冷链仓储	35000 立方米	计划 2021 年 12 月初建成

续　表

序号	省份	项目名称	规模	进度
51	天津	海吉星中央大厨房物流配送中心	116000平方米	计划2022年建成
52	安徽	招商局物流集团改造库	15000平方米	计划2021年12月建成
53	安徽	蚌埠丰牧牛羊肉冷库	40000吨	2020年建成
54	安徽	安徽合一冷链1#冷库	60000吨	2020年建成
55	安徽	安徽喜农冷链智能多温库	6000平方米	2020年建成
56	湖北	潜江市水乡园林投资万吨冷库	10000吨	2020年12月建成
57	湖北	湖北美斯特食品万吨冷库	20000吨	2020年8月建成
58	湖北	湖北赤湾冷链物流中心	130000平方米	计划2021年12月初建成
59	甘肃	白银区兴盛种植专业合作社气调库	6000平方米	计划2021年建成
60	甘肃	甘肃金沙食品万吨气调恒温库	10000吨	计划2021年建成
61	河北	河北隆易农业冷库+加工分拣区	13500平方米	2020年10月开工
62	河南	中储洛阳物流低温冷库	130000平方米	计划2022年6月建成
63	河南	商丘万象实业冷库	60000立方米	计划2021年年底完工
64	广东	深圳盐田港冷链	3.4万吨	预计2021年投产运营
65	广东	郑明广州雅川温控物流园	18000平方米	2020年10月初交付
66	湖北	武汉经发粮食物流产业一期冷库	30万吨	2020年8月开工
67	浙江	浙江明珠海洋食品有限公司	57016平方米	2020年7月在建中
68	山东	巴龙央联万贸国际多级冷链食品航母集群项目二期	96万吨	预计2021年12月完工
69	江苏	郑明张家港冷链物流园	4万吨	2020年10月底投入使用
70	上海	万纬上海松江新浜冷链园区	20000平方米	2020年8月开工
71	云南	镇雄县5万吨/年冷链冷库建设	7900平方米	—
72	河北	河北天环冷链物流园	30万吨	2021年3月底交付
73	天津	天津港北建通成京津港物流园	5万吨	2021年年前交付
74	辽宁	丹东供销通泰冷链智慧物流园	3万吨	2020年10月底正式投入运营
75	山东	荣成市鑫汇水产有限公司二期——文星海洋食品国际物流中心	2.2万平方米	2020年5月冷库主体施工
76	江西	江西供销（定南）冷链物流园	2.4万平方米/2万吨	2020年12月18日开工

资料来源：中物联冷链委、链库网。

四、2020 年部分地区冷库备案信息公示情况汇总

修订后的《中华人民共和国食品安全法实施条例》自 2019 年 12 月 1 日起施行，条例中明确提出“非食品生产经营者从事对温度、湿度等有特殊要求的食品贮存业务的，应当自取得营业执照之日起 30 个工作日内向所在地县级人民政府食品安全监督管理部门备案”。2020 年 3 月 18 日正式发布实施了《市场监管总局关于加强冷藏冷冻食品质量安全管理的公告》，其中规定“从事冷藏冷冻食品贮存业务的非食品生产经营者，应当自取得营业执照之日起 30 个工作日内向所在地县级市场监管部门备案，备案信息包括冷藏冷冻库名称、地址、贮存能力以及法定代表人或者负责人姓名、统一社会信用代码、联系方式等信息。市场监管部门应当及时将相关备案信息在政府网站公布”。

为贯彻落实《中华人民共和国食品安全法实施条例》《市场监管总局关于加强冷藏冷冻食品质量安全管理的公告》，全国各地市场监管部门陆续开始对从事冷藏冷冻食品贮存业务的非食品生产经营者进行备案和公示。

五、2020 年部分省份进口冷链食品集中监管仓信息

2020 年，为防范新冠肺炎疫情通过进口冷链食品传入的风险，全国多地陆续开始设立进口冷链食品集中监管仓，集中开展核酸检测和预防性消毒工作，做到进口冷链食品常态化防疫。部分省份进口冷链食品集中监管仓如表 3－2 所示。

表 3－2　部分省份进口冷链食品集中监管仓

序号	省份	所在地	集中监管仓	详细地址
1	浙江省	金华市	浙江新辰食品公司	金华市婺城区河盘桥路 243 号
2		金华市	金华市南极冷冻食品公司	金华市金东区岭下朱工业园区釜阳街 333 号
3		金华市	金字冷冻食品城	金华市婺城区秋滨街道金星南街 36 号
4		金华市	浙江华邦五金有限公司	义乌市佛堂镇义南工业区大士路与芳山路交叉路口

续　表

序号	省份	所在地	集中监管仓	详细地址
5	浙江省	金华市	蓝鸟冷库	东阳市歌山北路 215 号
6	浙江省	金华市	伟丰农场	永康市石柱镇下杨村
7	浙江省	杭州市	中外运普菲斯物流（上海）有限公司	钱塘新区文津北路 501 号普洛斯物流园区 B1 号库
8	浙江省	杭州市	杭州普冷国际物流有限公司	钱塘新区文津北路 501 号普洛斯物流园区二期 A2U3
9	浙江省	杭州市	杭州华东家禽交易中心有限公司下属冷库	仁和街道永胜村 1 号
10	浙江省	杭州市	杭州农副产品物流中心冷冻食品批发交易市场	良渚街道储运路 3 号
11	浙江省	杭州市	浙江陆顺农业科技股份有限公司	萧山区新街街道建设四路 4328 号
12	浙江省	宁波市	宁波中远海运冷链物流有限公司	宁波市江北区申明亭路 726 号
13	浙江省	宁波市	宁波万纬冷链物流有限公司	宁波市北仑区霞浦街道万泉河路 89 号
14	浙江省	宁波市	余姚市联海实业有限公司	浙江省余姚市兴滨路 1 号
15	浙江省	湖州市	德清县新达农产品冷藏有限公司	德清县丰庆街 919 号
16	浙江省	温州市	温州市现代冷链物流有限公司 2 号冷库 6 楼	温州经济技术开发区滨海园区滨海十五路滨海五道 16 路
17	浙江省	温州市	温州禾源冷链有限公司	潘桥街道农业高新园区兴业路 8 号
18	浙江省	温州市	苍南旺东冷链物流有限公司	苍南县灵溪镇通福路 9 号浙闽台水产贸易城
19	浙江省	嘉兴市	嘉兴市食品肉类有限公司	嘉兴市经济技术开发区市场路 1208 号
20	浙江省	嘉兴市	嘉兴林得丰食品有限公司	嘉兴市秀洲区加创路 1287 号八字路出入口
21	浙江省	绍兴市	绍兴市进口冷链食品公共集中监管仓	绍兴市滨海新区沥海街道八一丘棉站（原浙江华发冷冻食品有限公司内）
22	浙江省	衢州市	衢州市进口冷链食品集中监管仓	衢州市柯城区农商城 204 号冷库
23	浙江省	台州市	台州市进口冷链食品公共集中监管仓临海站	临海市古城街道汇墅路 290 号

续 表

序号	省份	所在地	集中监管仓	详细地址
24	浙江省	台州市	台州市进口冷链食品公共集中监管仓温岭站	温岭市松门镇金港路
25		舟山市	进口冷链食品企业集中监管仓	舟山格林食品有限公司
26		舟山市	舟山进口冷链食品集中监管仓	舟山市定海马岙街道三江大道89号（C区）
27		丽水	丽水进口冷链食品集中监管仓	丽水市开发区石牛路“万地工业园”1号楼
28	福建省	泉州市	南安市进口冷链食品集中监管仓	南安市石井镇延平大道闽台农贸市场
29		泉州市	惠安县建明食品冷冻有限公司	惠安县崇武镇大岞工业区
30		泉州市	泉州市申泉冷冻食品有限公司	泉州市安溪县官桥镇思明大道7号思明工业园七栋101单元
31		泉州市	永春县进口冷链食品集中监管仓	永春榜德工业区F－01
32		泉州市	德化县龙腾山海综合专业合作社	德化县龙湾镇英山村
33		泉州市	开发区进口冷链食品集中监管仓	泉州经济技术开发区崇惠街111号
34		泉州市	美达康（福建）食品贸易有限公司	福建省泉州台商投资区东园镇锦峰村后蔡5号
35		泉州市	惠安金峰渔业有限公司	泉州台商投资区张坂镇浮山村东峰366－6号
36		泉州市	泉州市众萃冷链物流有限公司	南环路770号泉州市水果市场内
37		泉州市	泉州隆凯食品有限公司	丰泽区浔美工业聚集区城内C－5、C－6
38		泉州市	洛江区进口冷链食品集中监管仓	万虹路11号
39		泉州市	泉港区进口冷链食品集中监管仓	祥云南路2101号明恒纺织工业园
40		晋江市	晋江南星海水产食品有限公司	晋江市经济开发区（食品园）梧西路1号
41		石狮市	石狮市进口冷链食品集中监管仓	石狮市海洋生物食品园A区东升公司3号库

续　表

序号	省份	所在地	集中监管仓	详细地址
42	福建省	漳州市	古雷开发区进口冷链食品集中监管仓	—
43		莆田市	华林工业园区三峰冷冻食品有限公司	—
44		福州市	环球深海鱼（平潭）实业有限公司	平潭疏港道路 103 号国际海洋生鲜产业园
45		福州市	福建顺翃农产品冷链物流有限公司	福州市马尾区亭江镇长安投资区长发路 1 号
46		宁德市	宁德福进食品有限公司	宁德市蕉城区大童路北侧 1 号
47		宁德市	福建省北极星生物科技有限公司	东侨经济技术开发区工业集中区标准厂房 8 号
48		宁德市	福安市集中监管仓	福安市坂中畲族乡富春大道 6 号
49		宁德市	福建旷野食品有限公司	福鼎市山前街道双岳工业区忠和路 9 号
50		宁德市	宁德市海诺工贸有限公司	经济开发区长富路 17 号
51		三明市	福建省明溪三合生态农业有限公司	明溪县城关乡坪埠村丁坑组
52		三明市	泰宁县进口冷链食品集中监管仓	泰宁县杉城镇鸬鹚岭 1 号
53		三明市	三明市名成冷冻物流有限公司	三明市三元区长安路 3 号
54		厦门市	湖里万翔集中监管仓	湖里区高崎北路 427 号
55		厦门市	海沧万纬集中监管仓	海沧区柯井路 18 号
56		龙岩市	福建省供销一家电子商务有限责任公司冰鲜、冷冻仓库	长汀县汀州电商物流城（一期）26 号楼 2 层
57		龙岩市	龙岩泰华实业有限公司农产品冷藏保鲜库	龙岩市新罗区北城工业西路 89 号
58	江苏省	泰州市	靖江市进口冷链食品集中监管仓	靖江市城南工业园区富阳西路北、规划联友路东
59		泰州市	中农批畜禽交易市场有限公司	泰兴市农产品加工园区
60		泰州市	泰州市麦蒂尔食品有限公司	兴化市陈堡镇工业园区
61		泰州市	海陵区进口冷链食品集中监管仓	海陵区海陵工业园江苏雪梅制冷公交站（兴泰南路）东侧
62		泰州市	江苏新又碧农副产品有限公司	姜堰区沈高河横丁河路 1 号

续 表

序号	省份	所在地	集中监管仓	详细地址
63	江苏省	泰州市	泰州嘉禾食品仓储有限公司	泰州市永定西路 268 号
64		淮安市	清江浦区冷链食品集中监管仓	淮海路农贸市场北侧停车场
65		镇江市	江苏中合新农农产品市场有限公司	丹阳农商批发大市场
66		扬州市	广陵区进口冷链食品集中监管仓	广陵区经济开发区食品产业园
67		扬州市	宝应县进口冷链食品集中监管仓	宝应县开发区黄塍镇工业集中区上浦路 3 号
68		徐州市	邳州市佳美食品有限公司	311 国道赵墩段南侧
69		无锡市	江苏小尾羊牧业科技有限公司	西昌路 270 号
70		无锡市	无锡市天鹏菜篮子工程有限公司 2 号冷库	无锡市通沙路 88 号
71		无锡市	江阴市金德冷链物流有限公司 3 号、4 号冷库	江阴市新桥镇马嘶东路 8 号
72		无锡市	宜兴市瑞德食品有限公司 301 库房	江苏宜兴经济开发区边庄村（宜红桥北堍）
73		连云港市	江苏天缘物流集团有限公司	连云港市经济技术开发区珠江路 17 号
74		连云港市	连云港成刚海产品有限公司	连云港市赣榆区海头镇龙河村龙腾路与松河路交叉路口
75		连云港市	连云港市东果食品进出口有限公司	江苏省连云港市东海县牛山镇山西路 51 号
76		盐城市	江苏鑫味达食品有限公司	盐城市滨海现代农业产业园区育才村 8 组
77		盐城市	盛大肠衣食品有限公司	新河街道赣江路 66 号
78		南京市	南京市天环食品（集团）有限公司	南京市江宁区谷里街道银杏湖大道 168 号
79		苏州市	昆山众品冷链物流有限公司	昆山市张铺镇源浦路 519 号
80		苏州市	中外运冷链物流（天津）有限公司苏州分公司 1 号库	苏州工业园区现代大道 88 号普洛斯物流园 C20 库
81		苏州市	高新区进口冷链食品集中监管仓	苏州高新区鹿山路 73 号
82		苏州市	苏州金麦穗食品有限公司	张家港市经济技术开发区长兴路 31 号

续　表

序号	省份	所在地	集中监管仓	详细地址
83	江苏省	苏州市	苏州吉之地冷链仓储股份有限公司	苏州吴中区东进路 269 号
84		苏州市	常熟市森杰供应链管理有限责任公司	常熟市常福街道抚顺路 6 号
85		苏州市	太仓华商冷藏物流有限公司	太仓市港口开发区达港路 12 号
86		苏州市	江苏骏瑞食品配送有限公司	吴江区苏同黎公路与周松线交叉口北侧 100 米路东
87		苏州市	江苏苏汽国际物流集团有限公司	苏州市姑苏区虎林路 888 号
88		苏州市	苏州酷德瑞姆冷藏科技有限公司	苏州市相城区阳澄湖生态休闲旅游度假区澄北路 8 号
89		南通市	海安润思达食品有限公司	海安市城东镇黄河路 18 号
90		南通市	江苏皋德食材有限公司食材冷链食品物流配送中心	如皋市如城街道福寿东路 6 号
91		南通市	南通粮海农业科技有限公司	如东县马塘镇徐庄村一组
92		南通市	南通龙大食品有限公司	启东市城北工业园兴龙路 1 号
93		南通市	南通农副产品物流有限公司	崇川区崇川路 777 号
94		南通市	通州农批市场	南通高新区龙盛大道 555 号
95		南通市	南通市海门去进口冷链食品集中监管仓	南通市海门区江心沙农场八大队 3 号
96		南通市	南通顺星农副产品有限公司	海门区三星镇平山村
97	山东省	济南市	山东盖世农贸有限公司 5 号冷库	济南市零点立交东北侧
98		泰安市	泰安进口冷链食品集中监管专仓	泰山区徐家楼街道王家店工业园内
99		德州市	德州华商冷藏物流有限公司 A1 库	德州市经济开发区利尔康路南侧（德州方向机厂东临）
100		潍坊市	中凯冷链物流园	寒亭区北海路与新浦街交叉口向东 100 米路北
101		淄博市	乐物网电子商务物流港	淄博市经开区西九路和海岱大道路口北 100 米路东
102		烟台市	莱阳市明玉食品加工厂	莱阳市龙旺庄街道办事处纪格庄村西

续　表

序号	省份	所在地	集中监管仓	详细地址
103	山东省	济宁市	济宁兴隆国际农副水产批发城	任城区南张街道兴隆物流园
104		日照市	日照市美佳集团冷库	日照市重庆路653号
105		日照市	日照华泽食品有限公司1号库	长岭镇小岭社区小岭村
106		日照市	日照天泽冷链物流股份有限公司7号冷库	岚山区安东卫街道岚山西路与山河路交叉路口向南
107		烟台市	龙口市恒洋食品有限公司新建冷库	龙口市东江街道办事处小李家村南
108		烟台市	烟台水星食品有限公司	烟台开发区合肥大街2号
109		烟台市	烟台海昌水产有限公司北院	烟台市芝罘区珠玑东路20号
110		聊城市	聊城市进口冷链食品集中监管专仓	聊城市湖南路与西外环路交叉口向南500米路西（原科信制冷院内）
111		菏泽市	菏泽绿源食品总公司	开发区长江东路5299号
112		菏泽市	曹县进口冷链食品集中监管专仓	山东路与富民大道交会处南100米路西（原曹县金谷食品有限公司院内）
113		青岛市	青岛胶州冠宇集中监管专仓	胶州市里岔镇赵家庄物流园青岛冠宇生态农业有限公司
114		青岛市	汇通丰源集中监管仓	山东省青岛市胶州市胶东街道办事处机场北路西侧、规划路北侧交会处
115		青岛市	青岛怡之航集中监管专仓	青岛市黄岛区前湾港内纬三路西怡之航冷库
116		青岛市	青岛西海岸润勃集中监管专仓	青岛市西海岸新区千山北路566号青岛润勃仓储服务有限公司
117		青岛市	青岛城阳新大地集中监管专仓	青岛市城阳区金刚山路23号
118		青岛市	青岛济青水产品冷冻公司	青岛市即墨区通济新区锦宏东路济青水产国际物流园
119		临沂市	临沂市进口冷链食品集中监管专仓	临沂市综合保税区临工路100号
120		东营市	山东恒洋冷链物流有限公司	东营经济技术开发区徐州路与沂河路交会处（东营经济技术开发区沂河路94号院内）
121		荣成市	荣成海隆冷链有限公司	石岛管理区峨石山路599号

续　表

序号	省份	所在地	集中监管仓	详细地址
122	湖北省	宜昌市	兴山县进口冷链食品集中监管仓	古夫镇鹞子坪工业园
123		宜昌市	湖北三峡银岭冷链物流产业园	—
124		荆州市	荆州市十号路冷链物流中心	沙市区十号路 95 号
125	云南省	红河州	个旧市文智弘农业科技有限公司	云南省红河州个旧市鸡街镇岳家巷村北冷冻厂
126		红河州	蒙自广贸冷冻食品经营部	蒙自市东村观音桥农产品批发市场 D7 栋 5 号
127		红河州	开远市食品有限公司生猪定点屠宰场	—
128		红河州	云南吉源食品有限公司	弥勒市弥阳镇锦屏路
129		红河州	泸西县宏达畜牧供销有限公司	泸西县中枢镇小村
130		红河州	建水县真元食品厂	建水县气象局隔壁
131		红河州	石屏县万园之园有限公司	石屏县异龙镇老牛塘工业园区农特产品精深加工区
132		红河州	红河县旺兴冷冻食品店	红河县迤萨镇东兴街
133		红河州	元阳县万园之园有限公司	元阳县南沙镇常青路东段北侧
134		红河州	红河绿洲农副产品发展有限公司冷库	绿春县风情园建设局对面饮食班（负 1 楼）
135		红河州	云南文智现代农业开发有限公司金平分公司	金平县金河镇黄家寨村委会苦竹林村
136		红河州	屏边县文华冰冻食品经营部	屏边县玉屏镇望云农贸市场内
137		红河州	河口路宝仓储有限责任公司	河口县坝洒农场粮油仓库 1－4 号
138		曲靖市	曲靖市麒麟区金豪美食汇	曲靖市麒麟区东城综合农贸市场 B2－1 号
139		曲靖市	曲靖市麒麟区汇泉冻品商行	曲靖市麒麟区白石江街道东城农贸市场 BG13 号
140		曲靖市	云南双友现代农业股份有限公司	云南省曲靖市马龙区旧县街道九龙街
141		曲靖市	曲靖传丰食品有限公司仓库	曲靖市沾益区龙华街道工业园区 6 号
142		曲靖市	宣威市晨悦种养殖专业合作社 5 号冷库	宣威市落水镇灰洞村委会灰洞村（宣威市城南高速路口产业园区内）

续 表

序号	省份	所在地	集中监管仓	详细地址
143	云南省	曲靖市	云南乾宏屹坊农业科技有限公司	云南省曲靖市会泽县钟屏街道新平区北一组团7栋
144		曲靖市	云南东恒经贸集团食品有限公司	云南省曲靖市富源县胜镜街道多乐村
145		曲靖市	师宗县茶花味精批发部	云南省曲靖市师宗县漾月街道办云青路5号
146		曲靖市	陆良县众益食品有限公司	陆良县北坛山119号
147		曲靖市	罗平汉风古邑食品有限公司	罗平县腊山街道
148		曲靖市	曲靖开发区逸宸食品	曲靖开发区白牛农贸市场114号
149		文山州	云南鲜锋冷链物流中心	文山市卧龙街道七花社区环城路边（永固混凝土公司旁）
150		楚雄州	楚雄滇驰冷冻食品有限公司	楚雄高新区西凌街富丽农贸市场
151		楚雄州	双柏县阳光冻品店	双柏县妥甸镇文昌路鑫和名苑F－3号04栋
152		楚雄州	楚雄彝家香经贸有限公司	牟定县工业园区新桥片区
153		楚雄州	南华万家隆商贸有限公司	南华县龙川镇龙城路
154		楚雄州	姚安县王凤章冷冻食品批发零售商店	姚安县栋川镇宝城路原外贸公司
155		楚雄州	大姚齐和牧业开发有限公司牛羊屠宰场	大姚县金碧镇发屯村委会
156		楚雄州	永仁海之鲜冻品经营部	永定镇乍石村委会乍石组50号
157		楚雄州	元谋刘氏畜禽食品有限公司	元谋县元马镇源达路西面
158		楚雄州	武定县食品公司	武定县近城镇中路11号生猪屠宰场院内
159		楚雄州	禄丰县金山镇珍味冻品干货调味店	禄丰县金山镇中心菜市场
160		西双版纳州	磨憨口岸进口冷链食品集中监管仓	磨憨锦亿进出口贸易有限责任公司货场内
161		丽江市	玉龙县众合冷冻食品经营部	黄山镇嘉乐村
162		德宏州	梁河县金发屠宰场	梁河县九保乡九保派出所上1公里
163		德宏州	盈江县宜威火腿店	盈江县平原镇小辛寨盈江县第一中学旁

续　表

序号	省份	所在地	集中监管仓	详细地址
164	云南省	德宏州	德宏宏华农业科技开发有限公司	芒市金孔雀大街 175 号
165		德宏州	瑞丽市东一牲畜交易屠宰有限公司后仓库	中国（云南）自由贸易试验区德宏片区瑞丽市排污厂旁
166		德宏州	陇川县小芳水产品批发部	陇川县章凤镇章丰农贸市场旁
167	四川省	广安市	广安区进口冷链食品集中监管专仓	枣山物流园区临港市场二楼 2－3 冻库
168		南充市	蓬安县冷链食品集中监管仓	中农联·国际农贸城
169		南充市	四川省南充都京港务有限公司	四川省南充市高坪区都京办事处红旗坝村二组
170		攀枝花市	攀枝花市进口冷链食品集中监管仓	攀枝花市仁和区南山工业园区一禾物流园 C1 仓库
171		成都市	银犁冷藏物流股份有限公司	青白江区成都国际铁路港物流园区
172		成都市	四川聚和生态农业发展有限公司	成都市龙泉驿区龙泉街道聚和市场
173		绵阳市	平武县华西商贸有限公司	—
174		盐亭县	四川省永隆清真生态食品有限公司	经济开发区临江社区 2 社
175		阿坝藏族羌族自治州	九寨沟县农投公司	—
176		达州市	达州市达川区进口冷链食品集中监管仓	达州市达川区中青路 6 号
177		达州市	通川区进口冷链食品集中监管仓	通川区磐石镇王家桥村
178		达州市	进口冷链食品集中监管仓	大竹县东柳街道黄家坝社区
179		达州市	开江县进口冷链食品集中监管仓	开江县普安镇新河村 2 组
180		达州市	万源市进口冷链食品集中监管仓	万源市秦巴商贸物流园 C 区万源市爱家商贸有限公司配送中心冷冻库
181		达州市	宣汉县进口冷链食品集中监管仓	宣汉县浦江街道石岭社区永安大街西南农产品（冷链）物流园 A16 栋 12 号

续 表

序号	省份	所在地	集中监管仓	详细地址
182	四川省	达州市	四川省渠县进口冷链食品集中监管仓	四川省渠县中滩镇纳里印象闲置厂房内
183		达州市	达州高新区进口冷链食品集中监管仓	达州高新区秦巴轻工园电商大楼底楼
184		德阳市	广汉绿丰蔬菜种植专业合作社	广汉市金轮镇樊池村 26 组（成德大道）
185	陕西省	榆林市	榆林市进口冷链食品集中监管总仓	榆阳区王则湾村
186		咸阳市	三原县进口冷链食品集中监管仓	新阳光果蔬农产品交易市场
187		铜川市	铜川市进口冷链食品集中监管仓	王益区市区入口处（川口）
188	安徽省	蚌埠	淮上区合一冷鲜城	盛华路与丰安路交口向北
189		阜阳市	安徽亿贯冷鲜城	—
190		界首市	荣鑫冷库	界首市高新区东城产业园融城大道 776 号
191		滁州市	天长市海旺食品有限公司	经济开发区天汉路 220 号
192		合肥市	庐阳区国投集团自建冷库	庐阳区四里河街道清源路 666 号南
193	山西省	阳泉市	阳泉桃林沟果蔬交易市场有限公司	阳泉市郊区桃林沟果蔬市场
194		太原市	太原田和食品集团有限公司	太原市小店区北营北路 6 号
195		大同市	大同新发地农产品有限责任公司	大同市矿区新平旺新胜街甲 1 号
196		晋城市	山西蓝远快递物流有限公司	晋城市泽州县金村镇赵庄村北 19 路公交站牌右拐 300 米处
197		临汾市	临汾市彦畅春食品有限责任公司	临汾市尧都区县底镇
198		吕梁市	山西鑫嘉盛食品加工有限公司	吕梁市离石区田家会街道办木问村
199		长治市	长治市云海外贸肉食有限公司	长治市潞州区长安街 41 号
200		晋中市	山西龙海古邺食品有限公司	山西省晋中市平遥县南政乡王家庄村
201	甘肃省	兰州市	甘肃新联友食品冷藏股份有限公司九合冷库	兰州市皋兰县九合镇黄羊头（兰州西收费站向南 1.9 公里）

续　表

序号	省份	所在地	集中监管仓	详细地址
202	广西壮族自治区	南宁市	广西五洲金桥农产品有限公司	南宁市兴宁区昆仑大道 169 号
203		南宁市	广西海吉星冻品市场管理有限公司	南宁市江南区壮锦大道 16 号
204		南宁市	南宁壮宁冷藏食品有限责任公司	南宁市经开区友谊路 21－2 号
205		桂林市	兴安县进口冷链食品集中监管专仓	三〇九集中区兴安县龙鼎公司冷库
206		贵港市	贵港市日日鲜食品配送有限公司	—
207		柳州市	柳州天之业实业发展有限公司	柳南区柳太路 9 号
208		柳州市	柳州肉联厂有限公司	—
209	黑龙江省	大庆市	肇源县进口冷链冷冻冷藏食品集中管理仓	—
210	广东省	佛山市	南海区进口冷链食品集中监管仓	南海区桂城街道环胜路 2 号（鲜特汇冷库）
211		深圳市	友信食品城	深圳市龙岗区南湾街道上李朗社区平吉大道 78 号
212		广州市	广州炜洹冷藏供应链服务有限公司	广州市荔湾区荷景路 78 号
213		广州市	广州市品纳冷库服务有限公司	广州市荔湾区龙溪中路 28 号 8 幢
214		广州市	广州安得利金盘冷冻食品有限公司	广州市白云区大源南路 1 号
215		广州市	广州华邦物流园发展有限公司	广州市白云区太和镇沙太北路华邦路 1 号华邦冷库
216		广州市	广州赛柏诺冷藏仓储有限公司	广州市白云区增槎路 71 的号广州东旺食品综合批发市场自编 168 号
217		广州市	广州孔旺记食品有限公司（磨碟沙冷库）	广州市白云区江高镇茅山肉联街 8 号自编 5 栋、6 栋
218		广州市	广东万纬冷链物流有限公司	广州市黄埔区港前路 2 号
219		广州市	广东新供销天晔供应链管理有限公司	广州市黄埔区瑞祥路 355 号
220		广州市	力量冷链（广州）仓储有限公司	广州市黄埔区丰乐北路 888 号 2 号楼 601 房

续　表

序号	省份	所在地	集中监管仓	详细地址
221	广东省	广州市	广州松洋冷链物流有限公司	广州市黄埔区永和街新业路5号305房
222		广州市	广州鼎丰水产食品开发有限公司	广州市黄埔区明珠路19号
223		广州市	广东新供销天业冷链物流有限公司	广州市黄埔区东江大道132号三号楼第八层
224		广州市	广州市澳兴冷链供应有限公司	广州市广州保税区保环东路103号
225		广州市	广州夏晖物流有限公司	广州市黄埔区永和大道19号
226		广州市	广州荣庆物流供应链有限公司	广州市黄埔区方达路6号B－1栋304
227		广州市	广州市番禺区新昌冷库1库	广州市番禺区沙头街银建2号20号
228		广州市	广州市番禺区新昌冷库2库	广州市番禺区沙头街小罗村新村南街1号
229		广州市	广州市保满商贸有限公司	广州市番禺区沙头街桥兴大道989号7－101
230		广州市	广州市番禺区伟发纸品包装有限公司	广州市番禺区少头街汀根村大板工业区一街22号
231		广州市	广州市番禺区胜业源贸易商行	广州市番禺区沙头街大平村第二工业区自编6号106
232		广州市	广州市番山仓储有限公司	广州市番禺区沙头街银建路20号1幢
233		广州市	广州市番禺区永顺冷库	广州市番禺区沙头街银建2号18号
234		广州市	广州市和兴冷库有限公司	广州市番禺区沙头街大罗塘银建二路16号
235		广州市	广州市番禺区沙头银隆仓库	广州市番禺区沙头街市广路大罗新厂区
236		广州市	广州市连花仓储有限公司	广州市番禺区沙头街小罗村进村东街6号1幢104
237		广州市	云食城智慧产业园（广州）有限公司	广州市番禺区龙津路1－4号

续　表

序号	省份	所在地	集中监管仓	详细地址
238	广东省	广州市	广东山姆冷链食品有限公司	广州市南沙区万顷沙镇广兴中路普福南沙新垦物流园
239		广州市	广州海新冷冻仓储有限公司	广州市南沙区龙穴岛龙穴大道中125 号
240		东莞市	东莞进口集中监管仓增益冷库南门	东莞市沙田镇港前路 85 号
241	河南省	郑州市	郑州市进口冷链食品惠济区集中监管仓	郑州市惠济区绿源路 3 号（中原四季水产物流港）
242		郑州市	郑州市进口冷链食品中牟县集中监管仓	郑州市中牟县万洪路 7 号、8 号、9 号（河南万邦国际农产品物流园）
243	辽宁省	沈阳市	沈阳富运冷链物流有限公司	沈阳经济技术开发区洪湖二街 28 号
244		沈阳市	沈阳长生产业集团股份有限公司	沈阳市皇姑区明廉路 8 号
245		沈阳市	毅都（沈阳）冷链物流发展有限公司	沈阳市浑南区浑南东路 298 号
246		沈阳市	沈阳润恒农产品市场有限公司	沈阳市于洪区红星路 280 号
247		沈阳市	沈阳诚大冷藏物流有限公司	沈阳市于洪区沈大路 99 – 8 号
248	吉林省	长春市	长春华商冷藏物流有限公司	长春市宽城区兴旺路 3488 号
249	内蒙古	鄂尔多斯市	鄂尔多斯市进口冷链食品集中监管仓	鄂尔多斯市乌审旗嘎鲁图粮食储备库区内

资料来源：中物联冷链委，更新日期截至 2021 年 1 月 31 日。

第二节　冷库市场运行情况分析

一、冷库供需情况分析

根据中物联冷链委和链库网不完全统计，2020 年全国冷库可出租面积超过 355. 08 万平方米，主要集中在山东、广东、湖北、上海等地。2020 年全国冷库求租面积达 167. 81 万平方米，需求量剧增。尤其是受新冠肺炎疫情影响，天津、上海、宁波等多个港口冷库资源紧张，爆仓情况严重，见表 3 – 3、

表3－4。

表3－3　　2020年部分省区市冷库出租面积　　（单位：平方米）

序号	省区市	出租面积
1	山东	529320
2	广东	571724
3	湖北	46225
4	上海	138020
5	北京	176500
6	江苏	97380
7	福建	136000
8	辽宁	312000
9	河南	105700
10	四川	13900
11	山西	15000
12	浙江	168400
13	天津	45350
14	江西	15000
15	安徽	163500
16	甘肃	50000
17	广西	100000
18	贵州	12272.18
19	海南	49235
20	河北	104700
21	黑龙江	110000
22	湖南	69072.5
23	吉林	3400
24	内蒙古	112100
25	陕西	403000
26	新疆	3000

资料来源：中物联冷链委、链库网。

表 3 – 4　**2020 年部分省区市冷库求租面积**　（单位：平方米）

序号	省区市	求租面积
1	山东	56010
2	广东	256250
3	湖北	74100
4	上海	350580
5	北京	192360
6	江苏	112226
7	福建	61620
8	辽宁	26700
9	河南	66270
10	四川	32350
11	山西	2000
12	浙江	79000
13	天津	136630
14	江西	11700
15	安徽	44760
16	甘肃	980
17	广西	13600
18	贵州	2800
19	海南	5020
20	河北	71600
21	黑龙江	3500
22	湖南	22280
23	吉林	1000
24	内蒙古	2000
25	陕西	18300
26	新疆	11400
27	重庆	8800

资料来源：中物联冷链委、链库网。

二、部分地区冷库价格行情分析

根据链库网调研，2020上半年冷库租金同2019上半年冷库租金差异不大。由图3－3可以看出，2020上半年北京市冷库租金最高，达到6元/（平方米·天）；其次是海口，达到5元/（平方米·天）；排在第三位的是上海，达到4.8元/（平方米·天）；像沈阳等地区冷库价格增长过快，主要是资质不全冷库动迁、政府批复仓储物流及工业用地减少等原因导致；冷库价格偏低的城市有济南、石家庄、合肥、银川、太原，其他城市冷库租金差距不大，具体见图3－3。

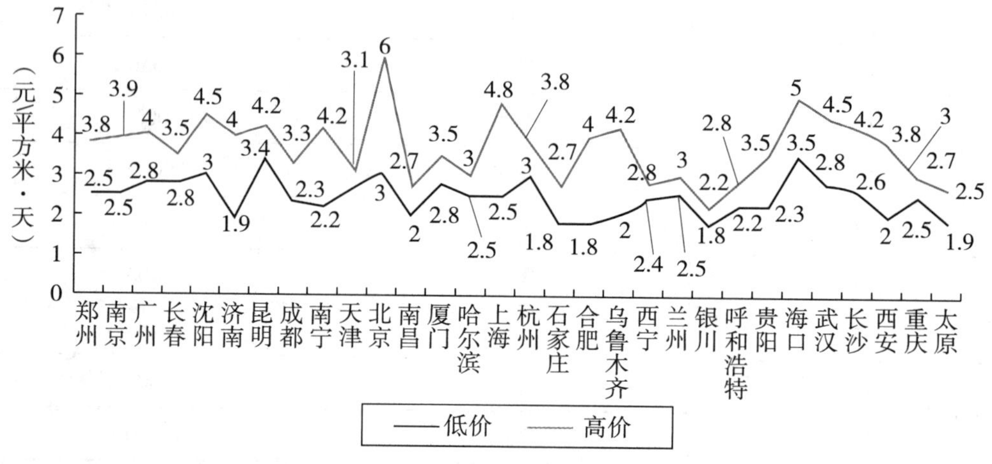

图3－3　2020年全国部分城市冷库价格行情

资料来源：中物联冷链委链库平台。

注：图中对冷库出租价格构成并未进行详细说明，默认包含电费，但不包括处置搬运、分拣操作等其他增值服务费用。

影响冷库价格行情的因素很多，除冷库地理位置、建造规格等因素外，还受到一些特定事件和城市规划等因素影响。根据中物联冷链委链库平台调研，冷库租赁价格增长的主要原因有很多，如企业经营成本增加，为保持良性发展，冷库租赁价格每年都会上调；新冠肺炎疫情防控期间，冷库复工难、用工难、人工成本高；随着消费升级，高端货品仓储需求增加，高标冷库、增值服务需求也在逐年增多；部分地区淘汰了老旧、不合规冷库，冷库资源紧张，导致供不应求价格上涨等。影响冷库价格下降的原因主要包括：冷库温区单一，无法满足客户需求；受疫情影响，部分客户业务量减少、冷库租用量减少，甚至撤出市场；老旧冷库设施水平落后，存在安全隐患。

第三节　乡村振兴战略背景下农产品产地仓储系统重构研究

一、研究背景

仓储系统是物流系统的子系统，广泛存在与生产（供应）和消费之间，起到缓冲和平衡供需矛盾的作用，常常被称为蓄水池。尽管电子商务、供应链整合和及时配送等经营理念发展得相当迅速，且已进入了“互联网 +”物流时代，但联系生产者与顾客的供应链依旧没有达到协调一致，仓储不仅没有被消除，仓储系统在供应链中的作用亦愈发重要。

纵观改革开放 40 多年物流业的发展，供应链源头农产品产地仓储系统的建设与其他领域相比，建设标准和运行效率都差距较大。“物流先行”理念一直没有在源头物流基础网络构建中得到重视并落实，这是阻碍农产品上行、影响农民收入提升的重要因素。

改革开放至今，中央共出台了 22 个一号文件，其中 21 个涉及农业农村物流发展与改革，足见中央对于农业农村物流的重视。2018 年的中央一号文件正式以实施乡村振兴战略为主题，对如何实施乡村振兴战略进行了全面系统部署。2019 年的中央一号文件《中共中央 国务院关于坚持农业农村优先发展做好“三农”工作的若干意见》中提出 2019 年、2020 年是全面建成小康社会的决胜期，为促进农村农业建设与发展，要实施村庄基础设施建设工程，其中提到完善县乡村物流基础设施网络，支持产地建设农产品贮藏保鲜、分级包装等设施，鼓励企业在县乡和具备条件的村建立物流配送网点。农业农村部发布《农业农村部关于落实党中央、国务院 2020 年农业农村重点工作部署的实施意见》，正式启动实施农产品仓储保鲜冷链物流设施建设项目，将建设 100 个农产品骨干冷链物流基地、300 个区域性农产品产地仓储冷链物流设施、2000 个乡镇田头仓储冷链物流设施和 10 万个村级仓储保鲜设施。

这些意味着我国农业农村物流系统重构的“超级工程”进入关键的落地实施阶段。此时，及时地总结我国农产品物流系统中各级仓储子系统的现状及问题，对重构改进具有重要意义。

二、相关文献研究

通过中国知网（CNKI）搜索“农产品”，1986 年以来共有 261272 条相关文献，针对农产品产地仓储及物流系统构建的相关研究不足。这些文献主要集中对于农产品、农产品加工业、农产品加工等方面。以“农产品产地基础设施”“农产品物流”“采摘后果蔬”“农产品初加工”等作为关键词进行搜索，共有 32607 条相关文献，其中对农产品加工关键词搜索的 583 个文献进行数据分析，主要集中在农产品初加工、农产品、产地初加工和农产品加工业三部分，分别占 27. 13%、15. 76% 和 11. 22%。

对于农产品初加工、农产品、产地初加工和农产品加工业相关文献进行对比可以看出，发表时间主要集中在 2007—2020 年，其中 2010—2020 年开始出现连续小高峰，与同期国家相关政策的发布高度吻合，见图 3-4。

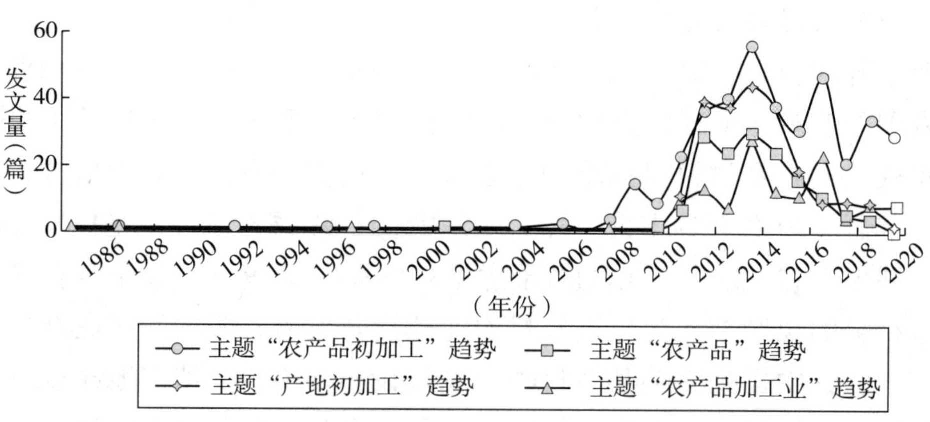

图 3-4　关键词“农产品初加工”总体分布趋势

在以“农产品物流”“采摘后果蔬”“农产品初加工”为关键词搜索得到的 32592 条相关文献中，对于农产品的研究主要分为三种类型，即农产品处理、农产品产地处理流程优化和农产品产业化。

农产品处理方面的研究文献主要集中在较早时期，主要侧重在采摘后农产品的处理、农产品产地初加工存在的问题、农产品产地初加工补助等方面。

农产品产地处理流程优化的研究主要集中在产地初加工流程改进、技术发展趋势和相关设施设备的应用。

农产品产业化的相关研究主要集中在经营模式、标准化、信息技术等方面。农业产业链的形成可以带动农业的发展，企业、农民和政府之间进行合作可以促进农业产业链的形成。

文献分析显示国内学者农产品物流及供应链领域的研究越来越细化，但是对于农产品产地基础设施的研究相对较少，主要集中在技术上的应用、单一基础设施的改进和农产品批发市场的建设方面，对于农产品产地仓储设施，特别是设施系统构建的研究仍存在不足。

三、农产品产地仓储系统现状及原因分析

任何系统都包含三种构成要件，即要素、连接和目标。系统应该具有适应性、动态性、目的性，并可以自组织、自我保护与演进。系统目标的实现依赖于要素的配置，系统要素分为一般要素、功能要素、支撑要素和物质基础要素四类，见表3－5。

表3－5　　系统要素

要素类别	要素内容
一般要素	人、资金、物（劳动对象）、信息
功能要素	储存、运输、包装、装卸搬运、配送、流通加工、信息处理
支撑要素	法律制度、行政命令、标准化、商业习惯
物质基础要素	基础设施、物流装备、物流工具、信息技术及网络、组织及管理

仓储系统最基本的作用是“蓄水池”，也就是调丰补欠。但在我国农村中种植户多且分散，大多数种植户的种植面积较少、产量低，而果蔬农产品对物流设施温湿度条件的要求远高于其他产品，设施投资成本太高，个体种植户几乎无法承受。同时，公共仓储设施覆盖范围有限、服务功能单一，尤其在分担风险方面不能满足种植户的需求。具体表现在以下几方面。

（一）尚未形成有效的仓储系统而被农民积极利用

实验中发放了面向种植户的调查问卷，调查对象为农业企业、合作组织、种植大户和一般种植户，有效回收问卷 163 份。一般种植户占 71. 95%，农业企业占 8. 54%，其余为合作组织和种植大户。

一般种植户的农产品销售方式中，在当地集市自行销售约占 46. 34%，到批发市场销售约占 25%，批发商到田间收购约占 37. 2%，与大型连锁超市签订合作协议仅占 3. 66%，网络销售约占 8. 54%，合作组织销售占 10. 37%。

受访种植户中不使用当地公共仓储设施的高达 95. 73%，主要原因是种植产量低、剩余库存少、农村土地承包制导致耕地分散化碎片化。此外农业生产成本逐年上涨，农民开始选择外出打工而非务农。种植收入占家庭收入比例在 20% 以下占比为 48. 78%，20% ~50% 占比为 27. 44%，50% ~80% 占比为 15. 85%，80% ~100% 仅占 7. 93%，可见一斑。而在选择了当地公共仓储的种植户中，满意的占 57. 14%、一般的占 28. 57%、不满意的占 14. 29%。当地仓库的服务功能主要为收购服务、存储服务、代销服务。针对公共仓储设施服务的意见主要集中在与耕地距离较远、价格过高、功能不能满足储存需要、不方便销售等方面，见图 3 –5。

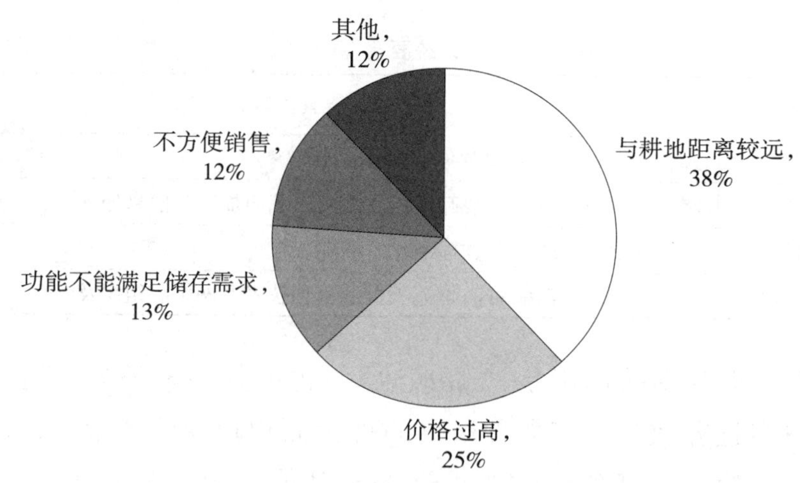

图 3 –5　针对公共仓储设施服务的意见

种植户在选择公共仓储设施时关注的因素依次为价格、距离、位置、功能、赔付是否有保障，如图 3 –6 所示。

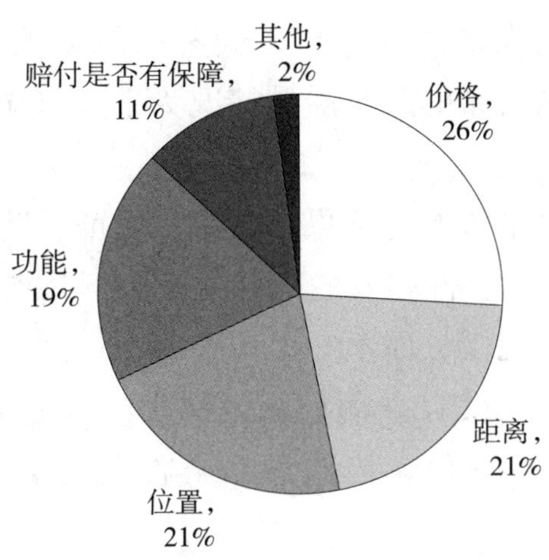

图3－6　种植户在选择公共仓储设施时关注的因素

（二）收储能力弱缺乏系统风险防范功能

在面向种植户的调查显示，现有仓储系统的服务功能主要为收购服务、存储服务、代销服务。针对公共仓储设施服务的意见主要集中在与田间距离较远、价格过高、功能不能满足存储需要、不方便销售等方面。源头仓储设施的不足，使得那些最缺乏成本分担能力的种植户承担着最大的风险，每年都会出现农产品滞销。

根据多个权威网站，统计分析了2009—2020年上半年的农产品滞销情况，结果显示事件发生频次较多的依次是河南、山东和安徽，见图3－7。

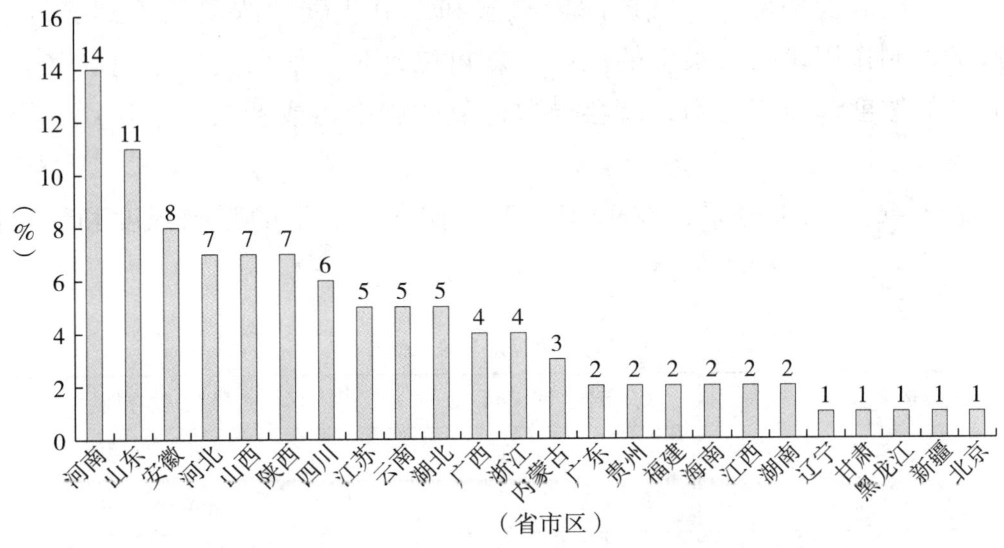

图3－7　2009—2020年上半年的农产品滞销情况

滞销频率较高的蔬菜依次为土豆、大葱、芹菜、莲藕、白菜，11 年中土豆滞销 6 次。目前已公布的蔬菜滞销情况为土豆 900 吨、大葱 200 吨、芹菜 800 吨。

滞销频次较高的水果依次为苹果、红枣、甘蔗、黄梨、柑橘。

“果（菜）贱伤农”事件频发的根源在于以下几点。

一是盲目扩大生产规模，而不知道市场容积量到底有多大。

二是采收后销售农民没有主动权，大都卖给中间商（下乡的中间商再卖到城市农贸市场的中间商），当农产品丰收供大于求时中间人会趁机压价，滞销恐慌加重供大于求。

三是普遍缺乏有保障的、可信赖的农产品产地仓储系统。

农产品滞销不仅严重影响了农民的积极性，更重要的是造成了资源浪费。众所周知，农产品重数量、轻质量已经造成非常严重的影响，成为社会广泛关注的话题。种植过程中大量使用的化肥、农药、地膜、除草剂，不仅造成这些产品的有害物质超标，对环境的影响更加严重。

（三）气调技术应用缺乏供应链成本分担保障

由于农产品采收后仍然是一个生命有机体，仍会进行呼吸作用，通过调节其储存环境中的温度和气体成分（如氧气、二氧化碳、乙烯等），从而降低其呼吸强度，延长储存期，这项储存技术被称为气调储存。

在一定温度条件下，气调库内氧气和二氧化碳的浓度调节到适量值，呼吸的抑制作用增强，果蔬的储存期就可以延长。如果气调库内氧气和二氧化碳的浓度调节不合适，就会导致二氧化碳中毒或低氧发酵作用，果蔬就会腐烂变质。

表 3－6 则为部分果蔬在 15℃～21℃储存条件下的呼吸强度和最长储存期。

表 3－6　　部分果蔬呼吸强度与最长储存期

产品	CO_2 产生量（mg/kg·h）	最长储存期
洋葱	1～3	200～300 天
大蒜	2～3	200～250 天
胡萝卜	26～95	150 天左右

续　表

产品	CO_2 产生量（mg/kg·h）	最长储存期
苹果	18~41	100~150 天
橘子	13~34	60~90 天
花椰菜	43~86	30~40 天
杧果	45~151	20 天左右
牛油果	62~374	20 天左右
香蕉	21~35	25~30 天
草莓	71~196	9~11 天
蘑菇	62~83	8~9 天

目前，我国农产品产地气调库技术应用非常有限，主要原因有两个。

一方面是建设成本高。气调库的气密性是关键，气调库的观察窗、气密门、保温材料及其与地面的连接方式对库体的气密性影响巨大。因此，空气压力平衡袋、安全阀等是气调库运行的必要保障。此外，还需要加湿、除二氧化碳、除乙烯等技术，这使得气调库建设成本和运营成本都很高，如果没有一个良好的供应链成本分担机制是根本不可行的。

另一方面是缺乏适用于我国的气调储存技术参数。与技术较为成熟的国家相比，我国非常欠缺该领域的应用参数指南。例如，美国农业部定期出版水果、蔬菜、花卉和苗木的商业储存指南，简称“农业手册第 66 号”，用以帮助指导这些产品的长期商业储存。该手册是新鲜水果、蔬菜、切花和其他园艺作物的储藏指导，以便为这些商品的储存提供一个较好的环境，最大限度地减少损失。

（四）农产品产地仓储物流系统相关专业标准欠缺

2014—2019 年，伴随着电子商务和“互联网+”物流的高速发展，人民生活水平不断提高，对果蔬的需求大幅增加，推动我国果蔬的种植结构、种植面积、总产量以及人均占有量增长，见表 3-7。

但迄今为止，我国关于农产品产地采摘、预冷、包装、储存、运输等环节的相关标准及作业规范依旧欠缺。

表 3－7　　2014—2019 年全国果蔬产量、产值和人均占有量

年份	种植面积（万公顷）	种植结构占比（%）	总产量（万吨）	人均（千克）
2014	3083.21	14.44	88251.25	135.5
2015	3082.51	14.76	90949.70	138.3
2016	3045.61	14.96	91839.36	144.0
2017	3111.71	15.26	94434.58	144.8
2018	3162.64	15.58	96035.07	146.5
2019	3202.50	15.79	99503.40	148.2

资料来源：http：//www.stats.gov.cn/tjsj/ndsj/。

根据中国物流与采购联合会标准工作部、全国物流标准化技术委员会秘书处发布的《物流标准目录手册》，截至 2019 年我国现行物流国家标准、行业标准和地方标准目录共计 1112 项，按内容分为基础性标准、公共类标准、专业类标准和标准化指导性文件四大部分。其中，与农产品产地物流相关的有 149 项，具体为：农副产品、食品冷链物流基础标准 2 项；农副产品、食品冷链物流设施设备标准 7 项；农副产品、食品冷链物流技术、作业与管理标准 78 项，其中涉及肉蛋奶 25 项、果蔬类 53 项，其他农副产品、食品物流标准 3 项，粮油物流标准 46 项，烟叶贮藏标准 5 项，棉花包装储运标准 3 项，中药材贮藏与追溯标准 4 项，农资物流信息规范 1 项。具体见图 3－8。

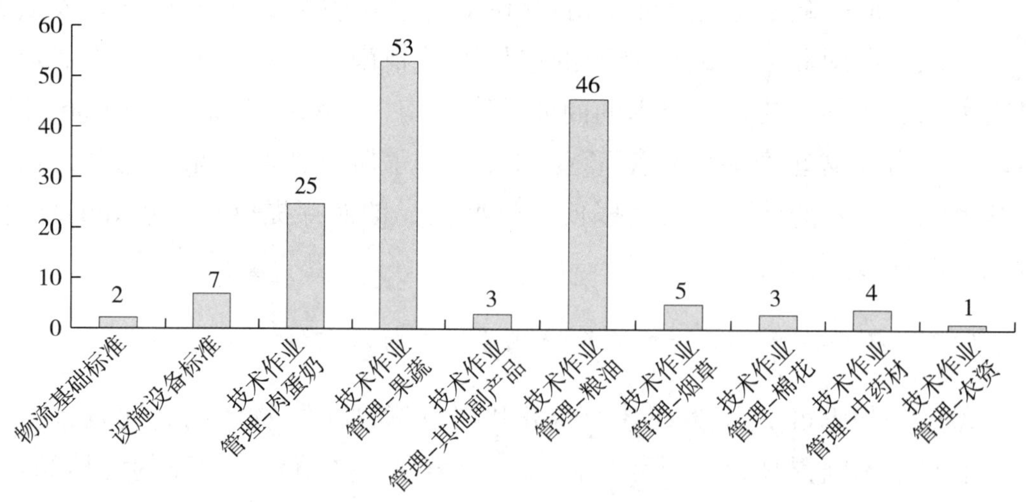

图 3－8　我国现有与农产品产地仓储相关标准数

比较遗憾的是这些标准的认知度不高，推广也不尽如人意，主要原因

是除 63 个国家标准外，多为行业标准，且涉及 12 个行业，其中较多的依次是商业行业推荐标准 24 个，粮食行业标准 25 个，农业农村部行业标准 13 个。总体上看，标准均侧重主观表述，在种植生产、流通组织和运营管理中的技术指导性不强。

四、农村产地仓储系统重构建议

（一）重视产地仓储系统建设对乡村振兴的战略意义

产地仓储系统是一个国家产业生态圈的重要组成部分，是面向乡村的基础产业，应以适合农民自身发展为目标。综观改革开放 40 年物流业的成就，供应链源头农产品产地仓储系统的建设与其他领域相比，建设标准和运行效率都差距较大。“物流先行”理念一直没有在源头物流基础网络构建中得到重视并落实，这也是阻碍农产品上行、影响农民收入提升的重要因素。从战略意义层面上主要归纳为三方面。

（1）通过农产品产地仓储系统的建设，把乡村建成真正的国之重“仓”，成为调丰补欠的战略储备基础，发挥稳定器作用。

（2）依托产地仓储系统建设带动相关高科技产业的发展，立足乡村战略价值的开发，在原有基础上建设高科技智慧农村，吸引更多的高水平人才返乡、下乡。

（3）我国农产品产地 GIS 有无限的价值空间，乡镇田头仓储冷链物流设施和村级仓储保鲜设施对食品安全来说具有非凡的战略意义。产地仓储系统基础功能和可增值功能见表 3－8。

表 3－8　产地仓储系统基础功能和可增值功能

序号	名称	数量（个）	基础功能及重构增值功能
1	村级仓储保鲜设施	10000	收储、预加工、GIS 大数据采集（水土、气象、虫害等）
2	乡镇田头仓储冷链物流设施	2000	集货、分级、包装（地理标志品牌创新）农产品品质改进
3	区域性产地仓储冷链物流设施	300	集货、大规模储存（价格调节及仓单质押等金融服务）
4	骨干冷链物流基地	100	分拨、转运、配送

（二）明确产地仓储系统在农产品供应链中的经济增值功能

农产品产地仓储系统主要由村级仓储保鲜设施、乡镇田头仓储冷链物流设施和区域性产地仓储冷链物流设施构成，根据产地的区位、道路条件、种植规模、种植品种、收获季节等各种因素，产地仓储系统应该由各种类型的仓库构成。从功能上看，这些仓库可以是储调中心、集货中心、分货中心、转运中心、加工中心、配送中心和物流中心，其中，储调是最基础的功能，这一功能在经济增加值模型中占有重要地位，见图3－9。

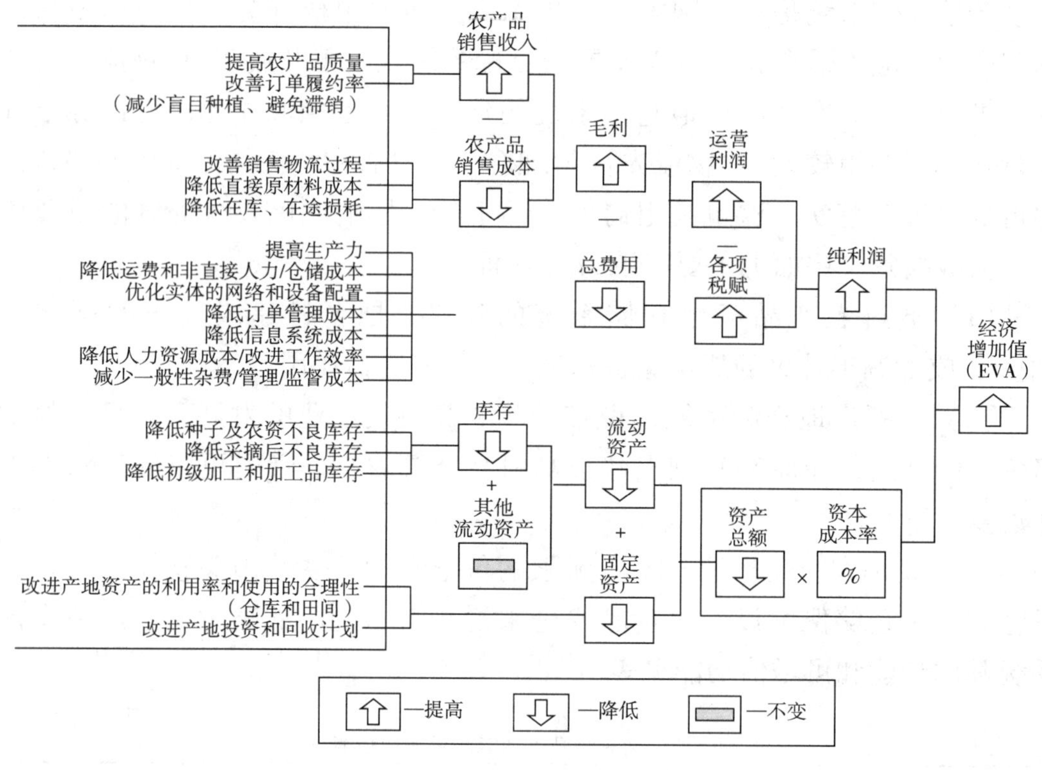

图3－9　农产品储调经济增加值模型

对国外农产品产地仓储领域的资料查询与分析，一些发展中国家的产地仓储设施系统建设与运作实践更具借鉴意义，例如印度的马哈拉施特拉邦仓储公司。

马哈拉施特拉邦仓储公司是印度历史较为悠久的国家仓储公司。该公司基于《仓储公司法案》《孟买仓库法》和《孟买仓库规则》制订详细的运作程序。公司最初只有3个仓储中心，截至2019年发展到200个仓储中心，其最基础的功能是对多种农产品、肥料、种子等进行科学储存，而最大的经济增值在于依托仓储设施创建了商品现货交易模式，农民将农作物储存到公司的仓库后，公司还提供全额保险和仓单质押监管服务，降低农民风险的同时，又力争使供应链各关系方的利益最大化。

（三）培育扶持具有产地仓储系统功能的农产品供应链核心企业

乡村振兴的战略意义一方面是提高农民的收入，促进农业现代化进程；另一方面是进一步提高全民食品安全的基地保障水平。最根本的问题是能否将农民从“将收成转成收入”的困境中解放出来，储存、筛选、分级、包装、分销等活动由更专业的组织去完成。从供应链角度看，核心企业的确定非常重要。

根据我国现状，下面就三种核心企业模式提出建议。

（1）以合作社为核心模式。

合作社作为供应链核心，不仅要建设气调仓库为果农储存、代销水果，更重要的是通过储存、拣选分级、包装等流通加工生产，打造富有地理标志特色和品质的区域农产品。

（2）以农业产业化龙头企业为核心模式。

由规模大、品质优的种植户或食品加工企业负责仓储设施的建设以及果蔬的收、储、销售、加工，尤其在果蔬丰收的时候进行深度加工，可以延长产品生命周期、创造价值。

（3）以近年来蓬勃发展的“平台＋物流”企业为核心模式。

这类企业在骨干冷链物流基地、区域性产地仓储冷链物流设施、乡镇田头仓储冷链物流设施和村级仓储保鲜设施四级短板建设中拥有独特网络覆盖优势。其通常具有工业品下行和农产品上行的双重优势，对气调库等基础设施的供求了解更加系统全面，而且这类企业的系统化运作能力强、资金雄厚，抗风险能力也更强。

（四）依托5G技术先行搭建农产品全社会风险防控平台

5G 技术已经在骨干冷链物流基地、区域性产地仓储冷链物流设施建设中被广泛使用。从乡镇田头仓储冷链物流设施和村级仓储保鲜设施在整个国家供应链战略中的地位来看，5G 在田间和山区中应用范围更广、应用价值更大。以信用信息为基础，构建农产品全社会风险防控平台，平台结构概念图见图 3－10。

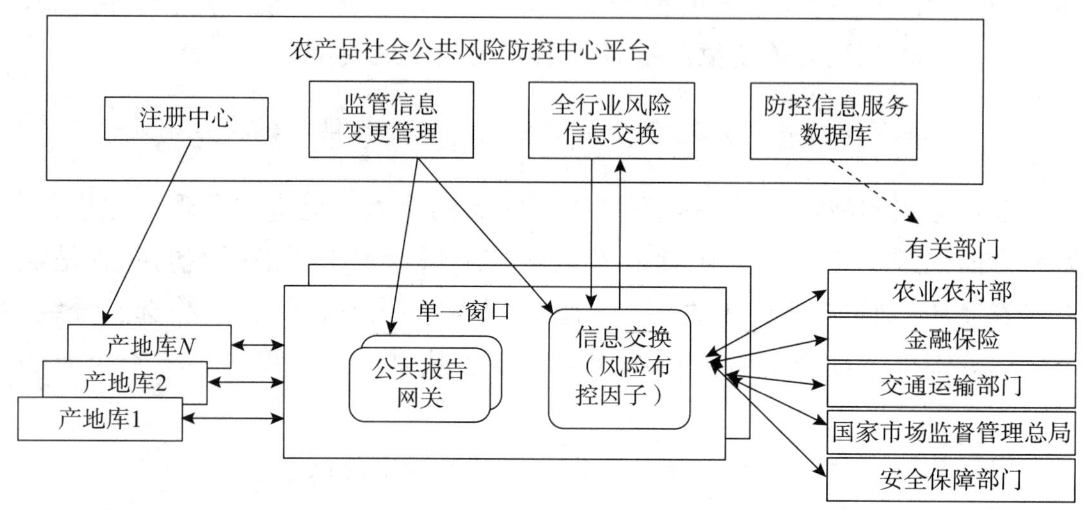

图 3－10　农产品全社会风险防控平台概念图

该概念图参考了欧盟单一窗口管理中心概念结构。目前，国内已有此类平台，但在紧急时刻信息互通、资源共享还是暴露出了真实性和可得性的不足。建议以信用信息为基础，先行搭建农产品全社会风险防控平台，将有效促进未来产地仓储系统重构，提升系统风险防控能力。

五、分析结论

伴随“互联网＋”物流时代的到来，我国物流业取得举世瞩目的成就。但全社会物流系统建设依然存在结构性失衡。本研究将农产品产地仓储系统重构对乡村振兴的战略意义归纳为三点：一是通过农产品产地仓储系统的建设，把乡村建成真正的国之重“仓”，调丰补欠；二是依托产地仓储系统建设带动相关高科技产业的发展，立足乡村战略价值的开发，在原有基础上建设高科技智慧农村，吸引更多的高水平人才返乡、下乡；三是乡镇田头仓储冷链物流设施和村级仓储保鲜设施的市场空间巨大，要做好信息化的基础工作，发挥农产品产地 GIS 的价值空间。

（本节作者　北京物资学院副教授　刘俐）

第四章　2020年全国冷链运输市场情况分析

第一节　冷藏车市场情况分析

一、冷藏车市场发展背景

随着城镇化进程加快，人们生活水平不断提高，城市配送需求也大幅增长。冷链配送是城配的重要一环，特别是受新冠肺炎疫情影响，生鲜电商和医药冷链等需求不断增加，冷链物流行业迅速发展。作为冷链物流的核心设备，冷藏车的市场销量规模也随之扩大。

冷链需求崛起，带动冷藏车高速发展。根据中物联冷链委测算，2020年我国食品冷链物流需求总量为2.65亿吨，比2019年增长3191万吨，同比增长13.69%。2020年我国冷链物流市场总规模为3832.0亿元，比2019年增加440.8亿元，同比增长13.0%，仍保持稳定增长态势。食品冷链、生鲜电商等的蓬勃发展，很大程度上促进了我国冷藏车市场需求的快速增长。2019年受非洲猪瘟疫情的影响，政府提倡“集中屠宰、冷链运输、冰鲜上市”，鼓励屠宰企业配备必要的冷藏车等设备，提高长距离运输能力。同年城乡冷链物流设施建设在中共中央政治局会议中被提到。在新冠肺炎疫情的背景下，企业与消费者重新认识了冷链，并意识到冷链物流在保证生鲜食品供应与安全方面的重要性。未来轻微型城乡配送车辆的需求将会增长，从此我国冷藏车市场进入飞速发展期。

2020年受新冠肺炎疫情的影响，冷链流通成为行业重点，加快了行业优胜劣汰。冷链企业不忘初心，主动承担了企业对社会的责任与使命，彰显了冷链人的勇敢与担当，受到政府的大力支持。在“十四五”规划中，政府重点指出了冷链物流载具对于冷链物流行业的重要性。

随着我国高等级公路和高速公路的不断增多，公路通过能力提升，行驶安全性增强，车辆的行驶速度提高，有利于重型冷藏车和冷藏列车的发展。同时城市化给冷藏车带来了更多的变化，为了适应市场的变化，中型冷藏车将有很大部分被轻型冷藏车、微型冷藏车和重型冷藏车所取代。

二、冷藏车市场增长情况分析

（一）冷藏车保有量、增量、公路货运量分析

据不完全统计，截至 2020 年，全国冷藏车市场保有量已突破 28 万辆。2015—2018 年我国冷藏车市场保有量年增长率均超过 20%，2019 年的增长率较上年有所下滑，约为 19.3%，但 2020 年超过了 30%。受多重因素影响，冷链食品关注度变高，冷藏车市场保有量有望快速增长，如图 4－1 所示。

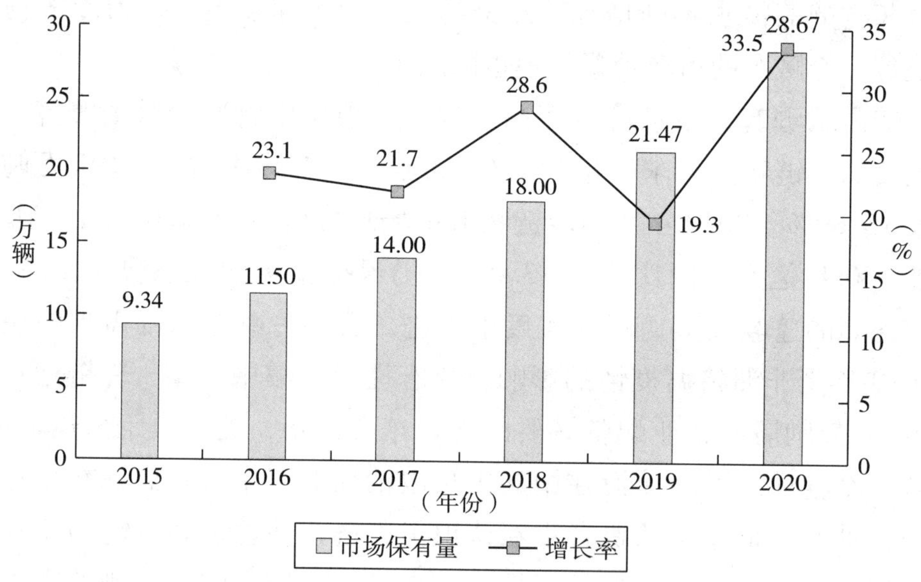

图 4－1　2015—2020 年全国冷藏车市场保有量及增长率

交通运输部数据显示，2020 年全国公路货运量为 34.26 亿吨，受道路运输封闭的影响，较 2019 年下降 17.64%，直接导致公路货运成本增加，如图 4－2 所示。

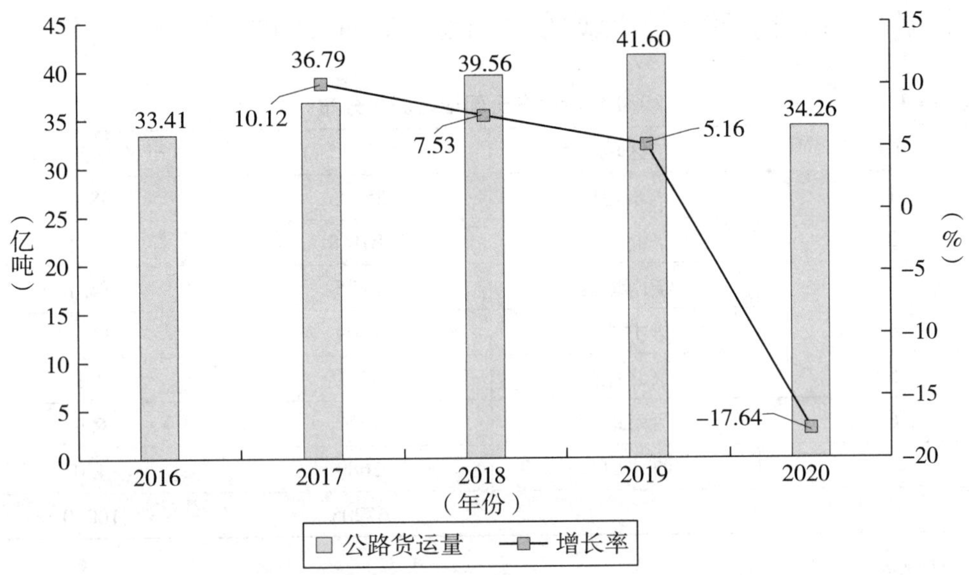

图 4－2　2016—2020 年全国公路货运量及增长率

资料来源：交通运输部。

（二）冷藏车销售情况分析

据不完全统计，2020 年我国国内冷藏车销量为 67205 辆，较 2019 年的 48241 辆增长 39.31%。2015—2020 年我国冷藏车市场销量增长率呈波浪形增长趋势，波峰波谷与市场关注度挂钩，如图 4－3 所示。

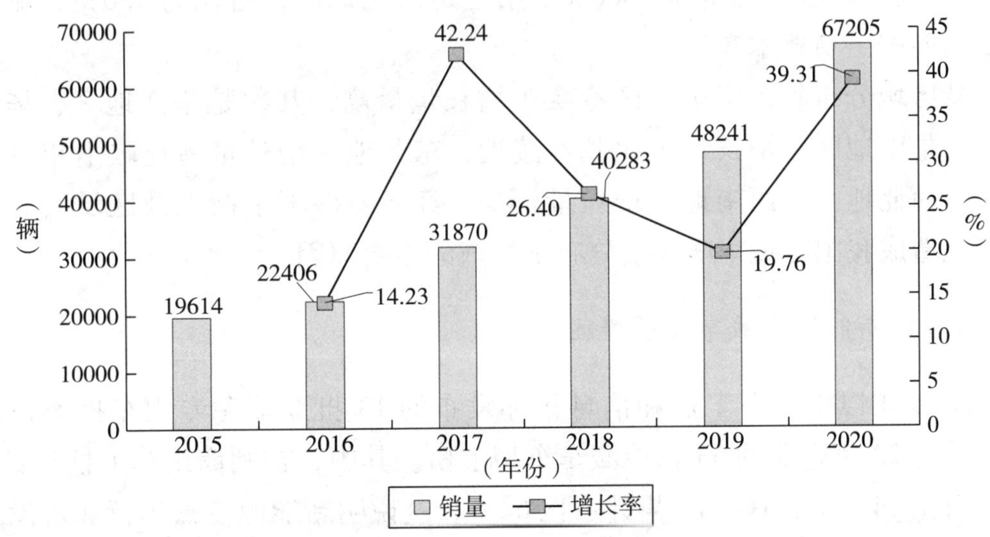

图 4－3　2015—2020 年全国冷藏车销量及增长率

资料来源：《中国专用车行业发展前景预测与领先企业技术研发进展分析报告》。

根据信息统计，2020 年冷藏车全国地区流向分布情况见表 4 －1。

表 4 －1　　2020 年冷藏车全国地区流向分布

排名	区域	销量（辆）	市场份额（%）
1	华东地区	25605	38.1
2	华北地区	10148	15.1
3	华南地区	9475	14.1
4	华中地区	9409	14.0
5	东北地区	5242	7.8
6	西南地区	4637	6.9
7	西北地区	2689	4.0
合计		67205	100.0

资料来源：《专用汽车》。

从区域分布看，2020 年华东区域占据了近四成的市场，在全国七大片区中为最高，主要是上海、南京、苏州、无锡、青岛、合肥、杭州等城市冷藏车较多。第二是华北地区，占比为 15.1%，主要集中在北京和天津。第三是华南地区，占比为 14.1%，流向较多的是深圳、广州。第四是华中地区，占比为 14%，该地区流向较多的是武汉、郑州。第五是东北地区，占比为 7.8%，流向较多的是沈阳、哈尔滨。第六是西南地区，占比为 6.9%，流向较多的是成都、重庆。第七是西北地区，占比为 4.0%，流向主要是西安、乌鲁木齐。

从区域分布看，华东地区冷藏车增长量最高，其次是华南地区、华北地区、华中地区，增长量占比基本接近，东北地区增长量占比较上年有所提升，西北地区、西南地区增长量较少。经济发展不平衡以及区域气候差异等是造成我国冷藏车增长量分布不均衡的主要原因。

（三）新能源冷藏车发展概述

2020 年以来，在工业和信息化部发布的 13 批新能源专用车推荐目录中，共有 27 家企业的 63 款冷藏车车型上榜。其中，吉利商用车上榜达到 9 款，占比 14.3%；TOP 10 累计占比 62%，这说明新能源冷藏车行业还没有形成寡头垄断的局面。新能源专用车企业上榜车型见图 4 －4，新能源专用车推荐目录见表 4 －2。

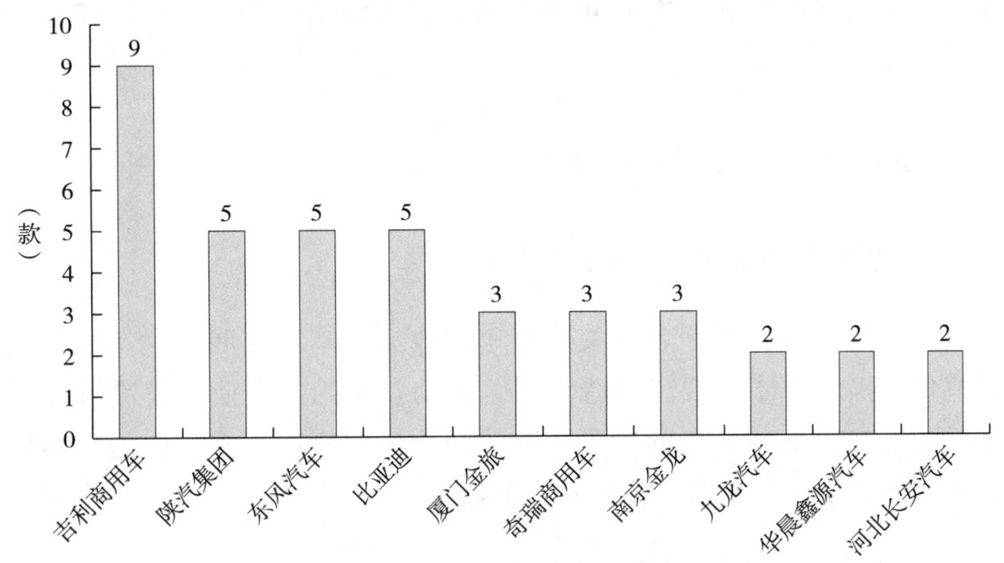

图 4－4　新能源专用车企业上榜车型

表 4－2　新能源专用车推荐目录

	1	2	3	4	5	6	7	8	9	10	
企业	吉利商用车	陕汽集团	东风汽车	比亚迪	厦门金旅	奇瑞商用车	南京金龙	九龙汽车	华晨鑫源汽车	河北长安汽车	合计
上榜数量（款）	9	5	5	5	3	3	3	2	2	2	39
占比（%）	14.3	7.9	7.9	7.9	4.8	4.8	4.8	3.2	3.2	3.2	62

在节能环保大趋势下，新能源冷藏车受到国家层面的高度重视。随着新能源冷藏车技术的发展和充电桩新基建的加速落地，在政府扶持、各地陆续开放路权的大环境下，新能源冷藏车的发展前景会越来越好，是货车市场的新蓝海。

第二节　冷藏车市场政策环境及趋势分析

近几年来，国家出台了多项冷藏车相关政策，支持冷藏车规范、绿色发展，还大力推动新能源汽车的消费和使用，为促进产业优胜劣汰降低了新能源货车的补贴标准。2020 年由于新冠肺炎疫情影响，冷链物流面临着严峻的现实考验。

一、2020 年冷藏车相关的政策

（一）国家层面主要冷藏车政策

2020 年国家出台了多项有关冷藏车的政策，鼓励发展冷藏车流通过程的规范化，强调整体冷藏车制造水平，鼓励食品相关企业配备冷藏车以提高运输能力。2020 年发布的冷藏车相关的政策和标准不多，但是内容比前几年更加有力度，更容易让企业实际落地。

（二）冷藏车新能源、标准方面

在环保节能的大趋势下，国家在推动新能源冷藏车购买和使用方面高度重视。2020 年新能源冷藏车市场需求相比 2019 年有所上升，随着新能源冷藏车技术的发展和充电桩的建设，新能源冷藏车将迎来良好的发展。

《冷藏、冷冻食品物流包装、标志、运输和储存》，对于冷藏冷冻食品在运输过程中使用的车辆和设备作了要求。

表 4－3　　冷藏车相关文件

时间	发文部门	文件名	相关内容
2020 年 4 月	财政部、科学技术部、工业和信息化部、国家发展改革委	《关于完善新能源汽车推广应用财政补贴政策的通知》	将新能源汽车推广应用的财政补贴有效期延长到 2022 年年底。原则上 2020—2022 年补贴标准分别在上一年基础上退坡 10%、20%、30%
2020 年 9 月	国家卫生健康委员会、国家市场监督管理总局	《食品安全国家标准 食品冷链物流卫生规范》	国内首个食品安全冷链物流强制性国家标准，于 2021 年 3 月 11 日正式实施
2020 年 8 月	交通运输部	《交通运输部关于进一步加强冷链物流渠道新冠肺炎疫情防控工作的通知》	强调认识冷链物流渠道疫情防控工作的重要性；强化部门协同联动，防范冷链食品新冠病毒污染风险；要加强从业人员防护，切实保障冷链物流一线工作人员自身安全；要严格运输装备消毒，坚决防止病毒通过交通运输渠道传播；要落实信息登记制度，为冷链物流疫情防控追溯提供有力支撑等内容

续　表

时间	发文部门	文件名	相关内容
2020 年 11 月	交通运输部	《交通运输部关于印发〈公路、水路进口冷链食品物流新冠病毒防控和消毒技术指南〉的通知》	以预防公路、水路进口冷链食品物流从业人员及相关人员受到新冠病毒感染为主线，突出装卸、运输等重点环节防控，注重加强冷链食品包装的消毒

二、冷藏车市场目前存在的问题

（一）公告管理无力，劣币驱除良币

国家对主机厂、底盘商的合格证管控宽松，非法改装企业多，这导致冷藏车质量良莠不齐，助长了企业之间不正当竞争，造成了市场混乱。而且冷藏车生产企业公告检测费用高，载货类冷藏车新产品整车公告费用为 8 万元（含 A7 冷藏车专项实验费用，共 15 项报告），冷藏半挂车整车公告费用为 9 万元（含 A7 冷藏车专项实验费用，共 16 项报告），企业不愿支付如此高昂的费用。

（二）标准建设滞后，车辆上牌困难

企业有两个呼吁：一个是将车载总质量由 4. 5 吨提升到 6. 5 吨，增加 2 吨的载重量；另一个是将现在的 8 吨黄牌冷藏车改为 8 吨蓝牌冷藏车，同时享有目前蓝牌冷藏车的路权。但这需要对目前蓝牌冷藏车适用的法规和标准作出修订，不利于冷藏车市场的良性发展。

（三）恶性低价竞争，挤压行业利润

无序的低价竞争给正规企业带来了很大的冲击，造成了市场混乱。国内运输市场竞争激烈，受到经济发展水平和认识不足等影响，用户为降低投入成本，在购车时倾向于低价产品。低价竞争引发低质竞争，随着利润空间被不断压缩，部分冷藏车企业一味压低成本而忽视产品质量。

（四）二手海柜改装，冲击半挂市场

二手海柜技术指标达不到国家要求，安全性差。低价二手海柜挤压了

冷藏半挂车市场空间，造成合规的冷藏半挂车销量极低。这也是目前“大吨小标”问题类似的痛点。

（五）技术研发低下，质量有待提高

目前冷藏车生产企业仍普遍采用20世纪90年代引进的德国湿式制法和意大利干式制法，工艺水平改进效果不明显，制冷方式单一，在多方面还存在明显的差距。此外还有环保问题日益突出。

（六）新能源冷藏车发展薄弱

当前新能源冷藏车技术不成熟，成本较高，车型公告较少，从冷藏车生产企业角度来讲资金回报率不高，从冷藏车用户角度来讲电池提供动力不稳定。“5·21”事件后新能源冷藏车成为一个重灾区，因为新能源电池的重量问题，导致车辆超重更加严重，延缓了新能源冷藏车的上市时间，用户开始向传统冷藏车转移，整个市场进入空窗等待期。随着新能源车辆的补贴降低甚至取消，企业生产和使用的积极性下滑。

三、冷藏车市场发展趋势

（一）产业政策红利加速释放，引发新基建热潮

相关政策为国内冷链物流发展营造了良好的市场环境，促进了冷藏车市场进入高速发展阶段。2020年中央一号文件再次聚焦冷链物流，且篇幅和力度超越之前。随后国家市场监督管理总局、国家发展改革委、农业农村部、交通运输部分别从基础建设、完善产地冷链体系、加强冷链物流监管等层面发文促进冷链物流行业发展。冷链新基建成为城市新基建的重要组成部分，为国内冷链物流的发展营造了良好的市场环境。冷链产业的全面发展，促进了冷藏车市场的高速增长。

（二）冷藏车行业法规助力市场发展

据统计，目前冷藏车的国家标准主要是《道路运输 食品与生物制品冷藏车安全要求及试验方法》，涉及生鲜、冷藏食品、冷冻食品等，明确

了温度分类和冷藏车分类的对应关系，对冷藏车的功能要求做了明确规定。保鲜、冷鲜、冷冻三类冷藏车标准法规逐步完善，推动了冷藏车市场的发展。

（三）冷链运输物品主要以食物为主，是市场刚需，不受疫情影响

值得注意的是，在新冠肺炎疫情影响下，进口冷链食品需求依旧快速增长，成为促进国内冷藏车市场逆势上扬的重要因素。随着新零售消费场景的变化及生鲜电商的迅速升温，大大促进了冷藏车市场的发展。随着多地区、多领域出台涉及冷链物流政策，冷链物流标准化体系将逐渐完善，冷藏车行业监管力度将逐渐加强，向标准化和规范化方向发展。

（四）环保节能盛行，冷藏车绿色高效发展

当前企业已探索采用无氟环保成型聚氨酯作为保温夹心材料、内外蒙皮采用高分子复合纤维材料，提升运输效率、降低污染，未来环保节能高效的生产材料、设备、技术等将应用得更加普遍。从能源和燃料角度来说，由于新能源冷藏车技术发展的不成熟、电池技术落后以及政策补贴降低等相关影响，新能源冷藏车当前发展进程较为缓慢，但长远来看，在环保大势下新能源必定是冷藏车未来发展大潮。绿色物流、环保节能是当前发展的重要方向，冷藏车行业也将向绿色高效的方向不断前进。

第三节　铁路冷链市场情况分析

一、我国铁路冷链发展现状

（一）冷链发展背景

1. 紧抓冷链口岸高地

随着中亚对我国食用商品的需求量以及我国进口东盟水果的需求量逐渐增大，冷链物流发展迎来了新的机遇。拥有铁路口岸的铁路局可充分发挥铁路运输优势，研究制订肉类、水果及海产品等进出口或中转贸易的运

输方案，建设配套铁路冷链物流基地，并围绕铁路口岸打造新贸易和产业集群。

2. 紧跟国家冷链政策

铁路冷链的发展一方面要积极争取国家及地方政府对建设鲜活农产品仓储物流设施给予补助的冷链专项资金，另一方面要结合地区冷链发展诉求，融入社会冷链物流体系，与社会冷链物流企业合作。

3. 紧贴居民消费结构

当前消费者主要关心的是产品品牌、保质期以及产品价格等，但对于冷链全过程缺乏关注和了解。近年来随着政府对食品安全问题的重视以及消费者消费观念的逐渐转变，冷链物流逐渐得到一部分消费者的认可。因此必须结合各个阶段居民冷链消费及认知能力，逐步发展铁路冷链，避免高投资低回报，降低运营风险。

4. 紧依电商零售新浪潮

在移动互联网背景下，生鲜电商的发展将促使生产和消费区域的集中分离化，形成长距离、大范围、多品种的产品流通模式，有利于铁路发挥干线、长距离运输优势。因此与电商企业合作共建铁路冷链电商平台，可以实现信息共享，促进社会资源合理化配置，为铁路拓展冷链运输增值服务，创造良好的发展机遇和途径。

5. 紧握食品安全保障线

考虑到易腐食品应全程在冷链运输才能保证食品的安全、新鲜度。而当前我国存在冷链基础设备设施落后、功能失衡、冷链标准缺乏监管、企业执行力度差等各种问题，铁路部门可以制定各类铁路冷链标准，举起冷链品质物流的前进大旗。

（二）冷链支持政策

据不完全统计，2020 年国家层面出台的冷链相关政策和规划超过 56 项，从多维度指导部署推动冷链物流行业健康发展，其中由国务院出台超过 37 项。冷链行业发展备受重视，农产品冷链物流体系建设成焦点。

自国铁集团 2016 年颁布《铁路冷链物流网络布局“十三五”发展规划》以来，极大推动冷链重点项目建设。2020 年国铁集团公布了冷链物流重点项目，从发运、装卸、运输环节重点保障冷链运输时效。

（三）铁路冷链发运量现状

1953 年中国铁路正式开办了冷藏运输业务，主要使用加冰保温车完成大宗物资运输，在 20 世纪 90 年代中期发运量达到 1700 万吨。但进入 21 世纪以来，铁路冷链发运量由盛转衰，市场份额不断下滑，低谷时只有 40 余万吨，而其他方式的冷藏运输开始迅猛发展。近年来铁路冷链运输受益于铁路顶层设计、中国的消费升级和冷链物流的结构性发展，随着装备不断升级，冷链运输成本过高和冷链运输利润不足的问题逐步得到解决。在此情况下，铁路冷链发运量快速增长，2015 年铁路冷链发运量仅为 42. 9 万吨，2016 年、2017 年、2018 年、2019 年、2020 年铁路冷链发运量分别为 62. 4 万吨、109. 1 万吨、166 万吨、206 万吨和 146 万吨，如图 4 –5 所示。

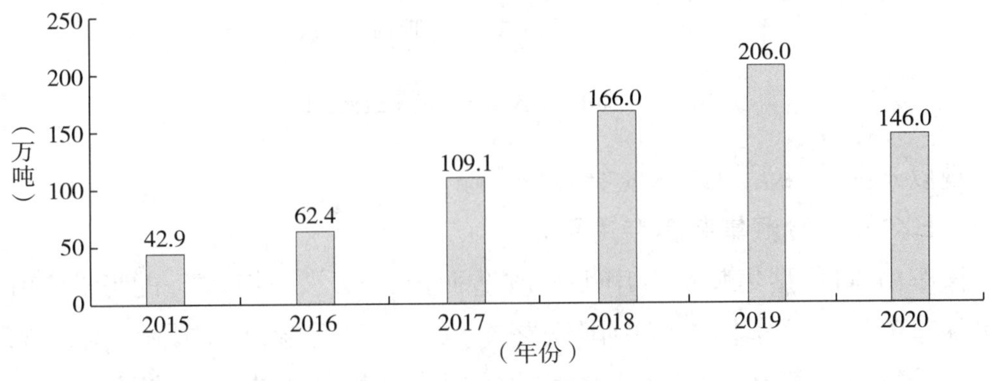

图 4 –5　铁路冷链发运量

如图 4 –6 所示，2020 年我国铁路冷链发运量排名前十的路局为呼和浩特局、上海局、乌鲁木齐局、昆明局、济南局、成都局、兰州局、广铁集团、沈阳局及武汉局。

（四）铁路冷链装备现状

1. B10 型机械冷藏车

该车型由武昌车辆厂于 1995 年试制而成，车辆自重 38. 2 吨，载重 43. 5 吨，容积 106. 5 立方米，目前全国仅存 20 辆，现已基本淘汰。

2. B22 型机械冷藏车

B22 型机械冷藏车有 5 辆，中间为乘务发电车，两端各有 2 辆冷藏货物车。车组全长 108 米，货物车单节自重 36. 8 吨，载重 46 吨，成组载重 184

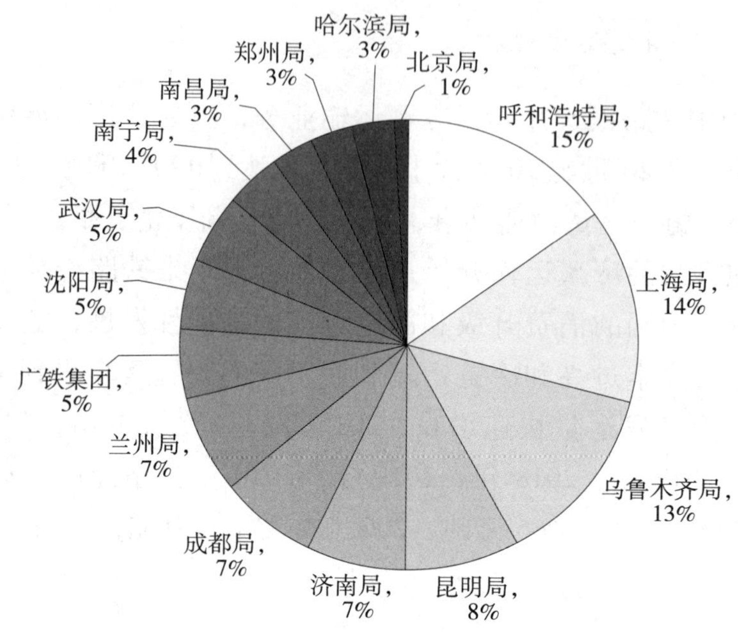

图4－6　2019年各路局冷链发运量占比

吨。现以不制冷保温模式承揽奶制品运输。

3. BX1K型冷藏集装箱专用平车

该车由X1K型集装箱专用平车改造而成，以“一拖八”的形式与B23型机保车编组。该车标志着中国铁路冷藏集装箱运输已与国际接轨，打破了海运冷藏集装箱在国内无铁路运输的历史，填补了中国铁路不带动力冷藏运输货物的空白。

4. 机械式冷藏集装箱

冷藏集装箱的基本类型有保温集装箱、机械式冷藏集装箱等，按尺寸分常见的是40英尺冷藏集装箱和45英尺柴电一体机械式冷藏集装箱。

5. 蓄冷式冷藏箱

蓄冷式冷藏箱利用蓄冷剂在相变过程中吸收/释放大量潜热的物理特性，通过装有适量蓄冷剂的蓄冷板对冷藏箱内进行温度控制的冷藏箱。因此蓄冷式冷藏箱在保温时效内无须动力源，不会断链；同时由于蓄冷剂的物理特性，其提供的箱内环境具有温控精度高、温度波动幅度小的特点，且物流过程较现有海运冷藏集装箱和自发电冷藏集装箱更加节能、高效、环保。蓄冷式冷藏箱与充冷箱如图4－7所示。机械式制冷技术与蓄冷式温控技术对比分析如表4－4所示。

图 4－7　蓄冷式冷藏箱（左）与充冷箱（右）

表 4－4　　机械式制冷技术与蓄冷式温控技术对比分析

		机械式制冷技术	蓄冷式温控技术	特点
保温时效		8 天（满油）	7～10 天	无源
温度控制精度		±3℃	±1.5℃	恒温
箱内相对湿度		无法保证湿度控制，制冷过程对生鲜、冷冻货品形成干耗	90%	保湿保鲜
商品 24 小时失重	园艺品	2.10%	0.30%	
	水果	0.70%	0.21%	
	肉	0.20%	0.04%	
	蘑菇	2.04%	0.26%	
20 吨蔬菜运输 120 小时，水分损失		6%～8%	0.2%～0.5%	
商品平均保存期	蔬菜（嫩叶）	4 天	>30 天	
	成熟桃子	7 天	>30 天	
	牛肉	15 天	>30 天	
能源		制冷剂＋压缩机制冷， 全球变暖潜值>3， 破坏臭氧潜能值>5； 有噪声污染；消耗电力/燃油	可利用谷电； 全球变暖潜值<1， 破坏臭氧潜能值为 0； 消耗电力	节能环保

6. 锂电池冷藏箱

该产品主要用于运输需要全程冷藏、保鲜、冷冻的货物，其将电能前置储存在锂电池系统中，运输全程无须提供动力，管理简捷、经济性好。该产品采用了纯电动低功耗变频制冷机组及其电控系统，采用了非常规的锂电池储能技术，提供了新型环保能源应用选择。电池容量为282kWh，充电时间2小时，续航时间可达130小时，如图4－8所示。

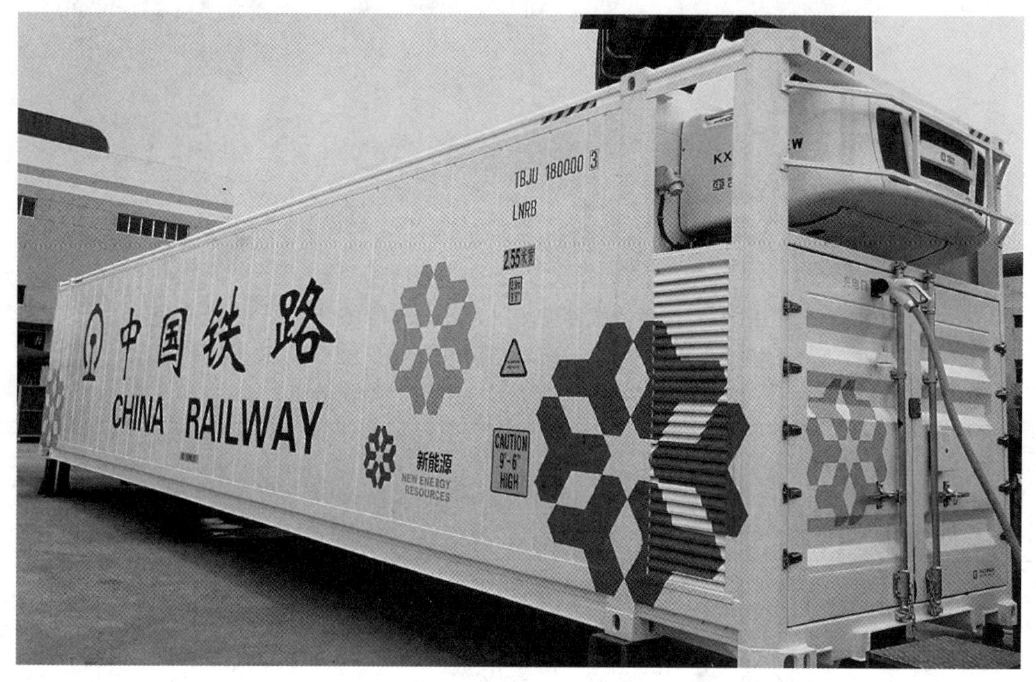

图4－8　锂电池冷藏箱

截至2019年年底，中铁特货用138组B22（4＋1型）开展代棚保温运输，此外还有BX1K型117组、机械式冷藏集装箱500只、保温集装箱300只。

（五）铁路冷链配套发电装备说明

1. BX1K型配套发电集装箱

由于BX1K型车组的供电设备是由淘汰的B23工作车提供，人工成本高、机组能耗高、运营成本大、实际运行速度不高于80公里/小时，因此建议使用发电箱取代发电车，以提高运输速度、减免人工成本。具体方式为将发电箱（无人值乘、远程控制）与1辆X1K型集装箱专用平车（以下简称“X1K型平车”）固定使用替代原工作车，形成9辆固定编组的新型BX1K型配套发电集装箱运输专用车组，如图4－9所示。

图 4 - 9　BX1K 型配套发电集装箱

2. 推广使用背包式发电机

发电单元可在冷藏集装箱上反复拆卸，以确保冷藏集装箱的电力续航，重点满足了海铁联运的冷藏海柜在铁路上可单元化运输，如图 4 - 10 所示。

图 4 - 10　背包式冷藏集装箱现场效果

（六）铁路冷链运营现状

目前铁路冷链运输主要有零散运输、混合班列和特需班列三种模式。

零散运输：即以整车/箱或车组编入普通货车的运输方式，可以满足冷链零散货物的物流需求，旅行速度为400～600公里/天。代表线路有农夫山泉的果汁从霍尔果斯运至杭州北，大部分为零散运输，运行时间为10～11天，旅行速度为450公里/天。

混合班列：即冷链货物与特快、中欧班列及汽车班列等组成混合班列，旅行速度为800～2200公里/天。代表线路有进口冻肉从上海杨浦运至成都大弯镇，挂靠既有多式联运班列X8710/09，运行时间33小时，旅行速度为1600公里/天。

特需班列：针对大宗冷链货物运输开发的特需产品运输服务，旅行速度约为800公里/天。具体代表线路有图们至金港班列运输，运行时间23小时，旅行速度为1100公里/天，以及百色至大红门果蔬特需班列，线路运行时间为3天，旅行速度为800公里/天。

（七）铁路冷链线路现状

2019年铁路共开行冷链运输线路70余条，其中以冷藏箱为运载工具有40余条，以机保车为运载工具有20余条。

铁路冷链线路主要有绥化、宝泉岭、佳木斯至漯河的双汇冻肉运输线路，齐齐哈尔、尚志至南昌北、舵落口的蒙牛牛奶运输线路，肇东、林甸至大弯镇、棠溪的伊利牛奶运输线路，图们至金港的冻鱼运输线路，通辽至三坪、银川南的金锣运输线路，百子湾、廊坊北至新兴镇的和路雪冰激凌运输线路，合肥北至北郊、萧山的牛奶运输线路等。

（八）当前铁路冷链行业面临的制约因素和不足

铁路是中长距离冷链运输最适合的运输方式，我国铁路冷链物流已取得很大进展，但也存在着一些问题。

1. 运输组织效率、时效性不高，难以匹配客户需求

冷链食品运输对时效性要求较高，一方面果蔬市场价格波动较大，为降低经营风险、减少资金占用，货主对运输时效性要求普遍较高；另一方

面长时间运输会使果蔬品质下降。公路冷链运输旅行速度在 1000 公里/天以上，而铁路所需时间约是公路的 2 倍。以百色东至北京大红门为例，公路冷链运输约为 45 小时，而“百色一号”特需专列运输接近 80 个小时，无法满足货主抢时间、争市场的经营需求，这是造成南菜北运中公路运输逐渐取代铁路运输的重要原因。

2. 运输装备不足，还不能支撑规模化发展

B22 型机械冷藏车是 1987 年进口的车型，现有 138 组，即将到达报废期。新改造的 BX1K 型、BX17K 集装箱专用车组上线运行后实现了海铁联运的无缝衔接，但仅有 1199 辆、400 辆，运输装备严重不足，较难跟上铁路冷链发运量增长速度。

3. 既有承揽货源以饮品、冻品为主，品类较单一、货源集结困难

目前铁路冷链运输中冻肉、乳制品、白糖、谷类及饮品是主要货种，占比约为94%，果蔬占比不到1%。而公路冷链运输主要是果蔬，占比约为70%。由于铁路冷链运输一直没打开果蔬市场，因此限制铁路冷链货源集结范围。

4. 铁路全程运价与公路相比没有竞争优势

由于国家高速公路“绿色通道”免收鲜活农产品的过路过桥费用，公路运输果蔬的成本大幅降低，“门到门”运输平均运价为 0.16～0.2 元/吨公里，而铁路运输为 0.265～0.307 元/吨公里（含两端短驳费）。例如，百色东至北京大红门铁路运输每车运费为 17000 元/车（载重约 18 吨）；公路运输运费约为 9000 元/车（载重约 30 吨），费用相差很多。

5. 铁路物流基地在冷链运输中的作用未充分发挥

铁路物流基地建设运营取得了长足发展，但全路具备冷链仓储的基地仅有沈阳文官屯、大连南关岭、沈阳综合货场、哈尔滨夏家以及长沙北等少量几个基地，大量物流基地不具备冷库及冷藏箱存储充电设施，还未形成铁路冷链专业物流网络。

（九）铁路冷链未来的发展方向和趋势

1. 推进铁路冷链试点线路

（1）干线运输组织策略。为提高冷链运输时效性，铁路冷链试点线路以铁路物流基地为核心节点，采用固定车底、客车化组织方式，实现物流基地至物流基地间的班列开行。

（2）两端短驳组织策略。按照“宜铁则铁、宜公则公”的原则，根据物流基地外部交通、吸引货源的特点，可通过短途运转等方式向铁路冷链物流基地集散货源。

2. 壮大铁路冷链龙头企业

铁路计划与我国大型冷链物流及贸易企业进行战略合作，共同搭建物流与贸易一体化的全国性铁路冷链物流平台，实现干线和规模化运输以铁路为主，承担全产业链布局实施，推进铁路冷链重大项目投资，负责铁路冷链物流基地运营。

3. 推进“互联网+”铁路冷链运输工程

在铁路冷链物流基地建设信息化、智能化、高效密集型冷藏冷冻的中心综合仓库，大力发展冷链干线运输和寻找冷链配送合作伙伴，装载卫星定位系统和全程温湿度监控系统，实现全过程跟踪管理。引进第三方机构实施品质验证，实现货品品质公开化、透明化，打造全国冷链物流示范项目。

（本段作者　武汉汉欧国际物流有限公司冷链分公司）

二、中欧班列冷链市场情况

（一）我国中欧班列冷链发展的背景情况

2013 年 9 月和 10 月，习近平总书记在出访中亚和东南亚国家期间，先后提出共建“丝绸之路经济带”和“21 世纪海上丝绸之路”的重大倡议，得到国际社会高度关注和热烈响应。中欧班列跨国际铁路运输从 2014 年开始运行并进入常态化运营，此后，国家全面推进实施“一带一路”倡议，我国与欧洲及“一带一路”沿线国家的经贸往来发展迅速，贸易通道和贸易方式不断丰富和完善。

1. 中欧班列（武汉）发展情况

湖北省与海外国家的贸易往来日趋频繁、总量不断扩大。贸易总量的不断扩大，为包括中欧班列（武汉）在内的中欧班列的发展带来了难得的机遇，也提出了更高更迫切的要求。2015 年中欧班列（武汉）开始运行国际铁路冷链运输。跨国际铁路冷链主要优势在于时效快、安全稳定、运费价格优惠。

2. 政策的支持

中欧班列国际铁路冷链运输享受国家“一带一路”倡议方案补贴政策，同时 45 英尺冷藏集装箱国际铁路运输享受特种箱优惠政策。

3. 中欧班列（武汉）冷链运营模式

运营模式主要是以中欧班列发运以及租赁为主，目前国际运量增长最快的是冷链货物，国际铁路冷链从 2015 年到 2020 年，运量年增长率达到 200%；中欧班列目前使用的是 40 英尺和 45 英尺柴电两用冷藏集装箱，自带 800L 柴油油箱，加满油装载冷藏、冷冻货物冷机能够连续运行 25 ~ 30 天，可以满足跨国际长途运输。

4. 中欧班列冷链技术装备情况

冷藏集装箱（冷箱）均带远程监控系统，可以通过远程监控 GPS 定位、冷箱内各项数据、故障告警、操作开关机、设置温度等。冷箱温度设定范围在 −28 ~ 28℃，能够自由调节，适用环境温度在 −40 ~ 40℃。

（二）中欧班列主要的线路和冷链业务模式

1. 中欧班列主要线路情况

目前中欧班列主要从武汉、成都、重庆、西安、合肥、长沙等地经阿拉山口、满洲里、二连浩特、霍尔果斯、凭祥到达杜伊斯堡、汉堡、里昂、马拉、布列斯特、莫斯科、蒂尔堡、鹿特丹等地。从货运地出发到目的地全程在 13 ~ 18 天，比海运节省 2/3 的时间。

2. 当前冷链业务模式

未来计划依托中欧班列开展冷链贸易业务，循环进出口国内外的优质生鲜及冷冻产品，通过冷链货物领域的贸易合作，加强与俄罗斯、德国、法国、越南、泰国、柬埔寨等国家经济往来，以冷链通道实现与东盟、欧盟地区的互联互通。

（三）当前铁路冷链行业面临的制约因素和不足

（1）国际冷链市场。

中欧班列冷箱周转率不高，去程主要以电子产品为主，运输时间在每年 11 月至次年的 3 月，冷箱到欧洲后没有回程货源，去程、回程需求不成正比，在境外产生高昂的堆存成本。

（2）国内公路冷链市场。

国内公路冷链运输主要采用冷藏车，一般为拼货模式，前端多点装货，后段沿途卸货。干线运输主要使用15.8米冷藏车，内部容积为86立方米，比40英尺冷柜的内部容积大，且冷藏车折旧成本低于“拖车+冷箱”模式成本，冷箱在国内公路冷链运输上没有优势。

（3）国内铁路冷链市场。

国内铁路冷链运输在运距超过2000公里才有时效及价格优势，目前主要的铁路冷链线路为上海—重庆/成都和山东—上海/广州，但是国内铁路冷链客户主要使用铁龙箱。

（4）冷箱租赁。

整体市场冷箱需求量不高、租赁价格低。在使用旺季，为了推广冷箱采取了优惠推广价，利润也就降低；在冷箱使用淡季，有时会出现亏损。

（5）优惠政策局限。

由于国际铁路运输中45英尺冷柜需要提前预约对应车板，且45英尺车板数量有限，不利于国际铁路运输操作，所以实际操作中采购集装箱主要为40英尺冷箱，但在中欧班列国内段不享受下浮优惠政策，运输成本比45英尺冷柜高1000 USD/柜。

（6）检测费用高。

为了保证运输的安全，必须在冷箱出发前进行检测，国内检测成本为200元，欧洲每台检测成本高达400美元。

（7）欧洲加油费用比较高。

一般加油费为1.5~2.5美元/升，如果需要应急加油服务，需要支付更多的操作费用。

（8）境外的堆存费、检修检测产生的场地吊装费用比较高。

（9）充电困难。

目前国内及国外堆场都没有充电桩，为了保持冷箱可用状态，需要频繁给电瓶充电，增加了运营成本。

（10）冷链货物进口限制及口岸限制。

如果没有口岸，很多货物无法进行运输。俄罗斯对欧盟的制裁，导致欧洲进口冷链货源减少。中俄水果冷链运输虽然已成功试运行，但因为回箱困难，无法常态化运行。

（四）中欧班列冷链未来的发展方向和趋势

合理利用自有冷箱特点，整合公司资源，建立国际、国内双循环的战略布局，做好“门到门”全程冷链运输服务。全面拓展服务功能，提供计划、需求预测、订单管理、采购、存货管理、运输、加工、包装、装卸、配送、退货、客户服务等多环节优质高效的全程冷链物流服务。

在做强做大公司“门到门”冷链物流业务板块基础上，通过对冷链物流、商流、资金流、信息流的控制拓展相应的业务板块，纵向延伸冷链物流上、下游服务链条，进一步发展运贸一体化，加快信息化建设，形成以冷链物流为主导的冷链供应链一体化型物流企业。

以冷链货物集散地以及冷链货物产地为业务重点突破口，连接 17 个国家骨干冷链物流基地，依靠各铁路局制定的政策，为生产企业提供门到门、仓到仓全程冷链运输服务。

打造“四流合一”的冷链供应链一体化型企业，按照现代物流发展的要求，紧紧依托冷链运输优势，依靠汉欧系公司物流园、贸易、信息化建设资源，横向连接，全面拓展服务功能，在冷链物流业务活动的基础上，将冷链物流与物流园相融合，打造生鲜加工、城配集散中心；将冷链物流与贸易相融合，打造集采分销基地、电子商务平台，实现运贸一体化；将冷链物流与信息化相结合，打造冷链产业线上平台。

（本段作者　中铁第四勘察设计院集团有限公司）

第四节　国际冷藏车市场现状与趋势分析

一、国际冷藏车主流市场概况

（一）冷藏车主流市场

国际冷藏车消费量保持持续增长态势，2015 年销量增长至 18.4 万辆，2020 年销量约为 32.4 万辆。国际冷藏车市场占比如图 4－11 所示。

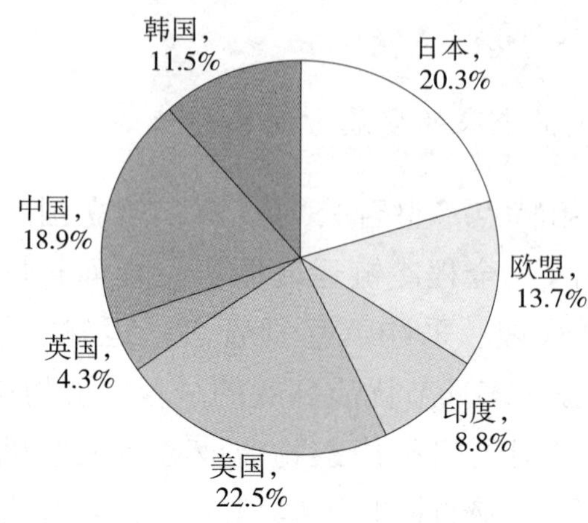

图 4－11　国际冷藏车市场占比

资料来源：中物联冷链委。

注：冷藏车销量数据统计仅为冷链食品用途（不包含疫苗试剂、特种商品），日本和美国保有量不包含重型、大型附属车辆。

（二）日本冷藏车发展历程、特色及现状

1. 发展历程

1990 年：日本冷链基础初步成型，单一鲜活产品转向多品种冷冻冷藏时代，冷冻食品占总存量的 15. 1%。

2005 年：日本冷冻食品存量超过了水产品，冷藏车运输及冷库建设要求进一步规范，全面推行精细化管理。

2009 年：日本冷冻食品占总存量的 28. 7%，冷库、冷藏车逐步大型化发展，《京都议定书》将冷藏车纳入绿色环保限制内。

2019 年：日本冷冻食品占总存量的 44. 7%，冷藏保鲜食品占温控食品总体量的 48. 3%，整体冷链运输率高达 93%。

2. 发展特色

（1）信息化管理方面：应用电子数据交换系统、GPS、脸部识别系统、视频监控系统，掌握实际配送路线。

（2）安全方面：应用泄露报警器，做到路线规划监督。

（3）节能方面：减小冷风机功率，采用新型保温材料和环保制冷剂。

（4）制冷方式：2020 年实施“脱氟利昂”政策，采用氨制冷、氨加二氧化碳制冷。

3. 发展现状

（1）集中度高，产品配套。日本冷藏车行业目前冷链运输率达到 93%。日本冷藏车市场集中度比较高，市场前五名的企业产量较大。

（2）工艺趋同，需求升级。日本冷藏车以粘接和发泡工艺为主。根据车型的长度不同，冷藏车的工艺会有差别。轻型冷藏车领域，采用粘接工艺；重型冷藏车领域，70% 采用干法粘接，其余采用闭式发泡。对于竞争市场成熟的日本来说，需求方更加关注运输过程中对温度的精准控制。

（3）冷藏车保有量比重大。2020 年日本冷藏车保有量为 23.6 万辆，冷藏保鲜车占货运汽车的比重大致为 2.99%，冷链运输率则高达 93%，运输过程中的产品腐损率低至 4%。2014—2020 年日本冷藏车保有量如图 4－12 所示。

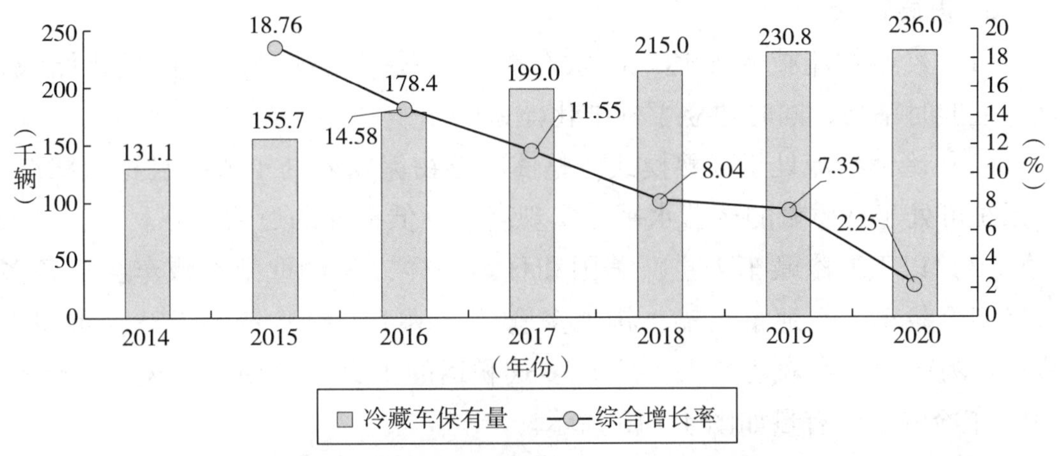

图 4－12　2014—2020 年日本冷藏车保有量

资料来源：日本株式会社矢野特殊自动车厢式车事业部。

（三）美国冷藏车发展历程、特色及现状

1. 发展历程

1900—1940 年：冷藏车是附属于铁路冷链的配套设施，冷链基础初步成型，铁路冷链转向公路冷链运输的时代，冷冻食品占总存量的比重由 8.7% 增长到 27.1%。

1960—1990 年：大型冷链加工食品厂冷藏车需求量猛增，冷藏车配套化冷库、冷藏车大型化逐步应用高科技信息技术，公路冷藏车整体增量保持稳定。

2002 年：冷链基础成熟，产地仓和配送仓是大型超市的配套设施，冷链运输率达 90%。

2019 年：冷链运输模式成熟，各环节精细化管理，冷链运输率达 92%。

2. 发展特色

（1）发达的运输网络：专业高速公路运载能力强；应用电子数据交换系统及 GPS 等系统；实现多式联运；掌握实际配送路线跟踪。

（2）标准化的管理方式：规范化管理；具备行业标准操作手册；规避冷链环节的重叠工作；专业性更强，效率、质量高。

（3）信息交互技术的充分应用：减小全系统环节的容错率；高质量产销对接；系统统一不复杂；实现系统的决策服务支持。

（4）制冷方式：采用氨制冷、氨加二氧化碳制冷。

3. 发展现状

（1）冷链物流技术发达。冷藏车等相关技术定位精准，可优化路线，全过程准时率高，同时建立了标准化体系。

（2）冷链物流处于成熟模式。整体冷链物流发展处于成熟且稳定状态，全系统可处于高质量的运营水平，实现高效、低损耗的运营状态。

（3）以重型冷藏车为主。美国和日本一样，一台重型冷藏车会配备多台轻型冷藏车。产地重运输，销地多仓储。由于铁路冷链的发达，重型冷藏车作为产地（大农场、大工厂）多式联运的工具十分便利。美国 1997—2019 年冷藏车保有量如图 4-13 所示。

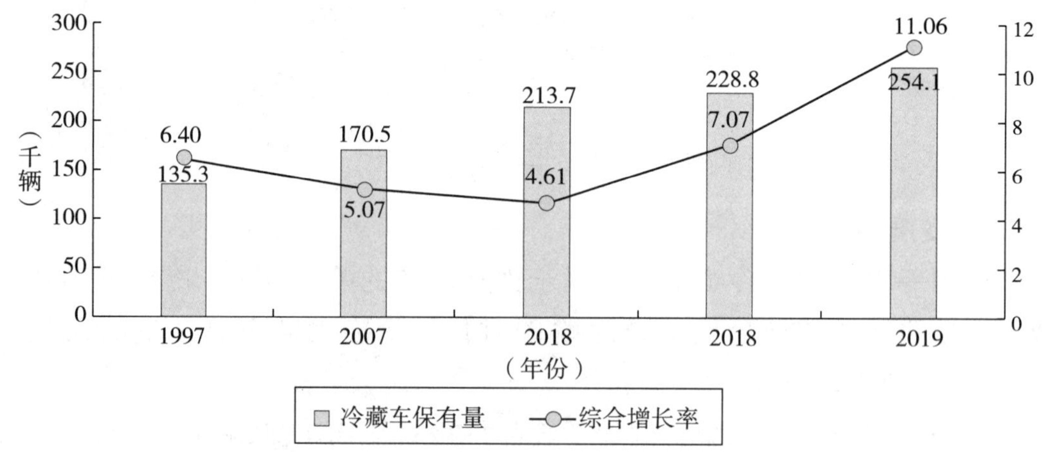

图 4-13 美国 1997—2019 年冷藏车保有量

注：美国冷藏车保有量是指登记已销售的冷藏车数量（不包括重型冷藏车配套的轻型冷藏车数量）。

（四）欧洲冷藏车发展历程、特色及现状

1. 发展历程和特色

（1）荷兰：拥有百年冷链历史的国家，自身冷链标准比欧盟标准更为严格，鹿特丹港是欧洲最大的港口，冷链运输率为 94%。

（2）英国：冷链加持食品加工厂发展，食品均使用冷藏车配送，库、车、店配套化运营，冷藏车以中小型化投入为主，冷链运输率为 91%。

（3）法国：冷藏车以重型为主，城市配送均由重型冷藏车完成，是全球冷鲜的冷藏车工厂，冷链运输率为 88%。

（4）西班牙：拥有冷藏车集团 Chereau、SOR 等，并投资了大部分国际知名冷藏车企业，冷链运输率为 94%。

2. 发展现状

（1）冷链基础业务丰富且设施先进。欧洲国家冷链各有特点，如中转国荷兰以及产地国西班牙、挪威，资源国俄罗斯等，同时英国、法国、德国高质量的冷链公路运输发挥最大的优势，依次为欧洲冷链食品供给提供保障。1997—2019 年欧洲部分国家人口和冷藏车保有量的平均值如图 4 - 14 所示。

（2）欧洲各国家接触频繁。欧洲经济和科技都有积极的影响，工农业发展迅速。各国组成了便利发达的物流运输网络，冷链设施设备非常先进，信息化程度很高，使得运转效率非常高。

（3）生产标准和规定严格且苛刻。欧盟有着最严格的食品国际标准。例如荷兰、德国等国家的乳制品标准比国际标准还要严格，在整个冷链物流运输过程中，每到一个中转站，会重新印上冷链追溯码，直到最终的零售商家。

二、冷藏车国际市场发展经验借鉴

食品冷链物流由多个环节所组成，各环节要把控的细节多，确保各环节的质量与安全是冷链物流的核心，国外冷藏车的发展模式不一定符合我国的冷藏车市场环境，但是发展历程和如何解决痛点的方式值得我们借鉴与反思。

一是要吸收发达国家食品冷链物流模式中的优点，完善我国冷藏车运

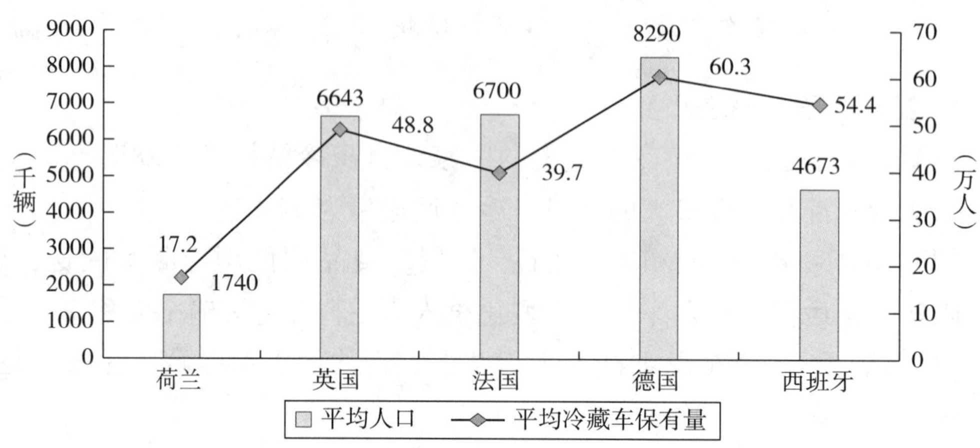

图 4－14　1997—2019 年欧洲部分国家人口和冷藏车保有量的平均值

输存在的短板。应建立“从农田到餐桌”的现代冷链物流体系，实行供应链集成化管理。有些国家十分重视冷链物流质量安全体系的建设，并制定了果蔬、肉类、水产品、鲜奶的生产、加工、销售、包装、运输、储存等有关标准和规定，对冷藏车运输食品也有严格的检验、检测和认证制度，具有很强的可操作性。而我国在冷藏车运输相关标准的制定方面还有待提高，应完善冷链流通中的质量检测与质量把控。

如美国和加拿大的国家食品检验局制订了食品安全监督计划，包括冷藏车在肉类和家禽加工厂等产地的交接操作规范，而且还广泛应用在农场；同时还鼓励国内果蔬、肉制品协会引导生产者在农场使用半挂冷藏车进行储存，再用半挂车头对接，实现产地一级预冷，使食品生产环节实施达到食品安全监督计划的要求。这体现了从初级产品生产到最终产品零售的多部门、跨行业的食品安全协作，最终实现“从农田到餐桌”的冷链物流全过程的食品安全控制与管理。

二是引入市场竞争机制，鼓励多种冷藏车并存共赢。在发达国家，大型批发市场和超市集团等龙头企业在促进食品冷链物流发展中发挥了至关重要的作用，一般发达国家在冷藏车的选用上注重多种冷藏车搭配使用，一台重型冷藏车搭配两台中型冷藏车和四台轻型冷藏车可以满足整体的冷链全链条的需求。例如日本、德国对大型冷藏车运输有明确规定，所以在区域化城镇中运输就要应用轻型冷藏车。政府给予一定的资金扶持，便于集中管理和获得最好的社会经济效益，体现了政府对冷链流通的科学规划和宏观调控。例如美国、加拿大、英国等充分发挥公路系统的便利性，大型冷藏车一站式配送货品不仅品种齐全，还简化了冷链食品包装分拣流程，与超市集团货物配送相结合更凸显便捷性。发达国家还建立起不同运输方式之间的竞争机制，促进了冷链物流业的快速发展，形成了海陆空多式联运，产地或加工地的企业运用大型半挂冷藏车连携铁路跨区域运输，再运用中型冷藏车短驳到批发市场与配送中心集中处理，然后根据订单系统，第三方物流企业运用轻型冷藏车完成末端配送，真正实现多方参与、并存共赢。

三是采用先进的冷链物流技术，提供全方位的高效优质服务。各国依靠技术创新提升冷链物流业的整体水平。第一，在标准化冷藏车工厂使用友好型工业原材料并运用先进的加工工艺，从源头保证了冷藏车的质量与安全。第二，产地加工企业采用真空预冷技术和冰温预冷技术，有效消除田间热，降低果蔬的呼吸强度，延长了保鲜期，直接缩短了冷藏车预冷的时间，增强整体冷链物流时效性。第三，冷藏车可以自动化调节温度和气调加湿，保证果蔬在长途运输中不会因为冷藏而失水。第四，冷藏车朝着多品种、小批量、标准化、法治化方向发展，节能和注重环保则是冷藏车技术发展的主要方向；冷藏集装箱与铁路冷藏车的配套使用，大大提高了铁路冷藏运输的质量。第五，运用信息技术建立虚拟的果蔬冷链物流供应链管理系统，对货物和冷藏车进行动态监控，收集全国的需求信息，构建信息网络，确保物流信息快速可靠传递。

四是充分发挥冷链物流协会的职能作用，促进冷链物流行业的协同与自律。果蔬物流协会、肉类出口协会等在政府与企业之间充当桥梁和纽带的角色，在完善行业管理过程中发挥着重要的作用。其一方面积极宣传政府的交通运输方针、政策和法规，代表企业利益反映企业呼声，对完善物流政策和改善企业经营提出意见和建议；另一方面协助政府部门制定冷链物流标准，协调冷链环节行为主体的关系，组织制定行业共同遵守的行为规范和纪律，提供技术咨询和人员培训。

五是创造良好的政策法律环境，保障冷链物流的健康发展。发达国家十分重视对冷链物流的财政支持和法律保障，促进了果蔬冷链物流业的快速发展。第一，通过制定一系列优惠、扶持政策，加大对冷链物流企业的投入。如加拿大通过对国家铁路公司实行补贴和相关政策扶持，使其扭亏为盈。第二，通过制定一系列法律法规和物流标准，确保了冷链物流的果蔬质量与安全。例如，加拿大制定了《防虫产品法》，明确规定了农药注册登记办法以及合法的农药用量；法国的《农药残留补偿法》中规定，在任何情况下农民都可以因为果蔬中农药残留超标导致损失而获得补偿；美国发布了《冷链质量标准》，用以衡量果蔬企业的可靠性、服务质量和熟练度，并为整个易腐货物供应链的认证奠定基础。第三，严格专业认证制度，实行市场准入制度。一些发达国家近几年来积极推动有机农业发展，通过专业认证后，国家认证机构向果蔬生产者授予证书并授权其使用有机产品标识。

第五章　2020 年冷链物流技术专题

第一节　冷链物流监控追溯技术应用现状与发展趋势

由于新冠肺炎疫情防控常态化，冷链物流的监控和追溯成为热点课题。冷链物流行业的发展需要有相应的技术的支撑，同时冷链物流行业的发展也在牵引着相关技术的应用创新和进步。

一、冷链物流的监控追溯的原因

冷链物流的监控和追溯要解决的核心问题有两个，一个是热点问题，即生物安全的监管问题；另一个是基础性问题，即温度安全的监管问题，防止冷链商品因为冷链断链导致脱冷变质。

1. 冷链物流监控追溯与生物安全

当今冷链物流之所以受到社会的普遍关注，主要是因为新冠病毒的传播与进口冷链食品和冷链物流的流通相关。后新冠疫情时代，冷链物流成了生物安全监管的一个重要领域。新冠病毒在全球范围内传播，冷链物流需要重点防控，即便在全球范围内疫情得到控制，但不能排除还会有别的病毒借助冷链物流传播。

从生物安全防控视角来看，冷链物流的监控追溯涉及冷链货物、冷链贮运设施和工具以及冷链物流从业人员。因为货物、环境、人员这三者之间可能会交叉污染，所以需要对冷链环境、冷链货物和冷链物流从业人员进行监控和轨迹追溯，一旦发现生物安全风险，可以立刻追查传播路径和影响范围，以快速切断传播链路。

2. 冷链物流监控追溯与温度安全

冷链物流的监控追溯需要解决温度安全问题。冷链物流在运输环节、储存环节、交接环节都有可能断链，导致冷链商品脱冷变质。

在运输环节，司机可能因多种原因，导致冷链运输变成了“冷端运输”。在存储环节，冷库断电等原因会导致冷库库房升温脱冷，工作人员忘记关闭冷柜门也会导致冷柜温度不达标。在交接环节，因为没有进行车厢预冷而导致装货过程断链，也可能因为在卸货过程中，货物在非冷藏条件下停留太久而导致冷链断链。

为防止冷链断链，确保冷链商品流通的贮运温度安全，需要对冷链物流进行全过程的监控和追溯。

二、监控和追溯技术相对成熟，应用面临瓶颈

就技术方面而言，冷链物流的监控和追溯技术已相对成熟。但从应用方面来看，相关技术在冷链物流监控和追溯场景上的深度应用还面临不少瓶颈。

1. 冷链物流监控和追溯相关技术

冷链物流监控和追溯应用涉及“硬”和“软”两个方面。硬技术主要是指冷链 IoT 的相关设备，即通过 IoT 设备实现冷链场景、冷链货物、冷链温度等方面的识别和数据采集；软技术主要是指各种冷链监控管理系统和冷链追溯监管平台。

冷链 IoT 设备，首先是各种温度传感器设备，用于采集冷库、冷藏车、冷柜、配送保温箱的温度。其次是身份识别技术，例如应用 RFID 技术、条码技术对周转箱筐的识别和追溯，实现“一物一码”。此外，还应用了卫星定位技术，实现对货物轨迹、冷藏车运输轨迹的跟踪、追溯。图像识别技术、AI 技术也有所应用，如利用 AI 摄像头对人员身份进行识别。在冷链进口食品集中监管仓，就是通过 AI 摄像头对进出作业区的人员进行识别，对员工是否规范穿戴防护服、护目镜、口罩等进行识别，如图 5 - 1 所示。

冷链监控管理系统，主要是实现冷链贮运环境的实时温度数据采集和超温预报警管理。通过收集实时温度数据和超温报警数据，分析合规情况，并通过温度合格率等指标对相关人员进行考核。冷链追溯监管平台，主要是将冷链商品的物流节点、流通轨迹和全过程的温度数据整合起来，实现可视化追溯，同时开放给消费者，实现良好的消费体验。

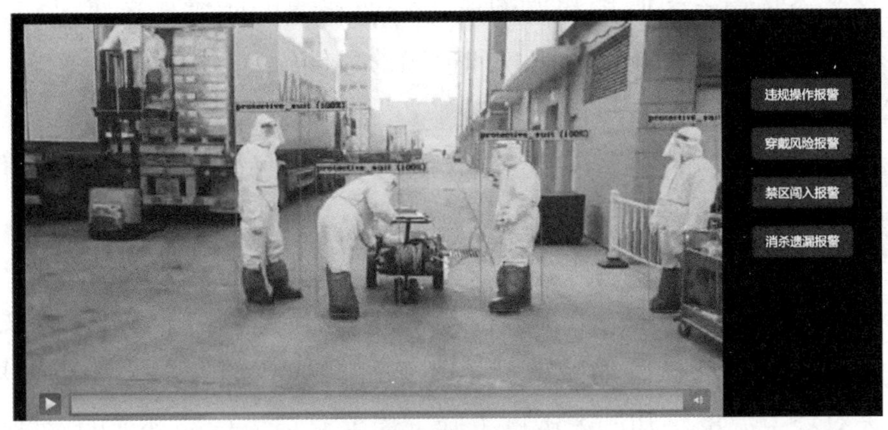

图 5－1　图像识别技术、AI 技术

2. 冷链物流监控和追溯技术应用的瓶颈

目前，冷链物流的监控和追溯技术都相对成熟，但是在应用上仍面临不少瓶颈。

（1）刚需瓶颈。

冷链物流的监控和追溯目前遇到了一些瓶颈。从宏观数据上来看，目前冷藏车的温度在线监控率不足 50%，冷库的温度在线监控率不足 30%，门店冷柜的在线监控率不足 1%。

冷藏车的温度在线监控率不足 50%，主要原因是，冷藏车的温度监控需求来自货主，并且冷藏车的运力结构以个体车为主，而个体车主对实时温度监控是被动接受。大型货主企业，有实力要求物流企业和车主提供冷藏车的实时温度动态数据，而多数的中小企业货主因货源规模和运价等原因无法要求物流企业和车主提供冷藏车的实时温度动态数据。且在冷链货源不稳定的情况下，个体冷藏车车主不太愿意接受实时的车厢温度监控。

冷库的温度在线监控率不足 30%，主要原因是大部分冷库的使用和管理由货主方直接进行，要么是货主方自建的冷库，要么是货主方租用的冷库。而目前的多数货主从感官上认为，在货主对冷库进行自主管理的情况下，冷库的温度达标情况不存在第三方服务的信任问题，所以不做监控。

冷柜的在线监控率不足 1%，主要是大多数商超门店的管理者认为，存放在冷柜中的商品品质是消费者能够直接看得到的，只要卖相好，消费者都不会太计较；如果装上了实时的温度监控，一旦温度不达标，反而会给顾客不好的印象和体验。

总之，冷链物流的监控和追溯成为行业普遍的刚需，还需进行市场培育，有待消费升级对冷链物流监控和追溯形成倒逼。

（2）场景适配瓶颈。

从技术角度来看，冷链物流的监控和追溯技术虽然已经成熟，但要与具体冷链物流场景进行很好的适配，还有待产品的打磨和更新迭代。例如新能源冷藏车的实时温度监测，需要 IoT 产品能够适应新能源车的强电磁环境；例如在大型冷库环境，WiFi 信号的穿透力较差，需要合适的传输中继设备来实现数据回传；例如冷链低温环境下会导致温度探头冷凝，从而会导致探头对环境温度感知的灵敏度下降，需要有适应冷凝环境的温度探头。

技术成熟，不等于产品成熟，而成熟的产品不等于产品能适应不同的场景环境。冷链的监控有多种微环境，需要有不同的 IoT 设备来适配。而产品的快速更新迭代则成为瓶颈。目前在市场上，打造一款新的冷链 IoT 设备一般需要 6 个月，而产品成熟则需要 1.5 ~3 年时间来迭代。这与智能手机、智能穿戴设备、智能家居设备的更新迭代速度相比，显然很慢。

（3）经济规模瓶颈。

冷链 IoT 设备的更新迭代速度慢，主要原因还是因为经济规模有限。一方面，冷链 IoT 设备的价格比较低，温度监测设备及温度探头的均价在 200 ~ 700 元，整体毛利并不高。价格低，毛利低，就无法采用更先进的元器件和材质来提高相关设备的性能。另一方面，冷链温度实时监控的场景规模有限，整体的行业市场空间有限。例如，全国冷藏车的保有量在 20 万 ~30 万辆，其中真正接受实时温度监控的车辆仅有 10 万辆。平均每辆车每年投入温度实时监控的费用不足 1000 元。目前冷藏车的温度实时监控的市场空间也就是 2 亿多元；而大型冷库的温度实时监控，按每 200 平方米一个监测点计算，全国大约有 15 万个监测点。按每个监测点每年投入 700 元计算，市场空间大约 1 亿元。

再由于市场的充分竞争，每个提供冷藏车和冷库的实时温度监控服务的供应商企业的营收空间就十分有限。并且市场空间不等于实际的市场有效需求，冷链物流监控和追溯服务的经济规模实际上没有想象中那么大。

总体的经济规模有限，从而导致冷链监控和追溯应用方面的研发投入规模就更加有限。这与庞大的社会冷链物流总额和冷链物流业总收入规模相比，形成较大的反差。这也正是冷链物流行业进步的瓶颈所在。

三、冷链物流监控和追溯技术的应用前景和趋势分析

冷链物流监控和追溯技术的市场需求已经步入了快速增长期；冷链物流的监控和追溯应用将会改变一些冷链细分行业的竞争格局。

1. 应用市场需求快速增长的底层逻辑

首先，疫情促使整个社会从“生物安全”视角来认识冷链流通。低温潮湿的环境能够延长病毒在无宿主情况下的存活时间，使病毒保持感染活性。冷链流通已经成为病毒传播的重要途径，成为“生物安全”防范的重点领域。

其次，冷链涉及的冷链食品安全、疫苗安全等，越来越受到广泛的关注。因冷链断链导致食品变质、疫苗变质，一旦酿成食品安全、药品安全的悲剧性事件，老百姓将是零容忍，必然引起公愤。

再次，随着全面脱贫，全面建成小康社会，人民对美好生活的向往，一定是以“安全、健康、高品质”为核心的“消费升级”。绝大部分富含蛋白质的食材、食品，其流通过程对冷链有严格地要求。国以民为本，民以食为天，食以安为先。保障冷链食品安全，强化冷链流通的品控和监管，将是“十四五”期间行业治理、社会治理的重要课题。

此外，关于疫情防控的政策、食品安全监管的政策，都对加强冷链流通安全，强化冷链全链条追溯有明确地要求。《中共中央 国务院关于深化改革加强食品安全工作的意见》明确提出，到 2020 年，基于风险分析和供应链管理的食品安全监管体系初步建立；到 2035 年，基本实现食品安全领域国家治理体系和治理能力现代化；严把流通销售质量安全关，建立覆盖基地贮藏、物流配送、市场批发、销售终端全链条的冷链配送系统，严格执行全过程温控标准和规范，落实食品运输在途监管责任，鼓励使用温控标签，防止食物脱冷变质。

综上，不管是疫情防控及生物安全管控需要，还是食品安全、药品安全需要，冷链流通品控的强监管时代已经来到，这不仅是中央的政策导向，更是老百姓实实在在的生活需求。因而为了实现这些安全上的需要，冷链数字化成为行业刚需已是必然趋势。

2. 冷链的 IoT 设备将越来越丰富

随着市场需求量的增加，冷链 IoT 设备的更新换代将会提速，各种冷链

场景的 IoT 设备将会越来越丰富。目前在冷库场景，多数情况只有温度探头检测仓库温度，以及安防摄像头采集图像。不难想象，冷库可以安装门禁检测开关门状态，安装冷机检测器检测制冷机状态，安装湿度探头检测仓库湿度，安装烟感探测器检测仓库有没有燃烧事件，安装 AI 摄像头检测库内货物堆放及人员作业的规范性，安装可以检测二氧化碳浓度、乙烯浓度的 IoT 终端设备以了解生鲜果蔬的呼吸作用水平。实际上，这些技术和相关的 IoT 终端已经在市场中有销售，但限于需求规模限制，这些设备还得不到普及。随着消费升级和冷链相关行业的不断进步，冷链 IoT 设备的类型会不断地丰富，性能会不断地增强，以适应多个场景的数据采集需要。

3. 冷链数字化会重构相关细分行业的竞争格局

目前越来越多的品牌商看重冷链的数字化，想通过冷链的数字化来塑造高端品牌形象，来重塑消费者体验，来改变消费者对产品和服务的感知和态度。

例如某乳品品牌商，试图通过集成商品流通过程的数据来让提升消费者的消费体验，强化其高端品牌形象。该品牌商将商品的流通轨迹数据，冷链全过程的温度数据，商品流通关键节点数据集成在一起，并通过扫码追溯的方式，让消费者能够自主查询商品的相关信息。一旦追溯体验做得很成功，这很可能将会改变乳品行业的竞争格局。

另外，对冷链物流实施严格监控和追溯的企业，最终会从中受益。例如某糕点企业，以前店后厨的模式进行经营，每年的营业额近 20 亿元。其多数的半成品原料是从中央厨房（工厂）供应到门店的后厨，半成品原料的存储和运输都需要严格的冷链。该企业因冷链断链，每年需要召回的半成品原材料的规模近 1000 万元。加强全链条的温度监控和追溯之后，半成品召回率降低了近 60%，实现了数百万元的利润增长。该企业在实施全链温控之前，自觉冷库品控做得比较到位，因为各项制度都比较健全，但唯一没有温控监控数据来佐证。实施全链温控之后，于是发现了很多温控细节上的漏洞，从而进行改善，最终实现了成本的控制和效益的增长。

冷链监控和追溯，将会让一部分先知先觉的企业从品牌、成本和效益上脱颖而出，最终改变行业的竞争格局。

（本节作者　深圳市易流科技股份有限公司）

第二节　冷链消杀防控新要求

国务院发布的联防联控文件提到，截至 2021 年 1 月 13 日 24 时，我国海关总署已对有员工感染新冠肺炎的来自 21 个国家的 124 家冷链食品生产企业采取了暂停其产品进口措施，其中有 107 家是在出现疫情后即自主暂停了对华出口。全国海关共抽样检测样本 1295692 个，核酸检测为阳性的有 47 个。全国口岸环节已预防性消毒进口冷链食品外包装 1317 万件。

一、进出口冷链消杀防控机制

天津港作为知名的世界前十大港口，平均每年集装箱吞吐量超过 2000 万标准箱，因为地理位置适宜，冻品进口量占据了全国总量的 40%。新冠肺炎疫情暴发后，为了外防输入、内防反弹，政府紧锣密鼓地安排各项防疫事宜，天津冷库企业也加紧筹划，积极采取各种防疫措施，建立集中监管仓来统一控制进口货物进入市场。

上海从 2020 年 11 月 16 日全面升级了进口冷链食品的管控措施，所有从高风险地区进口的冷链食品，只要未经海关检测和消杀，全部需要进入公共中转查验库完成消杀和核酸检测；中低风险地区进口的冷链食品全部进入第一存放点，即全市 73 家符合条件的企业冷库，确保全部货品在经过消杀和核酸检测两道关后，方可进入市场流通环节。

深圳地区集装箱货柜从码头出闸会通过自动喷淋系统进行消毒，但是提供给商超的货物会更严格一些，因为商超会要求进口商提供消毒证明。这导致了一是报关时间延长，以进口葡萄酒为例，以前报关只需 1 天，现在必须在港口内停留 14 天；二是开箱比例增加，以前只对外包装进行检验检疫，现在对包装内货品的检查力度明显加强；三是消杀次数增加，以前只进行一次消杀，现在要三次以上。

除此以外，货物在后续运输过程中也存在需要增加消杀、检疫等环节的情况。

二、承担一级冷库的防疫职责

天津第一时间审批了11家一级冷库，防止将携带新型冠状病毒的冷冻商品放行，进而流向国内市场，对我国产生影响。根据天津市发布的《天津市新型冠状病毒感染的肺炎疫情防控工作指挥部文件》（津新冠防指〔2020〕273号）《关于转发国务院应对新型冠状病毒肺炎疫情联防联控机制综合组〈关于印发冷链食品生产经营新冠病毒防控技术指南和冷链食品生产经营过程新冠病毒防控消毒技术指南的通知〉的通知》，要加强冷链食品在生产、装卸、运输、贮存及销售等各环节的防控工作，着力强化冷链食品包装的清洁消毒。强化“人防”“物防”各项关键措施落、实落、地落细。

各一级冷库根据文件的指示，搭建各项消毒措施：

（1）引进一体化的消毒设备，且需要得到CMA官方认证，从而保证进口商品能够不留死角地全面进行消毒，消毒后的货物要静置30分钟，然后进行入库作业。

（2）严格按照天津市公布的《天津市新型冠状病毒感染的肺炎疫情防控工作指挥部文件》（津新冠防指〔2020〕283号）和关于转发国务院应对新型冠状病毒肺炎疫情联防联控机制综合组《关于印发进口冷链食品预防性全面消毒工作方案的通知》的要求，立即启用政府认可的消杀公司对冷链行业内部接触货物的设备以及环境进行每日人工消杀，并按照《天津市新型冠状病毒感染的肺炎疫情防控工作指挥部办公室文件》（津新冠防指办〔2020〕52号）《关于完善天津市进口冷链食品新冠病毒预防性全面消毒卫生指南（试行）相关消毒方法的通知》的要求对货物转运存放区域的消毒工作，针对各类进口货物以及接触的设备、环境消毒时可采用500～1000mg/L的含氯消毒液或100～200mg/L二氧化氯消毒液或0.1%～0.2%过氧乙酸或3%过氧化氢。当有明显污染物时应先清污再消毒，同时提高消毒液浓度，如此每日进行喷洒或擦拭消毒，保证设备以及环境能够做到全面消毒消杀，做好实时记录，做到有证可寻、有据可查。

（3）加大力度执行天津市发布的《天津市滨海新区新型冠状病毒感染的肺炎疫情防控工作指挥部办公室文件》（滨新冠防指办〔2020〕65号）

和关于印发《滨海新区冷链企业从业人员个人防护指引》的通知要求，强化一线所有作业人员的二级防护穿戴理念，并请专业的医务人员对一线作业人员进行相关培训，避免货物接触到人体皮肤表面以及口、鼻等处。在工作期间若防疫护具破损，应及时更换。

三、规范各项冷链操作流程

根据《市商务局关于对天津口岸进口冷链提箱办单流程（试行）的通知》的要求，规范了进口的冷链商品如何进行提箱，如何从口岸提箱进入冷库，对进口冷链商品如何入库、出库进行详细的说明。

四、强化人员的进出各项管理

依据天津市《天津市滨海新区新型冠状病毒感染的肺炎疫情防控工作指挥部办公室文件》（滨新冠防指办〔2020〕75 号）中关于印发《新冠疫情期间冷库从业人员集中住宿闭环管理指导意见》的通知，对冷链一线从业人员进行周期性闭环管理，并实行分区管理，行政区（绿区）、缓冲区（黄区）、一线人员工作区（红区）在闭环管理期间每 7 天对冷链从业人员进行一次核酸检测，每次出闭环前还要对人员进行核酸检测，待报告结果出来且无异常后，人员方可出闭环，且出闭环期间要严格遵守防疫要求。

五、现存问题

1. 成本增加

由于严格落实一线人员的二级防护要求，每个一级冷库平均每天消耗 240 套防护装备，按照每套 80 元的成本计算，每天防护成本为 1.92 万元。

一线人员每 7 天进行一次核酸检测，每个一级冷库按照 130 人计算（包括装卸人员），核酸检测平均 55 元/人，每次核酸成本 7150 元。

根据政府要求，一线人员离职必须隔离 14 天，隔离费用由企业承担，平均 4000 元/人。

货物的核酸消毒费用已经包含在作业费用内，不再另行计算。

以上费用综合预计一级冷库全年增加额外成本700万元。

2. 作业问题

目前按照要求，天津各一级冷库不得接收其他港口冷柜，同时也不接收消毒后冷库返回。

各一级冷库不得进行酮体类货物、四分体类货物的消毒工作，除海关查验货物外，其他酮体类货物必须去堆场做核酸检测，检测完毕后运离天津。

各一级冷库原则上不得接收分色业务，必须整柜进出。

以上问题造成目前大量牛肉、羊肉贸易商转港上海，同时由于在堆场进行核酸检测，转至其他场所进行换箱，造成压箱，国外要求运输至天津港口每箱增加400元费用。

企业应积极配合各项规定的消毒消杀工作、人员防疫工作。群策群力落实防疫政策，夯实防疫基础，巩固防疫城墙，为进口冷链商品建设筑牢可靠的防疫屏障。

［本节作者　中农批（天津）］

第三节　冷链消杀技术及相关设施设备应用现状

在贸易全球化的背景下，随着生活质量的提升，人们对食品需求呈现了多样、营养化、健康化的趋势，冷链运输蓬勃发展。但是在现行情况下，冷链成了新冠病毒入境的新的突破口。全自动冷链消杀技术应运而生，在冷链防疫工作中起到至关重要的作用，可有效阻止新冠病毒的入侵，为国家的非传统安全树立科技的屏障，契合新时代的发展趋势。

一、冷链消杀的背景

李兰娟院士提出，新冠病毒可在低温环境下长时间存活，各部门应加强对冷链食品的全面排查，同时对检出阳性的进出口物资追踪溯源。

冷链运输中多次检测出新冠病毒，也验证了专家此前的判断。我国不能直接禁止所有冷冻食品的进口，国际贸易中的冷链链条是新冠病毒输入我国的渠道。因此冷链成了整个社会的防疫防控重点。防控防疫的重中之重是消毒杀菌，冷链消杀技术相关产品应运而生，在冷链防疫工作中起到至关重要的作用，可有效阻止新冠病毒的入侵。

二、政府监管要求

2020年10月16号，国务院应对新型冠状病毒肺炎疫情联防联控机制综合组印发《冷链食品生产经营新冠病毒防控技术指南》和《冷链食品生产经营过程新冠病毒防控消毒技术指南》，详细明确了冷链食品的生产、装卸、运输、存储及销售等各环节的防控和消毒措施。

2个技术指南主要包括6个方面内容。

（一）在从业人员健康管理方面

（1）要建立上岗员工健康登记制度。建立员工健康卡，登记14日内的行程及健康状况。

（2）要加强员工日常健康监测。在生产经营区域入口设置测温点，落实登记、测温、消毒、查验健康码等防控措施，实行“绿码”上岗制。

（3）要加强外来人员登记与管理。尽量减少外来人员进入生产经营区域，确需进入的，做好登记、测温、个人防护等措施。

（4）要做好从业人员卫生防护工作。工作期间正确佩戴口罩、手套，穿工作服上岗。生鲜宰杀、分割等特殊岗位从业人员要穿戴防水围裙、橡胶手套等，注意个人卫生，尽量避免用手触摸口、眼、鼻。处理货物或特殊公用物品时，要及时规范洗手。

（5）要建立健康异常报告程序。员工以及共同生活人员一旦出现发热、干咳、乏力等症状，要及时上报。

（6）要建立从业人员返岗程序。身体不适、疑似或确诊病例，在其康复后需科学评定是否符合返岗条件。

（二）在装卸储运过程防控方面

（1）装卸工人在搬运货物时要穿戴工作衣帽，佩戴一次性医用口罩或者医用外科口罩、手套等，必要时佩戴护目镜和面屏，避免货物表面频繁接触体表。

（2）司机在运输过程中不得擅自开箱，不能随意打开冷链食品包装直接接触食品。车辆进出时，避免与门卫、值班员有不必要的接触。

（3）加强货物源头卫生管理。配合有关部门做好采样检测，及时索取相关食品安全和防疫检测信息，做好全过程温度控制并记录。一种车厢外壁自动化消杀设备如图5－2所示。

图5－2　一种车厢外壁自动化消杀设备

（4）定期对车辆方向盘、门把手、移动设备和搬运工具等进行预防性消毒，运载一批货物前后要对车内可接触的部位，特别是车厢内外进行彻底消毒。

（5）加强储存设施卫生管理，按照特性分库或分库位码放，定期对仓库内部环境、货架、作业工具等进行消毒。一种车厢内壁自动化消杀设备如图5－3所示。

图5－3　一种车厢内壁自动化消杀设备

（三）在生产过程防控方面

（1）要保持安全距离。从业人员间至少保持一米距离，可以通过只在生产线一侧设置工作台、错位生产或者在生产线中间装配挡板等方式，减少工作组之间的交流和相互影响。

（2）要做好每批食品进货查证验货工作，如实记录并保存进货查验、出厂检验、食品销售等信息，确保可追溯，记录和凭证保存期限不少于产品保质期满后 6 个月，没有明确保质期的，保存期限不少于 2 年。

（3）要制订有效的清洁消毒制度，定期对消毒措施的执行情况和效果进行评价，对来自高风险地区的冷链食品原料和半成品进入企业或者入库前，应当对其外包装进行严格而有效的消毒，用于搬运、生产、加工的设备、器具、环境，每次使用完毕后及时清洗消毒。

（四）在销售经营过程防控方面

（1）合理控制进入冷链食品销售区域的顾客数量，使用地面标记引导和管理顾客有序排队，人与人之间距离保持一米以上，避免聚集和拥挤。

（2）从业人员要勤用洗手液消毒，保持个人手部卫生。应配备速干手消毒剂、感应消毒设施等，方便顾客洗手消毒。对人手频繁接触的各种表面、把手等及时清洁消毒，每天进行全面消毒。

（3）做好警示告知。在入口处设置提醒标志，定期广播或张贴告示，提醒顾客保持距离，并注意手部卫生。

（五）在餐饮加工过程防控方面

（1）从业人员之间至少保持一米距离，堂食座位安排应达到安全的社交距离，店内设置地面标记便于顾客保持距离。

（2）对所有冷链食品接触面、外包装和用具进行经常清洗和消毒，并加强餐具、调味品容器的清洁消毒工作力度。

（3）落实其他防护措施。为员工和进出餐饮区域的消费者提供消毒液。将生熟食品分开，防止交叉污染，鼓励采用非接触支付、非接触派送等。倡导分餐制，使用公勺、公筷等。

（六）在相关区域的应急处置方面

冷链食品生产经营者要制订应急处置方案，用以及时应对疫情，有效预防新冠病毒的传播。健康状况出现异常的人员，必须配合有关部门开展流调、密切接触者追踪管理、疫点消毒、相关人员和环境的采样等工作。根据疫情严重程度，暂时关闭工作区域，发现样品核酸检测阳性后，要在专业人员指导下，对相关物品临时封存、无害化处理，对工作区域进行消毒处理，对可能接触人员及时开展核酸检测和健康筛查等措施。物品在未处理前，应保持冰箱、冰柜、冷库等设备正常运行，防止腐败变质及可能的污染物扩散。相关物品处理时避免运输过程溢洒或泄漏。参与相关物品清运工作的人员应当做好个人防护。

为切实加强常态化疫情防控工作，有效防范新冠肺炎疫情通过冷链输入，海关总署会同交通运输部、卫生健康委、市场监管总局等部门研究制定了《进口冷链食品预防性全面消毒工作方案》。

具体涉及运输的消杀环节有以下几个。

在口岸环节，核酸检测结果为阴性的，海关部门组织指导督促查验场地经营者或进口企业，对进口冷链食品的集装箱内壁、货物外包装实施消毒。消毒完成后，消毒单位出具该批货物业经消毒的证明。未在口岸环节消毒的进口冷链食品按规定放行后，在后续环节予以消毒。

在冷链运输和出入库环节，进口冷链食品在从集装箱卸货换装至国内运输工具时，货主或其代理人对货物包装实施消毒。进口冷链食品运输过程中，承运企业不得开箱，在国内运输段交通运输管理部门要督促指导冷链物流企业严格查验海关通关单证，落实运输车辆船舶等装载运输装备消毒、一线工作人员个人防护等措施。

在流通环节，对从口岸放行的进口冷链食品，在社会冷库或企业冷库倒箱过车、入库存储前，相关生产经营单位应查验货物所附的消毒证明，如未消毒，则在掏箱卸货时，对该批货物的集装箱内壁、货物外包装实施消毒。在消毒完成后，消毒单位出具该批货物业经消毒的证明。生产经营单位对需打开外包装的货物的内包装实施消毒。

我国冷链食品进口量巨大，进口冷链食品多为单件包装形式，逐一消毒工作量太大，并且无法保障病毒消杀的全面性。各大企业积极响应市场需求，相继推出基于多种技术路线的冷链商品全方位自动化消毒技术装备。

自动化消毒设备因其作业效率高、可实现六面消毒、节省消毒剂、避免人工消毒出现疏漏等优点受到政府机构、消毒公司、冷链物流企业的广泛关注。

三、消杀技术应用情况

目前我国市场上，常见的消毒技术包括：紫外线、臭氧、等离子、化学药剂等。

1. 紫外线消毒技术

紫外线是一种电磁波，其中其消毒灭菌作用的称为短波紫外线（UVC）。该波段处在微生物吸收峰值内，当基质中的病原体、病毒、细菌等受到一定量UVC照射后，其细胞中的遗传结构会被紫外线破坏，导致遗传基因不能复制，进而丧失繁殖能力，最终死亡。紫外线消毒的特点是消毒杀菌速度快，简单，效果好，不需要添加任何化学物质，并且不会产生新的污染物。常见的紫外线光源大多数是汞灯，其工作物质为汞蒸气，对人和环境有很大的安全隐患，紫外线消毒时需在无人环境中。同时紫外线的穿透能力较弱仅能杀灭光线照射的微生物。

2. 臭氧消毒杀菌技术

臭氧是独有的融菌型制剂，可迅速融入细胞壁，破坏细菌、病毒等微生物的内部结构，对各种致病微生物都有极强的杀灭作用，包括各种细菌繁殖体和芽孢、病毒、真菌等。

但是臭氧消毒也存在一些问题，基质中有机物会对臭氧消毒效果造成较大影响；臭氧具有一定的腐蚀性，尤其对橡胶以及纺织等物品会产生不可逆的影响；臭氧消毒时间较长，会对人员的健康也会造成危害。

3. 等离子消毒技术

等离子体，是由部分电子被剥夺后的原子及原子团被电离后产生的正负电子组成的离子化气体状物质，其对外呈现电中性。等离子消毒是通过等离子发生器产生高浓度离子态高活性消毒因子，如正负氧离子、氢氧基、电子等高活性因子，通以电能、电子击穿、氧化作用破坏微生物膜及细胞核，实现杀菌消毒目的。研究表明，等离子体对汽车、宿舍等场景内的空气消毒效果优异，但是对物体表面自然菌的消杀效果较弱。

4. 化学药剂消毒技术

化学药剂消毒是通过化学消毒剂作用于细菌、病毒，使其蛋白质变性失活，从而导致其死亡，如过氧化氢，四级铵盐、酚类物质、二氧化氯、次氯酸等，是一种接触式的消毒方式，以喷洒消毒液方式为主。

目前市面上最为常见的是隧道式冷链消毒设备，带有外包装的冷链食品经过轨道传输进入消毒室，消毒剂经过喷嘴喷洒在外包装箱体上，再由轨道运出消毒室，完成消杀工作。

对于冷链物品的消毒，不仅要考虑到物体表面全方位的消毒效果、人员的健康安全、环保问题，还要兼顾出入库运行效率问题。而紫外线、臭氧、等离子消毒技术装备是一种非接触式消毒方式，更多是针对场所内空气消毒，对于物体表面的消毒效果还有待商榷。因此，对于冷链物品，尤其是冷链食品的现场消毒杀菌，市场上大都采用隧道式化学药剂全方位喷淋消毒技术，如图 5 -4 所示。

图 5 -4　一种隧道式化学药剂全方位喷淋消毒设备

四、消毒装备技术解析

冠状病毒是一类具有包膜的 RNA 病毒，当包膜被消毒剂破坏后，RNA 随即被降解，病毒失活。化学消毒剂，如，75% 浓度的酒精、乙醚、氯仿、甲醛等均可使病毒包膜溶解，到达消毒目的。化学消毒剂一般具有腐蚀性、易燃易爆、刺激性、易挥发等特性，对人体有危害，配制和使用都会受到一定限制。

在众多的消毒剂中，二氧化氯被世界卫生组织确定为一种安全、高效的强力杀菌剂，对细菌和病毒有极强的灭活能力，是公认的氯系消毒剂中理想的替代产品，目前广泛应用于饮用水、医院、餐饮用具、食品加工、水产养殖等领域的消毒及除臭过程。国家标准《普通物体表面消毒剂通用要求》中要求用于物体表面消毒时，二氧化氯消毒剂浓度为 50～250mg/L，作用时间为 10～30 分钟，比其他消毒剂（臭氧水除外）推荐浓度都低，详见表 5－1。因此，从环保和成本角度更推荐低浓度二氧化氯消毒剂。

表 5－1　　物体表面消毒常用消毒剂的使用剂量和使用方法

消毒剂类别	清洁条件下		污染条件下		使用方式
	有效成分浓度/（mg/L）	作用时间/（min）	有效成分浓度/（mg/L）	作用时间/（min）	
含氯类	100～250	10～30	400～700	10～30	擦拭、浸泡、喷洒
含溴类	200～400	15～20	500～1000	15～20	擦拭、浸泡、喷洒
季铵盐类	200～1000	1～10	400～1200	5～20	擦拭、浸泡、冲洗
	800～1200	5～10	1000～2000	10～30	喷雾
二氧化氯	50～100	10～15	100～200	15～30	擦拭、浸泡、喷洒
过氧乙酸	500～1000	15～30	1000～2000	15～30	浸泡、喷洒
过氧化氢	3%～4%	30	—	—	擦拭、喷洒
	按产品说明书使用				气化
酸性电解水	50～100	10～15	—	—	冲洗、浸泡
臭氧水	5～10	10～15	—	—	冲洗、浸泡
乙醇	60%～90%	3	—	—	擦拭、喷洒
胍类	2～45g/L	10	—	—	擦拭、喷洒
对氯间二甲苯酚	1%～2%	10～15	2%～3%	15～30	擦拭、浸泡、喷洒
三氯羟基二苯醚	2.0%	15～30	—	—	擦拭、浸泡、喷洒

注：“—”表示不适用。

1. 雾滴粒径与消杀效果

药物液滴经过喷头部件的作用分散，喷出雾滴呈一定规律分布。研究表明，雾滴粒径是喷雾技术的重要参数，对消毒效果起着决定性作用。雾滴粒径大、易沉降、不易发生漂移和蒸发散失，但分布不均匀、附着性能差、易发生弹跳和滚落流失。细小雾滴对靶标的覆盖密度和覆盖均匀度远优于粗大雾滴，而且附着性能好，不易产生流失现象，但受气流影响大，易发生漂移，不易沉降。因此，应选择合适的雾滴粒径（即最佳粒径）才能达到最佳消毒效果，这就对喷淋技术提出了挑战。

2. 消杀技术

企业实践中推荐双旋风雾化方法，该方法利用空气负压把液体从储液装置中虹吸出来，当液体高速通过双旋风的雾化结构时，经过压力推动的液体已获得一定的初速度，同时在旋风作用的驱动下液体表面上伸展为薄膜，并以不断增长的速度向边缘运动，当离开雾化机构边缘时药液即被雾化，有滴状、丝状及膜状分裂。该雾化方式高效，无须冷却水、日常免维护、操作简单。雾滴粒径为 50～100μm，可以均匀覆盖于被消杀物品外表面，不易形成局部结露，减少消毒液的浪费，同时提升消毒效果。

根据冷库特殊防疫需求，全方位、无死角消毒是必要的，即冷链物品消毒过程中，在无人员干预条件下，实现六面均匀喷淋消毒。因此推荐“凹”字形输送系统（见图 5－5），该方式可实现交接式传输的同时，完成冷链商品底面消毒，避免因辊筒式传输带来的消毒死角问题。

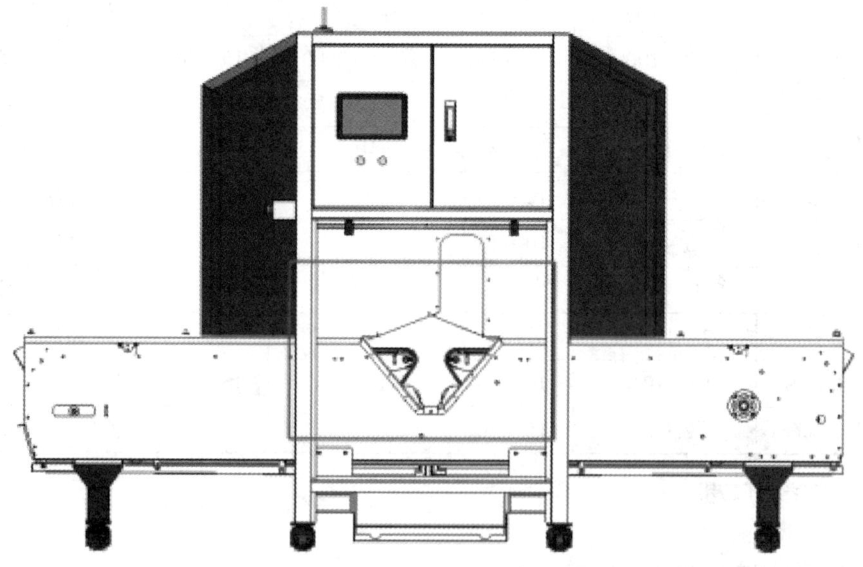

图 5－5　一体式“凹”字形输送系统

“凹”字形输送系统中的内部喷淋部分是保证全方位、无死角喷淋消毒的核心模块，该部分涉及喷嘴的数量、喷嘴的位置以及喷嘴的角度以及由此衍生的喷射距离、喷雾速度、喷雾浓度等技术参数，均需要在设计时经过大量的实践进行反复验证得出。针对该部分内容，目前还没有相关文献报道可参考。

3. 智能系统设计

根据冷链消杀现场监管需求，消毒装置设备应具备消毒业务追溯、消毒数据统计和消毒过程监管等功能，可实现消毒机定位信息、工作状态上报和消毒机的实时远程的管理和监控，智能系统设计的构架如图 5－6 所示。

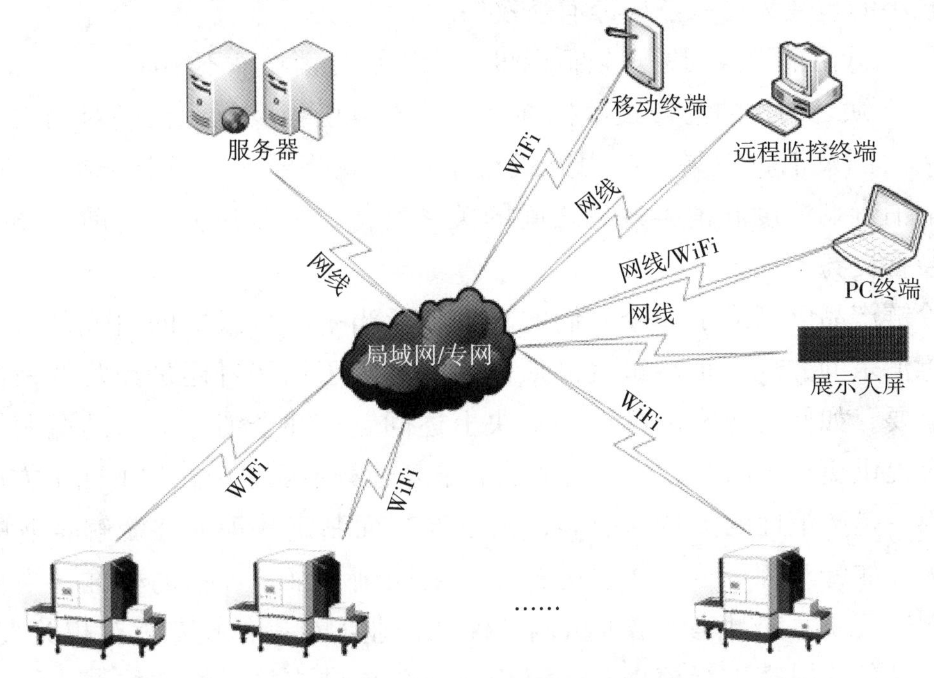

图 5－6　一种智能消毒系统的网络构架

4. 环保、健康问题

消毒液水雾外溢是隧道式消毒产品的顽疾。无论哪种喷淋技术都会让相对封闭的消毒舱内产生高压，导致消毒水雾外溢，威胁一线人员健康。内循环方式可消除消毒舱内外的压力差，从而有效解决这一问题，但是会给气路的电气元器件带来消毒氧化作用。因此，气液分离的设计很有必要。“双旋风喷淋消杀技术”利用迷宫原理有效增加了风道长度，同时风道内表面的特殊造型与涂层易于消毒液水雾的凝结，高效地实现了气液分离。如此设计，不仅可以回收药液、节约成本、减少环境污染，还可以最大限度地保障一线人员健康安全。

五、总结与展望

全自动冷链病毒消杀技术装备是在新冠肺炎疫情突发的背景下诞生的，面世时间较短，虽然在保障冷链物品防疫安全方面作出了巨大贡献，但仍然存在些许问题。

（1）冷链物品的包装大小不一。较大的包装无法通过病毒消杀技术装备，较小的包装无法保证病毒消杀效果。

（2）低温消毒液问题。较低温度下无法保障消毒液不结冰。

（3）缺乏细化的消毒技术标准。目前部分区域及行业已经对消毒设备的相关认证及消毒效果、使用方式有了一些规范要求，但对于喷雾方式，实际的消毒剂浓度和消毒效果之间的关系有待进一步研究，目前市场上的消杀装备良莠不齐。

冷链产品已经成了如今人们的日常生活当中不可或缺的组成部分，通过消毒消杀的方式保证冷链食品质量，无论对于消费者还是经营者来说都至关重要，如何在未来的冷链中解决上述问题，补全消毒消杀的漏洞，为消费者提供更安全的产品，冷链消杀的未来趋势主要集中在如下四个方面。

第一是政策性的支持与引导，由政府层面制定政策能够缓解企业的运营压力，如针对部分成本予以分摊，还要明晰认证、评估的标准，为相应机构颁发资质。同时建立培训机制，保证作业人员操作规范，对相关人员、机械、设备等损害进行梳理，制定相应的防护措施并提供支持。这样才能实现所谓的标准化，建立细节性的体系，同时减轻一部分企业的成本压力和完善对整个操作环节的辅助。

第二是标准的完善，包含了细节操作标准和各种耗材标准的制定，统一认证的标准体系、分级分式的标准体系的设立等。其中，整体标准体系需要考虑实际落地实操的可行性，并且覆盖各类环节，不只涵盖常规操作过程，还应针对出现的异常情况，进行解决方案的制订。由于冷链环节的复杂及种类的包罗万象，不能以一刀切的方式统一对待，需要对不同货物的来源及流向分级管理，制订不同的消杀计划才能对冷链市场起到积极作用。

第三是针对整个消杀环节的技术应用，目前冷链消杀大多采用人工作业，需要投入资源成本，也带来了更大的污染和传染风险，需要推动技术方面的改革，如引进自动化喷洒消杀的设备应用。同时对消毒杀菌技术进行分类、梳理和推荐，对消毒剂技术的标准进行官方认证。

第四是搭建可追溯平台，北京、郑州以及一些其他城市的追溯线上 App 平台已经开始运营，目前还存在一些局限性，不能真正实现全链条的监控操作，但它为后续完善提供了思路与方向。

目前，确保冷链物品的安全也是新时期国家保障非传统安全的重要战略方针。全自动冷链消杀技术装备可解决传统人工消毒效率低下、效果欠佳等问题，有效提升疫情防控时期冷链物品流通效率，为全球疫情防控体系建设提供技术支撑。

（本节作者　同方威视技术股份有限公司）

第四节　冷藏车发展升级新时代

冷链全球化趋势越来越明显，我国消费者对健康食品的需求也越来越大。在食品行业中，大趋势是更加注重质量、健康和信息完整性。越来越多的优质产品进入市场，这些产品货架期更短，对温度的敏感性更强。作为冷链流通主体的冷藏车，也要适应时代升级变化。

一、冷藏车目前发展情况

（一）城市物流用车以轻卡为主导，持续高端化

城市物流用车以轻卡为主，运力主要包含轻卡、微卡、皮卡、VAN 类四类。轻卡主要应用在城市一级和二级配送环节，占总物流量的 70% 左右，处于绝对主导地位。

轻卡为主的物流环节以冷藏运输、快递运输、绿通运输等场景为主，用户主要为物流公司和个人营运两类。

（二）法规升级驱动产品持续升级

安全法规：在保护司机安全方面应用了智能技术，同时产品结构上进行技术更新，大大推动了被动安全水平升级。

计重法规：推动新材料、新技术、新工艺等轻量化技术推广应用。

环保法规：燃油追随国家标准的要求不断升级，同时纯电动、氢燃料、NG 燃料、混合动力等清洁能源技术实现全面推广应用。

（三）客户需求升级驱动产品持续升级

客户对时效性、运营效益、售后服务等核心诉求持续关注，需求持续升级，驱动产品的持续升级优化。

冷藏运输核心诉求为时效性高、精准温控、舒适性强、专用化底盘。

（四）科技创新支撑产品升级

创新是未来产品升级的重要支撑，结合法规及用户需求升级要求，未来轻卡将从轻量化、智能网联、节能环保、辅助驾驶等方面进行提升，推动产品向高端发展。

二、未来新市场形势下的用户需求及痛点

随着多重法规的迭代影响，现代消费升级以及新技术的驱动，轻卡客户对安全、增效、降本、舒适驾驶等需求不断增强，目前的轻卡并不能完全满足用户的需求，未来轻卡产品必将朝着轻量化、新能源、智能化、专用化及人性化方向发展。

（一）轻量化，让冷藏车降耗节能实现高效运营

通过将新材料、新技术、新工艺应用于动力、悬架、传动、车架、货厢等模块，整车减重，使运输效率更高效、更安全，同时还能降低油耗，提升用户收益水平。

（二）智能化，辅助冷藏车提高运输效率精益运营

未来的物流以物流生态圈的形式发展，人、车、生活、服务以及物流上下游产业联动发展，智能网联是连接物流各环节必备的技术手段。轻卡必定向着安全智能化、信息智能化、服务智能化、车辆控制智能化等方向发展。

（三）专用化，让冷藏车更安全、可靠、高效

针对不同的使用场景及客户特性，开发专用化定制产品，为用户提供高效、安全的产品，避免私自改装带来的安全隐患，提高运输效率。目前专用类作业车已经采用专用化底盘，物流类作业车逐步专用化。

（四）人性化，让驾驶员提高驾乘舒适性

随着消费者年轻化，舒适驾驶、娱乐性等方面的需求逐渐增多，AMT变速箱、MP5智能大屏、气囊座椅、辅助驾驶等成为年轻用户新的需求特性。

（五）电动化，城市路权向新能源车开放

短期内路权是新能源市场需求的核心驱动因素，未来TCO、商用车积分将成为驱动新能源市场发展的主要因素；中短期内仍以纯电动车型为主，混合动力车型作为补充，氢燃料车型示范运营。

（本节作者　福田欧航欧马可事业部）

第五节　欧洲（德国）冷藏车及开式浇注发泡工艺

一、欧洲冷藏车情况概述

2019年，欧洲冷藏车租赁市场规模约为188亿美元，2020年至2027年的复合年增长率预计为8.3%。冷链产业的发展对经济增长起着重要的推动作用。冷链物流可以保护易腐商品在运输过程中免受损坏，因此可以被视为食品行业的一个基本要素。目前各国正逐步推动发展冷链所需的公共基

础设施，企业也对相关人员进行培训，增强其意识。

市场的增长机会主要体现在对药品、食品和饮料冷藏运输的需求。随着公路货物运输量的持续增长，冷链物流业有望蓬勃发展。此外，零售电子商务行业的快速成长、对先进高效物流需求的增长以及加强对车辆排放的监管，都是促进欧洲冷藏车销量增长的一些因素。

冷藏车运输是一个衍生需求行业，冷藏车租赁对于从事冷藏货物运输的企业来说是一种非常经济高效的方案，因为它可以减轻这些企业维护冷藏车车队的成本。

智能手机的普及，加上人们偏好网上购物和送货上门，改变了消费者在日常生活中购买所需食品的方式，增大了对新鲜食品的需求。

冷藏车车队运营商也在整合先进技术，以提高制冷剂的使用效果。一些冷藏车租赁解决方案提供商正在大力投资安装传感器和部署 IT 基础设施，能够在车辆运输过程中以分钟为单位报告厢内温度。因此，远程通信、GPS 系统、导航系统和温度监测传感器的日益集成有望提升冷链物流水平，进而推动市场增长。

1. 卡车类型概述

轻卡适用于冷冻食品和易腐产品的市内运输，特别适合超市。由于体积小，在交通拥挤的城市里驾驶起来很方便，随着电子商务零售、快速消费品和制药行业的发展，预计轻卡市场的需求将上升。

从 2020 年到 2027 年，重卡市场将以 8.1% 的复合年增长率扩张。由于重卡具有较强的运输能力，因此在长距离运输冷冻食品和易腐产品时最受欢迎。由于使用了多温度冷藏系统，这些卡车可以同时运输肉类、鱼类和乳制品等多种产品，从而提高了服务提供商的交货效率和利润率。

2. 租赁类型概述

根据租赁类型，市场分为短期和长期。预计从 2020 年到 2027 年，短期租赁市场将出现大幅增长，因为这有助于企业满足季节性需求，是经济上可行的选择。短期租赁在临时的需求旺季为用户提供了灵活的选择。这些因素将对预测期内的分部增长产生积极影响。

在长期租赁中，用户必须按照约定的条款使用冷藏车车队，并且有时间期限。因此，用户会选择同一个服务提供商长期合作，因为转换成本很高，这反过来可能会影响细分市场的增长。长期租赁可能通过柴油价格的下降使冷藏车租赁服务提供商受益，因为这直接影响到他们的运营成本。因此，预计从 2020 年到 2027 年，长期租赁市场的复合年增长率将达到 7.7%。

3. 部分欧洲国家的情况

根据德国冷冻食品研究所（GFFI）的数据，2019 年德国冷冻食品的销售额比上一年增长了 1.5%。消费者正逐渐寻找便利的饮食方案，因此对可持续和健康食品的需求持续高涨。德国有 68% 的家庭每月数次购买冷冻产品。2019 年，冷冻比萨、即食冷冻餐和冷冻马铃薯产品的需求量大幅增长。这些因素推动了冷链物流业的发展，进一步增加了对冷藏卡车租赁解决方案的需求。

在英国，零售食品链的扩张可能会在预测期内刺激冷链物流行业的需求，从而增加对冷藏车租赁的需求。零售商正专注于制订长期战略规划，以抵御零售业的激烈竞争、适应消费者偏好的转变。

4. 知名公司和市场份额概述

市场竞争很是激烈，著名的行业参与者包括 Fraikin、Penske、Petit Forestier、Hertz 和 Ryder。

这些公司一直在战略性地向用户推广其车队管理服务，包括远程信息处理，如全球定位系统和导航系统，提供上门服务、保险、成本估算、文件管理和其他服务支持。市场的最新发展之一是迅速转向可持续制冷装置，通过尽量减少氟氯化碳（CFCs）的释放来减少碳排放，从而影响整体环境影响。

二、冷藏车开式浇注发泡工艺技术

国家高度重视冷链物流发展，冷链运输装备是产业中非常关键的一个环节。为了提高运输效率，技术人员力求研发出厢内空间利用率最大、整车重量最小、保温效果最好的物流装备，以便使用更少的燃料运输更多的货物。聚氨硬质泡沫是一种绝热材料，通过发泡机把黑白料混合并注入模具空腔中，聚氨酯硬泡膨胀并充满整个模具空间。聚氨酯硬泡作为隔热材料，可以满足特殊结构或形状的板材制作，使用非常灵活方便。

欧洲和美国冷链运输设备主要生产厂家有 Schmitz、Krone、Kogel、Utility 和 Great Dane，这些企业制板工艺都是浇注发泡工艺，与国内发泡工艺不同的是 Schmitz 和 Krone 已经升级为自动化程度更高的开式浇注工艺。

硬质聚氨酯泡沫的生产需要两种主要的液体成分——多元醇和异氰酸酯，也就是常说的白料和黑料。发泡剂通常与反应催化剂、泡沫稳定剂和阻燃剂等一起加入多元醇中，这统称为白料。多元醇与异氰酸酯反应产生热量，使发泡剂汽化，因此液态混合物膨胀成泡沫，汽化后的发泡剂被包裹在聚氨酯泡孔中，反应完全熟化后，发泡剂与聚氨酯一起形成了稳定的、具有一定强度的保温材料。另外为了保持流动性和控制密度，通常多元醇会加一定份数的水。

开式浇注发泡设备示意图见图 5－7。工作台车 1 上进行板材支模，制作上方敞口的空腔，上蒙皮置于服务台车 4，计算需要投入的聚氨酯发泡料总量，起始注料位置和结束注料位置，以上三个参数输入控制系统中，然后启动设备，服务台车 4 会载着上蒙皮自动进入压机 3 中，把上蒙皮吸附在压机上模板表面，工作台车 1 根据提供的参数自动计算移动速度，匀速进入压机中并在运行中完成发泡料的注入。浇注结束后，工作台车 1 完全进入压机 3 设定位置，压机 3 闭合，上蒙皮覆盖在模具上面，泡沫在模真内膨胀发泡，经过一定的时间后取出制品。

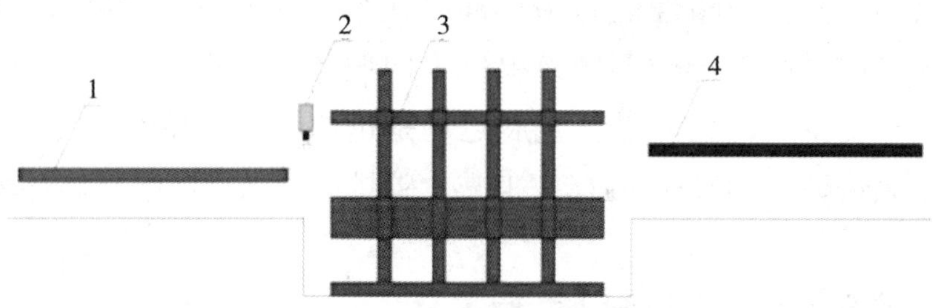

图 5－7　开式浇注发泡设备示意图

开式发泡技术优点有以下几个：①开式浇注发泡工艺由于采用全自动化的注料方式，在效率、人员操作安全性方面有明显优势；②开式浇注发泡工艺状态下的泡沫流动距离较短，末端反应动力足，能够有效排出空腔中的空气，解决了闭式工艺长期解决不了的空泡的问题；③由于在注料时均匀地涂布在板材上面，形成的泡沫密度分布均，整体保温效果好。

（本节作者　成都大学教授　李翔）

第六节　冷库门的发展现状与应用

近两年冷链行业异常火爆。冷库门作为物流通道的出入口，具有非常重要的作用。它不仅是货物的出入通道，同时又肩负着保温和防止跑冷的重要职能。冷库门就好比是人的牙齿，一旦选型错误或者出现问题，会导致整个冷库的运转受到极大的影响。

1. 钢制平移冷库门

钢制平移冷库门又分手动和电动两种。门板一般采用聚氨酯发泡，面板采用不锈钢板，正规厂家生产的平移冷库门内外面板中间有断冷桥设计。门板整体厚度为100～150mm，如图5－8所示。

图5－8　钢制平移冷库门

此种冷库门优点：门板厚，保温性能好。

此种冷库门缺点：手动平移门开启关闭不太方便，大多时候工人在作业完成后才把门关闭，这一过程中造成大量的跑冷；同时热空气进入冷库后随着温度下降饱和湿度降低，空气中水蒸气凝结成冰附着在库板及排管或蒸发器上造成制冷效率降低，而且冷库除冰非常困难。电动平移冷库门速度偏低（一般为0.3m/s），加上中间延时，门开关一次要在30s以上。由于材料及设计所限，钢制平移冷库门一旦被碰撞损坏，冷库中门的修复十分麻烦。

2. 自由对撞门

自由对撞门见图5－9。

图5－9　自由对撞门

自由对撞门一般不单独使用，需要与钢制平移冷库门配合，装在冷库中缓冲间低温侧。利用车辆和人员对门的直接撞击开启，自动关闭。

3. PVC门帘

PVC门帘保温性能差，具体见图5－10。

（a）

（b）

图 5－10　PVC 门帘

4. 快速防撞冷库门

根据国外的相关研究，冷库门跑冷有 80% 是在门开关过程中造成的，门体密封性造成的跑冷占 15%，而由于门帘的材料和厚度造成的能量损失仅占 5%。最近几年，快速防撞冷库门越来越受到从业者的青睐，如图 5－11 所示。这种快速防撞冷库门的开启速度可达 1.2m/s，整个门的开关过程仅需要 7～8s，可以配合拉绳开关、地磁、雷达、遥控器实现快速开启，极大降低了因为冷库门关闭不及时造成的电费损失，据测算，安装后电费一年可以节省 3 万～5 万元。

这种冷库门还有一个非常大的优势就是自带防撞恢复机构。被叉车意外撞击后，可以自动恢复，大大降低了冷库门的维护成本，解决了冷库门被撞后难以修复的难题。

对于频繁进出的中转库、城市配送库，普通的钢制平移冷库门明显不能满足客户对于冷库门迅速开启和关闭的要求，这种情况下就需要安装软帘快速冷库门。为了加强保温性能，同时会装一樘手动平移门。在白天频繁作业时，手动平移门常开，仅关闭软帘快速冷库门；晚上两道门均关闭，保证冷库的保温效果。这是目前冷库行业中最常用的冷库门解决方案，示意图如图 5－12 所示。

图 5－11　快速防撞冷库门

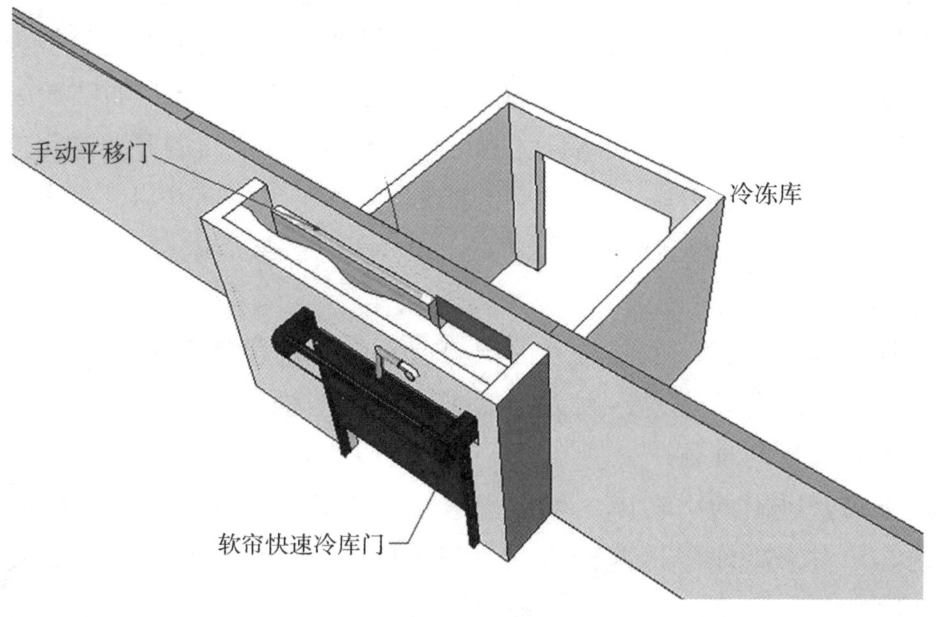

图 5－12　快速防撞冷库门示意图

5. 快速平移冷库门

快速平移冷库门具体见图 5－13。

图 5－13　快速平移冷库门

由于快速平移冷库门的开启速度可以达到 1m/s，是普通电动钢制平移冷库门的 3 倍，门板内部采用聚氨酯发泡，整体厚度为 100mm，保温性能与钢制平移门相当。这种冷库门一出现，即刻引起了行业内的关注，由于造价问题，在国内市场上还不多见，但随着国产化程度加快，相信快速平移冷库门会被越来越多的客户所认可。因为具有速度快、保温效果好的特点，这种门也被认为是冷库门的终极解决方案。

（本节作者　青岛拉斐特智能装备科技有限公司）

第七节　山东省农产品仓储保鲜冷链设施建设项目

2020 年，山东省农业农村厅根据《农业农村部关于加快农产品仓储保鲜冷链设施建设的实施意见》（农市发〔2020〕2 号）《农业农村部办公厅关于进一步加强农产品仓储保鲜冷链设施建设工作的通知》（农办市〔2020〕8号）要求，结合山东省实际情况，制订山东省项目建设方案。山东省作为全国首屈一指的农业大省，以鲜活农产品主产区、集散区、十大特色农产品优势区、省财政直管县和省定20个脱贫任务较重县为重点，在乡镇、中心村和田头市场布局实施以水果、蔬菜为主要品类的农产品仓储保鲜设施建设工程，共计分配项目建设任务1900个（见表5－2），从源头加快解决农产品出村进城“最初一公里”问题。

表5－2　山东省农产品仓储保鲜设施建设任务分配表

地级市	项目数（个）
济南市	147
青岛市	112
淄博市	76
枣庄市	61
东营市	37
烟台市	127
潍坊市	204
济宁市	180
泰安市	110
威海市	41
日照市	100
临沂市	157
德州市	93
聊城市	115
滨州市	140
菏泽市	200
合计	1900

一、实施情况

截至 2021 年 4 月 1 日，山东省开工建设主体数量达到 1450 个，项目数量超过 2000 个，总建设规模 80 万吨，其中 500 吨以上项目 794 个，目标完成率已达 105.26%；全省建设完成的冷库数量占总数近 70%，完成项目验收的区县达到总数的 50%。

二、经验做法

（1）坚持开展培训，率先行动部署。山东省率先召开了全省农产品仓储保鲜冷链物流设施建设培训会议，邀请领域内专家对有关人员进行了专题培训，并开展实地调研指导。会后将专家授课视频上传至山东省农业农村信息网，供相关人员及申报主体后续学习，共计开展会议培训、现场培训 176 次。

（2）借助专业力量，科学编制方案。在认真研究吃透《农业农村部关于加快农产品仓储保鲜冷链设施建设的实施意见》等有关政策精神的基础上，山东省以国家农产品现代物流工程技术中心为技术中坚，联合多所院校组建了一支高水平、接地气的专家团队，先后编制了科学性、前瞻性和实用性较强的《山东农产品仓储保鲜设施建设实施方案》《山东农产品仓储保鲜设施技术方案》《山东农产品仓储保鲜设施技术规程》《山东农产品仓储保鲜设施项目验收方案》。

（3）加强政策创设，加大支持力度。山东省农业农村厅对接相关公司，创设了仓储保鲜冷链设施贷，为实施主体减负，为工程建设赋能。济南市在落实中央财政补贴资金的基础上，按照单个主体农产品仓储保鲜冷链设施设备不超过总投资的 10%、总补贴额不超过 30 万元的标准给予叠加补贴，济南市财政部门每年从涉农资金中统筹安排 3000 万元资金，重点支持农产品仓储保鲜冷链设施建设、冷链装备设备配置、信息平台建设和标准制定等。德州市办理财政补助冷链贷 43 笔，发放贷款 3966 万元。

（4）科学规划布局，统筹协调资源。山东省要求各市、县（区）合理梳理产地优势，规划当地冷链物流布局，避免冷链产能过剩，杜绝仓储保鲜资源闲置状况。济南市出台了《农产品冷链物流体系建设规划》，立足济南市“一圈、两带、四区”农业战略区域方阵和十大农业特色产业优势带，布局“双核驱动、四区延伸、多点互动”的多链联动发展格局，搭建全市仓储保鲜网络，构建标准化服务体系。

（5）强化组织领导，督导项目建设。山东省各市、县（区）根据项目建设目标，成立项目领导小组，抽调专人负责指导项目申报和项目实施监管，确保工程实施质量和完成进度。及时收集和整理农业农村部最新工作精神、相关省区市及省内先进经验，并进行学习。组织开展实地督导指导，现场了解项目进度，共同研究解决问题，指导推动项目建设进度，省厅先后组织开展了6次实地督导，实地查看项目34个。

三、典型案例

任务下达后，山东省政府主动加强统筹指导和督导调度，鼓励市、县结合本地实际，加强统筹谋划，探索创新经验。各地在工作实践中，也摸索和创造了许多好的经验与做法。

青岛市创新提出了“抓两头带中间”分档补贴法。按照新型经营主体的投资额，青岛市分成7个档次进行补贴，分别为70万以下、70万~199万元、200万~399万元、400万~599万元、600万~799万元、800万~999万元、1000万元及以上。补贴额分别为投资额的30%、21万元、35万元、50万元、65万元、80万元、90万元。一方面，投资额越高、补贴资金越多，可以鼓励建设规模大、档次高、综合实力强的农产品仓储保鲜设施。另一方面，投资额越低、补贴比例越高，主要支持田间地头农产品仓储保鲜设施项目建设。

多个地市引导实施主体引入标准化管理理念。临沂市河东区建设了5S高标准千吨级机械冷库，配备信息采集系统，冷库、分拣区配有地坪漆，地面指示标线。淄博市桓台县强化政府引导打造小冷库中精品工程，围绕“一主体、一规范、四统一”（即示范性新型农业经营主体按照一套项目建设规范，统一服务指导、统一规划设计、统一建设标准、统一验收办法），引入了标准化管理理念，按照国标对地面进行划线分区，农产品入库时分区存放，不仅提升了冷库的整体形象，而且对于规范化管理也上了一个大台阶。

泰安市肥城市计划依托农产品仓储保鲜设施项目，由农产品销售平台公司牵头，采取订单代销、合资共建、批次团购等模式，与优质果蔬生产基地合作，在基地内设置“统一规划、统一标准、统一管理”的果蔬仓储和初加工设备，配套产销管理信息化系统和农产品生鲜运输设备，逐步形成具有肥城特色的市场化农产品产销运营模式。

德州市齐河县充分发挥政府在战略、规划等方面的杠杆作用，引入第三方咨询服务单位，按部就班，统筹设计全县项目布局，从培训、项目规划、建筑设计、落地实施、督导管理、验收材料整理、财务审计到专家评审，全部详细记录在案，建立了常态化的自查自纠机制，坚持服务、管理与监督并重，跟踪项目实施，监督资助资金使用，强化了农业经营主体地位，激发了创新力和活力，切实发挥试点示范带动作用。

枣庄市薛城区小巩湖马铃薯种植专业合作社（支部领办合作社），按照“支部主导、群众参与、盘活资产、集体增收”原则，经代表会议讨论确定由社员集资建设冷库，实现了资源变资产、资金变股金、农民变股民的“三变”。项目建成后，每年可为周边的菜农提供 280 吨的果品贮存量，有效解决了由于当地冷库存量不足而导致的贮存费过高和集中上市、价格低迷的情况。每吨冷冻的蔬菜扣除冷冻费用后，可增值 800 元左右，按平均库存 280 吨计算，预计年总收入可增加纯利润 22.4 万元，进一步壮大了村集体经济。

济南市先行区加强宣传示范力度。先行区建设标准化千吨级机械冷库，并配备设施设备及信息系统。通过组织培训、宣传教学等方式，开展专业化、全程化、实用化培训，提升政策实施效果，综合运用当地报纸杂志、广播电视、互联网等渠道强化宣传。

广饶县、宁津县、泗水县盛产生姜、红薯、土豆，各地因地制宜，结合当地土质、气候、水位等不同条件，在田间地头建设地窖，实现长期贮存，为农户增收提供条件。

蒙阴县有 24 个仓储保鲜项目，建设地点相对集中，多数配备自动温控设施、冷库门风幕设施、信息采集设备、消防设施等，冷库建设机械化程度高，建设标准在全省处于领先水平。项目实现了当年投资、当年建设、当年使用、当年见效，减少了农产品产后损失，增加了经济效益，受到广大农户的欢迎。依托国家农产品现代物流工程技术研究中心的保鲜技术的力量，利用当年建成的仓储保鲜冷链设施，蒙阴县将蒙阴蜜桃打造成了地域品牌，产品远销迪拜、东南亚等多个国家和地区。

下一步，山东省将加快推进数字技术在农业生产、品质控制、质量管理、分等分级、包装创意等过程的推广应用，加强优质特色农产品生产、流通、销售数据监测、分析和应用，实现品牌农产品全产业链大数据的统一归集，健全农产品监测预警体系和信息服务机制，引导各类市场主体科学选择种植品种，精准安排生产经营。同时，在理论研究和技术创新的基础上，重点解决工程的组织模式创新和运营模式创新。

（本节作者　国家农产品现代物流工程技术研究中心）

第六章　后疫情时代的冷链物流

2020 年在全球暴发的新冠肺炎疫情对我国社会活动产生了巨大且深远的影响，极大地改变了许多行业的发展方向和发展节奏，冷链物流就是其中受影响较大的领域之一。此次新冠肺炎疫情把冷链物流抛到风口浪尖上，使其成为特殊时期承担居民饮食物资稳定供应的中流砥柱，引发了全社会广泛关注，为冷链物流的大发展提供了良好的舆论环境。

第一节　疫情中的冷链物流

新冠肺炎疫情暴发时，为实现疫情的有效防控，全国上下最大限度地实行了居家隔离政策，各类实体商家纷纷关门歇业，几乎所有的城市居民都无法随意出门采购，传统食品销售渠道与餐饮业等均受到了极大冲击。在此时期，生鲜电商与冷链物流成为辅助保障城市食品供应的关键手段。从各级政府到社会各群体都对冷链物流青睐有加，冷链物流成为保证城市社会生活稳定顺畅的重要支撑条件。各类资本和投资机构也纷纷把生鲜电商和冷链物流圈定为当下颇具成长性的投资方向，开始向冷链物流领域进军，冷链物流一时间成为投资热点领域，同时也呈现出建设过热的现象。

疫情当下，冷链物流发展呈现出以下新特性。

一、生鲜电商推动冷链物流快速发展

生鲜电商借助社区买菜等新业态的发展而兴起，大大地加快了冷链物流的发展速度，并对冷链物流提出了新要求。2020 年年初的新冠肺炎疫情，使得传统的商业流通渠道无法完成市场供应工作，生鲜电商成了辅助居民居家隔离期间食品供应的重要手段。生鲜电商企业或者是拥有自营物流体系，或者是使用顺丰、京东等相对有实力的第三方物流体系，在困难的条

件下承受住了百分之三四百的业务量增长，保证了供应，稳定了物价。

后疫情时代，各生鲜电商迎来了发展的黄金时期，随着各种资本的大量涌入，头部企业获得了强大的助力，开始进入高速发展阶段。从业态形势的发展变化来看，在疫情当下，前置仓（店）直营模式和社区团购模式都较为火爆，优先实现了居民基础民生物资的保障。但当社会重启后，各类社会基础资源逐渐恢复，前置仓直营模式继续领跑，社区团购因为不具有规模性而一度受到冷落。在2020年第三季度末，新兴产业资本确定进入生鲜电商领域时，当下前置仓直营模式已经有了较高的竞争门槛，很难打破现有领先者的市场地位，因而另辟战场，从还是野生状态的社区团购模式中进入，依靠强大的资本支持和资源投入，在短短的半年时间里就实现了日销售上千万单的业绩指标。

新兴的社区电商企业认识到冷链物流体系对于新业态发展的重要意义，它们通过构建新型冷链物流链路，以合作加盟的形式，依靠合作伙伴建立网格仓的物流经营方式，快速搭建了自己的冷链物流履约体系。在不到一年的时间里，实现了快速扩张，占领了全国的主要市场，预计到2021年年末，行业内的头部企业均将完成对全国市场的覆盖，将竞争引入下一阶段。

现在看来，生鲜直营电商主要采用的自建冷链履约系统和社区电商主要采用的合作加盟式冷链物流系统都在继续演化与完善之中。生鲜直营电商继续做长、做强供应链，在已经拥有了相对发达完整的末端配送系统的情况下，不断向产业链上游进军，逐步涉足食品的生产加工和肉类的分割包装，甚至屠宰等业务。同时，生鲜直营电商也在向更上一游的种植（养殖）方向探索，从源头开始，形成由产地直到消费者的完整的供应链路。社区电商则从初期的以果蔬类农产品为主，逐步提升肉禽蛋类副食品的占比。社区电商向着增强冷链物流全链路仓储配送履约能力的方向而转变，同时也在积极运用自身的销售体系，进一步增强与农产品大批发商的合作，不断向产地上游延伸采购。在此过程中，对于冷链物流都提出了更高的要求，也进一步助推了冷链物流体系的建设和能力的提升。

二、传统农批市场急需转型

虽然新零售发展得风起云涌，但传统农批市场仍然是社会生鲜食材供应的主渠道，它们不仅提供了千家万户的食材需求，也是城市中单位食堂、餐饮企业、大中型连锁超市、蔬菜小店等主体的主要食材采购基地。与此同时，当前火热的电商新零售的主要采购也来源于传统农批市场。

疫情当下，传统农批市场拥挤混乱的环境和简单粗放的交易形式再次成为社会关注的焦点，传统农批市场的卫生安全和交易现代化成了业界与政府共同关心的问题。从交易场景看，传统农批市场是将全国产品集中至一地后，实现买方一次性购齐全部的需求，是相对合理的商业模式。从生产端看，由于农产品具有种类多、产地多、产销量大且不易长期储存的特性，所以单车、单品种、高频次地从产地发往销地是更为经济的操作方式。从需求端看，对食材的需求，往往是多品种的，且各类用量差距巨大。对于需求方来说，如果各类别货品均分别采用整车采购（产地直达）是不现实的。究其原因：一是因为需求量小的品种如果大量采购，运输和储存都不经济；二是只有强大的自采团队才有操作全国产地直采的可能性，绝大多数单位并不具备这个能力；三是农副产品具有不耐储存的特点，因此随用随购的方式更为合理。在当前的条件下，要想实现完全的产地直采，只能是一种发展愿景。社会化大协同的集中运输，再搭配城市共配是现阶段更为经济合理的商业模式。

传统农批市场是在长期完全市场化的环境下成长起来的，有其历史的必然性和商业的合理性，不能因为现有问题而忽略传统农批市场存在的重要意义。对传统农批市场进行升级改造，使其适应常态化疫情防控要求的卫生健康标准，并建立数据采集及追溯机制，开展交易电子化是必然的发展方向。

传统农批市场中，对冷链物流设施设备的建设多数比较简单，主要是用来存放冷冻肉类的冷库。此类冷库为服务于商业交易，往往所需面积不大而隔间较多，且多数不具备低温月台以及低温操作区，内部照明也相对昏暗，属于快速流转型冷库。售卖区一般会配备冷柜和水产暂养池（箱），有些市场还会配备制冰机等。冰鲜肉多数与冻肉同场销售，对冰鲜肉类的保温条件更为简陋，多数直接陈放于室温环境中（少部分市场内有空调）或用冰块降温。针对冷链物流环节，相较于设施设备，市场的管理更为简单，基本不会组织全市场级别的冷链协同管理，对温度控制也仅凭各商家自觉。设施设备本身的状态也是良莠不齐，缺乏养护者居多。市场内商品交接环节基本不考虑温度控制，普遍不对接货车辆的车厢温度进行核对，也不会检查来货温度。

针对传统农批市场冷链物流的升级，应首先从实现交易电子化、透明化入手，先把交易过程梳理清楚，再进行物流环节的改造。要从简单的当房东和物业管理转变为交易撮合平台和综合服务供需调配平台。农批市场需建设比现有更高水平的冷链基础设施，既包括仓储也包括运输和部分深加工等操作。同时还需引入更多有能力提供优质服务的冷链物流企业，把市场向平台化方向改革，为供需双方提供公开透明的信息交流和商业合作机会。

三、国家政策促进冷链物流发展

2020 年春节过后，随着国民经济的逐渐重启，政府和社会各界对冷链物流重要性的认识很快达到了空前的新高度。冷链物流成了保障民生、扩大内需的关键环节。同时为落实常态化疫情防控要求所需要的来源清、过程清、数据清、环境卫生、保障可靠等要素，也需要有现代化的冷链物流体系相配套。而促进乡村振兴的大多数项目，也是促进农村的农副产品向外销售，努力提高售价，降低损耗并帮助农民增收的重要举措，这些同样都需要冷链物流来进行支撑。

从宏观角度看，不仅仅是中央不断地予以行业发展支持，各地方政府也把建设冷链物流基础设施作为促进当地农产品销售的重要措施。但是在这种高度重视下，也不免产生了一系列盲目投资建设的情况，出现了一些重基建投资，轻管理强化；重简单扩能，轻降本增效；重处处设点，轻统筹规划等问题。

第二节　疫情暴露冷链物流发展问题

一、冷链物流宏观规划缺失

在目前国内冷链物流的整体发展中，各类资源总量缺乏和局部错配的问题并存，暂时性缺乏和中长期有余的问题并存。冷链物流是一个对供应链强依赖的业态，是伴随商流发展而生长壮大的，“流”本身就代表着对连续顺畅的要求。要做好货畅其流，必须要设计好流转全过程的各环节要素，既有仓的位置、容量、吞吐速度、可储存商品种类等，也有运输通路的方向、运力等，还要考虑末端履约与商业销售操作的匹配等。只有做好全局规划，才能让各地方、各层次的物流体系建设实现有机协同，同时适应不断迭代演化的商业模式的发展步伐。但在目前冷链物流的整体发展中，缺少整体性的顶层设计，各地对于冷链物流的认知和规划专业度不一，对于冷链物流的发展造成了一定的影响。

二、生鲜冷链物流两端（产销两地）发展不同步

冷链物流是民生商品的物流，建立好产销的大通路，自然会促进物流业的发展。没有良好的产销通路却片面地在物流链路上进行投资，或者是设施设备建成后由于空置而不能充分发挥价值，或者是商品进入链路后未能销售最终造成积压损失，都是我们不想看到的结果。但是，促进销售端建立起顺畅的销售通路，相对于促进投资生产建设更有难度也更具挑战性。真正实现产销互联才会真正促进本地农产品的生产和物流的发展。

三、冷链物流消杀环节成为操作难点

2020 年下半年开始，为了防止新冠病毒由海外流入国内，在各口岸和主要城市都指定了专门的冷库作为集中监管仓，针对冷链商品外包装进行消杀工作。此项操作无疑是十分必要的，但为此也造成了企业一定的时间和资金支出，增加了冷链物流的运营成本。目前，这些成本主要由物流企业自己在承担。同时，对从事消杀工作公司的专业能力，也需要尽快有更详细的考核或认证机制。消杀工作的执行标准和器材配备、人员防护要求等也需要有更加详细的标准落地。

四、冷链物流园区建设与冷链物流市场发展不同步

在目前冷链物流发展大热的情况下，从 2020 年开始，预计未来几年都

将有不少园区投产，这将会对现有冷库市场造成明显冲击。由于条件所限，有些园区的选址可能未必理想，同时建设规模也不一定合理，如果当地已经有较多的冷链物流园区，或者并不处于冷链物流的重要节点上，又或者本身的设计缺乏亮点，则无法快速吸引到足够的客户，难以形成比较良性的现金流，这对投资方来说压力很大。大中型冷链物流园区接连投产，还会产生管理团队不能及时配套等问题。管理一个物流园区，如果仅仅做房东收房租，很难发展成较为理想的规模。如果想要通过增值服务，在园区内实现向冷链物流的上下游环节延伸，又或者形成批零销售 + 储存运输的一体化模式，都要求有专业的管理团队来运作。而当前冷链物流的经营与管理人才，特别是中高级管理人才还是比较缺乏的。这也是冷链物流园区发展中的一个重要难题，要想办法加快人才梯队建设和高级综合经营型管理人才的培养。

第三节　后疫情时代冷链物流的发展

一、冷链物流消毒消杀再升级

对于常态化疫情防控，首先体现在对于冷链商品的防控，特别是对于进口冷链商品的消杀工作，将会持续相对比较长的时间。这一工作也将从临时性、以手工操作为主的形式开始向持续性、半自动化或全自动化操作转变，与之相配套的各种设备、药剂、人员和防护物资等也会进入一个快速发展期，逐步形成冷链物流新的配套细分产业。

二、冷链物流助力新零售

包括社区团购在内的生鲜电商的继续扩张，也会对冷链物流的发展方向产生比较大的影响。生鲜电商的快速扩张自然会吸引许多原来并不从事冷链业务的商家进入冷链行业，让冷链市场的竞争更趋热烈，并更有可能产生新模式、新玩法。新零售需要的仓配服务不是简单的整进整出，它们更多的是整进分出、快进快出、多 SKU 共出共配、多温区多落点共配等业务形式。同时，对时间窗口有严格要求，对数据的交互和过程的回溯也同样有严格的要求，这类业务需要依靠系统化的精益管理和完善的数据系统支撑。

不管哪种新零售方式，最显著的特点就是将商品尽可能贴近消费者，从而实现提高订单履约的响应速度。这样就需要有更多的商品处于从产地到销售城市，再到末端配送点的整个供应链中的不同节点上。同时，由于冷链商品具有保质期短和不耐储存的特点，较难实现将到达前置网格仓的商品再调往其他的销售节点的操作，接近保质期却无法销售的商品将快速贬值，超过保质期的商品将无法售出，并且回收和销毁处置还将增添新的支出。所以，如何科学合理地在供应链的各节点上安排商品的品种数量与配送节奏，做到用尽可能少的供应链内商品存量满足尽可能多的客户需求就成为衡量供应链效率高低的核心要素指标。

三、包装循环体系深化探索

基于节约成本考虑，在同一个营销体系内，由产地直达消费端的生鲜供应链模式会对冷链周转包装容器提出更多的需求，同时国家的限塑环保政策也会促使包装容器周转系统的发展。我们的集约化标准容器经历了集装箱和托盘两个阶段后，将开始进入周转箱的时代。结合冷链的要求，还要把保温与周转结合起来，成为适合市场发展需要的周转保温箱体系。如何构建整个社会维度逆向配套的冷链物流周转包装体系将是未来几年的新兴课题，相信也会产生出许多新的业务成长点。

包装容器循环可分为两种。一种是小循环，即由企业或企业联盟在本企业或企业联盟的业务可达范围内进行周转容器的循环。可以想象，这种联盟越大，其循环效率越高，成本越低，当然其组织难度也会相应增高。另一种是大循环，即从整个社会循环的角度入手，不拘泥于容器本身的循环，而是考虑制成容器的原材料的整体循环。即将容器装好商品到达最终消费环节后，由社会化的系统予以回收粉碎再造，形成新的容器或将原料转做合适的其他用途。大循环节约逆向物流造成的空载物流成本，并可以使用不太方便降解但更便宜、更具良好使用性能的原材料生产包装容器，从整个社会的角度降低物流包装成本和提高对环境的保护。大循环比小循环的整体成本测算更复杂，组织难度更高，也更值得我们去研究。

四、降温保冷媒介实现技术升级

与周转容器配套的降温保冷的媒介物也会是未来的一个新星亮点，这类媒介物主要包括相变材料、干冰和外能源制冷机组等。在原来的开放式冷链履约链路中，大规模应用主要是以一次性保温箱加干冰和一次性相变材料的保冷的方式。目前，当整个链路都处在同一体系、同一个数据系统管控的情况下，可以开展冷媒的大规模周转复用的研究与应用。这类课题既包括冷媒的逆向归集和运输，也包括相应冷媒的再次制冷或者充冷。当相变冷媒的量比较大时，为其再次充冷所耗费的电量也是一个很大的数字，要研究怎样用相对低的成本完成充冷操作。另外，所有的周转容器和周转冷媒的卫生保护和防病毒处置也要一并在系统设计中予以考虑，以适应现在越来越严格的食品安全保障要求。

五、冷藏车进一步高速发展

冷藏车将会持续高速增长，未来两三年其增速将会超过冷库的增速。前期投建的大量冷库向社会提供了更多的冷链货物存放空间和运输节点，同时国家和各地方政府也在大力鼓励甚至督促冷链物流的水平提升和标准提高，这都将促使更多的商品使用冷链物流体系。标准的提高还会促使更多的货主对冷链物流进行更严格的过程监控，特别是对温度保持的严格性和卫生安全的严格性。这些都将提升对干支线冷链物流车辆的需求，不仅是数量增加，还包括性能完善。新兴零售业态催生了大量的网格仓、前置仓、社区提货点等，希望中小型多温区的冷藏车能够直达各社区，向它们进行配货、补货，也会促成一大批对包括新能源车辆在内的冷藏车需求。下一步冷藏车的发展方向将是两个：一类是大型干线车辆，强调的是持续高效低能耗的保温；另一类是城市内的配送车辆，强调的是环保节能和多温区共配、多落货点共配场景下的温度稳定性等。如何提高车辆的保温能力，同时降低燃料消耗，符合国家新制定的食品卫生标准中关于温度的强制要求等也是新探索方向。

六、商流与物流的深度融合

商流与物流的深度整合才是未来物流的发展方向，数据的采集处理和系统互通能力将越来越成为企业的核心竞争力之一。近年来市场上残酷的价格战再一次充分表明，传统的第三方物流业务只能以不断降价来抢客户，很难获得稳定持久的订单，而且面对体量日益庞大的客户，物流企业谈判空间也越来越小。因此，与商流进行深度绑定，将本企业的服务融入某一商品的整体供应链中，根据自身实力，或者成为全链路供应商，或者成为其中的某一个环节供应商，与产品商家共同生存成长才是物流企业的生存之道。而要想与商流深度绑定，则一定要在业务内容上进行更深层次的全面合作，负担商品流通全过程中更多操作环节的同时，积极参与商流主导单位的供应链优化研究，实现在全链路上节约资金、降本增效的目的，成为商流主导单位的物流顾问。明确了大方向，物流企业就要对操作进行不断降本增效的挖潜改造，持续开展精细化管理革新。这就要求物流企业将所有的管理动作和操作动作都实现流程化、数据化、可视化，在过程中设置的数据采集点越多，越能准确地反映出物流企业的管理过程和操作过程的状态，也就越容易发现其中的问题，提出改进的思路，并可以快速验证改进成果。当数据量积累到一定程度的时候，可以进行数据仿真，更快速、高效、节约地迭代物流企业的改进方案。

第七章　2020 年冷链热门领域专题

第一节　国家骨干冷链物流基地建设现状与发展规划

一、国家骨干冷链物流基地现状

（一）第一批基地名单及区域分布情况

目前规划的 17 个国家骨干冷链物流基地中，按规划区域划分为东部、西部和中部三区域，其中东部地区基地数量 8 个，占比 47%；西部地区基地数量 6 个，占比 35%；中部地区基地数量 3 个，占比 18%（见表 7－1）。

（1）按功能类型划分：销地功能为主 9 处，产地功能为主 8 处。

（2）按运营类型划分：交易市场主体 7 处，物流园主体 6 处，加工园主体 4 处。

（3）国家骨干冷链物流基地区位形式划分：单一连片 9 处，多片组合 8 处。

表 7－1　　第一批国家骨干冷链物流基地名单

省份	基地名称	对应企业名称
北京	平谷国家骨干冷链物流基地	北京农业投资集团有限公司
山西	晋中国家骨干冷链物流基地	山西农谷金农农业建设有限公司
内蒙古	巴彦淖尔国家骨干冷链物流基地	内蒙古巴彦绿业实业有限公司
辽宁	营口国家骨干冷链物流基地	营口港盖州物流有限公司
江苏	苏州国家骨干冷链物流基地	苏州市南环桥市场发展股份有限公司
浙江	舟山国家骨干冷链物流基地	舟山国家远洋渔业基地建设发展集团有限公司
安徽	合肥国家骨干冷链物流基地	合肥周谷堆大兴农产品国际物流园有限责任公司
福建	福州国家骨干冷链物流基地	马尾冷链物流基地*

续　表

省份	基地名称	对应企业名称
山东	济南国家骨干冷链物流基地	济南维尔康实业集团有限公司
河南	郑州国家骨干冷链物流基地	河南万邦国际农产品物流股份有限公司
湖北	武汉国家骨干冷链物流基地	山绿农产品集团股份有限公司
湖南	怀化国家骨干冷链物流基地	湖南佳惠集团
广东	东莞国家骨干冷链物流基地	增益供应链（东莞）有限公司
四川	自贡国家骨干冷链物流基地	中国西部现代农业投资集团
云南	昆明国家骨干冷链物流基地	昆明宝象万吨冷储物流有限公司
陕西	宝鸡国家骨干冷链物流基地	陕西新丝路猕猴桃（集团）股份有限公司
山东	西海岸新区国家骨干冷链物流基地	青岛鲁海丰食品集团有限公司

* 福州国家骨干冷链物流基地以马尾冷链物流基地为主要载体，目前没有对应的具体企业。

（二）国家骨干冷链物流基地冷库现状

17 个国家骨干冷链物流基地现有冷库 103 万吨，其中东部冷库库容 45. 5 万吨，中部冷库库容 31 万吨，西部冷库库容 26. 5 万吨。总体规划冷库库容 120 万吨。

冷库按温区类型划分：以冷冻为主 15 处，以冷藏为主 2 处。其中，冷冻品货品占比 88%，冷藏品货品占比 12%。

17 个国家骨干冷链物流基地中的冷链食品主要是冷冻肉，占比为 58%；蔬菜水果的占比为 18%；水海产品的占比为 24%。

（三）国家骨干冷链物流基地冷藏车现状

目前 17 个国家骨干冷链物流基地，主要业务均以第三方冷藏车为主，每个基地自有冷藏车数量平均不超过 50 辆。

二、国家骨干冷链物流基地目前存在的问题

（一）基础数据的计算逻辑不统一，数据不准确

17 个国家骨干冷链物流基地在提报冷库容量数据的时候，统计逻辑不同，大部分沿用吨位计算法，但是随着现代冷库空间结构不断优化和高效

率立体库的普及，吨位计算法统计数据不准确，现有冷库容量存在一定误差。需要统一标准化计量单位（按功能），目的是让基础数据更真实，摸底调研更准确，统计更加方便。冷库作为冷链食品流通中重要的基础设施，数据算法的统一有助于准确判断我国冷库现状，规避规划存在的偏差。

（二）基地冷库建筑结构功能不合理，存在断链现象

基地冷库以多层结构的楼库为主，优势在于占地面积小、使用面积大，但效率低于钢结构高位库，75%的时间浪费在穿梭楼层，目前没有有效提高穿梭效率的手段。

缺少封闭式月台是断链问题之一，与多层楼库结构有直接关系。因为多层结构，月台不好封闭，多层楼库主要服务于农批市场或者服务于加工的冷库，该类主体对月台的封闭没有要求，因此月台交接过程中脱冷断链现象很严重。夏季高温季节多层穿插入库时间长，会使商品品质发生变化（环温高于30℃情况下，一般冷冻产品在月台上如果超过半个小时会出现化冻现象）。

此外，基地冷库的储存模式普遍停留在简单堆放和低位货架码放两种形式，冷库利用率较低，经过中物联冷链委调研，主要原因是需求方要求低甚至无要求，服务方控制运营成本等。但这类单一型、体量大的冷库会受发展空间的限制，在脱离运营成本和服务价格综合性价比等优势后，业务上将会大幅受挫。

（三）冷链信息化程度低，缺乏追溯体系和手段

根据调研情况整理，部分基地冷链信息化基本是空白的，少部分基地实现了信息化系统管控。

仓库管理信息化有助于提高工作效率。当前我国大部分传统冷库运营的入出库审核还停留在纸质单据。信息化、无纸化未来是整个冷链追溯当中的重要环节，纸质单据的长期储存较为困难，也无法实现有效追溯。

对于录入信息化系统的商品进行追溯管控非常容易。作为入选国家骨干冷链物流基地的企业，一定要实现信息化，政府也在积极推广信息化的应用，如安徽省发展改革委对于安徽省的冷链现状及问题，提出要结合当地的实际水平，合理化发展冷链物流智能化、自动化。

然而，目前市场中不缺冷库资源，但是缺乏现代化的冷库资源，一库

难求的现象居多。过度信息化、自动化不可取，一定要结合当地发展水平循序渐进，新建、扩增或改造的冷库一定要符合现代冷库的市场需求。

（四）冷链运输方面是短板中的短板

经过调研初步了解，17 个国家骨干冷链物流基地所拥有的冷藏车平均不超过 50 台，冷藏车运输作为应急保障的重要支持环节，疫情防控期间服务被动，各大基地的冷藏车资源紧缺，这就失去了作为枢纽的意义。冷藏车自有数量稀少，一体化发展程度低，从而暴露出整体信息系统化弱等问题，逐渐失去区位优势。同时，无法有效规避断链带来的风险。

（五）冷链运营管理粗放，标准化程度低，普遍缺乏冷链专业人才

冷链专业人才不仅能够提高冷链运营精细化管理水平，还能系统性提高整体运营人员的能力。政府和企业都在提倡“上下游”联动、集约化、统一标准等，需要有专业人员做好示范带头作用。

目前，处于发展阶段的国家骨干冷链物流基地缺乏一个能够制定标准化流程、前瞻性规划的冷链专业团队。

（六）基地内各资源分散，功能延展性差

目前各基地内部资源没有形成合力。以加工型园区为例，园区内有几十家，甚至上百家与冷链相关的企业，但内部互通性较差，资源浪费。有的基地主体只能是以物业管理为主，资源整合能力较弱，并不能有效把控整体园区冷链的发展。

此外，货品充足但车辆稀缺的短板问题非常明显。基地每日发货量大，但是园区内每家企业找车找货的成本非常高。如果基地能够将这些资源整合起来，实现资源互通，能大幅提高效率，降低成本。目前很多基地大而不强，其中包括物流属性较弱，上下延伸带动力不强等情况。

三、国家骨干冷链物流基地未来发展定位

（一）完善储备的基本功能

2020 年我国受非洲猪瘟疫情影响，猪肉价格上涨，可替代的肉制品如

肉禽类，价格波动较大。冷库作为城市或者区域的储备中心，疫情期间暴露出冷链流通不畅，冷库频繁爆仓，储备方面不足等问题。供需不均衡会直接影响到我国消费者蛋白质摄入量，要完善冷库储备的功能。

（二）完善交易中心的功能

17个国家骨干冷链物流基地主体大多是农产品综合批发市场（简称“农批市场”）。疫情防控期间，暴露冷链问题最多的也是农批市场。根据调研分析，农批市场只是紧急应对并解决突发问题，问题源头没有得以有效杜绝。农批市场作为交易中心，业务主要有两方面，一是B2B批发，二是零售。现在很多农批市场把两个业务混在一起，无法实现专业管理。应完善交易模块的整体规划，实现批零分离，扩展基地的服务功能，并实现金融附加服务的功能。大量的现金交易是无法得以有效监督和管理的，数字化交易也是大势所趋。在当前环境下，融合新形态交易模式可以对农批市场未来发展起到推动作用。

（三）做好运输干线和配送规划

国家骨干冷链物流基地要关注冷链枢纽的职能，做好长途干线运输规划，并制定相关的标准。目前还有少部分基地存在棉被车进出的现状，作为国家骨干冷链物流基地，要拒绝棉被车等不规范的冷链运输车辆进入园区，避免因为冷链流通不规范所造成的食品安全问题。在运输干线和配送方面要有前瞻性规划，车辆进出入的信息要做到大数据共享，这样才能实现整个运配体系的合理化。

（四）增加进出口报税功能

未来国家骨干冷链物流基地的进出口功能是刚需。虽然新冠肺炎疫情期间，进口冷链食品外包装查出阳性，导致进出口受阻，但是根据全球化发展趋势以及我国需求情况，进出口体量越来越大。目前港口消毒消杀能力不够，就近分拨、指定仓暂存、排队消杀检测等操作已成常态。如果基地实现进出口报税的功能，优化整个流通链条，可以从港口直连基地进行消毒消杀和检验检疫。在有检验功能的同时，配备进出口报税功能，以冷链信息追溯为依靠，那么国家骨干冷链物流基地的服务将不仅有助于冷链流通，而且是形成完整的国门进出口“关卡”。

（五）完善深加工，提高附加值

我国农产品流通损耗较大，其中一个原因就是深加工率比较低。国外的农产品深加工率很高，建议基地要具备深加工的功能，可以从基本的分级、分拣包装等低附加值的业务开始，逐步向高质量深加工业务延伸。农产品外观不好的可以做成其他产品，增加产品附加值，从根本上杜绝浪费，比如水果榨汁、蔬菜冻干等。农业农村部也在“三农”政策中提出巩固扶贫成果，要让农民增收，所以深加工是符合当前发展现状的。包括北京、上海实行净菜进城，其实这些业务都可以在基地中实现。

（六）骨干基地是人才培养和实训基地

国家骨干冷链物流基地是多元化的，是当地冷链人才的培训中心或者实训基地，同时也是产学研基地。要深化与科研机构和院校的合作，构建人才培养体系，培养冷链物流的专业人才。通过国家骨干冷链物流基地，对于人才进行实操教育，实现“理论 + 实践”的复合型人才培养，为国家输送冷链物流专业人才。

第二节　冷链物流标准化建设的思考

食品安全涉及千家万户，一直备受国家和全社会的高度重视和广泛关注。食品冷链物流作为保障食品品质和食品安全的重要环节，其运作质量和服务水平的高低直接与“舌尖上的安全”密切相关。

冷链物流标准化建设，是冷链物流及其发展的重要组成部分，对于统一冷链物流运作要求和规范，提升冷链物流服务质量和管理水平，全面推动冷链物流市场可持续、高质量发展起着十分重要和关键的作用。

一、冷链物流标准化建设的现状

从标准性质和适用范围来看，冷链物流标准基本可分成国家标准、行业标准、地方标准及团体标准、企业标准。现有冷链物流的国家标准、行业标准、地方标准及团体标准近300项，涉及基础性、设施设备、技术作业与管理等方面，基本涵盖了冷链食品的生产加工、包装、储存、运输等环节，并在品质管控、产品追溯、人员、文件和记录、服务指标等方面提出了相关规范和要求。

目前冷链物流标准主要具有以下特点。

（1）冷链物流标准整体上缺乏系统性和体系化建设，相关标准基本以推荐性为主。由于食品及相关冷链物流涉及众多行业和领域，标准发布、编制及归口单位较多。以往国家标准中多以国家市场监督管理总局、国家标准化管理委员会等发布为主，近年来逐步集中由国家卫生健康委员会、国家市场监督管理总局颁布。涉及食品和冷链物流的有关部委，如商务部、农业农村部、交通运输部、国家林业和草原局、工业和信息化部、中华全国供销合作总社等陆续出台了一些相关行业标准。此外，各地方有关机构结合当地实际特点编制了部分冷链物流标准。尽管冷链物流标准总体数量较多，但整体上相关部门缺乏相互沟通和统一协调机制，冷链物流标准和体系缺乏清晰的整体性和系统性的规划建设，相关具体标准基本上以推荐性标准为主。部分食品生产、加工等强制性国家标准中对个别冷链物流环节提出了一定要求，但十分分散，并不系统。

（2）部分冷链物流标准在内容、规范和要求等方面存在重复、重叠情况，有些标准涉及相同作业和环节时，存在不同的标准和要求，导致在标准解读和后续执行等方面存在一定的困难。

例如，关于冷冻产品运输环境温度在相关标准中存在不同的要求。

①产品的运输设备应具备制冷能力，确保运输期间厢体内温度不高于－12℃。（GB 31646—2018，《食品安全国家标准 速冻食品生产和经营卫生规范》）

②冷冻品运输期间的厢（箱）体内温度应≤－18℃，运输过程中允许升温，但应≤－15℃。（GB/T 31080—2014，《水产品冷链物流服务规范》）

③运输产品的厢体宜保持－15℃或更低的温度。厢体在装载前应预冷到10℃或更低的温度。并应设有能在运输中记录产品温度的仪表。（SB/T 10699—2012，《速冻食品生产管理规范》）

（3）部分标准有关内容和要求不清晰，缺乏可操作性；部分标准有总则或总体要求，但没有细则，在具体实施和执行过程中很难把握，对于冷链物流实际工作缺乏实质性指导和规范意义。

（4）大部分标准主要基于冷链物流的基本运作方式，并多以公路运输为主。随着冷链食品流通商业模式快速迭代，相关冷链物流运作模式不断变化，运输方式向复合型、多样化转变，出现了新流通商业模式和运作模式快速发展而相关标准和规范滞后的状况，亟待尽快补充和完善。

近年来，先后发生了多次公共卫生事件，尤其是新冠肺炎疫情暴发后，对于冷链物流的实际运作和风险管理提出了新的要求。为此，国家和各级政府对于冷链物流发展的关注度进一步加强，冷链行业监管力度趋严。国务院、海关总署、交通运输部等先后针对进口冷链食品出台了多项法规和指南要求，搭建了全国进口冷链食品追溯监管平台。但现有冷链物流标准中涉及公共卫生事件的相关内容和要求基本上是空白的，因此随着疫情防控的常态化，需要尽快补充冷链物流标准中相关内容和规范。

二、《食品安全国家标准 食品冷链物流卫生规范》（GB 31605—2020）发布及影响

国家和各地政府对冷链物流发展始终给予高度重视，陆续推出了多项促进冷链物流发展的相关政策和规划。仅 2019 年国家层面出台的冷链相关政策就超过 40 项，从多维度指导部署并推动了冷链物流行业健康发展。同时，国家不断完善食品安全的有关法律法规，不断补充和规范有关食品和冷链物流的标准，加强标准实施和处罚力度。要求用最严谨的标准、最严格的监管、最严厉的处罚、最严肃的问责，进一步加强食品安全工作，确保人民群众“舌尖上的安全”。

2017 年发布的《国务院办公厅关于加快发展冷链物流保障食品安全促进消费升级的意见》（国办发〔2017〕29 号），提到加快促进冷链物流健康规范发展，保障和食品流通安全，支撑产业转型发展和居民消费升级，其中明确提出要“健全冷链物流标准和服务规范体系”“加快完善冷链物流标准和服务规范体系，制修订一批冷链物流强制性标准”。

从国内政策环境和市场发展角度来看，完善冷链物流相关标准，尤其是出台冷链物流相关强制性国家标准变得日益重要。强制性国家标准对于冷链物流市场、行业、企业都起到较好的引导和规范作用，可以全面提升冷链物流行业服务质量和营运管理水平，推动冷链物流市场高质量发展，

最终对我国居民的食品安全保障起着十分重要和深远的意义。

《食品安全国家标准 食品冷链物流卫生规范》（GB 31605—2020）（以下简称 GB 31605—2020）是由国家食品安全风险评估中心、中物联冷链委等共同起草，历时3年编制完成的首个食品冷链物流强制性国家标准。该标准由国家卫生健康委员会、国家市场监督管理总局于2020年9月11日联合发布并于2021年3月11日正式实施。该标准的制定严格遵循了《中华人民共和国食品安全法》及实施条例等国家相关法律法规、部门规章和文件的规定和要求，从食品安全风险控制角度提出具体的卫生要求。在编写过程中还参考了相关食品安全国家标准、推荐性国家标准、行业标准等，该标准与其他食品安全国家标准可配合使用。

GB 31605—2020 构建了冷链物流卫生规范的基本框架，涵盖了冷链物流全过程，对冷链物流所涉及的作业流程和管理规范等方面提出了清晰和明确要求。GB 31605—2020 共分九个部分，包括：范围、术语和定义、基本要求、交接、运输配送、储存、人员和管理制度、追溯及召回、文件管理的相关要求和管理准则。该标准适用于各类食品出厂后到销售前需要温度控制的物流过程。

GB 31605—2020 不仅对食品冷链物流过程中所需的设施设备、警示标识、检查记录、信息化系统管理、温湿度要求等提出了具体要求，同时细化了冷链运输中的交接、运输配送、储存、人员和管理制度。同时结合现阶段疫情防控管理，该标准结合食品冷链物流的特点，围绕避免食品交叉污染、保护作业人员、落实企业主体责任三个方面，在相关章节补充了有关公共卫生事件的应对措施及要求。

GB 31605—2020 不仅对冷链物流全过程的作业规范和要求提出较为明确的要求，同时对于冷链物流中部分关键控制点首次提出了统一的标准和要求，例如“运输过程中的温度应实时连续监控，记录时间间隔不宜超过10min，且应真实准确”（GB 31605—2020，条款5.4）；“需冷冻的食品在运输过程中温度不应高于－18℃；需冷藏的食品在运输过程中温度应为0℃～10℃”（GB 31605—2020，条款5.8）。

尽管上述条款相关内容和要求在现有冷链物流标准中有所体现，但有关标准和规定并不统一。例如，在以往相关标准中，运输过程中温度记录时间间隔存在60min、30min、15min、10min 等不同提法。此次 GB 31605—

2020 进一步明确了温度记录间隔时间，统一了冷链运输过程中的温度记录间隔时间，同时缩小了以往标准中较宽泛的记录时间间隔，能够更清晰和全面地反映运输全过程的实时温度变化，有利于提升冷链运输整体质量和管理水平。

尤其值得注意的是，此次标准中首次明确提出：“交接时应查验运输工具环境温度是否符合温控要求。入库和配送交接时，还应查验全程温度记录；出库交接时，还应查验在库温度记录。当温度或食品状态异常时，应不予接收”（GB 31605—2020，条款 4.6）。该条款内容和要求充分体现了冷链物流上下游服务双方主体对冷链食品所处环境温度全过程进行复核性检查的重要性，进一步规范了冷链物流交接环节的作业要求。

2020 年 12 月 10 日，中物联冷链委在合肥成功召开首次冷链物流强制性国家标准座谈会。同时为了进一步落实该标准，国家市场监督管理总局和中物联冷链委组织有关专家对该标准的内容和相关条款编写了实施指南，并安排标准的宣贯和培训等一系列工作。

相信随着首个冷链物流国家强制性标准 GB 31605—2020 的发布和实施，将提升和规范冷链物流服务质量和管理水平，食品品质和食品安全，对于冷链物流市场健康和可持续发展起着重要的推动和促进作用。

三、未来冷链标准化建设的发展方向

冷链物流标准化建设是一项长期的系统工程，应围绕保证食品品质和食品安全进行开展，不断健全和完善冷链物流标准化建设，夯实冷链物流标准建设的基础。

首先，对现有冷链物流标准进行系统梳理和分析，构建系统、完整的冷链物流标准框架和体系。这些标准涉及广泛，为冷链物流建设和发展奠定了良好的基础。要充分发挥和利用已有标准，并对相关标准和规范进行系统分析和归集，减少现存标准中存在的重复或重叠情况，统一解决不同标准之间存在矛盾或要求不同的地方，系统性归并和集中标准中的零散内容。

《冷链物流分类与基本要求》（GB/T 28577—2012）按照食品种类进行了冷链物流分类，应结合不同冷链物流类型中的共性和通用要求，以及不同类型冷链物流所具有自身特点和不同要求，分门别类地进一步推进冷链物流标准编制、补充和完善等相关工作。

要充分考虑食品新流通、新业态发展和变化，及时编制相关标准和要求，为新流通、新业态模式下相关冷链物流健康发展提供正确引导和规范。

其次，稳步推进和出台冷链物流强制性国家标准，促进冷链物流标准体系建设高质量发展。现有冷链物流标准多为推荐性标准，推荐性标准对于冷链市场、行业、企业的规范、要求和影响有限，部分标准和要求在实际工作中并没有得到真正贯彻和执行，同时对于冷链物流市场监督和管理也存在一定的难度。可以看到 GB 31605—2020 的发布对冷链行业影响巨大，行业及相关企业对此标准的内容和要求十分重视和高度关注。因此，应推进冷链物流强制性国家标准编制和颁布等工作，使标准从“参照或参考”变成“必须符合和遵守”。

冷链物流强制性国家标准需从整体考虑并覆盖冷链全链条，标准和规范相关内容做到全面、系统，避免零散、后补等情况。相关标准之间避免出现矛盾或不一致地方，标准表述和要求应清晰、明确，可执行和可操作性要强。同时在强制性标准推出的同时，对现有相关标准进行合理整合。2016 年 12 月，国家卫生和计划生育委员会、国家食品药品监督管理总局出台了《食品安全国家标准 肉和肉制品经营卫生规范》（GB 20799—2016），除了作为强制性标准，还在此标准中提到了本标准代替《鲜、冻肉运输条件》（GB/T 20799—2014）、《肉与肉制品物流规范》（GB/T 21735—2008）、《畜禽产品流通卫生操作技术规范》（SB/T 10395—2005）。这对于整合现有标准、完善体系建设起到了一定的示范作用。

最后，除了做好冷链物流标准的体系搭建和标准制定，更重要的是相关标准的执行和落地。应做好有关标准的宣贯和培训，对市场规范、企业管理、作业规范、品质管理和食品安全保障等方面形成行之有效的引导、监督和管理机制，努力营造公正、合理的食品冷链物流健康竞争和公平发展环境，这对于有序建立和形成良好的食品安全体系十分重要。

（本节作者　中物联冷链委专家委员会专家　孙弘）

第三节　跨境冷链物流面临的新形势与新机遇

2020 年注定是不平凡的一年。年初新冠肺炎疫情开始在全球大流行，中国政府从一开始就采取严格封控措施防控疫情，也率先从新冠肺炎疫情中恢复，是全球主要经济体中唯一在 2020 年经济实现正增长的国家。

2020 年年初的中国经济明显下行，直到疫情基本得到控制、防控形势持续向好以后，总体经济发展形势保持稳定向好。全年外贸进出口总值逾 32 万亿元，同比增长 3.4%。

十三届全国人大四次会议批准《中华人民共和国国民经济和社会发展第十四个五年规划和 2035 远景目标纲要》，“规划纲要”第四篇要求“畅通国内大循环”“促进国内国际双循环”“加快培育完整内需体系”“把实施扩大内需战略同深化供给侧结构性改革有机结合起来，以创新驱动、高质量供给引领和创造新需求，加快构建以国内大循环为主体、国内国际双循环相互促进的新发展格局”。

以此为背景，聚焦双循环背景下跨境冷链物流面临的新形势和新机遇。

（一）2020 年跨境冷链面临的发展背景，疫情防控常态化带来的新变化和机遇

冷链物流的对象主要包括农产品食品（果蔬、肉类、水产品、加工食品、食品原料、奶制品、酒类饮料等）和特殊产品（如药品、化工品等）。农产品食品冷链物流是冷链物流的绝对主阵地。

2019 年，全球农产品食品贸易价值逾 1.8 万亿美元，其中，中国农产品食品贸易市场价值达 8629 亿美元，同比增长 3.2%，是全球农产品食品贸易的 47.9%。

2020 年，我国全年外贸进出口总值超过 32 万亿元。其中，农产品食品进出口额为 17098.2 亿元，同比增长 5.7%；出口额为 5266.5 亿元，同比下降 2.8%；进口额为 11831.7 亿元，同比增长 14.5%；进口量和增幅均明显高于出口。目前，我国已经成为世界第一农产品进口国及世界第四大农产品出口国。

按 2019 年 1—5 月进口额（601.7 亿美元）计算，我国农产品食品进口

（按价值计算）29.7%来自南美洲、21%来自亚洲、16.3%来自欧洲、14.8%来自北美洲、14.7%来自大洋洲、3.5%来自非洲。与此对应，同期我国农产品出口额为300亿美元，其中出口至亚洲占比65.2%、出口至欧洲15.2%、出口至北美洲占9.6%、出口至非洲占5%、出口至南美洲3.1%、出口至大洋洲1.9%。

我国农产品食品进出口贸易的大体格局是：总额大（超过2600亿美元）；进口额是出口额的2倍以上，且增幅迅速；进口来源地以南美洲、亚洲为主，非洲最少；出口目的地以亚洲为主。

我国国民生活水平不断提高，人均GDP连续两年超过1万美元，进出口农产品食品消费需求持续增长，与此同时也给跨境冷链物流提出了更高要求，提供了更大发展空间。

国内消费需求持续增长将为跨境冷链物流注入持续动力，综合分析将呈现以下新形势和机遇。

（1）我国跨境冷链物流市场规模将持续扩大，国内冷链物流自2018年以来进入快速发展阶段后，跨境冷链物流也必将迎来高速发展时期，在全球跨境冷链物流的规划投资布局必须迅速跟上。

（2）我国跨境冷链物流将呈现全球化，冷链物流通达地域更广，冷链物流距离更远、各种冷链物流方式联动，海运、公路、铁路、航运及多式联运全方位资源配置，以适应大运量、长距离和高价值特殊商品时间敏感等各种冷链物流要求。

（3）迅速增长的跨境冷链物流需求必将对跨境冷链物流运输方式匹配、冷链物流设施、运营网络和管理提出更高要求。第三方冷链物流将获得更多发展机遇，全程冷链监控的全面推广应用势在必行，生鲜配送网络建设将在今后五年迎来高速发展时期。

（4）我国跨境冷链物流的海外发展的新增长点将是东南亚、南美洲、欧洲方向，其支撑利好是RCEP（全面区域经济伙伴关系协定）和中欧投资协定政策红利、“一带一路”的持续推进和国内消费需求的快速增长。未来几年我国冷链物流企业需要提升在海外的智能化集约化竞争能力，更注重海外冷链仓储中心布局、遍及全球的服务网络管理体系的建设。

（5）特殊产品（医药、化工品）特别是疫苗、药品的冷链物流需求的较快增长将持续几年，尤其是2021—2022年，主要依托航空运输。

（6）自贸区冷链设施将迎来新一轮高潮，主要是区域资源整合、设施匹配、补齐短板。

（7）跨境冷链物流所涉及的贸易便利准入、监管改革、运输便利、税收优惠等政府层面的改革势在必行。以上海自贸区、海南自贸区为龙头各地自贸区既要跟进学习推广，更要自创“独有独到”的更适合自身的制度创新。

（8）我国冷链物流主要服务对象农产品食品的进出口主要渠道是沿海港口口岸，其次是空港。“十三五”期间冷链物流是各大港口的发展重点，目前已初步形成沿海跨境口岸冷链物流配套体系，将逐步发展成为冷链物流枢纽基地即冷链农产品食品进出口口岸的格局，今后的主要任务是不断发展冷库及冷链设施布局，与相邻自贸区互动建设辐射周边地区的冷链物流园区，从而扩展贸易腹地。

（二）2020 年生鲜食品跨境冷链的发展情况、物流企业面临的一些限制和困难

总体而言，在国内消费需求带动下 2020 年生鲜食品跨境冷链物流保持较快发展。受疫情防控影响，国家严格监管进口肉类，尤其是进口水海产品的病毒消杀作业压力大增，这是疫情带来的新常态。国内市场消费需求缺口日益增长必须由进口来满足。针对生鲜食品跨境贸易和跨境冷链物流有两大问题亟待解决：一是监管制度的完善和病毒消杀环节设施能力建设以应对迅速增长的生鲜食品跨境贸易及冷链物流发展；二是国内对肉类、水海产品的进口需求将维持在高位，给国内冷链物流带来压力，也是发展机遇和动力，迫使相关企业的国内冷链设施条件和运营水平不断向国际先进水平靠拢，以保证安全和品质。

在全球疫情大背景下，跨境电商新业态实现了飞速发展，跨境电商在疫情防控期间进出口贸易不降反升，也对跨境冷链物流提出了新要求，特别是海外冷链仓储设施网络的建设。

面对跨境冷链物流的快速发展，进口生鲜食品尤其是肉类、水海产品因疫情防控监管和消杀作业压力陡增，以及跨境电商新贸易业态蓬勃兴起带来的新变量，冷链物流企业在努力适应新形势满足市场需求的同时也面临一些限制和困难。

（1）国家大的政策出台很多，具体落实到地方的不到位。

（2）很多流通环节没有有效结合，比如港口与物流园区相互连接，口岸与交易流通市场的有机结合等。

（3）疫情防控背景下，海关的口岸职责与市场流通监督局职责没有有机的结合，造成贸易公司大量货物滞留港口，不能及时流通，成本大幅度提高。

（三）双循环背景下，对跨境冷链未来发展的建议

双循环背景下，根据“十四五”规划，“畅通国内大循环”“强化流通体系支撑作用”“促进国内国际双循环”“推动进出口协同发展”“加快培育完整内需体系”“全面促进消费”，以“形成强大国内市场、构建新发展格局”的要求，跨境冷链发展将经历高速发展阶段，机遇与挑战共存。对跨境冷链未来发展的建议如下所示。

1. 加强制度建设和创新

跨境冷链物流的运输方式以海运为主，多式联运多国联动，因此必须加强对国际贸易法则的研究，确保贸易链畅通才能保证冷链物流各环节顺利高效运作。

在政府层面，涉及产业促进、贸易与运输便利、监管改革、税收优惠、疫情防控产品源头监控和口岸消杀等环节的政策都需求不断创新和改进，行业规范和标准化建设、自贸区制度建设和创新更要重点关注和推进，落脚点是优先营商环境。

2. 冷链物流基础设施亟待加强，首要任务是完善设施配套补齐短板

各地应根据区域农产品食品等生产流通进出口环节，优先考虑补齐冷链物流设施和运营短板，增加产地预冷和流通环节生鲜配送，完善冷链物流网络布局，整合市场供需、设施存量、提高冷链物流规模化高效运营服务能力。

3. 加强行业管理

加强对冷链行业包括生产、加工、销售、物流服务参与者的行业管理，引导冷链企业规范经营，向国际先进水平看齐，落实主体安全责任疫情防控措施，全程冷链监控等有利于行业规范健康发展。

4. 冷链物流行业面临发展新机遇，练好“内功”是必修课

毫无疑问，冷链物流行业面临难得的发展新机遇，但也面临更激烈的竞争，洞察行业发展趋势，加紧设施建设网络布局和技术进步人才建设，

综合服务能力向国际先进水平攀升，就能够挺立潮头迅速发展。

5. 自贸区冷链物流配套建设是突破点

截至 2020 年 6 月，全国现有海关特殊监管区域 155 个，其中综合保税区 134 个，保税区 9 个，保税港区 8 个，保税物流区 1 个，出口加工区 1 个，珠澳跨境工业区（珠海园区）1 个，中哈霍尔果斯国际边境合作中心中方配套区 1 个。全国海关特殊监管区域总规模超过 450 平方公里。这次自贸区以及扩容后的联动区域是我国新一轮全面对外开放的前哨阵地，也将是跨境冷链物流需求的主要新增长极，对跨境冷链物流运营服务的要求向国际先进水平看齐，因此自贸区冷链物流设施配套的完善和运营服务能力的提高应该是跨境冷链未来发展的突破点。

6. 生鲜电商爆发式增长，生鲜冷链配送将迅速增长，跨境生鲜电商值得关注

随着国民消费水平持续提高，疫情防控趋于常态化带来“宅经济”，生鲜电商在 2020 年呈现爆发式增长，与此同时，对从生产、加工、流通直至消费者的全程冷链物流和生鲜冷链配送提出了高要求。但当前我国生鲜冷链配送尚处于起步阶段，在需求强烈牵引和公众对品质要求日益提高大背景之下，生鲜冷链配送将快速普及，成为今后一段时间的行业“风口”。

经过几年试点摸索，跨境电商零售进口政策不断完善，在丰富国内市场供应、更好满足消费需求方面取得积极效果。不久前商务部等六部门印发《商务部 发展改革委 财政部 海关总署 税务总局 市场监督总局关于扩大跨境电商零售进口试点、严格落实监管要求的通知》（商财发〔2021〕39 号），将跨境电商零售进口试点范围扩大至所有自贸试验区、跨境电商综试区、综合保税区、进口贸易促进创新示范区、保税物流中心（B 型）所在城市（及区域），可在这些海关特殊监管区域内经营网购保税进口业务。

商务部等相关部委将继续密切关注跨境电商零售进口的发展，带动商品进口补充和满足国内市场需求。

可以预见，跨境电商贸易在进出口两端都将获得快速发展，跨境电商零售进口更值得期待。跨境生鲜电商贸易何时迎来起飞“拐点”、将对跨境冷链物流提出哪些新要求、带来什么新机遇，都值得业内关注。

（本节作者　中物联冷链委专家委员会专家　张学民）

第四节　长三角冷链协同发展现状及前景分析

一、“长三角冷链协同”发展背景

中共十九届五中全会明确提出，加快构建以国内大循环为主体、国内国际双循环相互促进的新发展格式。新发展格式是根据当前和今后一个时期我国发展阶段、环境、条件的变化提出来的，是形成我国国际合作和竞争新优势的战略举措。长三角地区是我国经济发展活跃、开放程度高、创新能力强的区域之一，在国家现代化建设大局和全方位开放格局中具有举足轻重的战略地位。

“十四五”时期，在国家加快转型发展的政策背景下，大力支持现代服务业发展，伴随着我国经济快速发展，整体国民经济进入了世界前列；中产阶级人口数量不断增加，对优质食品和冷链物流的需求越来越大，政府和消费者对冷链物流理念的认识越来越深，冷链市场规模继续扩大。

二、经济环境分析

推动长三角一体化发展，增强长三角地区创新能力和竞争能力，提高经济集聚度、区域连接性和政策协同效率，对引领全国高质量发展、建设现代化经济体系意义重大。

长三角地区经济社会发展全国领先。深入实施“八八战略”等重大战略部署，勇挑全国改革开放排头兵、创新发展先行者重担，经济社会发展取得举世瞩目的成就，成为引领全国经济发展的重要引擎。经济实力较强，经济总量约占全国的1/4，全员劳动生产率位居全国前列。

三、社会环境分析

长三角地区包括上海市、江苏省、浙江省、安徽省全域（面积35.8万平方公里）。以上海市，江苏省南京、无锡、常州、苏州、南通、扬州、镇江、盐城、泰州，浙江省杭州、宁波、温州、湖州、嘉兴、绍兴、金华、舟山、台州，安徽省合肥、芜湖、马鞍山、铜陵、安庆、滁州、池州、宣城27个城市为中心区（面积22.5万平方公里），辐射带动长三角地区高质量发展。以上海青浦、江苏吴江、浙江嘉善为长三角生态绿色一体化发展示范区（面积约2300平方公里），示范引领长三角地区更高质量一体化发展。以上海临港等地区为中国（上海）自由贸易试验区新片区，打造与国际通行规则相衔接、更具国际市场影响力和竞争力的特殊经济功能区。

四、行业发展前景

（一）消费不断升级，是冷链快速发展的主动力

据统计，我国城镇居民年人均收入2020年达到4万元，2020年全国居民人均食品烟酒消费支出6397元，10年间复合年均增长超过8%，增长稳健。

华东地区，特别是上海作为中国经济最发达地区，社会平均生活水平已经达到世界较发达地区的水平。

（二）冷链服务是确保高品质食品的重要保障，是食品安全的必要实现手段

大部分市民对于食品的需求已经从“吃饱”转变为“吃好”。但是目前阶段，在现有流通体系下，由于各种原因，一方面市场上还有大量的不能满足“食品安全”的产品；另一方面，也有很多产地的优质食品，由于缺乏完善的冷链体系，交付到消费者手中时产品已经变质腐坏。

冷链服务是食品交付到客户手上之前维持高品质的必然需求。维持优质食品的高品质，需要从产地到餐桌的全程冷链，中间任何环节的失温、断链都会造成无法挽回的品质损伤。产地预冷是确保高品质食品在生产源头就满足高品质维护的需求，这一环节是目前冷链体系中最薄弱的一环。

（三）多领域政策涉及冷链，凸显产业价值

随着政府对食品安全的重视，“冷链物流”渗透到越来越多领域的政策

规划里面，这表明冷链物流作为保障食品安全的重要手段，已深度融入各产业链的核心环节当中，整个冷链产业的价值和地位越发凸显。

以《中华人民共和国食品安全法》为代表的法律体系规范冷链物流服务，为食品安全保驾护航；国标、行标、团标更加完善，构建多维度冷链物流标准化体系。

2019 年 5 月，财政部办公厅、商务部办公厅发布《关于推动农商互联完善农产品供应链的通知》，支持农产品流通企业或新型农业经营主体推广现代冷链物流管理理念、标准和技术，建设具有集中采购和跨区域配送能力的农产品冷链物流集散中心，配备预冷、低温分拣加工、冷藏运输、温度监控等冷链设施设备，建立覆盖农产品加工、运输、储存、销售等环节的全程冷链物流体系。各地中央财政资金支持农产品产后商品化处理设施和冷链物流的比例不得低于 70%。

（四）行业巨头还未出现

目前冷链行业内还没有巨头出现，也没有具有明显优势的企业出现，市场处于分散的早期格局。2019 年百强企业冷链业务营业收入合计达 549.76 亿元，同比增长 38.05%；占 2019 年冷链物流市场规模的 16.21%，百强市场占有率相较于 2016 年的 9.22%、2017 年的 10.19%、2018 年的 13.79%逐年增长，冷链市场集中度不断提高，但仍以中小企业占据多数，冷链物流行业仍面临散、小、杂的特点，行业巨头暂未出现。

综上论述，随着经济的快速发展，人民群众的生活水平日益提高，食品的安全和高品质是未来的主要诉求，为之服务的冷链产业也将持续高速发展，前景非常广阔。

（五）冷链行业存在挑战

1. 行业进入爆发期，物流巨头涌入

冷链行业巨大的市场需求让冷链物流行业进入了爆发期，风口之下，电商物流巨头争相入局，阿里巴巴、京东物流、苏宁物流、顺丰等头部企业都出现在赛道上。冷链行业飞上枝头，自然成了资本市场的“宠儿”，2018 年冷链物流行业中融资 13 起，最高融资金额达 10.5 亿美元。冷链市场的快速发展成为各界共识，大量行业外的资源和人士进入冷链行业，行

业竞争日趋激烈。

2. 行业标准难以界定

虽然众多巨头、资本进入冷链市场，但是目前国内冷链市场鱼龙混杂，存在很多“伪冷链、假冷链”，会产生潜在的“劣币驱逐良币”的风险，也会打击终端消费者对于冷链行业的信心，降低对高品质食品的信任感。

（六）长三角冷链市场空间广阔

随着长三角一体化上升为国家战略层面，在中国 8 大经济圈中，排名前三的分别是长三角、环渤海、珠三角；而长三角 GDP 排名第一，达到 17.4 万亿元，经济越是发达地区，对于高品质生活的需求程度越高。

长三角一体化首先体现出的是市场的一体化，长三角经济发展水平类似，生活习惯相近，比较容易形成一体化的统一大市场。

对照日本冷链发展现状来看，长三角地区人口总数达到 1.5 亿，日本人口总数 1.25 亿，仅长三角地区市场就相当于日本市场总和。以日本冷链行业的龙头企业日冷物流为例，2019 年日冷物流收入就已高达 132 亿元。由此可见，冷链物流在长三角地区的冷链市场空间广阔，大有可为。

五、长三角冷链物流面临的主要困难和问题

当前，长三角冷链物流发展还面临不少问题，比如冷链基础设施设备建设及使用成本高，冷链全产业链协调联运能力不足，上下游脱节断链现象严重，以及冷链物流人才缺失等。因此，如何推动长三角冷链物流一体化高质量发展，是当前亟须解决的问题。

（一）冷链物流科学认识不足

完整的冷藏食品供应链是食品安全不可或缺的元素，也是农业产业化、规模化的重要支撑条件。冷链物流要求较高，相应管理和资金方面的投入也比普通常温物流要大。由于冷链知识没有广泛普及，公众没有真正认识到食品安全的重要性，大多消费者在超市、菜市场购买食品的时候，只关注到产品品牌、颜色等表面现状，对冷链运输的高质量产品缺乏广泛认同。同时，认为冷链食品不新鲜、口感差等传统观念仍较流行，导致冷链食品

销售没有得到真正的价值体现。

（二）基础设施建设成本高

一是冷库建设成本高，据测算，建设一万吨的冷库约需资金 4000 万元，远超普通仓库。二是冷藏运输车辆价格贵。一辆冷藏车价格为 30 万 ~40 万元，为一般车辆价格的 2 ~3 倍，平均使用寿命只有 7 ~8 年，随着驾驶人员工资的逐年提高，很难保证在使用期收回成本，冷链运输企业新增购车积极性不高。同时，由于冷库和冷藏车辆都难以作为抵押品，很难获得银行融资支持。

（三）产业链发展不足

由于长三角区域广，生鲜蔬菜、水果等运输时间长，物流成本高。冷链物流存在脱节现象，一些农产品没有进行田间预冷，一些农产品和加工食品在冷藏车到冷库、冷藏车到销售点之间的中转过程中冷链中断，可能对食品的成分造成破坏，对食品安全造成风险。总体上看，除个别大型龙头企业外，各冷链物流企业难以对冷链物流上下游全产业链进行整合，冷链全产业链协调联运发展不足。

（四）标准信息化水平不高

冷链物流强制性标准缺乏，现有标准推广落实难。托盘标准化推广不足，农产品冷链带托运输少，导致装卸时间过长，装卸成本较高。冷链物流信息化程度不高，行业冷藏冷冻车辆空载率过高，产品流通信息与消费者需求信息反馈不对等。

（五）冷链物流专业人才缺乏

目前冷链企业的大部分员工都是从常温物流转向冷链物流领域，缺少专业的冷链物流知识；各高校也未开设冷链物流专业方向，使得冷链物流企业无人可用，严重制约了冷链物流发展。

六、长三角发展趋势和工作规划

（1）进一步扩充中物联冷链委长三角冷链物流一体化工作组的朋友圈，

吸纳产业链各环节的龙头企业加入，在冷链运输、仓储、配送、技术装备、信息化等方面打造标杆，加强相互间业务协同。

（2）由中物联冷链委和组长单位牵头，定期开展工作组成员之间的互访交流，针对行业问题寻找实质性的解决方案，政策层面诉求可通过中物联冷链委渠道向政府及时反映。

（3）以长三角冷链物流一体化工作组的名义和影响力，发挥各成员的资源优势，加强与地方政府的积极对接，推动引导地方政府出台冷链产业政策，帮助地方政府提升冷链物流整体水平，以多种方式深度参与政府主导的冷链物流项目。

（4）加强规划、项目等顶层设计。加强冷链物流发展规划研究，在“十四五”物流发展规划中，将冷链物流发展作为重要内容纳入，加强产地及销售地冷库规划布局。加大项目谋划力度，不断更新完善项目。

（5）加大冷链基础设施建设支持力度。正确处理好政府引导和发挥市场作用的关系，在冷链体系建设中，基础设施由于投入大、回收期长，完全依靠市场将发展缓慢，需要政府加大支持积极引导。研究制定支持冷链物流建设专项资金政策，提升冷链物流信息化水平等基础设施的支持力度。加大用地支持，比照工业用地政策加快供地等。例如，对涉及基本公共服务需求的冷链物流基础设施可考虑作为公益性产业予以扶持。

（6）加强冷链物流上下游联运发展。在长三角一体化布局中，鼓励有条件的冷链物流企业与农产品生产、加工、流通企业加强基础设施、生产能力、设计研发等方面的资源共享，优化冷链流通组织，推动冷链物流服务由基础服务向增值服务延伸。大中型冷链物流企业和冷链市场、零售网点加强合作，实现共同配送、全程冷链配送。

（7）加强人才培养，强化人才支撑。加快发展冷链物流职业教育，形成完善的冷链物流人才培训和教育体系。提升人才质量，企业可以与院校开展合作，开展“订单式”培训，培养一批企业需要的专业技术能力强的冷链物流人才。

（8）加强宣传，培育冷链消费市场。积极发挥物流协会及各企业的宣传，通过电视、报纸、广播、新媒体等及时宣传冷链知识，推广冷链消费理念。密切关注舆情走向，及时回应社会关切问题，增强信息的公开性、透明性和一致性，营造冷链消费的良好舆论氛围。

（9）加大冷链运输车辆研发力度，培育新产业。当前我国人均冷藏车保有量仅是日本的1/11，冷藏保温汽车仅占货运汽车的0.3%左右，而美国为1%。今后几年，冷藏车市场发展空间较大，应加大冷藏车辆研发力度，积极培育冷藏车辆制造产业。

（本节作者　上海光明领鲜物流有限公司）

第五节　自贸港建设带来的冷链发展新机遇

一、自贸区冷链物流发展背景

2020年6月1日，中共中央、国务院印发《海南自由贸易港建设总体方案》（以下简称《方案》），明确提出实施高度自由便利开放的运输政策，实现运输来往自由便利，将海南自由贸易港打造成为引领我国新时代对外开放的鲜明旗帜和重要开放门户。根据《方案》，到2035年，海南将实现贸易自由便利、投资自由便利、跨境资金流动自由便利、人员进出自由便利、运输来往自由便利和数据安全有序流动；到21世纪中叶，全面建成具有较强国际影响力的高水平自由贸易港。

加快实施自由贸易区战略，是我国新一轮对外开放的重要内容。中共十七大把自由贸易区建设上升为国家战略，中共十八大提出要加快实施自由贸易区战略。中共十八届三中全会提出要以周边为基础加快实施自由贸易区战略，形成面向全球的高标准自由贸易区网络。加快实施自由贸易区战略，是适应经济全球化新趋势的客观要求，是全面深化改革、构建开放型经济新体制的必然选择，也是我国积极运筹对外关系、实现对外战略目标的重要手段。

截至2020年6月，全国的31个省、直辖市、自治区现有海关特殊监管区域155个，其中综合保税区134个、保税区9个、保税港区8个、保税物流园区1个、出口加工区1个、珠澳跨境工业区（珠海园区）1个、中哈霍尔果斯国际边境合作中心中方配套区1个。全国海关特殊监管区域总规划面积超过450平方公里。自2013年上海设立自贸试验区先行探路开始，我国自贸区建设已经初步形成了“1 +3 +7 +1 +6”雁阵的基本格局，形成了东西南北中协调、陆海统筹的开放态势，推动形成了我国新一轮全面开放格局。全国 18 个自贸区主要围绕国际贸易、国际物流、跨境电商、智能制造、信息化建设等核心业务，并结合自身产业特性开展特色品类业务。

二、自贸区冷链物流发展现状

全球贸易多元化发展，各国经济融合是大势所趋，食品和农产品的贸易往来更是走在前列，在各项贸易合作中占据的比例越来越大，冷链物流需求增长迅猛。根据海关总署发布的数据，2020 年全年，中国肉类（含杂碎）累计进口 991 万吨，同比增长 60. 4%；累计进口额 307. 33 亿美元，同比增长 59. 6%。其中，猪肉进口 439. 22 万吨，同比增长 108. 34%；鸡肉进口 143. 30 万吨，同比增长 98. 28%；牛肉进口 212 万吨，同比增长 27. 65%。2020 年我国水果进口额首次突破百亿美元，达到 102. 6 亿美元，同比增长 8%，进口量 630. 2 万吨，同比下降 8%，水果进口主要品类包括鲜榴梿、鲜樱桃、香蕉、山竹果、鲜葡萄等。2020 年全年我国水果出口总量 386. 9 万吨，同比增长 7%，出口额 63. 9 亿美元，同比增长 16%，水果出口主要品类有鲜苹果、鲜葡萄、其他柑橘、鲜梨和鲜柿子等。

（一）自贸区创新措施

截至 2020 年年末，以国务院发函等方式集中复制推广的自贸试验区改革试点经验共 5 批、合计 106 项；由国务院自由贸易试验区工作部际联席会议办公室（设在商务部）总结印发供各地借鉴的“最佳实践案例”共 3 批、合计 43 个；各部门自行复制推广的改革试点创新成果 53 项。综上，自贸试验区形成的 202 项制度创新成果得以复制推广。从试点经验产生的领域、类型和效果来看，投资便利化 81 项，贸易便利化 64 项，金融开放创新 23 项，事中事后监管 34 项。这其中既有外商投资准入负面清单、国际贸易“单一窗口”等基础性的制度变革，也有“海关通关一体化”监管模式等系统性的制度创新，还有投资管理体制改革“四个一”等全流程的制度优化。从复制推广的路径和方式来看，在国家层面，既有集中复制推广，也有部门自主复制推广；在地方层面，自主复制推广的方式十分多样。一是自贸试验区所在地在省级权限范围内，在本省市其他区域复制推广试验成熟的制度创新成果。二是自贸试验区周边区域或其他省市同步自主推广，共享改革成果。三是没有设立自贸试验区的省区主动学习借鉴。

（二）自贸区发展案例——天津自贸区

以天津自贸区为例，目前天津市规模以上冷库 42 座，总投资 63 亿元，总建筑面积 125 万平方米，总建筑容积 300 立方米，有效仓储库容 140 多万吨，总体营业收入超过 40 亿元，物流流通加工场地面积达 8 万平方米。天津自贸区为大量科技企业的项目落地提供了场地，也为冷链物流等服务产业提供了先进的配套基础设施。目前自贸区配置了无人卡车运行集群，打造了我国智慧港口的样板间——装配有激光雷达、高清摄像头和智能计算单元的无人驾驶电动集卡，切实帮助港口解决了用工荒、用工难等问题，让企业的利润大幅提升，显著节约了人力成本。2019 年，《天津海关关于东疆保税港区保税仓储货物质押融资业务有关事项的公告》正式发布，成为全国首个推动解决保税仓储货物质押融资业务的海关政策。中国人民银行批准天津正式成为继上海、海南之后第三个上线 FT 账户（自由贸易账户）体系的地区，这让包括物流企业在内的经营主体融资成本降低，跨境融资方式更加多样和高效。

（三）自贸区冷链发展的机遇与挑战

针对自贸区冷链发展现状、企业政策诉求、发展趋势等问题，中物联冷链委进行了线上、线下调研，受访者是自贸区冷链物流企业相关总监、（副）总经理、负责人等。

自贸区是“一线放开”“二线管住”的高度独立的境内关外区域，设立的初衷是提升跨境贸易的便利性，在贸易、投资等方面有比世贸组织更加优惠的政策。冷链物流企业反馈，自入驻自贸区以来，生鲜和冻品的产品品类和来源逐渐丰富，提供的服务从冷箱堆场业务逐渐发展到冷库仓储、海关查验、检验检疫等，集食品进出口贸易、食品综合展示、海外代理、港口服务、仓储服务、分拨、配送等功能于一体。在效率方面，平均每批出口货物物流时间可缩短 1 天以上，平均每批进口货物港口滞留时间可缩短 1 ~2 天。按每标箱最低标准计算，每日可节省装箱费、掏箱费、转站费、压车费上千元，冷链运输还可节省打冷费。在政策补贴方面，目前一些区域在招商方面有税收返还和项目补贴，不同地区之间政策不同，不同企业补贴标准不同。因此，根据企业具体情况确定补贴优惠政策较为灵活机动，但是政策的制定较为繁杂，补贴标准不透明，需要企业和自贸区管委会沟通。

（四）增强企业投资意愿的积极因素

针对增强企业投资意愿的积极因素，企业调研反馈主要集中在两个方面：区域的产业协同聚集和积极解决企业诉求。区域的产业协同聚集包括当地生鲜和冻品进出口贸易、食品加工、冷链运输、仓储、物流通关服务等，配套设施与服务较为完备，形成了产业链上下游企业的协同集聚。如果某些环节较为薄弱，没有形成闭环，无形中会增加企业的冷链服务成本，制约产业的发展。积极解决企业诉求方面表现在当地海关及时解决企业诉求，解决反馈的问题，定期开展沟通会；管委会支持企业发展，如推动银行金融背书支持等；地方政府主动沟通，积极解决企业诉求，增强了企业的投资发展意愿。

（五）自贸区冷链现存问题

（1）配套设施不够完善，产业延伸度不足。部分区域冷链相关配套设施不足，上下游产业不完善，未能形成有效闭环。目前以港口交易为主，下一阶段应解决加工增值的问题，在产品上岸之后提供一系列配套产业链服务。

（2）受新冠肺炎疫情影响，跨境生鲜和冻品贸易不确定性风险增加。冻品、海鲜产品外包装核酸检测呈阳性时有发生，部分进口商遭受了一定程度的经济损失，国内订单和货量均有所减少。成本和收益的不确定性造成产品市场价格波动。

（3）部分利好政策未出台具体实施细则。调研中多数企业有投资发展意愿，但目前缺少可操作方案，政策不明晰，企业只好持观望态度。

（六）自贸区冷链发展趋势

针对自贸区冷链发展建设的相关建议反馈，主要集中在三个方面。

（1）完善配套设施，促进区域产业协同发展。完善临港冷链设施，减少产品滞港，推动海关集中化查验和监管，缩短国际与国内大宗冷链产品进入市场的距离，发展临港冷链产业链，促进产业延伸，推动产业区域协同发展。

（2）提升全链条食品安全管控与信息化水平。目前生鲜食品国外采购环节透明度较低，应加强源头采购的食品安全把控与监管力度，口岸通关环节至货物配送环节全程冷链不断链，通过全透明、信息化的冷链物流服务，实现全流程可记录可追溯。

（3）加快相关政策的落地实施与宣传推广。完善创新监管措施，提高运转效率，加快相关利好政策的实施，优化营商环境。

三、海南自贸港冷链发展展望

海南是我国最大的经济特区，具有实施全面深化改革和试验最高水平开放政策的独特优势。支持海南逐步探索、稳步推进中国特色自由贸易港建设，分步骤、分阶段建立自由贸易港政策和制度体系，是习近平总书记亲自谋划、亲自部署、亲自推动的改革开放重大举措，是党中央着眼国内和国际两个大局，深入研究、统筹考虑、科学谋划作出的战略决策。当今世界正在经历新一轮大发展、大变革，保护主义、单边主义抬头，经济全球化遭遇更大的考验。在海南建设自由贸易港，是推进高水平开放，建立开放型经济新体制的根本要求；是深化市场化改革，打造法治化、国际化、便利化营商环境的迫切需要；是贯彻新发展理念，推动高质量发展，建设现代化经济体系的战略选择；是支持经济全球化，构建人类命运共同体的实际行动。

（一）政策优势助力海南自贸港冷链业务发展

2020年6月1日，《海南自由贸易港建设总体方案》（以下简称《方案》）正式发布。《方案》提出了海南自由贸易港建设的制度设计和分步骤、分阶段安排，其制度设计内容可以概括为“6+1+4”，其中“6”表示贸易自由便利、投资自由便利、跨境资金流动自由便利、人员进出自由便利、运输来往自由便利、数据安全有序流动，“1”表示构建现代产业体系，“4”

表示加强税收、社会治理、法治、风险防控四个方面的制度建设。《方案》提出，在 2025 年全岛封关运作之前率先对部分进口商品实施“零关税”，包括免征进口关税、进口环节增值税和消费税。“零关税”进口商品包含四类：一是生产资料，二是原辅料，三是交通工具，四是岛内居民的消费品。

政策优势助力海南跨境冷链业务发展，海南将实行更加开放的船舶、航空运输政策。自贸港“6 +1 +4”制度设计体系中，其中一条为运输来往自由便利，即“实施高度自由便利开放的运输政策，推动建设西部陆海新通道国际航运枢纽和航空枢纽，加快构建现代综合交通运输体系。提升运输便利化和服务保障水平，构建高效、便捷、优质的船旗国特殊监管政策”。

《方案》中明确提出：“对鼓励类产业企业生产的不含进口料件或者含进口料件在海南自由贸易港加工增值超过 30%（含）的货物，经‘二线’进入内地免征进口关税，照章征收进口环节增值税、消费税。”沈晓明省委书记呼吁投资者关注在洋浦保税港区等特殊区域率先实行的原产地规则。按照此规则，企业生产用的原材料有进口物件的，如果在特殊区域里增值超过 30%，则该产品再进入国内市场就不需要再交关税。以冻品为例，我国牛肉、羊肉、猪肉冻品进口量在高速增长，而冻品进口关税很高，如整头牛或半头牛的普通进口关税 70%，最惠国的进口关税 25%。如果整头牛或半头牛进口到洋浦港，再通过分割进行初加工，变成大腿肉、牛筋等，增值 30%，则该牛肉再发往市场可省去 70% 或者 25% 的关税。

（二）海南省生鲜食品进出口情况

根据海关总署数据显示，海南省生鲜进口以水果为主，其中椰子进口量最大，2019 年进口量达 357084.01 吨，其次为山竹果和鲜榴梿，2019 年进口量分别为 16631.12 吨、4736.09 吨。

（三）海南自贸港冷链物流发展机遇

依托地理位置和空间优势，海南管辖着约 200 万平方公里的海域，具备海洋资源优势以及面向东盟、连通海上丝路的区位优势。海南独特的地理空间，决定了货物进出以及中转的通道和方式相对单一，监管成本和难度相对较低。在国家政策红利与先行试点方面，海南具备多项优势：建设海南自由贸易港，西部陆海新通道大发展，跨境电商综合试验区和零售进口试点工作顺利进行，海口综合保税区、洋浦保税港区运营经验较成熟。辐射粤港澳大湾区、东南亚两大腹地，背靠粤港澳大湾区，以国际冷链物流枢纽为抓手做好外向型经济的进一步延伸，是海南可以去深入研究和把握的市场机遇。海南在果蔬种植加工产业方面优势明显，是我国冬季瓜菜的主要输出省份。同时在发展海洋牧场经济方面增长潜力巨大，罗非鱼产品出口量在国内一直在前列，海南本地产业发展定位和冷链融合度高。

（四）海南自贸港冷链物流发展面临的挑战

海南自贸港冷链物流发展也面临着一系列挑战和制约因素，有待进一步优化解决。

（1）本地经济体量有限，依托内部需求建设物流枢纽的动力不足。现有岛内经济、物流体量、农产品进出口贸易额、不同货运方式及能力等方面，难以支撑国际冷链物流枢纽建设。

（2）港口直接腹地需求有限，中转腹地市场竞争激烈。海南自贸港的直接腹地为岛内 20 个市、县、区，面积仅 3.39 万平方公里，十分有限。海南省缺乏陆路优势和先发优势，自身市场小、起步晚。

（3）港口冷链贸易航线有限，运输成本高、效率低。海南各港口与上海、广州、深圳等港口进行比较劣势明显；与国内主要港口相比，专业冷藏集装箱船舶靠港海南的航线密度也并不高，未能形成规模。

（4）港口分散且定位不明，缺乏集聚协同和资金资源支持。目前海南省已形成海口港、洋浦港、八所港、三亚港、清澜港并行的“四方五港”局面，港口数量不少但整体呈现出“散、乱、弱、小、低”的态势，港口吞吐量小，各港口功能定位不明确。

第六节　广东农产品冷链物流发展情况分析

农产品冷链物流建设是农业社会化服务体系的重要组成部分，是建立冷藏储备和应急保供机制、确保重要农产品有效供给的必要保障。《乡村振兴战略规划（2018—2022 年）》和 2018 年中央一号文件均要求建设现代化农产品冷链仓储物流体系。2019 年中央一号文件提出，支持产地建设农产品贮藏保鲜、分级包装等设施。2019 年 7 月 30 日，中共中央政治局会议首次把城乡冷链物流基础设施建设列为下一步重点实施的补短板工程。2020年中央一号文件提出，启动农产品仓储保鲜冷链物流设施建设工程，加强农产品冷链物流统筹规划、分级布局和标准制定，安排中央预算内投资，支持建设一批骨干冷链物流基地。

一、广东农产品冷链物流发展现状及存在问题

近年来，广东农产品冷链物流总体上呈更快、更好的发展态势，但仍存在总体规模小、分布不均衡、处理能力弱、信息化水平低等问题，亟须加快农产品冷链物流设施建设。

目前广东省冷库总容量约484 万吨（其中60%为自用），排名全国第2，但与全省农产品冷链物流市场需求相比存在较大差距，具有较大发展空间。随着消费升级以及生鲜电商、新零售、新餐饮等新业态模式的推动，冷链物流作为必不可少的环节，呈现较大发展潜力。

（1）需求大。

广东应用冷链物流的农产品主要包括蔬菜、水果、肉类以及水产品，但广东大约 90% 的肉类、80% 的水产品、75% 的奶制品以及大部分果蔬未得到冷链保障。据中国物流与采购联合会冷链物流专业委员会调研，按我国当前的市场情况判断，大约有 25% 的农产品具有冷链物流需求。

（2）空间大。

广东农产品冷链物流存在较大的发展空间。2019 年粤港澳大湾区人口约为 1. 2 亿人，冷库总量约 500 万吨，而日本人口约为 1. 27 亿人，冷库总量达到 1400 万吨；广东农产品综合冷链流通率约为 19%，而发达国家均在 90% 以上。按果蔬、肉类、水产品冷链流通率分别为 20%、30%、35% 计算，广东农产品冷链物流规模也需达到 1500 万吨。

（3）潜力大。

一是居民收入水平提升，对优质生鲜农产品的消费升级需求也明显增长，促进农产品冷链物流发展。按照国际经验，人均 GDP 超过 4000 美元时冷链物流需求将会快速增长。据广东省统计局公布的数据，2019 年广东人均地区生产总值约为 94172 元。二是冷链物流是生鲜电商以及新零售、新餐饮等新业态模式必不可少的供应链保障，这些新业态模式的迅猛增长会促

进农产品冷链物流发展。

二、广东农产品冷链物流发展亟须解决的问题

（一）分布不合理，发展不平衡

珠三角地区冷链物流相对发达，广州、深圳两市冷库容量占全省容量的32.85%，较大型的专业化冷链物流企业集中在广州、深圳、佛山等地。粤东西北地区发展落后，冷库资源少，没有专业从事第三方冷链物流的企业；全省保有冷链运输车12000辆，其中经营性质的约8600辆，90%集中在广州、深圳两地，粤东西北地区冷链运输大多需从珠三角地区调拨车辆。

（二）冷链设施缺乏，制约产品流通

冷链设施属重资产，投入高、回报周期长，农户和中小型民营企业实力均不足以支持规模投资冷链设施，其追求短期利益的特性也导致投入意愿不强。目前大部分农产品未进行产地预冷处理，仅少数龙头企业购置了专业处理设备，普遍缺乏不同层级的冷链集散中心、分拨中心，冷链运力不足，产地冷链已成为农产品冷链流通的最大短板。

（三）处理能力落后，难以满足需求

广东省传统冷库容量占库容总量的50%以上，大多建于20世纪50～80年代，使用年限已超过30年，规划设计、制冷设备、建设理念普遍落后。传统冷库不能满足现在的需求，低温库所占比例较高、保鲜库较少，肉类冷库较多、果蔬类冷库较少，存储型冷库多、大型现代化仓配一体化冷库少。冷链配送混乱，缺乏主干力量，全省从事冷链物流的企业中，配送型企业仅占12.3%，中小型民营企业占比高达78%，提供冷链物流服务的第三方专业性企业少且小。

（四）信息化水平低，产销信息割裂

绝大部分冷链物流企业没有信息化系统，无法做到精细化、智能化管理，冷链物流质量和效率都较低。行业缺乏公用型、社会化服务的冷链物

流信息综合平台，而农产品生产以分散的农户为主，销售者与农户之间的信息连接难度大、成本高、效率低。供应链环节多，参与主体出于自身短期利益考虑，让信息数据成为商业机密和竞争策略，导致农产品产销信息交流共享不畅，供需不匹配，价格波动频繁。

三、相关案例

（一）广东供销公共型农产品冷链物流基础设施骨干网

2020 年 4 月印发的《广东省关于促进农村消费的若干措施》中提出要大力推动农村冷链物流补短板建设，支持打造广东供销公共型农产品冷链物流基础设施骨干网。2020 年 6 月，《广东供销公共型农产品冷链物流基础设施骨干网建设总体方案》印发实施，此方案由广东省供销合作联社具体负责，坚持“政府引导、供销主体、分级实施、省部共建、市场运作”的原则，广东省供销合作联社下属天业冷链集团公司牵头实施，省、市、县各级供销社一体推进，吸引带动社会资本共同参与，通过产权联合、项目合作、资产对接、业务整合，用三年时间建设“1 个中心 +2 个区域网 +3 个运营平台”，即粤港澳大湾区（广州、佛山）中心库，冷链物流产地网和冷链物流销地网 2 个区域网，冷链物流资源整合平台、冷链运输配送平台、公共型智慧冷链物流信息服务平台 3 个运营平台，构建覆盖全省特色农产品主产区和主销区、从田间到餐桌的一体化农产品冷链物流保障体系。

（二）东江冷链物流产业园

东江冷链物流产业园是温度区间齐全的综合性现代冷链物流产业园区，拥有高、中、低、常温各种层温冷库，可以满足客户不同货物存放需求，总库容量 3.5 万吨。

（三）云埔冷库

云埔冷库是全温区多功能冷库，拥有低温库、高温库、急冻库、常温库及可调节的生鲜储存和打包作业区。云埔冷库是广州地区的大型冷库，拥有全温区和配套大型急冻库，总库容量 5.5 万吨。

（四）龙成冷库

龙成冷库是天业冷链集团首次尝试管理输出模式的案例，以股权合作形式联合冷库原经营者，发挥专业化经营和资源共享优势，通过对冷库进行改造升级，对低温冷藏库进行整体租赁和托管运营，总库容量1万吨。

（五）天禅冷库

天禅冷库是标准化城市配送冷库，是佛山口岸唯一指定进口肉类检验检疫库，其综合进口能力约为30万吨，总库容量2.4万吨。

四、农产品冷链物流发展趋势

（一）农产品冷链物流总体规模持续上升

随着我国居民生活水平的不断提升，消费者对生鲜、冻品的市场需求不断增加，农产品冷链物流迎来快速发展，阿里巴巴、京东物流、苏宁物流等争相入局。

（二）农产品冷链物流发展潜力巨大

目前冷链产业仍存在标准滞后、市场分散、区域不均衡、产业基础不配套、信息资源不对称等问题，目前我国人均冷库容量仅为发达国家的10%左右，冷链流通率不到30%，具有较大的发展潜力。

冷链物流作为保障农产品安全、提升农产品品质的重要方式，在农产品物流中占据重要地位。随着我国经济平稳快速增长、消费需求不断升级、城镇化进程不断加快、食品安全意识不断提高以及农产品电商的快速发展，居民对生鲜农产品的需求迅速增长。作为生鲜农产品流通必不可少的保障，冷链物流将迎来爆发式发展。

（本节作者　广东新供销天业冷链集团有限公司）

第七节　“碳中和”背景下善用绿色金融助力冷链物流低碳发展

“碳中和”目标的提出是中国应对气候变化历程中的里程碑，实现这一目标意味着自“十四五”时期起国内的各行业，特别是能源、交通运输、工业制造、建筑将面临更强的碳排放约束，但同时迎来了低碳和数字化等领域的发展机遇。冷链物流作为能源、交通运输与建筑行业的交叉领域，其产业链的多个环节都将面临低碳转型压力。中国绿色金融产品起步较早，种类日益丰富，绿色信贷、绿色债券、清洁能源保险、绿色信托等产品逐渐成熟。冷链物流企业善用绿色金融可为内部转型升级争取金融补贴政策和长期资金的支持，并树立积极响应“碳中和”愿景、承担社会责任的企业形象。

本节介绍了冷链物流企业目前的主要融资模式，分析相关经济活动的主要碳排放环节和减排潜力，探讨绿色金融与冷链物流行业低碳发展结合的契机。

一、冷链物流企业的融资模式分析

冷链物流企业的融资方式往往是由企业和金融机构根据企业经营表现、资金状况、资产特征、发展需求等因素共同决定的，难以一概而论。通过调研发现，针对短期融资需求，商业票据、短期流动贷款等是多数冷链物流企业常用的营运资金运作方式。针对长期融资需求，因自身的禀赋和扩张模式的不同，冷链物流企业的融资选择具有较高的异质性，可通过将融资主体划分为大型企业和中小微企业，把握不同类型冷链物流企业项目融资的主要特征。

（一）冷链物流企业项目融资的主流模式

大型冷链物流企业新建冷库时常常采取物流地产开发形式，即开发期的土地购置、建筑施工和冷库装配环节均由企业负责，运营期自营或移交承租人。以龙头企业普洛斯为例，这种模式下企业拥有多元的融资和再融资方式选择。对于开发阶段的大型冷库项目，企业的主流选择是“自有资金+银行项目贷款”的传统模式。与此同时，企业会选择将多个大型开发阶段项目打包然后成立项目公司（SPV），在保留项目的控制权基础上，通过在资本市场发行债券等形式撬动公募资金参与，或成立私募项目开发基金（如物流地产基金）撬动更多私募资本投入。

若持有多个待开发项目和运营期项目，企业可通过再融资工具加速资产变现和提高资金使用效率。例如，企业可发行资产证券化（ABS、类 REITs 等）债基产品，将已进入运营期具有稳定现金流的项目作为底层资产，辅以信用担保等增信方式，分优先级和劣后级向不同风险偏好的投资者募集资金。随着公募 REITs 在国内逐步开展试点工作，京东物流等物流龙头企业也在积极试水公募 REITs。相比 ABS、类 REITs 等债基融资产品，公募 REITs 作为权益类产品可打破刚性兑付，实现资产出表和同主体的信用分离。表 7－2 总结了上述大型冷链物流企业冷链项目融资的主要方式。

表 7－2　大型冷链物流企业冷链项目融资的主要方式

融资阶段	融资方式	特点	权益属性
开发阶段	银行项目贷款	自有资金比例一般不低于 30%，部分企业采取统借统还的融资管理形式	债权性
	债券	不同类型企业可依据期限发行不同种类债券产品，如针对长期融资，大型国企可发行企业债，大型民企可发行公司债等	债权性
	私募项目开发基金（含并购基金、并购贷款等）	将多个项目打包成立项目公司，撬动更多资本投入开发或收购项目，企业保留项目控制权	权益性
运营阶段再融资	资产证券化（ABS、类 REITs 等）	将具有稳定现金流的项目作为底层资产，企业保留项目控制权，辅之以信用担保等增信方式，将资金分优先级和劣后级面向不同风险偏好投资者发行	债权性
	公募 REITs	将具有稳定现金流的项目作为底层资产，无须企业增信措施，可克服债类产品刚性兑付等缺点，有降低杠杆率、与主体信用分离等权益类产品优点	权益性

对比大型企业，中小微第三方冷链物流企业常常通过租用已建冷库或改造常温库的形式布局供应链关键节点。这种方式下企业往往会选择银行

贷款、融资租赁、私募股权投资和风险投资（PE/VC）、供应链金融等方式融资。

银行贷款是中小微企业常用的融资方式，但存在明显的局限。因中小微企业经营状况缺乏稳定性，银行为降低贷款违约风险，较少直接为企业提供信用贷款，而是通过担保或抵质押贷款方式，即追加企业法人、关联方等作为信用担保，或将房产、设备、应收账款、仓单等作为抵质押品。同时，银行在审批额度上也有着严格把关，使中小微企业常常难以获得与建设需求相匹配的资金。

融资租赁是中小微企业另一种常用融资方式，直接融资租赁和售后回租是两种常见类型。直接融资租赁是指金融机构垫资支付企业新建冷库所配套的各类设备（给排水系统、电力系统、传输系统、制冷设备、货架、叉车、冷藏车等），与企业签订长期合同按季度收取租金，待租赁期满将冷库移交给企业。售后回租是企业将已建成的冷库设施出售给金融机构补充流动资金，再以回租形式分期支付租赁费用。尽管这两种方式的融资成本比银行贷款高出不少，但与企业的资产特征和投资回收期相匹配，减轻了企业短期偿债压力。

科技型或在细分赛道具有显著优势的中小微冷链物流企业会寻求股权融资，通过引入战略投资者获得资金和其他资源，用于技术研发、固定资产投资和市场开拓等。近年来，受生鲜电商飞速发展影响，专注于生鲜城市配送的冷链物流企业和互联网科技型的冷链物流企业获得创投界青睐，仅在 2019 年和 2020 年公开报道的冷链物流主题投融资事件就有 30 多起。

供应链金融在物流领域是一种新兴的融资方式。常见形式有龙头冷链设备制造商和金融机构合作，为上下游中小微企业提供增信，并要求上下游中小微企业提供货物质押等反担保措施，从而减少银企信息不对称，便利供应链上企业的设备融资。表 7－3 汇总了中小微冷链物流企业冷链项目融资的主要方式。

表 7－3　　中小微冷链物流企业冷链项目融资的主要方式

融资方式	特点	权益属性
银行贷款	以担保、抵质押贷款为主，追加企业法人、关联方等作为担保，或将房产、设备、应收账款、仓单等作为抵质押品	债权性

续　表

融资方式	特点	权益属性
融资租赁	以直接融资租赁方式支付冷库新建过程所需设备和冷链车的费用，或以售后回租方式盘活已有冷库资产，融资成本相对较高	债权性
私募股权投资	在企业成长期不同阶段引入战略投资者，投资人关注科技型或在细分赛道具有显著优势的冷链物流企业	权益性
供应链金融	核心企业同金融机构合作，为上下游中小微企业提供增信，并要求上下游中小微企业提供反担保措施，从而便利上下游企业的设备融资	债权性

（二）部分冷链物流企业的融资困难

大型冷链物流企业较少存在融资困难，而中小微冷链物流企业，特别是有扩张规划的企业普遍面临融资挑战。

冷库建设和冷藏车投资资金需求高。据中冷联盟统计，一个千吨级的保鲜冷库平均造价在 150 万元左右，万吨级的综合型冷库建设成本约为 4200 万元[①]。随着土地成本、施工成本和节能环保等要求提升，冷库的造价将继续上升。冷藏车单价较高且折旧速度快，对冷链运输自营企业来说是一项高昂的购置开支。

冷库或冷藏车作为抵押品折价率较高。冷库作为一种特殊的工业地产，相较于住宅、写字楼、商场等有着较大变现难度。银行在评估冷库价值时通常选择较高的折价率，从而使企业难以获得与抵押品真实资产价值相匹配的贷款额度。若企业新建冷库时并不是拿地自建而是由常温库改造，则银行在评估冷库价值时将冷库视为固定资产而非地产，评估价值更低。此外，冷藏车作为一种抵押设备，资产估值普遍较低，难以满足企业资金需求。

民营企业普遍遇到融资难、融资贵问题。在中国，金融机构通常认为国有企业具有政府信誉背书，因此，在提供金融服务时倾向于国有企业。然而，银行给民营企业提供融资服务过程中，往往设置了严格的授信审核规则，使企业较难申请到银行贷款，或是难以得到与资金需求相匹配的贷

① https：//bao. hvacr. cn/201802_ 2075373. html.

款额度，并存在审批时间过长、贷款利率较高等问题。冷链物流企业以民营经济为主，普遍面临着中国传统金融体系中因所有制不同导致的“身份歧视”问题。

二、冷链物流主要碳排放环节和减排技术

“碳中和”作为一项新约束条件，对冷链物流企业来说，会增加企业已有高碳资产的搁浅风险和新建低碳资产的投资成本，但也为企业提供了政策窗口期的发展机遇。在“十四五”期间加快对冷链产业的低碳布局，将有利于企业获得市场竞争优势，也意味着冷链物流企业需要主动识别行业的核心碳排放环节和技术路径。通过技术研究和调研，我们认为冷链物流主要减排潜力在以下环节。

（一）冷链存储环节的能耗

冷链存储环节的碳排放主要来自冷库能耗。现有文献（邱嘉昌等，2017）指出，我国冷藏库年均能耗水平约为 $131kWh/m^3$，是日本、英国等发达国家的 2～3 倍。冷库能耗主要集中在制冷系统，占总能耗的 60%～70%[①]。不同类型和设计的冷库能效水平差异巨大，据调研发现，冷藏库规划较好的年均能耗水平在 $14\sim36kWh/m^3$，一些特殊功能、特别设计的冷库甚至可以在 $4\sim6kWh/m^3$。清华大学建筑节能研究中心通过技术分析，总结了影响冷库能耗的主要因素：冷库温区设定（冷藏、冷冻）、冷库围护结构、冷库规模及结构（容积、温区设置等）、系统形式及运行控制管理（制冷机组性能、管理行为等）、气候（寒冷干燥地区、炎热湿润地区）等。

冷库绿色高效节能技术主要围绕制冷系统、冷藏工艺、围护结构、运行管理等环节。图 7－1 总结了这些技术节能效果及投资成本的关系：运行管理优化是最经济高效的选择；制冷系统改造和冷藏工艺改进具有较好的节能效果，但有较高的资金需求。

① http://www.lenglianwuliu.org.cn/news/details.html?newsId=3505.

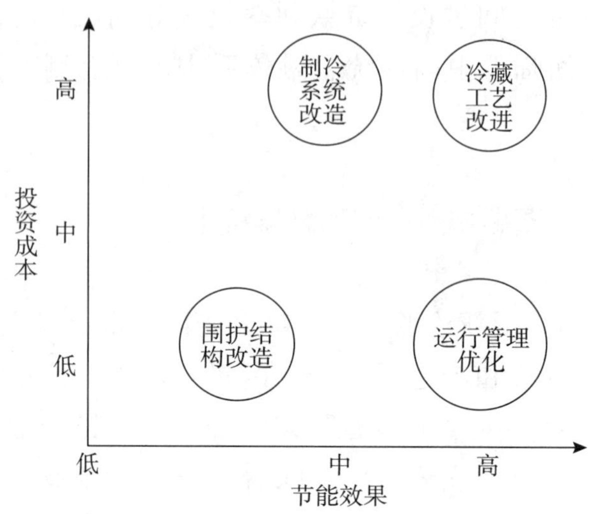

图 7－1　冷库绿色高效节能技术成本效益

资料来源：绿色金融支持高效制冷课题组。

注：圆圈面积代表可供选择的技术手段多少。

（二）冷链运输环节的能源动力和能耗

冷链运输环节中的碳排放主要来自公路货运，也就是冷藏车在公路干线运输和城市配送中的行驶和制冷能耗。据统计，公路运输货运量占我国冷链物流领域总货运量近 90%，且随着人均 GDP 增长，冷链运输货物周转量会持续增长。柴油是高碳排放的化石燃料，也是现阶段冷链运输车的主要动力来源，据中物联冷链委统计，2019 年新增的冷链车中柴油车占到了总量的 90%。另外，从能效提升角度，冷藏车结构（隔热材料、传动系统）、冷藏车制冷系统（机械制冷等模式）、气候等因素都会影响冷藏车的能效表现。

在清洁能源上，逐步推进混合动力冷链车、新能源冷链车的应用和充电基础设施的配套至关重要；在提效减排上，提倡无氟环保型聚氨酯保温板等环保材料和压缩/喷射制冷系统的应用有利于冷链运输的高效节能。

（三）制冷剂的选择

在我国，氟利昂制冷剂对冷链仓储和运输的碳排放亦有重要影响。相比氨、二氧化碳等自然工质制冷剂，冷库常用的各类氟利昂制冷剂的全球变暖潜值（GWP）是二氧化碳的成百上千倍（见表 7－4），严重助推全球温室效应。制冷剂在生产、安装、运行、维护和回收等环节都会有一定程度泄漏，这将直接导致温室气体排放到大气中（吴俊章，2020）。据前瞻产业研究院统计，我国冷库液氨制冷系统占69.4%，氟利昂制冷系统占29.7%，二氧化碳制冷系统占0.9%[①]。冷链领域发展早期，液氨制冷在我国被广泛应用，但由于重大安全事故频发，政府部门加大了氨库管制力度。后来，企业逐渐选择了造价和运行成本都较高但消防管制较宽松的氟利昂冷库，这使氟利昂冷库在国内占比不断提高。

表7-4　　冷库常用氟利昂制冷剂的ODP、GWP值和中国削减目标

代系	类型	ODP	GWP	中国削减目标
第二代氢氯氟烃（HCFCs）	R22	0.055	1810	2013年冻结R22等HCFCs的消费和生产水平，然后以2013年的配额作为基数，于2015年削减基数的10%（已完成）、2020年削减35%、2025年削减67.5%，到2030年完全淘汰，但保留2.5%的维修量
第三代氢氟烃（HFCs）	R507	0	3900	到2029年阶段减排目标10%，2030—2035年阶段减排目标20%，2036—2040年阶段减排目标20%，2041—2045年阶段减排目标35%。累计减排目标为2029年10%，2030—2035年30%，2036—2040年50%，2041—2045年85%
	R404	0	3800	
	R410a	0	2100	
	R134a	0	1430	
	R32	0	675	

资料来源：CNKI、中国清洁发展机制网、开源证券研究所。

注：ODP指破坏臭氧潜能值，以R11的ODP值为1个单位；GWP指全球变暖潜值，以二氧化碳的GWP为1个单位。

目前，第四代环保制冷剂技术、二氧化碳制冷技术、氨和二氧化碳复叠制冷技术等不断突破，成为冷库制冷绿色化新选择。随着技术成本不断下降和零部件生产不断国有化，未来新型环保制冷技术有望规模化应用。

（四）食品腐损率

冷链断链会使食品腐损率上升，而食品腐损过程会产生大量温室气体。据刘广海等（2018）对香蕉全程冷链物流碳足迹的实证分析，随着食品腐损率的下降，冷链物流系统总碳足迹和总成本均呈下降趋势。因此，运用

① https://www.qianzhan.com/analyst/detail/220/181114-09bdc727.html.

多种技术，加大对冷链智能化温控系统、田间地头移动仓库、速冻设备的投入来保证冷链不断链，有利于企业实现减排、降本和提质的多赢目标。

三、绿色金融与冷链物流低碳发展结合的契机

绿色金融可为支持环境改善、应对气候变化和资源节约高效利用的经济活动提供金融服务，是金融机构助力实体经济“碳中和”目标实现的重要举措。绿色金融不仅可助力冷链物流低碳转型，还能实现资金先行，引导行业低碳发展。

目前，多种绿色金融产品在中国金融市场均已蓬勃发展。据中国人民银行统计，2020 年中国绿色融资规模约为 12 万亿元，其中，绿色信贷约为 11 万亿元，绿色债券余额规模约为 8700 亿元，交通运输等领域的基础设施建设是当前绿色资金的重要投向。现阶段政府大力推行冷链物流，若以绿色低碳的方式发展，行业可获得更多的绿色资金支持。

（一）绿色金融在冷链物流的重点支持环节

基于上文对冷链物流企业融资模式和冷链物流主要减排环节的技术分析，同时兼顾冷链物流企业和金融机构双方的成本效益，我们认为，现阶段绿色金融可将冷链物流行业支持重点放在以下领域。

1. 新建绿色高效制冷冷库、既有冷库的节能改造

冷库是冷链的核心资产，冷库的合理设计可有效提效降排。对于企业，节能环保冷库的建设或改造会提高企业投资成本，但也会降低企业自身运营能耗费用，避免企业因环保政策趋严带来的资产改造损失。此外，冷库作为一项重资产投资，通常采用项目融资的方式，这也是绿色信贷、绿色债券等成熟绿色金融产品的主要支持形式，更受青睐。

2. 新能源冷藏车的购置

新能源冷藏车是运输环节实现“30·60 目标”的重要举措。据中金研究院估计，公路货运商用车将在 2030 年实现碳达峰，届时新能源货车保有量渗透率有望达到 10%；2050 年新能源中、轻、微卡保有量有望达到 100%[①]。因

① http：//finance. sina. com. cn/stock/stockzmt/2021 - 03 - 23/doc - ikkntiam6657848. shtml.

此，加大新能源冷藏车的投入是企业在“碳中和”目标倒逼下的路径要求。随着充电桩等配套基础设施的完善，企业在城市配送环节推广新能源冷藏车已具可行性。各类新能源乘用及货运交通工具是绿色金融已有市场的重要支持领域，这也将降低金融机构的绿色识别成本。

3. 冷链数字化、智能化的投入开发

近年来，冷链数字化已成为行业发展共识。龙头企业纷纷加大自动化、物联网等前端设备投入力度，开发自身的订单、运输、仓储管理运行等环节的互联网系统平台，以期实现生鲜农产品全程追溯、供应链全程温控、仓库机械化作业和运输路径优化等目标。人工智能、物联网等数字化技术也同样赋能提效降耗和低碳发展：通过优化供应链路径，减少无效运输，从而降低碳足迹；通过商品全程追溯和精准温控管理，在保证食品质量的同时降低了食品腐损率、减少了腐损产生的碳排放。此外，能源管理体系建设、智能交通体系建设等数字化领域同样已被纳入绿色金融支持领域。

4. 节能环保制冷设备的制造

推动设备制造者对节能环保制冷设备的研发和量产有利于降低整个冷链行业的绿色转型成本，这也是目前上游制冷设备生产者重点发展方向。据调研，以千万级别制冷系统为例，二氧化碳制冷系统的投资成本高于氟利昂制冷系统的 10% ~20%，运营期能耗费用一般比氟利昂制冷系统低 10%，但企业往往因较高的期初投资望而却步。通过对上游绿色制冷设备生产者提供绿色资金支持，推动技术进步和成本下降，从而降低冷链物流企业对环保制冷设备的投资门槛。

（二）绿色金融对冷链物流的标准要求

金融机构判断冷链绿色资产和非绿资产需依据绿色金融产品的绿色产业或项目界定标准。“制冷”在国民经济分类体系中不是一个独立的行业门类，而是众多行业需应用的附属设备设施，在绿色金融分类标准中难以直接对应。经清华大学绿色金融发展研究中心分析，前文所总结的冷链物流重点环节可同《绿色产业指导目录（2019 年版）》《绿色债券支持项目目录（2021 年版）》中的行业子门类相对应，《冷水机组能效限定值及能效等级》等国家标准作为参考说明。随着冷链物流领域的能效标准、冷库碳排放标准不断立项和推进，绿色金融标准将纳入更多冷链领域标准作为项目认定和环境影响测算的依据，从而进一步便利金融机构对该行业的绿色金融支持。

部分金融机构和第三方认证机构建立了自身判别绿色资产、绿色企业的方法论。例如，兴业银行、清华大学建筑节能研究中心和清华大学绿色金融发展研究中心合作，共同开发了一套适合银行体系的制冷设备绿色识别清单和商业建筑、冷库绿色资产判别方法论。该工具未来也将作为公共产品在金融机构推广，以吸引和便利金融机构将绿色资金用于制冷相关行业绿色转型。

（三）适合冷链物流企业的绿色金融产品和产品创新

（1）绿色信贷。

绿色信贷是冷链物流企业可选择的一种成熟、便捷、复制性强的绿色金融产品。绿色信贷是目前我国金融机构运用最成熟、最具市场规模的金融工具，可在不同行业快速复制和推广。冷链物流企业的最大融资来源是银行信贷，整个冷链物流行业正处于大规模兴建和资产收购的扩张期，对长期、可快速复制的银行项目贷款资金有很大需求。银行可对高能效冷库、新能源冷藏车、冷链数字化系统开发等项目进行绿色识别，若符合要求便可纳入绿色信贷。

（2）绿色债券、绿色 ABS。

绿色债券、绿色 ABS 是成熟度高的资本市场绿色金融产品。早在 2017 年，在绿色建筑领域，嘉实资本和中节能环保就发行过经独立第三方机构认证的 CMBS。债券和 ABS 本身也是大型冷链物流企业常用的融资工具，证券公司、资产管理机构和银行可依据监管部门的指引，设计适合企业新建绿色资产资金需求的绿色债券产品，并可聘请第三方机构进行绿色债券或绿色 ABS 鉴证，提高可信度。

（3）绿色私募股权基金。

绿色私募股权基金是一种长期股权资金支持。相较于传统物流地产私募股权投资者，绿色私募股权投资者的资金（如海外养老金、多边银行的资金）对回报率要求更低、对投资期限要求更宽松，有助于企业降低加权资金成本、缓解短期流动性压力，也可为企业能效技术提升和商业经营提供专业支持。金融机构可对企业的冷链产业园等已建、新建项目和拟收购项目进行绿色判定，筛选出绿色资产。针对存量项目，大型冷链物流企业可将旗下绿色资产打包，通过成立绿色私募股权基金吸引可持续金融私募投资者；针对拟收购项目，大型冷链物流企业可借助并购基金和并购贷款提高杠杆率，从而提高投资收益。

（四）创新型绿色金融产品

绿色 REITs 是公募 REITs 试点期可选择的产品创新方向。2020 年 4 月，中国证监会和国家发展改革委发布了《关于推进基础设施领域不动产投资信托基金（REITs）试点相关工作的通知》，仓储物流是第一批试点重点产业。与现有 ABS 产品相比，REITs 拥有无固定期限、打破刚兑、实现主体信用与项目运营的充分隔离、投资门槛较低等优点。通过“绿色”与“REITs”结合，将有助于企业试点申请和产品推广，绿色仓储项目低运营成本的特点也将使项目投资人进一步收益。绿色 REITs 比普通 REITs 产品增加了对底层资产的绿色属性要求，该环节可通过金融机构识别，也可聘请第三方认证机构鉴证。

可持续绩效挂钩贷款是一款适合具有良好社会责任绩效企业的创新信贷产品。通过将贷款利率与企业的可持续发展目标挂钩，激发借款人实现可持续发展要求。在这种产品中，借款人的可持续发展目标是评估借款人表现的一项标准，贷款人会根据借款人的执行成果浮动调整贷款利息。在环境、社会等企业社会责任领域有出色表现的冷链物流企业可同金融机构合作，共同探索此类产品的运用潜力。适合冷链物流企业融资模式的绿色金融工具如表 7 –5 所示。

表 7 –5　　适合冷链物流企业融资模式的绿色金融工具

绿色金融产品	市场成熟度	特点	适用企业类型
绿色信贷	高	便捷、可复制性强等	所有类型冷链物流企业
绿色债券、绿色 ABS	高	募集范围广、盘活已有资产等	大型冷链物流企业
绿色私募股权基金	较高	灵活、可撬动多种资本类型、资源和技术支持等	大型冷链物流企业
绿色 REITs	低	创新、无固定期限、打破刚兑、投资门槛低等	大型冷链物流企业
可持续绩效挂钩贷款	低	创新、灵活度高、履约成本较高等	具有较好企业社会责任表现的冷链物流企业

（五）冷链物流企业可利用的绿色金融激励政策

现阶段，绿色金融和冷链物流均处于政策窗口期，为两者的结合提供了更多的政府资源支持。在绿色金融激励政策上，广州、湖州、衢州等绿色金融试验区和深圳、天津、北京、江苏等地都出台了绿色金融激励政策。例如，深圳市对合作银行向战略性新兴产业项目库内绿色低碳企业发放的信用贷款，单笔最高按照实际贷款本金损失的50%给予合作银行补贴，按照实际利息的50%给予企业贴息；江苏省对成功发行绿色债券的非金融企业年度实际支付利息的30%进行为期2年的贴息，单只债券每年最高贴息200万元；南京市江北新区对安装节能环保装置给予每台设备2万元的奖励等。多地激励政策细则中也为金融机构、担保机构提供奖励、贴息补贴、税收优惠、风险补偿等，推动多个参与方加大对绿色金融的投入。在冷链高效制冷上，2019年6月出台的《绿色高效制冷行动方案》也明确了对冷链物流节能改造项目的资金支持。冷链物流企业应把握绿色金融和冷链物流的政策机遇，为自身“碳中和”目标的实现在投融资端和产业端早日布局，占据行业低碳发展的先发优势。

（作者为清华大学绿色金融发展研究中心研究专员张静依和清华大学绿色金融发展研究中心绿色项目组负责人王博璐。作者感谢中物联冷链委研究与传播中心的池华远、闫灿灿、胡溢洋，兴业银行的陈睿昭，清华大学建筑节能研究中心的胡姗、周恩永、卜凡、桂晨曦等人对研究的帮助。）

第八节　“十四五”冷链物流新时代

“十四五”时期是我国全面建成小康社会之后，乘势而上开启全面建设社会主义现代化国家新征程的第一个五年。中共十九届五中全会审议通过了《中共中央关于制定国民经济和社会发展第十四个五年规划和二〇三五年远景目标的建议》。冷链物流发展迈入新阶段，全国多地也陆续发布冷链物流“十四五”发展规划。

海南省发展改革委发布《海南省“十四五”冷链物流发展规划》（征求意见稿）。征求意见稿提出，根据海南自由贸易港建设冷链市场需求，充分利用贸易自由、运输便利自由和零关税、低税率等制度设计，依托西部陆海新通道航运枢纽、航空枢纽，努力把海南打造成为全球冷链物流中心。

征求意见稿指出，到 2025 年，按照海南自由贸易港建设要求，高标准建成一批规模大、数字化、智能化的冷链物流设施；建设海南省冷链物流供应链数字平台；基本建立以冷链中间品加工贴牌增值服务为主，适应全省居民消费升级需求，管理规范、国际标准、无缝衔接、可追溯的冷链物流服务体系，基本建成区域性国际冷链物流中心。

冷链设施服务能力明显提升。到 2025 年，全省新建国际冷链中转性冷库约 850 万立方米，其中，海口 250 万立方米（含海口江东新区 100 万立方米、马村港 150 万立方米）、洋浦 350 万立方米、东方 250 万立方米；新建公共型冷库 350 万立方米；新建批发市场冷库约 529 万立方米；新建农产品产地集散中心冷库约 4.1 万立方米；新建和改造田头预冷库约 35 万立方米；新建和改建渔港冷库 43 座约 28 万立方米；新增药品冷库约 100 万立方米。全省新增冷库总容量约 1913 万立方米。

强化大型农产品批发市场、大型农贸市场零售性冷库建设。推进冷链销售终端在超市和便利店的投放。冷链运输服务能力显著提升。到 2025 年，全省专业冷藏车的保有量约 2568 台。基本实现需冷链食品进出岛和配送冷链运输率达 85%，药品进出岛冷链运输率达 100%。

冷链流通率大幅提高。国际冷链中转服务产品冷链流通率达 100%。省内果蔬、肉类、水产品等的综合冷链流通率达 85% 以上，流通环节腐损率降至 10% 以下。

市场主体规模逐步壮大。引进和培育 2～3 家核心竞争力强的大型冷链物流企业，培育 2～3 家冷链物流第三方供应商，打造 2～3 个食品冷链品牌。

第九节　让冷链车“鲜活”起来——3M 安全环保车队贴膜解决方案

3M 作为一家注重创新和可持续发展的多元化企业，洞悉客户和市场对于环保材料、安全材料以及材料性能的更高诉求。也正是基于这样的考量，3M 数码打印贴膜不仅在产品打印表现、施工操作性和耐候性方面拥有更为卓越的性能，同时还秉承了 3M 的绿色环保理念，并将“绿色”理念应用于冷链物流行业。

2020 年京东冷链车队更换了新的 VI，3M 作为京东冷链车队画面材料的供应商，为京东冷链车新的 VI 画面润色，如图 7－2 所示。

图 7－2　京东冷链车队新 VI

3M 数码打印贴膜特有的背胶导气槽技术和易定位玻璃珠技术，可完美适应平面、简单曲面、3D 曲面和粗糙墙面，拥有独一无二的贴覆性、打印性、可滑动性、可重贴性和排气性。这一特性将最大程度上契合用户的个性化设计，打造心中的理想图案。

对于冷链车，人们往往会将车身画面与其运输的产品相联系。3M 数码打印贴膜相较于喷漆更环保，整体效果更佳，具有传统喷漆无法实现的画质效果，可以更好地突出品牌特色，兼具视觉效果、环保及耐久性。3M 数码打印贴膜效果如图 7－3 所示。

图 7－3　3M 数码打印贴膜效果

（本节作者　3M 中国有限公司）

第八章　冷链物流资料汇编

本章共分为五节。第一节为2018—2020年国家有关部门出台的冷链物流相关核心政策汇总。第二节梳理了2020年冷链物流企业相关的抗击疫情、投融资、整合并购事件。第三节介绍了冷链物流强标和2020年发布实施的部分冷链相关标准。第四节为星级冷链物流企业评估标准以及截至2020年年末的星际冷链物流企业名单。第五节整理了全国部分省区市备案冷库公示信息。

第一节　2018—2020年冷链物流核心政策盘点

据不完全统计，2020年中央及各部委出台的冷链相关政策、规划新增36项，全国各地方配套执行政策出台超过百余项，地方政策基调与中央政府及各部委一致，对地方政府影响大的政策有《关于做好2020年国家骨干冷链物流基地建设工作的通知》（地方政府发布骨干冷链物流基地规划17项），《关于进一步优化发展环境促进生鲜农产品流通的实施意见》（地方政府发布关于产地冷库等设施设备通知及要求超过30项），《关于印发进口冷链食品预防性全面消毒工作方案的通知》（地方政府发布冷链消毒政策超过10项），《国家发展改革委办公厅　农业农村部办公厅关于多措并举促进禽肉水产品扩大生产保障供给的通知》（地方政府发布禽肉水产品保供冷链政策超过5项），大多数区域的冷链政策都是以中央政府政策为蓝本制订的相关实施方案。

表8－1　　　　2018年至今国家部委发布的部分冷链相关政策

序号	标题	发文时间	发文部门	关键词	内容摘要
1	《中共中央 国务院关于全面推进乡村振兴加快农业农村现代化的意见》	2021/2/21	中共中央、国务院	农产品、冷链发展	加快实施农产品仓储保鲜冷链物流设施建设工程，推进田头小型仓储保鲜冷链设施、产地低温直销配送中心、国家骨干冷链物流基地建设

续　表

序号	标题	发文时间	发文部门	关键词	内容摘要
2	《关于印发进口冷链食品预防性全面消毒工作方案的通知》	2020/11/8	国务院应对新型冠状病毒肺炎疫情联防联控机制综合组	消毒消杀	根据进口冷链食品的物流特点，在按要求完成新冠病毒检测采样工作后，分别在口岸查验、交通运输、掏箱入库、批发零售等环节，在进口冷链食品首次与我境内人员接触前实施预防性全面消毒处理。加强部门协同配合，对进口冷链食品装载运输工具和包装原则上只进行一次预防性全面消毒，避免重复消毒，防止专为消毒作业实施掏箱、装箱，避免增加不必要的作业环节和成本，影响物流和市场供应。消毒实施单位应详细记录消毒工作情况，包括消毒日期、人员、地点、消毒对象、消毒剂名称、浓度及作用时间等内容，相关资料和记录应至少留存2年
3	《国务院办公厅关于以新业态新模式引领新型消费加快发展的意见》	2020/9/21	国务院办公厅	新业态、新模式	推动线上线下融合消费双向提速。支持互联网平台企业向线下延伸拓展，加快传统线下业态数字化改造和转型升级，发展个性化定制、柔性化生产，推动线上线下消费高效融合、大中小企业协同联动、上下游全链条一体发展。引导实体企业更多开发数字化产品和服务，鼓励实体商业通过直播电子商务、社交营销开启“云逛街”等新模式。加快推广农产品“生鲜电子商务＋冷链宅配”“中央厨房＋食材冷链配送”等服务新模式。组织开展形式多样的网络促销活动，促进品牌消费、品质消费

续　表

序号	标题	发文时间	发文部门	关键词	内容摘要
4	《国务院办公厅关于促进畜牧业高质量发展的意见》	2020/9/27	国务院办公厅	建立、完善冷链体系	加快健全畜禽产品冷链加工配送体系。引导畜禽屠宰加工企业向养殖主产区转移，推动畜禽就地屠宰，减少活畜禽长距离运输。鼓励屠宰加工企业建设冷却库、低温分割车间等冷藏加工设施，配置冷链运输设备。推动物流配送企业完善冷链配送体系，拓展销售网络，促进运活畜禽向运肉转变。规范活畜禽跨区域调运管理，完善“点对点”调运制度。倡导畜禽产品安全健康消费，逐步提高冷鲜肉品消费比重
5	《关于印发〈推动物流业制造业深度融合创新发展实施方案〉的通知》	2020/8/22	国家发展改革委、工业和信息化部、公安部、财政部、自然资源部、交通运输部、农业农村部、商务部、市场监管总局、银保监会、国家铁路局、民航局、国家邮政局、中国国家铁路集团有限公司	产销两端能力	鼓励邮政、快递企业针对单位价值较高以及个性化较强的产品提供高品质、差异化寄递服务。稳步推进国家骨干冷链物流基地建设。推动构建全国性、区域性冷链物流公共信息平台。鼓励企业提升港区及周边冷链存储能力。加快农产品产地“最先一公里”预冷、保鲜等商品化处理和面向城市消费者“最后一公里”的低温加工配送设施建设

续 表

序号	标题	发文时间	发文部门	关键词	内容摘要
6	《关于做好2020年国家骨干冷链物流基地建设工作的通知》	2020/7/7	国家发展改革委	骨干冷链物流企业	通知要求，入选2020年度建设名单的国家骨干冷链物流基地既要进一步加强冷链物流设施设备改造，促进业务流程和经营模式创新，不断提高冷链物流服务能力和效率；又要发挥好示范引领作用，结合实际先行先试，为以后年度国家骨干冷链物流基地建设探索经验，同时重点从能力提升、资源整合、互联互通、规范发展、食品安全等方面做好国家骨干冷链物流基地建设工作
7	《国家发展改革委关于加快开展县城城镇化补短板强弱项工作的通知》	2020/5/29	国家发展改革委	完善设施设备	围绕产业培育设施提质增效，完善产业平台配套设施、冷链物流设施和农贸市场
8	《关于进一步优化发展环境促进生鲜农产品流通的实施意见》	2020/5/24	国家发展改革委、公安部、财政部、自然资源部、生态环境部、住房城乡建设部、交通运输部、农业农村部、商务部、税务总局、市场监管总局、银保监会	优化促进农产品流通	促进包括民营企业在内的各类企业提质壮大升级，提高生鲜农产品流通业集中度，促进流通降本减耗增效，为助力农民增收致富、实现乡村振兴、保障和改善民生发挥更大作用

续　表

序号	标题	发文时间	发文部门	关键词	内容摘要
9	《国务院办公厅转发国家发展改革委交通运输部关于进一步降低物流成本实施意见的通知》	2020/6/2	国务院办公厅	补短板	布局建设一批国家骨干冷链物流基地，有针对性地补齐城乡冷链物流设施短板，整合冷链物流以及农产品生产、流通资源，提高冷链物流规模化、集约化、组织化、网络化水平，降低冷链物流成本。（国家发展改革委负责）加强县乡村共同配送基础设施建设，推广应用移动冷库等新型冷链物流设施设备
10	《农业农村部办公厅关于开展“互联网＋”农产品出村进城工程试点工作的通知》	2020/5/6	农业农村部办公厅	信息化试点工程	建设提升农产品生产加工和仓储物流基础设施。针对试点农产品，集中打造一批标准化、品牌化农产品生产供应基地，配备生产、加工过程质量管理的智能化设施设备和农产品质量追溯设备，支持有条件的地方实施农产品追溯。结合农产品仓储冷链物流设施建设工程，统筹现有的县级农业产业园、示范园或电商孵化园等资源，建设改造具有集中采购和跨区域配送能力的农产品县级集配中心，作为出村进城的枢纽，配备预冷、低温分拣加工、冷藏运输等冷链设施设备，有完善的电子商务物流仓储功能，集中实现网销农产品商品化处理、品控分拣、打包配送、统配统送等功能。合理规划和建设农产品产地初加工服务站点，开展农产品分等分级、预冷仓储、包装等服务。整合利用快递物流、邮政、供销合作社、益农信息社、电商服务站点等现有条件，完善县乡村三级物流体系，提高县域内冷链物流连通率和覆盖率

续 表

序号	标题	发文时间	发文部门	关键词	内容摘要
11	《农业农村部关于加快农产品仓储保鲜冷链设施建设的实施意见》	2020/4/16	农业农村部	产业布局	2020 年，重点在河北、山西、辽宁、山东、湖北、湖南、广西、海南、四川、重庆、贵州、云南、陕西、甘肃、宁夏、新疆 16 个省（区、市），聚焦鲜活农产品主产区、特色农产品优势区和贫困地区，选择产业重点县（市），主要围绕水果、蔬菜等鲜活农产品开展仓储保鲜冷链设施建设，根据《农业农村部、财政部关于做好 2020 年农业生产发展等项目实施工作的通知》（农计财发〔2020〕3 号）要求，鼓励各地统筹利用相关资金开展农产品仓储保鲜冷链设施建设。鼓励贫困地区利用扶贫专项资金，整合涉农资金加大专项支持力度，提升扶贫产业发展水平。有条件的地方发行农产品仓储保鲜冷链物流设施建设专项债。实施区域向“三区三州”等深度贫困地区倾斜。鼓励其他地区因地制宜支持开展仓储保鲜冷链设施建设
12	《商务部等 8 部门关于进一步做好供应链创新与应用试点工作的通知》	2020/4/10	商务部、工业和信息化部、生态环境部、农业农村部、中国人民银行、市场监管总局、银保监会、中国物流与采购联合会	创新试点工程	涉农相关企业要大力发展农产品集采配送、分拣包装、冷藏保鲜、仓储运输、初加工等设施设备，促进与农户（贫困户）、新型农业经营主体的全面、深入、精准对接。加快构建集智慧农业、电商平台、智慧物流为一体的农产品供应链体系，提升农产品商品化、规模化、标准化、品牌化水平，提高农产品附加值

续　表

序号	标题	发文时间	发文部门	关键词	内容摘要
13	《商务部 国务院扶贫办印发关于切实做好扶贫农畜牧产品滞销应对工作的通知》	2020/4/9	商务部、国务院扶贫办	车辆管理、绿色通道	协调公安、交通运输等部门，畅通省内省际扶贫农畜牧产品运输，确保车辆应享尽享“三不一优先”（不停车、不检查、不收费、优先通行）等鲜活农产品“绿色通道”政策。组织农产品运输企业、物流集散中心与批发市场、生产基地、龙头企业、农民专业合作社加强合作，优先配送滞销农畜牧产品（包括扶贫产品）
14	《关于发挥国家农村产业融合发展示范园带动作用进一步做好促生产稳就业工作的通知》	2020/3/23	国家发展改革委办公厅、工业和信息化部办公厅、农业农村部办公厅、商务部办公厅、文化和旅游部办公厅	推进政策落地	各地要在落实疫情防控措施的基础上，加快投资计划下达和资金拨付到位，抓紧开展示范园道路、小型水利、垃圾污水处理、公共卫生、冷链物流等基础设施建设，积极推动新上一批带动就业能力强的一二三产业融合发展项目
15	《商务部办公厅 国家发展改革委办公厅 国家卫生健康委办公厅关于支持商贸流通企业复工营业的通知》	2020/3/19	商务部办公厅、国家发展改革委办公厅、国家卫生健康委办公厅	完善县城冷链复工复产	打造城乡便民消费服务中心，推进餐饮、家政、生鲜菜店、便利店、理发、洗衣、代收代缴等生活服务集聚化、便利化发展，满足城乡居民日常生活服务需求。推动新型城镇化发展，加快重点县城农贸市场、配送投递、冷链物流等公共服务设施建设。保障农产品供应，指导农产品批发市场、菜市场等农产品流通企业有序复工营业；加大与相关部门的协调力度，推动农产品流通企业加强产销对接，完善物流配送和网点服务，在继续做好农产品市场保供的同时，促进农产品流通和销售

续 表

序号	标题	发文时间	发文部门	关键词	内容摘要
16	《国家发展改革委办公厅 农业农村部办公厅关于多措并举促进禽肉水产品扩大生产保障供给的通知》	2020/3/18	国家发展改革委办公厅、农业农村部办公厅	禽肉水产供给保障	完善屠宰加工冷链配送等配套能力。鼓励各地充分利用现有屠宰产能，提高产能利用率，带动周边地区活禽屠宰。根据各地实际，研究建立临时的集中屠宰点，建立点对点的活禽销售通道。坚持以“规模养殖、集中屠宰、冷链运输、冰鲜上市”为发展方向，配套建设集中屠宰点、冷链物流、水产品加工等基础设施，健全冷鲜肉、鲜活水产品流通和配送体系，持续推进生产消费新模式
17	《市场监管总局关于印发 2020 年立法工作计划的通知》	2020/3/17	市场监管总局	质量监督管理	拟制修订部门规章 48 部：包括食品相关产品质量安全监督管理办法、食品生产经营监督检查办法、食品标识监督管理办法、食用农产品市场销售质量安全监督管理办法等
18	《关于开展首批国家骨干冷链物流基地建设工作的通知》	2020/3/16	国家发展改革委	骨干冷链物流企业	以构建国家层面的骨干冷链物流基础设施网络为目标，以整合存量冷链物流资源为主线，重点面向高附加值生鲜农产品（包括果蔬、畜禽、奶制品、水产品、花卉等）优势产区和集散地，依托存量冷链物流基础设施群建设一批国家骨干冷链物流基地，整合集聚冷链物流市场供需、存量设施以及农产品流通、生产加工等上下游产业资源，提高冷链物流规模化、集约化、组织化、网络化水平，支持生鲜农产品产业化发展，促进城乡居民消费升级

续　表

序号	标题	发文时间	发文部门	关键词	内容摘要
19	《市场监管总局关于加强冷藏冷冻食品质量安全管理的公告》	2020/3/16	市场监管总局	冷链运输质量管理	受托方负责贮存运输质量安全管理。受托方应当按照相关标准或标签标示要求贮存、运输冷藏冷冻食品，加强贮存、运输过程管理，确保冷藏冷冻食品贮存、运输条件持续符合食品安全的要求，并按照委托方要求定期测定并记录冷藏冷冻食品温度
20	《国家发展改革委 农业农村部关于支持民营企业发展生猪生产及相关产业的实施意见》	2020/3/10	国家发展改革委、农业农村部	加强冷链物流等基础设施建设	加强冷链物流等基础设施建设。推动建设覆盖生猪主产区和主销区的冷链物流基础设施网络，鼓励并引导银行、产业基金和民间资本等支持冷链建设。鼓励屠宰企业建设标准化预冷集配中心、低温分割加工车间、冷库等设施，提高猪肉制品加工储藏能力。加快建设一批国家骨干冷链物流基地，整合集聚冷链物流市场供需、存量设施资源，提高冷链物流服务效率和质量
21	《商务部关于应对新冠肺炎疫情做好稳外贸稳外资促消费工作的通知》	2020/2/18	商务部	促销费	开展网络促销活动，促进网上品牌品质消费。鼓励电商、快递等企业与实体店、商务楼宇和小区物业等合作，开展末端配送服务合作。鼓励探索无直接接触配送服务，推广定点收寄、定点投递等方式。鼓励生活服务企业拓展线上销售，采用“中央厨房 + 线下配送”等新发展模式经营

续　表

序号	标题	发文时间	发文部门	关键词	内容摘要
22	《交通运输部关于新冠肺炎疫情防控期间免收收费公路车辆通行费的通知》	2020/2/15	交通运输部	保通保畅	加强公路保通保畅。结合疫情防控工作需要以及交通量等相关状况，配合有关部门，科学实施防控检测和交通管理，强化保通保畅，保护人民群众生命安全和身体健康，保障疫情防控和生产生活物资运输，支持企业复工复产，为稳定经济社会大局提供有力支撑
23	《关于切实支持做好新冠肺炎疫情防控期间农产品稳产保供工作的通知》	2020/2/14	财政部办公厅、农业农村部办公厅	保供抗风险	新冠肺炎疫情对家庭农场和农民合作社影响相对较重，各地要结合今年准备启动的农产品冷藏保鲜冷链物流设施建设，利用中央财政安排的农业生产发展资金，加大对家庭农场和农民合作社的支持力度，进一步实化细化支持内容，重点完善田间地头冷藏保鲜设施，不断增强农产品生产供给的弹性和抗风险能力
24	《商务部办公厅关于进一步做好疫情防控期间农产品产销对接工作的通知》	2020/2/13	商务部办公厅	推动地方政策落地	鼓励各地综合采取多种措施，提高收储能力，协调财政等部门，通过补贴、贴息、政府储备等方式支持流通企业在产地和销地增加商业库存，充分发挥冷库等仓储设施的“蓄水池”作用，对滞销农产品上市进行错峰调节

续　表

序号	标题	发文时间	发文部门	关键词	内容摘要
25	《国务院应对新型冠状病毒感染肺炎疫情联防联控机制关于压实“菜篮子”市长负责制 做好农产品稳产保供工作的通知》	2020/2/12	国务院应对新型冠状病毒感染肺炎疫情联防联控机制	落实绿通	要落实好鲜活农产品运输“绿色通道”政策，维护正常市场流通秩序。把粮油、蔬菜、肉蛋奶、水产品等农产品纳入疫情防控期间生活必需品保障范围，除必要的对司机快速体温检测外，对运输车辆严格落实不停车、不检查、不收费等优先便捷通行措施，确保区域间快速调运，必要的地方可设立农产品运输“接驳区”。畅通农业生产资料物流通道，不得拦截蔬菜种苗、仔畜雏禽及种畜禽、水产种苗、饲料、化肥等农资运输车辆。对承运的企业和车主，地方财政可适当给予补助
26	《交通运输部 国家卫生健康委关于切实简化疫情防控应急运输车辆通行证办理流程及落实对应急运输保障人员不实行隔离措施的通知》	2020/2/12	交通运输部、国家卫生健康委	保障应急绿色通道政策	严格执行应急运输绿色通道政策，确保应急运输车辆不停车、不检查、不收费，优先便捷通行
27	《商务部办公厅　财政部办公厅关于疫情防控期间进一步做好农商互联完善农产品供应链体系的紧急通知》	2020/2/11	商务部办公厅、财政部办公厅	支持产地冷链物流费用补贴	各地可根据本地实际情况，在2019—2020年服务业发展资金支持农商互联工作事项中合理安排一定比例资金用于支持保供工作，相关资金不受70%资金比例用于支持产地商品化处理设施和农产品冷链物流的限制。支持方向主要包括农产品流通企业在承担保供任务中发生的运费、租金、保供储备、冷链、防疫以及供应链中断恢复过程中发生的相关费用补贴

续 表

序号	标题	发文时间	发文部门	关键词	内容摘要
28	《商务部办公厅关于做好疫情防控期间生活物资对接调运保供有关工作的通知》	2020/2/6	商务部办公厅	调运保供质量和效率	指导流通企业严格按要求开展运输。各地商务主管部门要指导相关流通企业按要求办理《新型冠状病毒感染的肺炎疫情防控物资及人员运输车辆通行证》等手续，充分利用免费通行、绿色通道、“三不一优先”等便利政策，严格遵守卫生检疫、交通管控等要求，高效、合规做好生活物资运输工作，切实提高对接调运保供质量和效率
29	《中共中央 国务院关于抓好“三农”领域重点工作确保如期实现全面小康的意见》	2020/2/5	中共中央、国务院	骨干冷链物流基地	加强农产品冷链物流统筹规划、分级布局和标准制定。安排中央预算内投资，支持建设一批骨干冷链物流基地
30	《交通运输部办公厅关于统筹做好进鄂应急物资中转运输有关工作的通知》	2020/2/2	交通运输部办公厅	加强宣传引导	各省（区、市）交通运输部门要及时向社会公告中转调运站的名称、位置及联系方式，利用多种渠道做好宣传引导，充分发挥行业协会的作用，提高中转调运站社会知晓率，指导各应急物资运输单位，合理安排运输计划、运输路线和中转接驳方式，确保应急物资在中转调运站及时中转运输，保障疫情防控物资需求

续　表

序号	标题	发文时间	发文部门	关键词	内容摘要
31	《交通运输部关于切实保障疫情防控应急物资运输车辆顺畅通行的紧急通知》	2020/2/1	交通运输部	应急运输保障	各省交通运输部门要严格落实“一断三不断”的要求，坚决阻断病毒传播渠道，保障公路交通网络不断、应急运输通道不断、必要的群众生产生活物资的运输通道不断。在疫情防控特殊时期，要将重要生活物资纳入应急运输保障范围，落实绿色通道政策，确保“三不一优先”
32	《农业农村部办公厅 交通运输部办公厅 公安部办公厅关于确保“菜篮子”产品和农业生产资料正常流通秩序的紧急通知》	2020/1/30	农业农村部办公厅、交通运输部办公厅、公安部办公厅	保证菜篮子流通	保障“菜篮子”产品和农业生产资料正常流通秩序。严禁未经批准擅自设卡拦截、断路阻断交通等违法行为，维护“菜篮子”产品和农业生产资料正常流通秩序
33	《农业农村部办公厅关于做好“三农”领域补短板项目库建设工作的通知》	2020/1/6	农业农村部办公厅	聚焦生鲜农产品产地“最先一公里”	紧紧围绕保供给、减损耗、降成本、强品牌、兴产业、惠民生，聚焦生鲜农产品产地“最先一公里”问题，以农产品主产区和特色农产品优势区为重点，突出乡镇和中心村，依托家庭农场、农民合作社、农业产业化联合体等新型农业经营主体，突出加强主产区和优势区镇村农产品仓储保鲜冷链物流设施建设，进一步降低农产品损耗和物流成本，推动农产品提质增效和农业绿色发展，提升农产品品牌价值和市场竞争能力，促进农民增收和乡村振兴，持续巩固脱贫攻坚成果，更好满足城乡居民对高质量农产品的消费需求

续 表

序号	标题	发文时间	发文部门	关键词	内容摘要
34	《农业农村部 国家发展改革委 财政部 商务部关于实施“互联网＋”农产品出村进城工程的指导意见》	2019/12/16	农业农村部、国家发展改革委、财政部、商务部	全程冷链物流体系	加强冷链物流集散中心建设，完善低温分拣加工、冷藏运输、冷库等设施设备，强化城市社区配送终端冷藏条件建设，做好销地与产地冷链衔接，构建覆盖农产品生产、加工、运输、储存、销售等环节的全程冷链物流体系
35	《长江三角洲区域一体化发展规划纲要》	2019/12/1	中共中央、国务院	冷链试点先行	在农产品冷链物流、环境联防联治、生态补偿、基本公共服务、信用体系等领域，先行开展区域统一标准试点
36	《农业农村部办公厅关于印发〈农业绿色发展先行先试支撑体系建设管理办法（试行）〉的通知》	2019/11/18	农业农村部办公厅	完善绿色农业产业体系	建立和完善绿色农业产业体系。开展绿色农产品产地加工，建设产地贮藏、预冷保鲜、分级包装、冷链物流设施
37	《交通运输部 发展改革委 财政部 自然资源部 生态环境部 应急部 海关总署 市场监管总局 国家铁路集团关于建设世界一流港口的指导意见》	2019/11/13	交通运输部等9部门	大力发展港口冷链	大力发展冷链、汽车、化工等专业物流，增强中转配送、流通加工等增值服务，延伸港口物流产业链
38	《食用农产品市场销售质量安全监督管理办法（修订征求意见稿）》	2019/10/24	市场监管总局	冷链设施设备管理	销售冷藏、冷冻食用农产品的，应当配备与销售品种相适应的冷藏、冷冻设施设备。冷藏冷冻食用农产品销售者自有或者租赁冷藏冷冻库的，应当按照《冷藏冷冻食品销售质量安全监督管理办法》的规定，向所在地市场监督管理部门报告有关信息

续　表

序号	标题	发文时间	发文部门	关键词	内容摘要
39	《中华人民共和国食品安全法实施条例》	2019/10/31	国务院	资质	非食品生产经营者从事对温度、湿度等有特殊要求的食品贮存业务的，应当自取得营业执照之日起 30 个工作日内向所在地县级人民政府食品安全监督管理部门备案
40	《交通强国建设纲要》	2019/9/19	中共中央、国务院	冷链物流	推进电商物流、冷链物流、大件运输、危险品物流等专业化物流发展，促进城际干线运输和城市末端配送有机衔接，鼓励发展集约化配送模式
41	《国务院办公厅关于稳定生猪生产促进转型升级的意见》	2019/9/10	国务院办公厅	猪肉产品冷链调运	推行猪肉产品冷链调运，加快建立冷鲜肉品流通和配送体系，实现“集中屠宰、品牌经营、冷链流通、冷鲜上市”。冷链物流企业用水、用电、用气价格与工业同价，降低物流成本。加强猪肉消费宣传引导，提高冷鲜肉消费比重。加强冷链物流基础设施建设，逐步构建生猪主产区和主销区有效对接的冷链物流基础设施网络。鼓励屠宰企业建设标准化预冷集配中心、低温分割加工车间、冷库等设施，提高生猪产品加工储藏能力。鼓励屠宰企业配备必要的冷藏车等设备，提高长距离运输能力。鼓励生猪产品主销区建设标准化流通型冷库、低温加工处理中心、冷链配送设施和冷鲜肉配送点，提高终端配送能力

续　表

序号	标题	发文时间	发文部门	关键词	内容摘要
42	《交通运输部 国家税务总局关于印发〈网络平台道路货物运输经营管理暂行办法〉的通知》	2019/9/9	交通运输部、国家税务总局	承运人	网络货运经营，是指经营者依托互联网平台整合配置运输资源，以承运人身份与托运人签订运输合同，委托实际承运人完成道路货物运输，承担承运人责任的道路货物运输经营活动
43	《关于实施家庭农场培育计划的指导意见》	2019/9/9	中央农村工作领导小组办公室等11部门	产地加工	支持家庭农场开展农产品产地初加工、精深加工、主食加工和综合利用加工，自建或与其他农业经营主体共建集中育秧、仓储、烘干、晾晒以及保鲜库、冷链运输、农机库棚、畜禽养殖等农业设施，开展田头市场建设
44	《交通运输部办公厅 农业农村部办公厅关于对仔猪及冷鲜猪肉恢复执行鲜活农产品运输“绿色通道”政策的通知》	2019/8/31	交通运输部办公厅、农业农村部办公厅	绿色通道	从2019年9月1日起，对整车合法运输仔猪及冷鲜猪肉的车辆，恢复执行鲜活农产品运输“绿色通道”政策。在2019年9月1日至2020年6月30日，对整车合法运输种猪及冷冻猪肉的车辆，免收车辆通行费
45	《国务院办公厅关于加快发展流通促进商业消费的意见》	2019/8/27	国务院办公厅	改造	加快农产品产地市场体系建设，实施“互联网+”农产品出村进城工程，加快发展农产品冷链物流，完善农产品流通体系，加大农产品分拣、加工、包装、预冷等一体化集配设施建设支持力度，加强特色农产品优势区生产基地现代流通基础设施建设。拓宽绿色、生态产品线上线下销售渠道，丰富城乡市场供给，扩大鲜活农产品消费

续　表

序号	标题	发文时间	发文部门	关键词	内容摘要
46	《国务院关于印发6个新设自由贸易试验区总体方案的通知》	2019/8/26	国务院	冷链基础设施网络建设	加强冷链基础设施网络建设。加快建设面向南亚东南亚的跨境物流公共信息平台。支持北京大兴国际机场申请设立水果、食用水生动物、冰鲜水产品等其他特殊商品进出口指定监管作业场地
47	《国家发展改革委关于印发〈西部陆海新通道总体规划〉的通知》	2019/8/2	国家发展改革委	新模式	用好广西、海南和东南亚地区热带水果、反季节蔬菜、海产品等农特产品丰富的优势，加快建设冷链物流体系，实现从生产到消费的全覆盖。大力发展铁路冷藏运输、冷藏集装箱多式联运，加强低成本冷藏载运箱具研发，加强全程温度记录和信息追溯，减少流通损耗，保障商品质量安全。鼓励企业建设面向城市消费的低温加工处理中心，开展冷链共同配送、“生鲜电商＋冷链宅配”等新模式
48	《国务院办公厅关于加强非洲猪瘟防控工作的意见》	2019/7/3	国务院办公厅	奖补“运猪”为“运肉”	有条件的地方可通过奖补、贴息等政策，支持企业发展冷链物流配送，变“运猪”为“运肉”
49	《国务院关于促进乡村产业振兴的指导意见》	2019/6/28	国务院	农产品物流骨干网络和冷链物流体系建设	鼓励农民合作社和家庭农场发展农产品初加工，建设一批专业村镇。统筹农产品产地、集散地、销地批发市场建设，加强农产品物流骨干网络和冷链物流体系建设

续 表

序号	标题	发文时间	发文部门	关键词	内容摘要
50	《关于印发〈绿色高效制冷行动方案〉的通知》	2019/6/13	国家发展改革委等7部门	冷链物流绿色改造工程	实施冷链物流绿色改造工程，在农产品、食品、医药等领域持冷链物流龙头企业集中更换绿色高效冰箱、冷藏陈列柜、商用冷柜、冷藏车、冷库等制冷设备和设施，建立能耗管控中心，运用物联网、温（湿）度精准控制等技术，实现成本和腐损率双降
51	《冷藏冷冻食品销售质量安全监督管理办法（征求意见稿）》	2019/6/4	市场监管总局	冷藏运输设备配备温度计	从事冷藏冷冻食品销售，应具有与销售、贮存、运输的冷藏冷冻食品品种相适应的冷藏冷冻食品运输设备或冷藏冷冻设施、设备。冷藏冷冻车应当设有可正确显示内部温度的温度计，鼓励设置外显式温度计
52	《关于开展轻型货车检验登记集中排查工作的通知》	2019/5/22	公安部交通管理局	严格车辆查验登记	严格车辆检验监督，严格车辆查验登记，组织开展集中排查，严格违规责任追究
53	《数字乡村发展战略纲要》	2019/5/16	中共中央办公厅、国务院办公厅	农产品加工、包装、冷链、仓储等设施建设	加快乡村基础设施数字化转型。加快推动农村地区水利、公路、电力、冷链物流、农业生产加工等基础设施的数字化、智能化转型，推进智慧水利、智慧交通、智能电网、智慧农业、智慧物流建设。创新农村流通服务体系。实施“互联网+”农产品出村进城工程，加强农产品加工、包装、冷链、仓储等设施建设

续 表

序号	标题	发文时间	发文部门	关键词	内容摘要
54	《中共中央 国务院 关于深化改革加强食品安全工作的意见》	2019/5/9	中共中央、国务院	全过程温控标准和规范	建立覆盖基地贮藏、物流配送、市场批发、销售终端全链条的冷链配送系统，严格执行全过程温控标准和规范，落实食品运输在途监管责任，鼓励使用温控标签，防止食物脱冷变质
55	《国务院办公厅转发交通运输部等部门关于加快道路货运行业转型升级促进高质量发展意见的通知》	2019/5/7	国务院办公厅	冷链物流、零担货运、无车承运	以冷链物流、零担货运、无车承运等为重点，加快培育道路货运龙头骨干示范企业，引导小微货运企业开展联盟合作，鼓励提供优质干线运力服务的大车队模式创新发展
56	《关于推动农商互联完善农产品供应链的通知》	2019/5/5	财政部办公厅、商务部办公厅	产后商品化处理设施建设	加强产后商品化处理设施建设，补齐农产品供应链“最初一公里”短板，发展农产品冷链物流，支持农产品流通企业或新型农业经营主体推广现代冷链物流管理理念、标准和技术，建设具有集中采购和跨区域配送能力的农产品冷链物流集散中心，配备预冷、低温分拣加工、冷藏运输、温度监控等冷链设施设备，建立覆盖农产品加工、运输、储存、销售等环节的全程冷链物流体系。各地中央财政资金支持农产品产后商品化处理设施和冷链物流的比例不得低于70%

续 表

序号	标题	发文时间	发文部门	关键词	内容摘要
57	《关于促进小农户和现代农业发展有机衔接的意见》	2019/2/21	中共中央办公厅、国务院办公厅	农产品流通渠道	完善农产品物流服务，支持建设面向小农户的农产品贮藏保鲜设施、田头市场、批发市场等，加快建设农产品冷链运输、物流网络体系，建立产销密切衔接、长期稳定的农产品流通渠道
58	《粤港澳大湾区发展规划纲要》	2019/2/18	中共中央、国务院	第三方物流和冷链物流	推进粤港澳物流合作发展，大力发展第三方物流和冷链物流，提高供应链管理水平，建设国际物流枢纽
59	《国家质量兴农战略规划(2018—2022 年)》	2019/2/11	农业农村部等7 部门	农产品保鲜冷库	支持流通企业拓展产业链条，发展多温层冷藏车等。支持新型经营主体改善冷库、冷藏车等基础设施，到2022 年建成一批农产品保鲜冷库，标准化农产品冷链物流运输车保有量稳步提高
60	《关于金融服务乡村振兴的指导意见》	2019/1/29	中国人民银行、银保监会、证监会、财政部、农业农村部	农产品冷链仓储物流及烘干等现代农业重点领域的合理融资需求	积极满足农田水利、农业科技研发、高端农机装备制造、农产品加工业、智慧农业产品技术研发推广、农产品冷链仓储物流及烘干等现代农业重点领域的合理融资需求，促进发展节水农业、高效农业、智慧农业、绿色农业
61	《商务部等 10 部门关于印发〈多渠道拓宽贫困地区农产品营销渠道实施方案〉的通知》	2019/1/29	商务部等 10 部门	提升预冷和储藏保鲜能力	根据贫困地区产品特点，建设适度规模的产地型冷库、预冷库、移动预冷库、具有冷藏功能的产地加工集配中心等冷链设施，提升预冷和储藏保鲜能力，补齐“最先一公里”冷链物流短板，延长农产品货架期，提高错峰销售能力

续　表

序号	标题	发文时间	发文部门	关键词	内容摘要
62	《中央农村工作领导小组办公室　农业农村部关于做好2019年农业农村工作的实施意见》	2019/1/21	中央农村工作领导小组办公室、农业农村部	全国性产地示范市场、田头示范市场	实施农产品加工业提升行动，支持农户和农民合作社建设储藏、保鲜、烘干、清选分级、包装等设施装备，发展农产品初加工。在优势产区和特色产区建成一批全国性产地示范市场、田头示范市场。支持农产品物流骨干网络和冷链物流体系建设
63	《农业农村部办公厅中国邮政集团公司关于印发〈农业农村部办公厅 中国邮政集团公司共同促进农民专业合作社质量提升实施方案〉的通知》	2019/1/15	农业农村部办公厅、中国邮政集团公司	邮政冷链	依托邮政自主航空和冷链等干线网络优势，针对贫困县特色高端农产品，提供惠农合作社极速达服务
64	《国务院办公厅关于深入开展消费扶贫助力打赢脱贫攻坚战的指导意见》	2019/1/14	国务院办公厅	产地到餐桌的冷链物流服务体系	鼓励供销合作社、邮政和大型电商企业、商贸流通企业、农产品批发市场等，整合产地物流设施资源，推动产地仓升级，增强仓储、分拣、包装、初加工、运输等综合服务能力，探索建立从产地到餐桌的冷链物流服务体系
65	《关于加快推进水产养殖业绿色发展的若干意见》	2019/1/11	农业农村部等10部门	全冷链物流体系利用效率	完善利益联结机制，推动养殖、加工、流通、休闲服务等一二三产业相互融合、协调发展。积极发展养殖产品加工流通，支持水产品现代冷链物流体系建设，提升从池塘到餐桌的全冷链物流体系利用效率

续　表

序号	标题	发文时间	发文部门	关键词	内容摘要
66	《关于印发〈柴油货车污染治理攻坚战行动计划〉的通知》	2019/1/4	生态环境部等11部门	国Ⅵ排放标准	加强新生产车辆环保达标监管，推广使用达到国六排放标准的燃气车辆；推动发展绿色货运，优化运输车队结构，优化承担物流配送的城市新能源车辆的便利通行政策
67	《交通运输部办公厅 公安部办公厅 商务部办公厅关于加强城市绿色货运配送示范工程动态管理工作的通知》	2019/1/4	交通运输部办公厅、公安部办公厅、商务部办公厅	冷藏保温运输的城市配送车辆数占比	针对各创建城市绿色货运配送示范工程实施方案中确定的工作任务，加强实时跟踪和动态监管
68	《中共中央 国务院关于坚持农业农村优先发展做好“三农”工作的若干意见》	2019/1/3	中共中央、国务院	农产品物流骨干网络和冷链物流体系建设	完善县乡村物流基础设施网络，支持产地建设农产品贮藏保鲜、分级包装等设施，鼓励企业在县乡和具备条件的村建立物流配送网点。发展壮大乡村产业，统筹农产品产地、集散地、销地批发市场建设，加强农产品物流骨干网络和冷链物流体系建设
69	《市场监管总局办公厅关于加强冷藏冷冻食品经营监督管理的通知》	2019/1/2	市场监管总局办公厅	抽查	依据国家相关法律法规及标准，对入库冷藏冷冻食品进行符合性验证和感官抽查，并查验运输冷藏车（厢）内温度的记录、测定食品的中心温度，经验收合格后的食品方可入库，不得接收不符合验收标准的食品

续　表

序号	标题	发文时间	发文部门	关键词	内容摘要
70	《国务院关于印发中国（海南）自由贸易试验区总体方案的通知》	2018/10/16	国务院	冷链快递物流服务	支持海南开展供应链创新与应用试点。打造联通国际国内的全球性商贸物流节点，促进港口、机场、铁路车站、物流园区等物流信息互通。加强冷链基础设施网络建设，打造出岛快速冷链通道，提供高质量的冷链快递物流服务。在交通运输领域完善快件处理设施和绿色通道，提高国际快递处理能力，服务带动跨境电商等相关产业集聚
71	《海关总署关于发布〈海关集约封闭式集装箱查验场地设置规范（试行）〉的公告》	2018/10/11	海关总署	独立的冷链货物查验区	海关集约封闭式集装箱查验场地（以下简称“查验场地”）设置独立的冷链货物查验区，满足对有低温环境、特殊防疫要求的货物查验作业需求，配备制冷设备，应保证查验区域温度控制在12℃以下。同时设置冷链货物暂存库（区），并配套设置冷冻产品无菌取样间（样品暂存、留样存放等取制样用房）
72	《国务院办公厅关于印发推进运输结构调整三年行动计划（2018—2020年）的通知》	2018/10/9	国务院办公厅	多式联运试点示范创建	加大对多式联运示范工程项目建设的支持力度，加强示范工程运行监测，推动运输组织模式创新。深入推进天津至华北、西北地区等六条集装箱铁水联运示范线路建设。鼓励骨干龙头企业在运输装备研发、多式联运单证统一、数据信息交换共享等方面先行先试，充分发挥引领示范作用。支持各地开展集装箱运输、商品车滚装运输、全程冷链运输、电商快递班列等多式联运试点示范创建

续 表

序号	标题	发文时间	发文部门	关键词	内容摘要
73	《农业农村部关于支持长江经济带农业农村绿色发展的实施意见》	2018/9/21	农业农村部	产销对接	扶持贫困地区农产品产销对接，加强产地市场和仓储冷链物流体系建设，打造特色品牌，提升产销信息服务水平
74	《农业农村部办公厅关于印发〈打击生猪屠宰领域违法行为做好非洲猪瘟防控专项行动方案〉的通知》	2018/10/26	农业农村部办公厅	消毒制度	突出消毒制度落实，重点排查生猪运输车辆卸载后是否清洗消毒等潜在风险点。强化屠宰企业动物防疫主体责任，切实加强管理，严格落实场地及车辆消毒、肉品检疫出场和病死猪无害化处理等制度
75	《自然资源部 中国工商银行关于促进海洋经济高质量发展的实施意见》	2018/8/29	自然资源部、中国工商银行	水产品冷链基础设施	加强传统海洋产业改造升级，支持海水健康养殖、深水抗风浪网箱养殖和工厂化循环水养殖，新型渔业养殖装备、大型综合性冷链物流项目（基地）、远洋渔业设施装备、海外渔业综合服务基地，渔政渔港等基础设施建设
76	《关于政协十三届全国委员会第一次会议第0837号（农业水利类106号）提案答复的函》	2018/8/23	农业农村部	冷链物流基础设施建设和农业品牌建设	重点打造农产品网络销售的服务体系、供应链体系和支撑保障体系，加快推动产地基础设施建设、冷链物流基础设施建设和农业品牌建设，引导农业高质量发展，促进贫困地区农民脱贫增收

续　表

序号	标题	发文时间	发文部门	关键词	内容摘要
77	《商务部关于做好农产品产销对接工作的通知》	2018/8/15	商务部	实现质量安全可追溯，保障农产品产销安全、高效对接	加强农产品产后检测、清洗、分拣、预冷、烘干、定级、包装、标识、仓储、物流、营销等农产品商品化处理设施建设，重点加强农产品冷链设施建设，补上冷链物流短板，提高农产品商品化处理能力和错峰销售能力。利用物联网、二维码、温度探测器等数据自动采集技术，推动农产品生产、流通环节追溯衔接，逐步建立“从田间到餐桌”的全过程可追溯体系，实现质量安全可追溯，保障农产品产销安全、高效对接
78	《对十三届全国人大一次会议第4786号建议的答复摘要》	2018/8/10	农业农村部	20个省（区）农产品产地初加工设施建设	2018年，农业农村部和财政部安排中央转移支付9亿元，用于支持广西、河北、山西等20个省（区）农产品产地初加工设施建设，支持各地在优势特色农产品生产区集中连片建设初加工设施，最大限度发挥中央财政资金效益
79	《农业农村部办公厅关于组织申报农民专业合作社质量提升整县推进试点有关事项的通知》	2018/8/2	农业农村部办公厅	预冷保鲜	推动乡村产业振兴，支持合作社建设田头贮藏、预冷保鲜、分级包装、冷链物流设施，发展直销直供、农产品电商等流通新业态
80	《农业农村部关于加快推进品牌强农的意见》	2018/6/26	农业农村部	农产品供给能力	统筹农业生产、加工、冷链物流等设施项目建设，建设一批规范标准、生态循环的农产品种养加基地，加快推进农产品生产的规模化、产业化、集约化，提高农产品供给能力

续 表

序号	标题	发文时间	发文部门	关键词	内容摘要
81	《关于政协十三届全国委员会第一次会议第4363号（工交邮电类340号）提案答复的函》	2018/6/29	交通运输部	冷链物流发展的顶层设计	要加强对冷链物流发展的顶层设计，优化冷链物流车辆便利通行政策，健全冷链物流运营的相关标准规范，降低鲜活农产品公路通行成本，多措并举落实冷链物流产业用地。同时做到健全冷链行业标准体系，严格冷链物流车辆行业监管，完善冷链物流信用评价体系，细化冷链物流配套政策
82	《中共中央 国务院关于打赢脱贫攻坚战三年行动的指导意见》	2018/6/15	中共中央、国务院	冷链设施建设	加快推进“快递下乡”工程，完善贫困地区农村物流配送体系，加强特色优势农产品生产基地冷链设施建设。推动邮政与快递、交通运输企业在农村地区扩展合作范围、合作领域和服务内容
83	《国务院办公厅关于推进奶业振兴保障乳品质量安全的意见》	2018/6/11	国务院办公厅	低温乳制品冷链储运设施建设	发展智慧物流配送，鼓励建设乳制品配送信息化平台，支持整合末端配送网点，降低配送成本。促进乳品企业、流通企业和电商企业对接融合，推动线上线下互动发展，促进乳制品流通便捷化。鼓励开拓“互联网 +”、体验消费等新型乳制品营销模式，减少流通成本，提高企业效益。支持低温乳制品冷链储运设施建设，制定和实施低温乳制品储运规范，确保产品安全与品质

续　表

序号	标题	发文时间	发文部门	关键词	内容摘要
84	《农业农村部办公厅关于印发〈贫困地区农产品产销对接实施方案〉的通知》	2018/6/4	农业农村部办公厅	气调库、冷藏冷冻保鲜库	加强仓储冷链设施建设，加大对贫困地区农产品贮藏、保鲜等设施建设力度。支持贫困地区在特色优势农产品产区建设或改建一批气调库、冷藏冷冻保鲜库，缓解农产品集中上市压力。支持农产品产地市场体系建设，在集中连片贫困地区建设改造一批直接服务农户的区域性农产品产地市场和田头市场，提升农产品分等分级、预冷、初加工、冷藏保鲜、冷链物流等能力
85	《商务部关于推进农商互联助力乡村振兴的通知》	2018/5/24	商务部	全产业链标准体系	建立覆盖农产品种养加工、检验检测、质量分级、标识包装、冷链物流、批发零售等各环节，国标、地标、团标、企标有机结合的全产业链标准体系。加强农产品冷链流通基础设施建设，补上冷链物流短板。鼓励新型农业经营主体、农产品流通企业加强产地预冷、仓储物流、加工配送、公益性和共享型流通设施建设，完善冷链监控、物流服务、产销对接等信息服务平台
86	《国务院关于印发进一步深化中国（福建）自由贸易试验区改革开放方案的通知》	2018/5/24	国务院	深化冷链发展业务	深化集成电路、光学仪器、精密机械等先进制造业和冷链物流、文化创意、健康养老、中医药等现代服务业对台合作

续　表

序号	标题	发文时间	发文部门	关键词	内容摘要
87	《交通运输部办公厅关于十三届全国人大一次会议第 4269 号建议的办理意见》	2018/5/23	交通运输部办公厅	冷藏保温车辆行业监管	强化交通运输推进冷链物流发展的顶层设计，优化城市配送车辆便利通行政策，健全完善相关标准规范。同时要进一步严格冷藏保温车辆行业监管，对标研究国际做法与经验
88	《农业农村部办公厅关于征集农产品电商出村工程试点参与企业的公告》	2018/5/16	农业农村部办公厅	冷链等基础设施建设	加强农产品分等分级、加工包装、物流仓储、冷链等基础设施建设，带动农产品生产和商品化处理设施、设备、技术的转型升级，做好农产品生产、加工、运输、仓储等环节的协同管理，全面提升供应链管理水平，提高农产品供应的产业化、组织化、规模化和标准化程度
89	《关于开展 2018 年流通领域现代供应链体系建设的通知》	2018/5/16	财政部办公厅、商务部办公厅	产地公用型预冷库 冷藏集装箱	打造跨区域全国性物流枢纽，推动辐射范围广、标准化水平高、综合服务能力强的商贸物流园区、专业批发市场升级改造，形成集交易、分拨、仓储、冷链物流、电子商务等多功能于一体的流通服务中心。推动发展农产品供应链，积极推广以标准托盘、周转箱（筐）为单元进行全程货物监控、“不倒托、不倒箱（筐）”的标准化冷链，推动具有适销对路农产品的产区合作社、新型农村经营主体等建设产地公用型预冷库或推广使用冷藏集装箱，弥补冷链“短板”，鼓励生鲜农产品的供销合作、农超对接，培育一批综合性冷链服务企业

续　表

序号	标题	发文时间	发文部门	关键词	内容摘要
90	《民航局关于促进航空物流业发展的指导意见》	2018/5/11	民航局	快速通关	明确发展方向和业务模式，通过机场改扩建完善冷链、快件分拣等设施建设。进一步优化机场货运流程，结合航空快件、冷链货物、鲜活水产品等运输特点，建设常态化、规范化的绿色通道机制，在保证航空安全的前提下实现快速通关
91	《关于做好2018年降成本重点工作的通知》	2018/4/28	国家发展改革委、工业和信息化部、财政部、中国人民银行	低物流成本优化运输方式	加快降低物流成本，规范公路、港口和车辆检审收费；通过多种途径优化运输方式，推进物流配送网络建设，实施城乡高效配送专项行动，加大物流标准化推广力度，完善托盘、周转筐、包装、集装箱等相关物流设施设备标准；支持重要节点物流基础设施建设，研究开展供应链创新与应用试点，积极推进供应链平台建设工作
92	《交通运输部办公厅关于深入推进无车承运人试点工作的通知》	2018/4/17	交通运输部办公厅	无车承运物流模式	要支持试点企业在城市配送、农村物流、冷链物流等重点物流领域推广无车承运物流模式，鼓励试点企业探索无车承运模式与多式联运、甩挂运输、共同配送等先进运输组织方式融合应用的发展路径，培育一批理念创新、运作高效、服务规范、竞争力强的试点企业，引导行业规模化、集约化、规范化发展

续　表

序号	标题	发文时间	发文部门	关键词	内容摘要
93	《商务部等8部门关于开展供应链创新与应用试点的通知》	2018/4/10	商务部等8部门	紧密型农产品供应链	建立健全农业供应链，结合本地特色农业，优先选择粮食、果蔬、茶叶、药材、乳制品、蛋品、肉品、水产品、酒等重要产品，立足区域特色优势，充分发挥农业产业化龙头企业示范引领作用，推动供应链资源集聚和共享，打造联结农户、新型农业经营主体、农产品加工流通企业和最终消费者的紧密型农产品供应链，构建完善全产业链各环节相互衔接配套的绿色可追溯农业供应链体系
94	《中华人民共和国农业农村部公告第2号》	2018/3/23	农业农村部	畜禽产品冷链物流体系	鼓励畜禽养殖、屠宰加工企业推行“规模养殖、集中屠宰、冷链运输、冷鲜上市”模式，加快推进畜牧业转型升级，提升畜禽就近屠宰加工能力，建设畜禽产品冷链物流体系，减少畜禽长距离移动，降低动物疫病传播风险，维护养殖业生产安全和畜禽产品质量安全
95	《商务部办公厅　中华全国供销合作总社办公厅关于深化战略合作 推进农村流通现代化的通知》	2018/3/23	商务部办公厅、中华全国供销合作总社办公厅	供销合作社	探索创新供应链管理模式和机制，支持供销合作社开展物流标准化、冷链信息化体系和食用农产品、食品等追溯体系建设。供销合作社适应全渠道流通和供应链深度融合新趋势，加快完善城乡物流网络节点，优化仓储配送网点布局，促进地区、城乡网络衔接；发展集约化、标准化的质量检测、包装赋码、仓储配送、质量追溯等服务，推动各类配送中心开放共享，集约利用物流资源，提高流通效率

续　表

序号	标题	发文时间	发文部门	关键词	内容摘要
96	《中共中央 国务院关于实施乡村振兴战略的意见》	2018/1/2	中共中央、国务院	农村物流现代化	加强农产品产后分级、包装、营销，建设现代化农产品冷链仓储物流体系，打造农产品销售公共服务平台，支持供销、邮政及各类企业把服务网点延伸到乡村，健全农产品产销稳定衔接机制，大力建设具有广泛性的促进农村电子商务发展的基础设施，加快推进农村流通现代化

第二节　2020 年冷链物流企业事件盘点

一、部分冷链企业抗击疫情事迹

表 8－2　　部分冷链物流企业抗疫事迹

序号	企业名称	抗疫事迹
1	山东中仓物流	提供山东省内免费运输，1 月 30 日完成首批 15 万个口罩免费运输配送工作
2	广州鲜运物流	提供免费运输
3	福建信运物流	提供免费运输
4	上海鲜林供应链	提供华东地区免费运输
5	九曳供应链	开通义务向武汉当地救援物资提供仓储服务的绿色通道
6	精创股份	通过徐州市铜山区红十字会向徐州市疾控中心捐赠 500000 元
7	京东物流	开通全国各地驰援武汉救援物资的特别通道
8	吴忠市茂鑫通冷藏运输有限公司	提供免费运输
9	武汉玖冷供应链管理有限公司	提供武汉市内配送
10	湖北三峡银岭冷链物流有限公司	提供湖北省内配送

续 表

序号	企业名称	抗疫事迹
11	飞猫云车	免费开通由深圳、广州、东莞、中山、佛山、湛江、武汉、郑州、上海、苏州、无锡、杭州、宁波、南京、重庆、成都、福州、厦门等到达武汉地区的救援物资运输绿色通道
12	海航	开通绿色通道，为境外组织及机构提供救援物资免收航空货物运输费服务
13	希杰荣庆物流	截至 1 月 29 日，希杰荣庆物流已向武汉发送 4 批医用物资，共计 160 吨消毒水酒精、315 万个口罩与手套以及 5 车医疗器械
14	蒙牛集团	向武汉捐赠 2000 万元，其中包含 1200 万元现金及价值 800 万元的牛奶
15	伊利集团	向中国红十字基金会第二批捐赠 1000 万元
16	美菜	原有对餐厅食材配送业务对家庭个人开放
17	海底捞	向湖北省慈善总会捐赠 300 万元现金、价值 200 万元的自热火锅、新鲜蔬菜 16.262 吨
18	百胜中国控股有限公司	向中国红十字基金会捐赠 300 万元
19	三全食品	组织调运 2 万多份自加热米饭、速冻饺子驰援武汉
20	松下电器中国东北亚公司	紧急向中国红十字基金会确认捐赠 100 万元
21	顺丰集团	向湖北省武汉市等地区捐赠医疗防护和急救物资，并对公益组织捐赠的物资提供国内段公益运输
22	冻品在线集团	针对餐饮企业 2 月 1 日—2 月 29 日所有订单免运费，99 元起送，与中小餐饮企业携手并进，共渡难关
23	正大集团	捐资捐物 5000 万元支援国家抗击新冠肺炎疫情
24	盒马鲜生	担负起阿里巴巴驰援武汉的新使命：以武汉 18 家门店为中心成立专门团队，全力为武汉医护人员提供生活保障
25	安徽开乐	加急生产制作 12 个发热疫情防控观察室
26	新希望乳业	春节无休保生产，10 吨牛奶驰援武汉
27	卫岗集团	截至 1 月 31 日，卫岗集团已累计捐赠物资价值逾 1435 万元
28	艾默生电气（中国）投资有限公司及其他业务单元	向中国红十字基金会捐赠 70 万元
29	宇通专用车	捐赠 10 台负压救护车
30	霍尼韦尔安全防护设备事业部	承诺不加价，全力保障 KN95 口罩在春节期间的持续供应
31	招商局集团	截至 1 月 31 日，受招商局慈善基金会委托，中国外运承运的招商局“灾急送”平台已累计免费发放抗疫物资 1214.7 吨

续　表

序号	企业名称	抗疫事迹
32	德邦	免费配送481吨疫情急需物资
33	光明乳业集团	于1月27日晚，向火神山医院、雷神山医院送去了乳制品物资，为现场2000多名争分夺秒的建设者加油鼓劲
34	深圳前海粤十信息技术有限公司	捐赠5万个口罩及其他医疗物资
35	九州通物流	31个省级物流中心无间断运营，一线现场24小时作业，抗病毒药品、物资出入库吞吐量突破125万件
36	开利	携全国服务站24小时待命，全力保障冷链医药和生活物资的运输
37	仟吉	面向医院捐赠面包1000000个
38	冰轮集团	筹集医用外科口罩和N95口罩25000个、身体测温仪120个、防护服100套和手套2500副等医用防护物资，捐赠烟台市用于支持疫情防控工作
39	速越供应链	专门成立应急小组，紧急开通上海—武汉绿色服务通道，积极对接各方救援物资运输需求，全力支援武汉人民抗击新冠肺炎疫情
40	北京李先生加州牛肉面大王	12000桶鲜拌面驰援湖北
41	冷王	承诺为湖北地区的冷藏车机组提供24小时售后服务，全力保障所有药品冷链运输安全
42	湖南佳惠集团	向怀化捐款200万元现金，助力怀化打好打赢疫情防控阻击战
43	唯捷城配	启动备用运力，保证每天履约交付的冷链车辆30～40台，常温车辆60～70台，每天对仓库和车辆进行定时消毒，给员工发放口罩，每天测温并做好登记
44	中远海运集团	1月29日，通过武汉市慈善总会设立的“新型冠状病毒肺炎接收捐款专户”捐款3000万元支持抗击新冠肺炎疫情工作
45	北京五环顺通供应链管理有限公司	员工在疫情防控期间坚守岗位，全力保障产品供应，为首都超市配送肉、蛋、奶等生鲜食品，同时积极做好园区内库房及人员等防护工作
46	东风汽车集团有限公司	截至1月26日，已累计向湖北捐赠3600万元，向湖北省慈善总会捐赠东风风光580、东风风光IX7等车辆，共计价值约500万元
47	江淮汽车	1月29日通过武汉市红十字会捐赠1000万元现金，驰援疫情防控

续 表

序号	企业名称	抗疫事迹
48	霍尼韦尔	1月31日捐赠价值100万美元物资，包括空净和水净产品、ICU空气管理系统，以及针对医院管理的扫描、打印设备，另外还包括赠予的霍尼韦尔儿童萌宠口罩
49	福田戴姆勒汽车	2月2日零点正式对外宣布，新冠肺炎疫情期间所有通过欧曼办理贷款的用户可申请休眠（延期）还款，具体申请办理流程联系购车经销商即可。福田戴姆勒汽车也成为业内首推延期还款政策的重卡企业。同时有超过320辆欧曼渣土车，在武汉火神山医院、雷神山医院建设现场昼夜不停地清运渣土及建筑材料，加速工程建设
50	鑫源供应链	自2020年1月27日开始，组织鑫源武汉办事处员工和司机返岗，全力投入疫情攻坚战的后勤保障工作。截至2月2日，在鑫源供应链总部的统一调度下，鑫源武汉办事处先后为友商提供了雷神山医院援助物资义务运输12个车次、为黄冈市各级医院提供医疗援助物资义务运输3个车次，为驻扎鑫东来酒店的浙江医疗队捐赠食材、水果等物资2万余元
51	电装	1月31日，株式会社电装与电装（中国）投资有限公司决定向中国红十字基金会捐款100万元
52	梦园冷链	截至2月2日，武汉市梦园冷链物流有限公司市内配送总量已达到6168吨
53	吴忠市茂鑫通冷藏运输有限公司	2月3日，出资3万余元购置牛奶、饮料、方便面、水果、口罩、帽子等物品，慰问金积高速路口和高闸镇十余个疫情执勤岗位上的工作人员
54	盒马	2月3日，盒马宣布联合知名餐饮企业北京心正意诚餐饮有限公司旗下品牌云海肴、新世纪青年饮食有限公司（青年餐厅），合作解决现阶段餐饮行业待岗人员的收入问题，缓解餐饮企业成本压力
55	京东物流	2月2日，义务运输钟南山院士团队捐赠给武汉市汉口医院的制氧机100台。截至2月4日，京东物流已累计从全国30余个城市，向武汉、黄冈等地各大医院累计运送超过236万件医疗防疫物资
56	思念食品	2月6日，思念食品宣布将首批捐赠价值200万元的速冻食品驰援疫情较为严重的湖北、河南、广东等部分地区。2月3日，思念食品已先行通过郑州市惠济区红十字会向惠济区政府捐赠汤圆等速冻食品20万元（1000箱）。此外，2月3日郑州思念食品响应河南省农业农村厅号召，调配4000余箱汤圆、水饺驰援湖北抗击疫情

续　表

序号	企业名称	抗疫事迹
57	良之隆食材股份有限公司	开通抗击疫情爱心专线，免费为爱心单位向雷神山爱心餐制作单位提供食材配送服务。截至2月3日，良之隆的友商共计捐赠货值超过100万元，驰援医院、机关单位及免费为一线抗疫战士配餐的餐厅共计30余家
58	集保	保障托盘供应，提供服务支持，协同客户共同为一线医疗机构运送药品和物资，同时协同湖北特别是武汉地区的客户保障当地民生物资供应
59	英维克集团	向华中科技大学同济医学院附属同济医院以及深圳市第三人民医院捐赠一批总价值百万元的EBC空气环境机及EBC空气消毒净化机
60	望家欢集团武汉分公司	成为武汉火神山医院和雷神山医院的食材供应商，为两家医院供应粮油及部分生鲜食品。1月24日，望家欢集团对湖北分、子公司优先保障各类物资的火速调配
61	宇培集团	积极支援参与到抗疫一线工作中，保障物资供应，各大园区及上海总部的一线员工坚守岗位，保证园区在特殊时期的正常运作，保证各项防护、民生物资能及时运输
62	山东盖世国际物流集团	无偿开放现有仓储资源，设立应急救援物资储备库，发动园区入驻客户提供运力，开通驰援武汉救援物资的绿色通道，根据政府指令和社会需求，积极主动协调防疫物资的储存与调拨，用实际行动为抗击疫情作出贡献，确保疫情防控工作有序进行
63	绿地	1月25日，绿地筹集的防护口罩、乳品、速食品等2500余件首批保障物资运至武汉市武昌区疾控中心；1月26日，绿地采购的50万件防护口罩、2万件隔离服分运至武汉市洪山区、江汉区和市红十字会。1月31日，绿地集团向上海市医疗卫生系统捐赠价值2000万元的紧缺医用防疫物资，包括防护口罩、医用防护服、护目镜、医用外科口罩、防护面具、一次性隔离衣、丁腈手套等。此外，绿地还向河南、安徽、福建、黑龙江、江苏、甘肃等地捐赠当地紧缺物资
64	新希望	新希望旗下各公司利用自身资源技术优势，全方位投入医疗救治、紧急援建、数字防疫、复工保供等工作。兴源环境近百名员工火线参建武汉火神山医院、雷神山医院污水处理工程；华融化工24小时待命，加班加点无偿提供500吨防疫消毒产品；新希望六和、新希望乳业为武汉一线施工人员提供20吨方便米饭、小火锅、火腿肠及乳品等食品物资

续 表

序号	企业名称	抗疫事迹
65	东风柳汽	2 月 3 日，东风柳汽通过东风公益基金会捐赠 100 万元
66	中集集团	中集冷云为运往湖北等地医药和医疗器械护航；中集扬州高速入口房屋驿站安装到位，为一线人员遮风挡雨；中集圣达因助力湖北医用氧气设备保障工作；中集物流免费提供抗疫物资国内外运输通道服务；2 月 1 日，中集物流旗下振华物流集团有限公司通过天津开发区慈善协会捐赠 30000 只韩国进口 3M 医用口罩
67	冰山集团	为大连市第六人民医院 C 栋病房负压病房空调工程改造项目全力以赴
68	内蒙古锦辉物流有限公司	2 月 1 日，蒙牛集团合作伙伴内蒙古锦辉物流有限公司协同通辽开发区政府向抗击疫情一线人员慰问，并为抗击疫情一线人员捐赠 262 箱蒙牛牛奶
69	林德（中国）	1 月 30 日，捐赠武汉大学中医医院一批物料搬运设备投入防疫抗灾前线；2 月 3 日，林德叉车驰援上海抗击新冠肺炎医疗物资保障基地；2 月 5 日，林德向武汉抗疫中心仓库投放第三批援助设备
70	江西玉丰实业有限公司	捐赠 10 吨新鲜蔬菜到奋斗在抗疫一线的定点医院
71	唯捷城配	2 月 1—3 日，南昌唯捷团队奔赴抗疫一线，将 8 吨总价值 21 万元的牛奶送到医护人员、社区工作者、公安干警及政府一线工作人员手中，并向他们表达了问候与敬意
72	顺丰冷运	2 月 7 日，顺丰冷运助力新凤祥集团支援的 14.4 吨冷藏即食鸡肉全程不脱温、安全地从济南送抵武汉，交到当地定点医院的医护人员及家属手中。疫情期间，在确保食品流通、严控食品安全的前提下，顺丰冷运通过应急调度体系最大限度地确保各项服务的正常运转
73	凯雪冷链	通过中牟县慈善总会向郑州市第一人民医院定向捐赠部分医疗冷链设备，包括 5 台医用冷柜、2 个医用冷库
74	山东正泰希尔专用汽车有限公司	加班加点生产医疗废物转运车，协助开展医疗废物的应急收集和转运工作，为抗击疫情提供了强有力的帮助

续　表

序号	企业名称	抗疫事迹
75	汇鸿集团	紧急采购入库口罩超过 20 万个，医用丁腈乳胶手套 10 万副、医用酒精擦片 60 万片。与此同时，汇鸿集团积极支持地方政府的疫情防控需求，先后调配口罩 8.5 万个，医用酒精擦片 2 万片、医用丁腈乳胶手套 5.8 副、高浓度过氧化氢原液 5 吨
76	万纬物流	2 月 9 日，万纬物流宣布即日起无偿开放全国物流园区的仓储资源，提供多温区食品的物流运营服务，以支援全国抗击疫情。目前，万纬物流已积极协调并调动全国仓储资源，在 27 个城市无偿开放 59 个物流园，用于应急周转仓储及多温区食品物流运营服务
77	亚洲渔港	2 月 9 日，亚洲渔港宣布将通过大连红十字会定向向元宵夜奔赴武汉抗疫一线的大连 500 名医护人员捐款 100 万元。亚洲渔港前进宝上海公司已为武汉、河南、上海的红十字会、医院等多家单位免费运送数批防疫物资
78	新疆众和	2 月 5 日，新疆众和到新疆维吾尔自治区确定的 4 家定点救治医院慰问，看望了战斗在抗击疫情一线的医务工作者，为 4 家医院送去了共计 1.2 吨优质进口牛肉和 7.2 吨新鲜蔬菜物资。此外，2 月初新疆众和紧急提供1500 平方米冷藏保鲜库保障市民“菜篮子”
79	湖北三峡银岭冷链物流股份有限公司	截至 2 月 1 日晚 6 时，湖北三峡银岭冷链物流股份有限公司已为宜昌市中心人民医院、宜昌市三医院、宜昌市一医院、夷陵区疾控中心、三峡大学附属仁和医院、宜都市一医院、长阳县疾控中心、荆门市一医院、荆门五三医院等抗疫一线医院和宜昌市红十字会免费运送医用口罩 1.6 万个、防护服 500 套、民用口罩 16 万个，并参与珠海湖北商会宜昌分会，为宜昌市红十字会、夷陵区红十字会购捐民用口罩 24.8 万个

资料来源：中物联冷链委不完全整理。

二、2020 年冷链相关投融资事件明细

表 8－3　**2020 年冷链相关投融资事件明细**

序号	平台名称	商业定位	融资时间	融资轮次	金额	投资方	资金用途
1	食务链	进口海鲜零售供应链公司	2020－1－7	B 轮	数千万元	由顺丰、申通、圆通、中通及韵达五家龙头快递企业共同设立的蜂网投资	第一，继续深耕供应链上游，提升核心能力；第二，全面优化供应链，提升成本优势；第三，加大品牌投入，扩大企业规模与影响力
2	十荟团	社区零售平台	2020－1－9	B 轮	8830 万美元	愉悦资本、泶策资本、启明创投、阿里巴巴、真格基金、华创资本	加强供应链和技术方面的投入，深化产业链建设。在下沉市场加速布局
3	源小鲜	生鲜直采直供社群平台	2020－1－16	天使轮	—	—	—
4	春炉串串	休闲小吃连锁品牌外带式串串	2020－1－19	股权融资	—	天九投资	—
5	吉百兴食品	综合类食品生产加工型企业	2020－1－21	股权融资	800 万元	红旗连锁	—
6	懂菜央厨	餐饮食材供应链	2020－1－28	股权融资	—	瑞旗资本	—
7	锅圈	食材供应链	2020－2－24	C 轮	5000 万美元	IDG 资本领投，嘉御基金、不惑创投跟投	优化产品供应链、核心市场区域扩张、线上业务运营等方面

续　表

序号	平台名称	商业定位	融资时间	融资轮次	金额	投资方	资金用途
8	冻品到家	冷冻食材供应链服务平台	2020－2－25	A3 轮	3500 万美元	梅花创投领投，不惑创投、魔量资本跟投	加强对上游工厂的整合赋能和市场扩张
9	百果园	水果专营企业	2020－3－9	股权融资	—	先驱投资	—
10	望家欢农产品集团	团餐食材配送企业	2020－3－9	B 轮	6 亿元	美团点评战略领投，隐山资本继续跟投，泰合资本担任独家财务顾问	第一，推进全国合伙人计划；第二，继续建设“城市共享配送中心＋县域农业发展中心”双中心；第三，投入源头采购共享平台即“源采平台”建设，搭建更加有效的农产品采销平台；第四，完善农产品质量安全追溯平台。本轮融资是我国团餐供应链行业近年来最大的单笔融资
11	巴奴毛肚火锅	火锅连锁品牌	2020－3－16	战略投资	近亿元	番茄资本独家投资	—
12	喜茶	茶饮	2020－3－23	C 轮	—	高瓴资本和 Coatue Management 联合领投	—
13	唯捷城配	第三方同城物流配送服务商	2020－3－24	B＋轮	1 亿元	华润润湘联和基金战略领投，现有股东猎鹰资本继续跟投	将用于全国仓配网络的拓展完善和智能运营平台的持续升级
14	新冻网	冻品食材一站式服务平台	2020－3－29	Pre－A 轮	数千万元	九合创投独家投资	将主要用于人才梯队建设、成立新仓和信息化改造等

续 表

序号	平台名称	商业定位	融资时间	融资轮次	金额	投资方	资金用途
15	利农	农业运营商	2020 - 4 - 1	战略融资	数千万美元	海纳亚洲创投基金（SIG）	资金将继续用于水培种植基地和产地后置仓的建设，完善其在珠三角地区和长三角地区的业务布局。通过规模化基础设施矩阵、模块化种植体系、标准化的采后保鲜处理，重塑蔬果价值链，为新零售渠道提供稳定的蔬果供应链服务
16	海豚次晨达	生鲜配送服务提供商	2020 - 4 - 10	A 轮	1000 万元	高永资本	本轮资金将帮助海豚次晨达实现独立运营，为所有电商平台上的标品生鲜卖家提供 to C 履约服务
17	味远红芳	餐饮供应链	2020 - 4 - 16	战略融资	—	番茄资本	—
18	叮叮鲜食	一站式鲜食供配服务平台	2020 - 4 - 21	B 轮	近亿元	B1 轮由中金文化消费基金领投，干嘉伟及老股东普洛斯隐山资本、头头是道投资基金、三生创投跟投；B2 轮由君川资本领投。泰合资本担任本轮融资财务顾问	—
19	前海粤十	冷链产业垂直服务商	2020 - 4 - 21	天使 +	数千万元	汉柏投资领投，金证以及数名冷链行业产业投资者跟投，原股东高书方先生及王凯先生追加投资	完善国际市场战略布局。前海粤十将着力亚洲海外市场的拓展，筹建马来西亚、日本、越南、泰国、柬埔寨、菲律宾办事处，逐步发布适应本地化需求的多语言版本前海粤十冷链供应链管理系统（YS - GWMS），提升国际影响力和整体核心竞争力

续 表

序号	平台名称	商业定位	融资时间	融资轮次	金额	投资方	资金用途
20	南京首席餐饮	茶饮	2020-4-28	Pre-A 轮	5 千万元	鑫霆基金	—
21	九曳供应链	生鲜供应链服务平台	2020-4-29	战略融资	—	远洋资本	将加大智慧冷链物流骨干网的建设，优化运营实现降本增效，进一步提升竞争壁垒和可持续发展能力
22	小码大众	冷链智能共配平台	2020-4-30	A+轮	—	住友商事亚洲资本	—
23	雪链物联网	智慧化冷链运营服务提供商	2020-5-11	股权融资	—	隐山资本	—
24	乐禾食品集团	供应链服务商	2020-5-11	C 轮	4 亿元	美团龙珠资本及鼎晖投资联合领投，和智投资跟投	对于本轮所融资金，乐禾将主要用于全国范围内合伙人的落地、持续的人才投资、食材供应链管理系统的升级迭代、冷链基础设施的升级与完善、相关产业链的布局这五大用途
25	饿食商城	食材采购 B2B 电商平台	2020-5-19	股权融资	—	洪泰智造	—
26	每日优鲜	生鲜电商	2020-5-21	战略融资	—	中金资本等	—
27	找食材网	预制菜供应链平台	2020-5-21	A 轮、A+轮	8000 万元	青松基金、零一创投，极值资本为本轮独家财务顾问	销售网络的扩张、上游研发生态的建设、产品技术的补强以及团队建设

续 表

序号	平台名称	商业定位	融资时间	融资轮次	金额	投资方	资金用途
28	磨逗	连锁豆制品品牌	2020-5-25	天使轮	数千万元	青松基金、世欣控股	—
29	千味央厨	餐饮供应链企业	2020-5-28	股权融资	—	前海新希望	—
30	懒熊火锅	火锅中餐连锁生鲜便利店	2020-5-28	天使轮	数千万元	字节跳动	—
31	十荟团	社区零售平台	2020-5-30	C轮	8140万美元	GGV纪源资本领投，愉悦资本、启明创投、渶策资本、高鹄资本跟投。高鹄资本担任独家财务顾问	—
32	很久以前羊肉串	烧烤连锁品牌	2020-6-8	B轮	近亿元	黑蚁资本独家投资	—
33	奈雪の茶	茶饮	2020-6-9	战略融资	近亿美元	深创投	—
34	小女当家	连锁中餐厅	2020-6-15	战略融资	—	西贝莜面村	—
35	美味金文	连锁餐饮原料供应企业	2020-6-16	股权融资	—	隐山资本	—
36	萌鱼科技	餐饮新零售	2020-6-19	天使轮	数千万元	元璟资本、红杉资本、青锐创投、志拙资本投资，回音资本连续两轮担任独家财务顾问	—
37	考拉买菜	生鲜社区团购	2020-6-30	战略融资	数百万元	盐城高新区投资集团以及盐城创新创业投资联合基金	—
38	谊品生鲜	生鲜社区团购	2020-7-5	C轮	25亿元	腾讯、今日资本领投，中鼎资本跟投	本轮融资将主要用于线下及线上业务的加速扩张、全产业链整合、科技研发的持续投入以及全国物流仓配的布局

续　表

序号	平台名称	商业定位	融资时间	融资轮次	金额	投资方	资金用途
39	黄天鹅	可生食鸡蛋品牌	2020－7－6	A轮	过亿元	由中金资本旗下中金汇融基金管理公司领投，股东璞瑞基金跟投	品牌、渠道及基地的建设
40	冻师傅	速冻羊肉供应链整合服务商	2020－7－6	Pre－A轮	数千万元	渶策资本、信天创投领投及董事长王湛跟投	技术投入和市场拓展
41	古茗	茶饮	2020－7－7	战略融资	—	红杉资本中国、美团龙珠资本	—
42	万泽冷链	第三方冷链物流运输、仓储、分拣以及普通物流运输等服务	2020－7－9	定向增发	3348.8万元	莱芜财金	—
43	每日优鲜	生鲜电商	2020－7－23	E轮	4.95亿美元	中金资本旗下基金领投，联合出资方包括工银国际、腾讯、阿布扎比资本集团、苏州常熟政府产业基金、Tiger Global、高盛资产管理旗下基金及其他数家机构	本轮融资是生鲜到家行业迄今为止最大规模的融资
44	味之家	餐饮供应链平台	2020－7－23	A轮	数千万元	和智投资	主要用于人才引进、供应链建设，云店开发及社区优选电商等板块推进，并且借助和智投资的优势为下一步建设味之家广东产业基地做准备

续 表

序号	平台名称	商业定位	融资时间	融资轮次	金额	投资方	资金用途
45	Chikalicious	餐饮甜品	2020－7－24	股权融资	—	七熹投资	—
46	十荟团	社区零售平台	2020－7－29	C＋轮	8000万美元	—	—
47	锅圈	食材供应链	2020－7－30	C轮	6000万美元	启承资本领投，老股东全部超额跟投，光源资本担任本轮融资的独家财务顾问	供应链效率优化、产品优化、IT建设、团队扩建等方面
48	来三斤	农特产品电商平台	2020－7－31	Pre－A轮	2000万元	广州莱檬集团	用于供应链和云计算的研发升级、市场开拓团队建设等方面
49	瑞云冷链	冷链产业互联网平台	2020－7－31	天使轮	—	青松基金、磐霖资本	—
50	赞思餐饮	养生汤品餐饮品牌	2020－8－7	A＋＋轮	数千万元	IDG资本领投，真格基金、光速资本及赞思餐饮创始人陈华滨跟投	—
51	小码大众	冷链智能共配平台	2020－8－13	股权融资	—	隐山资本	—
52	新发地掌鲜	生鲜电商平台	2020－8－15	天使轮	数千万元	—	产品研发及迭代、营销推广以及人才引进等多个方面
53	小兔买菜	社区生鲜便利店	2020－8－31	A轮	数千万美元	碧桂园创投和众为资本联合领投，愉悦资本跟投，棕榈资本担任长期独家财务顾问	门店扩张、供应链体系升级、零售数字化系统完善等方面
54	餐爆食材	火锅食材供应商	2020－9－8	A轮	数千万元	苏州美林创投	—
55	易道农业科技	进口肉类的直营服务商	2020－9－9	A轮	—	榕林资本	—

续　表

序号	平台名称	商业定位	融资时间	融资轮次	金额	投资方	资金用途
56	东疆冷链	综合检验检疫查验平台	2020－9－11	股权融资	—	新发地	—
57	光明乳业	乳品生产、销售企业	2020－9－30	定向增发	—	中信证券	—
58	珍珠小梅园	半成品便捷食品生产企业	2020－10－8	天使轮	—	零一创投、创新工场	—
59	火锅物语	火锅食材供应商	2020－10－9	天使轮	1000 万元	德迅投资	产品形态完善、供应链完善及品牌推广
60	懒熊火锅	火锅中餐连锁生鲜便利店	2020－10－13	Pre－A 轮	—	虢盛资本	—
61	谊品生鲜	社区生鲜	2020－10－16	战略融资	—	腾讯投资	—
62	7 分甜	茶饮品牌	2020－10－27	A 轮	1.5 亿元	顺为资本领投，内向基金跟投	门店扩张、供应链和门店数字化升级，以及品牌推广等方面
63	美肉商城	肉类冻品食材供应链 B2B 平台	2020－10－16	战略融资	数千万元	磁云科技	双方希望将优势互补，抓住产业数字化与产融结合的大趋势，通过区块链降本增效、重构诚信体系，通过物联网、大数据、人工智能等数字科技，赋能行业从业者，打造冻品行业共建、共生、共享的健康可持续发展生态
64	奇麟鲜品	生鲜垂直电商平台	2020－10－28	A 轮	3000 万元	金鹤基金	—

续 表

序号	平台名称	商业定位	融资时间	融资轮次	金额	投资方	资金用途
65	自嗨锅	方便食品	2020－10－28	C 轮	5000 万美元	中金资本旗下基金领投，经纬中国持续加码	重点投入产品研发和创新
66	小码大众	冷链智能共配平台	2020－11－10	战略融资	数千万元	韵达股份	将继续夯实数字化共仓共配的冷链物流新模式
67	味库海鲜	海鲜供应链公司	2020－11－11	C 轮、C＋＋轮	数千万美元	C 轮融资由 DCM 领投，老股东 SIG、经纬中国超额跟投。C+ 轮融资由创世伙伴 CCV 领投，DCM 继续加码。华兴资本担任两轮融资的独家财务顾问	融资将主要用于味库海鲜拓展更多城市业务、提升供应链服务能力、技术研发和团队建设
68	国联水产	综合水产食品供应商	2020－11－16	股权转让	1.79 亿元	大张集团股东张新华	—
69	和府捞面	餐饮品牌	2020－11－16	D 轮	4.5 亿元	腾讯、Long for capital 领投，华映资本跟投	—
70	沪上阿姨	茶饮品牌	2020－11－24	A 轮	近亿元	嘉御资本独家投资，泰合资本担任独家财务顾问	深耕供应链，以及打造品牌核心壁垒
71	十荟团	社区零售平台	2020－11－30	C＋＋轮	1.96 亿美元	阿里巴巴与 Jeneration Capital 时代资本联合领投，昆仑资本、中金资本旗下基金、鼎晖投资、GGV 纪源资本、愉悦资本、启明创投、潢策资本、高鹄资本跟投，高鹄资本担任本轮融资财务顾问	—

续　表

序号	平台名称	商业定位	融资时间	融资轮次	金额	投资方	资金用途
72	餐爆食材	火锅食材供应商	2020－12－1	A＋轮	数千万元	东合创投领投	—
73	小满茶田	车厘子主题茶饮	2020－12－1	Pre－A 轮	数千万元	元禾原点领投，海石投资、美团联合创始人干嘉伟跟投，老股东险峰、BAI、尚承嘉寻全部进行追加投资	主要用于核心城市门店拓展和上游供应链打造
74	食行生鲜	生鲜新零售企业	2020－12－3	战略融资	—	苏州高新创投旗下基金	—
75	每日优鲜	生鲜电商	2020－12－9	战略融资	20 亿元	青岛政府联合青岛国信、阳光创投、青岛市政府引导基金组成投资主体	迄今为止生鲜电商在地方落地的最大规模战略投资
76	彩食鲜	B2B 生鲜食材供应平台	2020－12－11	A 轮	10 亿元	中金资本旗下基金和腾讯领投，景林投资、招商银行、民生股权投资基金跟投，老股东永辉超市、高瓴资本、红杉资本中国基金继续加注	—
77	瑞云冷链	冷链产业互联网平台	2020－12－14	天使轮	—	磐霖资本、招商局创投	—
78	赞思餐饮	养生汤品餐饮品牌	2020－12－14	股权融资	—	五源资本	—

资料来源：中物联冷链委整理。

三、2020冷链相关整合并购事件

表8－4　　2020年冷链相关整合并购事件

序号	平台名称	商业定位	融资时间	融资轮次	金额	投资方	资金用途
1	新玖记	港式烧腊供应商	2020－1－9	并购	2240万元	利宝阁集团	可通过收购事项迅速加深与盒马鲜生的现有合作，并利用盒马鲜生的线上、线下平台及技术支持，包括营销及推广、线上销售、送餐及潜在客户的开发，将集团业务扩展至粤港澳大湾区
2	獐子岛中央冷藏	渔业物流提供商	2020－4－10	并购	—	普冷国际	普冷国际将进一步完善覆盖华东、华北、华南、西南、东北五大区域的冷链仓储、运输、国际货代等服务
3	美沿贸易	全球生鲜产品直采服务商	2020－6－11	并购	310万元	佳沃股份	此次交易旨在提升佳沃三文鱼增值产品的研发、加工能力，利用美沿食品及美沿贸易拥有的以盒马鲜生、大润发、家乐福直接供应商为代表的稳定销售渠道，加快三文鱼的国内市场尤其是西南地区的业务布局，提升供应链管控能力，为公司未来品牌建设奠定坚实基础
4	百肴鲜	中高端速冻面点制品生产商	2020－8－19	并购	1830万元	海欣食品	—
5	汉舍中国菜	中餐餐饮服务提供商	2020－9－4	并购	1.2亿元	海底捞	—

资料来源：中物联冷链委整理。

第三节　冷链强标及 2020 年冷链物流重点标准内容

一、冷链物流强制性国家标准

2020 年，国家卫生健康委员会、国家市场监督管理总局发布了《食品安全国家标准 食品用香精》（GB 30616—2020）等 38 项食品安全国家标准和 4 项修改单的公告。其中，由国家食品安全风险评估中心、中物联冷链委等单位共同起草的《食品安全国家标准 食品冷链物流卫生规范》（GB 31605—2020）强制性国家标准（以下简称“强标”）已于 2021 年 3 月 11 日正式实施，正文内容如下所示。

1　范围

本标准规定了在食品冷链物流过程中的基本要求、交接、运输配送、储存、人员和管理制度、追溯及召回、文件管理等方面的要求和管理准则。

本标准适用于各类食品出厂后到销售前需要温度控制的物流过程。

2　术语和定义

2.1　食品冷链物流

以温度控制为主要手段，使食品从出厂后到销售前始终处于所需温湿度范围内的物流工程。

2.2　交接

冷链物流过程中的环节，包括入库交接、出库交接和配送交接等。

3　基本要求

3.1　应配备与冷链食品生产经营相衔接的冷库、运输工具或其他符合冷链食品储存温湿度要求的设施设备。冷库、运输工具等设施设备应配置温湿度监测、记录、报警、调控装置，监控装置应定期校验并记录。设施设备应易于清洗、消毒、检查和维护。

3.2　冷库应具备配套的制冷系统或保温条件缓存区的封闭月台，同时与车辆对接处应有防撞密封设施。冷库门应配备限制冷热交换的装置，并设置防反锁装置和警示标识。

3.3　运输工具厢体应使用防水、防锈、耐腐蚀的材料，厢体内壁应保持清洁卫生，无毒、无害、无污染、无异味。应定期对运输工具的冷藏性能进行检查并记录。

3.4　应建立与储存、运输相配套的信息化系统，信息化系统应有储存、运输管理相应的模块。

3.5　需温湿度控制的食品在物流过程中应符合其标签标示或相关标准规定的温湿度要求。

3.6　当食品冷链物流关系到公共卫生事件时，应及时根据有关部门的要求，采取相应的预防和处置措施，对相关区域和物品按照有关要求进行清洗消毒，对频繁接触部位应适当增加消毒频次，防止与冷链物流相关的人员、环境和食品受到污染。

4　交接

4.1　交接环境应符合食品安全要求，并建立清洁卫生管理制度。

4.2　交接时应检查食品状态，并确认食品物流包装完整、清洁，无污染、无异味。

4.3　交接时应确认食品种类、数量、温度等信息，确认无误后尽快装卸，并做好交接记录。

4.4　交接时应测量食品外箱表面温度或内包装表面温度，并记录；如表面温度超出规定范围，还应测量食品中心温度。

4.5　交接时应严格控制作业环境温度并尽量缩短作业时间，以防止食品温度超出规定范围，如无封闭月台，装卸货间隙应随时关闭厢体门。

4.6　交接时应查验运输工具环境温度是否符合温控要求。入库和配送交接时，还应查验全程温度记录；出库交接时，还应查验在库温度记录。当温度或食品状态异常时，应不予接收。

4.7　当食品冷链物流关系到公共卫生事件时，应进行食品外包装及交接用相关用品用具的清洁和消毒。

5　运输配送

5.1　运输工具应保持清洁卫生，应建立清洁卫生消毒记录制度，定期对运输工具清洁、消毒。运输工具不得运输有毒有害物质，防止食品被污染。当食品冷链物流关系到公共卫生事件时，应增加对运输工具的厢体内外部、运输车辆驾驶室等的清洁消毒频次，并做好记录。

5.2　应根据食品的类型、特性、季节、运输距离等选择不同的运输工具和运输路线，同一运输工具运输不同食品及多点装卸时，应根据产品特性，做好分装、分离或分隔，并存放在符合食品储存温度要求的区域。

5.3　装货前应对运输工具进行检查，根据食品的运输温度对厢体进行预冷，并应在运输开始前达到食品运输需要的温度。

5.4　运输过程中的温度应实时连续监控，记录时间间隔不宜超过10min，且应真实准确。

5.5　当运输设备温度超出设定范围时，应立即采取纠正行动和应急措施，并如实记录超温的范围和时间。

5.6　运输过程中运输工具应采取安全性措施，如铅封或加锁等。运输过程宜保持平稳，装卸时应行动迅速、轻拿轻放，并尽量减少车厢开门次数和时间。

5.7　配送前应确认食品物流包装完整，温度符合要求。

5.8　需冷冻的食品在运输过程中温度不应高于－18℃；需冷藏的食品在运输过程中温度应为0℃～10℃。

6　储存

6.1　冷库的温度显示、区域划分标识应清晰规范，并做好温度记录，确保准确真实，记录间隔时间不超过30min。

6.2　冷库温度记录和显示设备宜放置在冷库外便于查看和控制的地方，温度传感器或温度记录仪应放置在最能反映食品温度或者平均温度的位置，建筑面积大于100m^2的冷库，温度传感器或温度记录仪数量不少于2个；应建立库房温度记录保存制度。

6.3　当冷库温湿度超出设定范围时，应立即采取纠正行动和应急措施，并如实记录超过的范围和时间。

6.4　不同品种、规格、批次的产品应分别堆垛，防止串味和交叉污染。储存的食品应与库房墙壁间距不少于10cm，与地面间距不少于10cm。

6.5　冷库机房应24h不间断运行并有应急措施。

6.6　冷库作业区应建立清洁卫生制度，并建立记录机制。当食品冷链物流关系到公共卫生事件时，应加强对货物转运存放区域、冷库机房的清洁消毒频次，并做好记录。

6.7　需冷冻的食品储存环境温度应不高于－18℃，需冷藏的食品储存环境温度应为0℃～10℃。对于有湿度要求的食品，还应满足相应的湿度储存要求。

7　**人员和管理制度**

7.1　应符合 GB 31621 的相关规定。

7.2　从事食品冷链物流各环节工作的人员，应接受运输、储存、配送、交接及突发状况应急处理等相关知识和技能培训，具备相应的能力，并有明确的职责和权限报告操作过程中出现的食品安全问题。

7.3　应建立食品运输、储存、配送、交接等环节温湿度及操作要求制度。

7.4　应建立有效的风险控制措施及应急预案。

7.5　当食品冷链物流关系到公共卫生事件时，应按照有关部门的要求，加强人员健康状况管理，根据岗位需要做好人员健康防护。

8　**追溯及召回**

8.1　应符合 GB 31621 的相关规定。

8.2　当食品冷链物流关系到公共卫生事件时，对受污染的食品应按照有关部门的要求进行处置。

9　**文件管理**

9.1　应符合 GB 31621 的相关规定。

9.2　文件保存期限应不少于食品保质期满后 6 个月；没有明确保质期的，保存期限应不少于 2 年。

9.3　当食品冷链物流关系到公共卫生事件时，应按照有关部门的要求执行。

二、2020 年发布实施的部分冷链相关标准

（一）冷链末端配送相关标准

2020 年，由中物联冷链委牵头起草的《食品冷链末端配送作业规范》（WB/T 1103—2020）行业标准正式发布。

此项标准由中物联冷链委、上海安鲜达供应链有限公司、厦门市标准化研究院、顺丰速运有限公司、深圳市凯东源现代物流股份有限公司、雅玛多（中国）运输有限公司、国家农产品现代物流工程技术研究中心、上

海久耶供应链管理有限公司、上海利泰物流有限公司、山东商业职业技术学院、北京阿格尔生物科技有限公司共同起草。此项标准于 2020 年 6 月 1 正式实施，规定了食品冷链末端配送的基本要求和作业要求，适用于对食品冷链末端配送的作业与管理，正文内容如下所示。

1　范围

本标准规定了食品冷链末端配送的基本要求和作业要求。

本标准适用于对食品冷链末端配送的作业与管理。

2　规范性引用文件

下列文件对于本文件的应用是必不可少的。凡是注日期的引用文件，仅注日期的版本适用于本文件。凡是不注日期的引用文件，其最新版本（包括所有的修改单）适用于本文件。

GB/T 18354　物流术语

GB/T 28843　食品冷链物流追溯管理要求

GB 29753—2013　道路运输 食品与生物制品冷藏车 安全要求及试验方法

GB/T 34344—2017　农产品物流包装材料通用技术要求

3　术语和定义

GB/T 18354 界定的以及下列术语和定义适用于本文件。

3. 1

冷链　cold chain

根据物品特性，为保持其品质而采用的从生产到消费的过程中始终处于低温状态的物流网络。

[GB/T 18354—2006，定义 4. 20]

3. 2

末端配送　terminal distribution

从配送站递送到消费者的物流活动。

3. 3

配送站　distribution station

集收货、暂存、分发及特殊作业等功能为一体的末端配送节点。

3. 4

6S 管理　6S management

在整理（Seiri）、整顿（Seiton）、清扫（Seiso）、清洁（Seiketsu）、素

养（Shitsuke）、安全（Security）六个方面的具体管理举措。

4 基本要求

4.1 组织机构

4.1.1 应具有从事食品冷链末端配送作业的组织机构。

4.1.2 应建立食品冷链末端配送管理制度和作业指导手册。

4.1.3 应建立食品冷链末端配送管理信息系统，对单据、库存、运输、配送等进行管理，数据统计、签收确认、信息反馈和追踪查询等均保持记录，并具有可追溯性。信息系统应具备订单跟踪、客户反馈、温度监测、异常提示等功能，并为上下游作业提供必要的信息接口。

4.1.4 应建立食品冷链末端配送作业的应急处理预案，如设备故障、交通事故、停电等。

4.2 管理要求

4.2.1 设施设备

4.2.1.1 应具有满足收货，暂存，分发及特殊作业的末端配送作业要求的设施设备。

4.2.1.2 配送站应配置冷链食品温度控制设备和温度记录设备。

4.2.1.3 冷藏车应符合 GB 29753—2013 中第 5 章的规定。

4.2.1.4 冷藏车、保温箱等配送设备应清洁、无毒、无害、无异味、无污染，宜一周清洁一次。

4.2.1.5 配送设备厢（箱）体内壁应平整光滑，厢（箱）体内应配置具有异常报警功能的温度自动记录设备。

4.2.1.6 制冷系统、测温设备、温度异常报警装置应定期检查、保养及校验，发现异常应立即停止使用，并及时进行维修。

4.2.1.7 应每月至少对作业流程和温度监控进行一次测试，测试结果应保留一年以上。

4.2.2 人员要求

4.2.2.1 从事食品冷链末端配送的人员包括配送员和配送站管理员。

4.2.2.2 配送站管理员应严格按照 6S 管理的内容对站内人员、物料、设施设备开展日常检查，并确保人员、设备等各类资源满足当日预期的最大数量，若所需资源不足或并未正确发挥作用，应及时采取补救措施。

4.2.2.3　配送员应着装规范并具备良好的服务意识，上岗前应经过专业培训，达到相应的岗位技能要求后方可上岗。

4.2.2.4　从事末端直接接触无商品包装冷链食品的作业人员应持有有效健康证明。

4.3　包装及温控材料

4.3.1　应根据冷链食品的类型、形状、特性及周边环境的影响合理选择包装方案并具有合理选择包装方案的能力，确保在末端配送过程中冷链食品及其周围环境的安全卫生。

4.3.2　包装材料应符合 GB/T 34344—2017 的规定。

4.3.3　包装上应标明的信息包括但不限于冷链食品的名称、净重、数量、保存条件和有效期。

4.3.4　包装应对冷链食品具有保护性，在确保冷链食品温度要求的同时避免其在装卸、暂存和配送过程中受到损伤。

4.3.5　温控材料应无毒、无害、无污染，符合食品安全规定且具有良好温度稳定性。

5　作业流程及要求

5.1　配送站暂存

5.1.1　收货

5.1.1.1　运输设备到达配送站后，应检查封签完好情况，按照不同温区顺序迅速卸货，并核查是否受挤压损伤和污染串味情况。

5.1.1.2　配送站管理员在与司机完成交接货后，应及时将相关记录上传至信息系统。

5.1.1.3　使用数据采集器或扫描枪等相关设备进行扫描清点，并在信息系统中进行订单核对，及时反馈缺货多货情况。

5.1.2　堆码

5.1.2.1　应按照冷链食品的种类码放整齐，大不压小、重不压轻、货不沾地、高度适宜、温区分隔，并及时将冷藏、冷冻食品放置在配送站的制冷设备中。

5.1.2.2　待发货区/发货区应保持环境清洁、通风良好。

5.2　配送员递送

5.2.1　递送前

5.2.1.1　应按照订单属性、客户地址等要素进行拣选、装车，并选择合理的配送路线。冰鲜、肉蛋、活鲜、易腐忌热水果等特殊订单应优先配送。

5.2.1.2　配送员应提前联系客户，确认收货人、收货地址及收货时间，避免空驶。

5.2.1.3　配送员在联系客户时，应使用礼貌用语。

5.2.2　交付

5.2.2.1　本人签收

本人签收应按照下列流程进行：

a）配送员根据与客户约定好的时间，送货上门；

b）配送员礼貌提醒客户开箱验货，并和客户逐一核对冷链食品的种类、规格及数量，告知客户食品的温度暂存要求及食用周期等；

c）双方核实无误后完成食品、货款交接，配送员与客户礼貌告别，如使用可循环包装，一并带回；

d）配送员完成订单配送操作，并报备异常配送情况。

5.2.2.2　委托代收

委托代收应按照下列流程进行：

a）配送员根据与客户约定好的时间，送货上门；

b）配送员核实代收人信息与客户提供的是否一致，确认无误后，将冷链食品交与代收人，并告知食品的温度暂存要求及食用周期等；

c）如客户允许，代收人可开箱验货，逐一核对食品的种类、规格及数量；

d）配送员与代收人完成食品、货款交接后，与代收人礼貌告别，如使用可循环包装，一并带回；

e）配送员电话/短信告知客户代收情况，提醒客户食品的温度暂存要求及食用周期等；

f）配送员完成订单配送操作，并报备异常配送情况。

5.2.2.3　自提柜代存

自提柜代存应按照下列流程进行：

a）配送员根据与客户约定好的时间，将冷链食品放于客户指定的自提柜；

b）存放完成后，配送员电话/短信告知客户代存情况，并提醒其及时取货；

c）客户验货无误并结清货款后，配送员完成订单配送操作，同时报备异常配送情况。

5.2.3　交接

5.2.3.1　订单配送完成后，配送员应及时将票证和货款与配送站管理员进行交接。

5.2.3.2　对于未配送成功的冷链食品，应根据食品的温度暂存要求及时采取相应措施。

5.2.4　返件处理

5.2.4.1　若客户当场拒收，配送员应立即联系商家，按照商家的要求妥善处理。

5.2.4.2　若客户更改派送时间，配送员应立即联系商家。经商家同意后，配送员可在冷链食品有效保温期内进行第二次配送；如果预计将超过有效保温期，应及时带回配送站暂存于冷链食品要求的温度环境下。

5.2.4.3　若客户要求退货，配送员应按照客户的退货订单，上门取货，现场核对食品的种类、规格、数量及质量等内容并联系商家，按照商家的要求妥善处理。

5.2.4.4　若退回的食品不存在质量问题，配送员应将其放置在配送站的退货区，并暂存于其要求的温度环境下，最终通过逆向冷链物流返回给商家；若退回的冷链食品存在质量问题，配送员应及时联系商家，按照商家的要求妥善处理。

5.3　撤回

5.3.1　应建立并实施产品撤回方案，确保存在或可能存在质量安全问题的冷链食品能够被相关方及时获知和恰当处理，降低危害扩散。

5.3.2　应协助相关方对存在或可能存在质量安全问题的食品实施召回。

5.4　追溯

应按照 GB/T 28843 的要求建立并实施追溯体系，确保能够识别冷链食品及交付记录的关系，对冷链食品末端配送的全流程进行评估，相关记录应保留两年以上。

（二）冷链包装、标志、运输和储存相关标准

《冷藏、冷冻食品物流包装、标志、运输和储存》（GB/T 24616—2019）国家标准于 2020 年 3 月 1 日正式实施。此项标准规定了冷藏、冷冻食品在

物流过程中的包装、标志、运输、储存和追溯要求，适用于冷藏、冷冻食品的物流作业与管理。该标准代替了《冷藏食品物流包装、标志、运输和储存》（GB/T 24616—2009）。正文内容如下所示。

1 **范围**

本标准规定了冷藏、冷冻食品在物流过程中的包装、标志、运输、储存和追溯要求。

本标准适用于冷藏、冷冻食品的物流作业与管理。

2 **规范性引用文件**

下列文件对于本文件的应用是必不可少的。凡是注日期的引用文件，仅注日期的版本适用于本文件。凡是不注日期的引用文件，其最新版本（包括所有的修改单）适用于本文件。

GB/T 191 包装储运图示标志

GB/T 6388 运输包装收发货标志

GB/T 28843—2012 食品冷链物流追溯管理要求

GB/T 30134—2013 冷库管理规范

GB/T 34344 农产品物流包装材料通用技术要求

GB 50072 冷库设计规范

3 **术语和定义**

下列术语和定义适用于本文件。

3.1

冷藏食品 chilled foods

在8℃以下、冻结点以上条件下储运及销售的食品。

3.2

冷冻食品 frozen foods

在小于或等于－18℃条件下储运及销售的食品。

3.3

物流包装 logistics package

在物流过程中，对销售包装食品进行的再次包装。

4 **物流包装**

4.1 应根据冷藏食品、冷冻食品的类型、形状、特性及周围环境的影响合理选择物流包装方案，确保冷藏食品、冷冻食品在物流过程中的质量和卫生安全。

4.2　物流包装材料应符合 GB/T 34344 的规定。

4.3　物流包装尺寸应与周转箱、托盘（优先推荐 1200mm × 1000mm 尺寸）、货架、叉车及冷藏车、冷藏集装箱、冷藏船（舱）、冷藏列车等设施设备相匹配。

4.4　包装不耐压的冷藏食品、冷冻食品时，应在物流包装内加支撑物或衬垫。包装易失水[①]的冷藏食品、冷冻食品时，应在物流包装内加具有吸附能力的衬垫。支撑物和衬垫应符合相关食品安全卫生要求。

5　物流包装标志

5.1　物流包装储运标志应符合 GB/T 191 的规定，包装上至少应注明冷藏食品、冷冻食品储运的温度条件。

5.2　物流包装收发货标志应符合 GB/T 6388 的规定。

6　运输

6.1　运输设备

6.1.1　运输冷藏食品、冷冻食品应使用具备温控能力的专用设备，专用设备应防冻、隔热保温性能良好。

6.1.2　应在运输设备醒目位置标示安全注意事项。

6.1.3　运输设备厢体应清洁、无毒、无害、无异味、无污染，内壁应平整光滑。

6.1.4　运输设备厢体内应配置具有异常报警功能的温度自动记录设备，对运输过程中厢体内的温度进行实时监测和记录。

6.1.5　运输设备厢门处宜加装隔温装置。

6.1.6　制冷系统、测温设备应定期检查、保养及校验，发现异常应立即停止使用并及时进行维修。

6.2　作业要求

6.2.1　装载

6.2.1.1　装载前应对运输设备厢体内壁进行清洁、视情况消毒，并对运输设备进行检查，确认制冷系统、除霜系统状态良好，温度监测设备工作正常。

---

① 冷藏、冷冻食品自身产生的水分、汁液、血水，以及在物流过程中产生的冷凝水。

6.2.1.2　运输设备厢体应在装载前进行预冷，厢体内温度达到冷藏食品、冷冻食品的装载要求时方可装载。装载作业区应有温度控制措施。

6.2.1.3　冷藏食品、冷冻食品的温度在装载前应检测及记录，如温度不合格应及时通知管理人员和货主，协商处理措施。

6.2.1.4　装载时应按照不同的目的地，依据“后卸先装”“重下轻上”“大不压小”的原则进行装载，不应倒置。

6.2.1.5　不应与有毒、有害、有异味、有腐蚀性、易污染的食品混装，不应与非食品货物混装。不同温度要求的冷藏食品、冷冻食品不应混装。

6.2.1.6　使用多温区运输设备拼装时，具有强烈气味、容易吸收异味或需单独存放的敏感冷藏食品、冷冻食品不应在同一温区混装。

6.2.1.7　冷藏食品、冷冻食品在运输设备厢体内的码放应紧密、稳固，必要时可使用支架、栅栏等装置进行固定。

6.2.1.8　冷藏食品、冷冻食品与运输设备厢体四壁应留有适当空间，码放高度不应超过制冷机组出风口下沿。低温敏感的冷藏食品、冷冻食品应远离出风口。

6.2.1.9　装载作业因故中断时，运输设备厢门应立即关闭并开启制冷系统。

6.2.2　在途温控

6.2.2.1　运输过程中不应擅自打开运输设备厢门及冷藏食品、冷冻食品的包装。

6.2.2.2　运输设备厢体内的温度应始终保持在冷藏食品、冷冻食品要求的范围内。

6.2.2.3　温度自动记录设备的记录间隔应≤5min，超出允许的波动范围应报警。

6.2.3　卸货

6.2.3.1　卸货区宜配备封闭式月台，并配有与运输车辆对接的密封装置。

6.2.3.2　冷藏食品、冷冻食品的温度在卸货前应检测及记录，如果检测到的温度不合格，应及时通知管理人员和货主，协商处理措施。

6.2.3.3　卸货时应轻搬、轻放，不应野蛮作业及任意摔掷，不应直接接触地面。

6.2.3.4　卸货期间，冷藏食品、冷冻食品中心温度波动幅度不应超过其规定温度的 ±3℃。

6.2.3.5　卸货作业因故中断时，运输设备厢门应立即关闭并开启制冷系统。

6.2.3.6　完成作业后，应及时对运输设备厢体进行清洗、通风、视情况消毒，并在晾干后关闭厢门。

6.2.4　交货

6.2.4.1　应保留运输过程中厢体内温度及冷藏食品、冷冻食品的检测温度、检测时间、装卸货时间记录，相关记录应保存两年以上。

6.2.4.2　冷藏食品、冷冻食品在交接时的温度测量应符合 GB/T 28843—2012 中 5.4.5 的规定。

6.2.4.3　交货作业应按照下列流程进行：

a）及时通知收货方到货时间；

b）核对收货方信息，主动向其提供物流全程温度记录；

c）双方按照合同规定的时间、地点、数量、质量要求进行交货，并做好可追溯的温度历史记录；

d）双方按照合同或提货单规定核对交货数量、温度等，无误后确认；

e）交接有异议时，双方应在保证冷藏食品、冷冻食品质量安全的条件下，按照合同规定及时处理。

7　储存

7.1　冷库设施

7.1.1　冷库设计应符合 GB 50072 的规定。

7.1.2　冷库管理应符合 GB/T 30134—2013 的规定。

7.1.3　冷库内应配置具有异常报警功能的温湿度监测装置。温湿度监测装置应位于不易受冷凝、异常气流、辐射、振动和可能冲击的地方，并定期校检。

7.2　作业要求

7.2.1　入库

7.2.1.1　入库前，冷库和作业工具、作业环境应满足食品安全卫生要求。

7.2.1.2　入库检验时，除查验冷藏食品、冷冻食品的外观、数量外，还应查验冷藏食品、冷冻食品的中心温度，如不符合要求应拒收。

7.2.2　在库维护

7.2.2.1　应按照冷藏食品、冷冻食品的种类、规格、进货日期等分库或分库位码放。具有强烈挥发性气味和异味、温湿度要求差异大、需经特殊处理、容易交叉污染的冷藏食品、冷冻食品不应混放。

7.2.2.2　冷藏食品、冷冻食品堆码应符合 GB/T 30134—2013 中 6.8 的规定，冷藏食品、冷冻食品不应直接接触地面。堆码地点不宜置于库门附近或人员出入频繁的区域。

7.2.2.3　冷藏食品、冷冻食品入库后应及时进入库位，并进行存量记录，内容包括但不限于：入库时间、入库温度、储存期间温度变化、库内的温湿度、批号、数量、生产日期、保质期、货位标签和平面货位图，记录应保留至相关冷藏食品、冷冻食品保质期后的半年。

7.2.2.4　库内温度和相对湿度应满足冷藏食品、冷冻食品的储存要求并保持稳定，温度波动幅度不应超过 2℃。在食品进出库时，库内温度波动幅度不应超过 ±3℃。

7.2.2.5　储存期间，应定期检测库内的温度和相对湿度。库内温湿度监测装置的记录间隔应≤30min，超出允许的波动范围应报警。

7.2.2.6　应根据不同冷藏食品、冷冻食品的需要，适当对冷库进行通风换气。

7.2.2.7　应定期对冷藏食品、冷冻食品进行盘点，核对明细、查验质量，发现异常食品应单独存放并做好标示，并立即通知管理人员和货主。

7.2.3　出库

7.2.3.1　冷藏食品、冷冻食品应按照先进先出的原则出库。

7.2.3.2　出库作业应在冷藏食品、冷冻食品要求的温度环境下进行。

7.2.3.3　出库作业应按照下列流程进行：

a）检查冷藏食品、冷冻食品的温度与合同规定是否一致；

b）核对各项凭证，包括可追溯的温度历史记录凭证；

c）备妥冷藏食品、冷冻食品准备出库；

d）交付冷藏食品、冷冻食品，核对交货数量、温度等，并确认；

e）出库后，及时更新台账，并保存相关信息备查。

8　追溯

应按照 GB/T 28843—2012 的要求建立追溯体系、采集温度信息、管理追溯信息，并在必要时实施追溯。

（三）电商冷链配送相关标准

2020 年 12 月，国家市场监督管理总局、国家标准化管理委员会发布 2020 年第 28 号国家标准公告，包括 323 项推荐性国家标准和 4 项国家标准修改单。其中，包括国家标准《电子商务冷链物流配送服务管理规范》（GB/T 39664—2020），该标准由全国物流标准化技术委员会（SAC/TC 269）归口上报及执行，主管部门为国家标准化管理委员会，将于 2021 年 7 月 1 日实施。该标准为首个电商冷链配送领域的国家标准，正文内容如下所示。

1　**范围**

本标准规定了电子商务冷链物流配送的基本要求、管理要求、作业流程及要求和内审及改进。

本标准适用于电子商务冷链物流配送服务提供方对配送作业服务的管理，本标准不适用于医药冷链物流配送。

2　**规范性引用文件**

下列文件对于本文件的应用是必不可少的。凡是注日期的引用文件，仅注日期的版本适用于本文件。凡是不注日期的引用文件，其最新版本（包括所有的修改单）适用于本文件。

GB/T 18354　物流术语

GB/T 28843　食品冷链物流追溯管理要求

GB 29753—2013　道路运输 食品与生物制品冷藏车 安全要求及试验方法

GB/T 34344　农产品物流包装材料通用技术要求

GB/T 36088—2018 冷链物流信息管理要求

GB 50072　冷库设计规范

3　**术语和定义**

GB/T 18354 界定的以及下列术语和定义适用于本文件。

3. 1

冷链配送 cold chain distribution

从配送站递送到消费者且全程处于配送商品所要求的温度下的物流活动。

3. 2

配送站　distribution station

冷链配送服务提供方设立的集收货、暂存、发送到收货人及特殊作业等功能为一体的货物集散场所。

3.3

冷链物流配送服务提供方 cold chain distribution service provider

提供冷链配送服务的组织及相关个体。

4　基本要求

4.1　应建立相应的电子商务冷链物流配送管理制度和作业指导手册。

4.2　应建立电子商务冷链物流配送作业的应急处理预案，如设备故障、交通事故、停电等。

4.3　应遵循安全、准确、及时、方便的原则，为电商平台、商家、消费者提供高效满意的服务。

4.4　应遵循信息安全原则，采用先进的信息化手段，确保信息系统与数据安全。

4.5　货物应始终处于所要求的温湿度环境下。

4.6　应建立完善的售后服务机制，若由于自身问题造成配送货物无法达到电商平台、商家、消费者的要求标准，提供合法合理的售后服务。

4.7　应树立高效、绿色、可回收的环保理念，宜采用绿色包装等绿色物流技术，提高资源利用率。

4.8　不得配送违反国家法律法规有关规定的货物。

5　管理要求

5.1　信息管理

5.1.1　信息管理平台

5.1.1.1　应建立信息管理等制度。

5.1.1.2　电子商务冷链物流配送服务提供方应按照 GB/T 36088—2018 的要求建立冷链配送信息管理平台，平台应具备订单跟踪、温度监测、信息查询、客户反馈、异常提示等功能，并为电子商务平台和上下游企业提供必要的信息接口与数据。

5.1.1.3　利用信息平台对单据、库存、运输、配送等进行全面管理，及时记录配送路线、货物状态、统计数据、签收确认等信息。

5.1.2　追溯管理

5.1.2.1　应建立追溯管理等制度

5.1.2.2　电子商务冷链物流配送服务提供方应及时向电子商务平台反馈、共享追溯信息。

5.1.2.3　应按照GB/T 28843的要求建立并实施追溯体系，以确保能够识别冷链货物及交付记录的关系，对货物配送的全流程进行评估。

5.1.2.4　电子商务冷链物流配送服务提供方应定期对追溯管理过程中的交付、配送等数据和全流程评估结果进行分析，并进行流程优化以提高配送服务质量和效率。

5.1.3　信息记录管理

5.1.3.1　应建立信息记录管理等制度。

5.1.3.2　电子商务冷链物流配送服务提供方在货物配送过程中应保障客户信息安全，不得将涉及消费者的数据泄露给第三方。

5.1.3.3　纸质信息记录应及时归档，电子信息记录应及时备份。记录和凭证保存期限不得少于产品保质期满后六个月，没有明确保质期的，保存期限不得少于二年。

5.2　设施设备

5.2.1　应建立设施设备管理等制度

5.2.2　应具有满足收货、暂存、分发、配送及特殊作业的冷链物流配送作业要求的设施设备。

5.2.3　冷库设计应符合GB 50072的相关规定。冷库应配备自动检测、自动控制、自动记录及报警装置。冷库性能检验项目可参考资料性附录A。

5.2.4　配送站应配置冷链货物温度控制设备和温度记录设备。

5.2.5　自提柜应具有适合冷链产品存放的冷冻、冷藏和常温功能，并有相应的联网功能，能够实时监测温度，且能够实现不同功能、不同温度的快速转换。

5.2.6　冷藏车应符合GB 29753—2013中第5章的规定。

5.2.7　冷藏车、保温箱等配送设备应清洁、无毒、无害、无异味、无污染，宜一周清洁一次；若临时运送非冷藏类货物或散装货物时，应在非冷藏货物和下一次装载冷藏货物之间清洗一次。

5.2.8　配送设备厢（箱）体内壁应平整光滑，厢（箱）体内应配置具有异常报警功能的温度自动记录设备。

5.2.9　制冷系统、测温设备、温度异常报警装置应定期检查、保养及校验，发现异常应立即停止使用，并及时进行维修。

5.2.10　应每月至少对作业流程和温度监控进行一次测试，测试结果应保留一年以上。

5.3　人员要求

5.3.1　应建立工作人员管理等制度。

5.3.2　从事电子商务冷链物流配送服务的人员包括配送员和配送站管理员。

5.3.3　配送站管理员应严格按照管理手册的内容对站内人员、物料、设施设备开展日常检查，并确保人员、设备等各类资源满足当日预期的最大数量，若所需资源不足或并未正确发挥作用，应及时采取补救措施。

5.3.4　配送员应着装规范并具备良好的服务意识，上岗前应经过专业培训，达到相应的岗位技能要求后方可上岗。

5.3.5　从事接触无商品包装冷链货物的作业人员应持有有效健康证明。

5.4　包装及温控材料

5.4.1　应根据冷链货物的类型、形状、特性及周边环境的影响合理选择包装方案并具有合理选择包装方案的能力，确保在冷链物流配送服务过程中冷链货物及其周围环境的安全卫生。

5.4.2　包装材料应符合 GB/T 34344 的规定。

5.4.3　包装上应标明的信息包括但不限于冷链货物的名称、净重、数量、保存条件和有效期。

5.4.4　包装应对冷链货物具有保护性，在确保冷链货物温度要求的同时避免其在装卸、暂存和配送过程中受到损伤。

5.4.5　宜适用可循环利用的包装箱，温控材料应无毒、无害、无污染，符合货物安全规定且具有良好温度稳定性。

5.4.6　货物包装单元的大小和形状应符合高效存储、高效作业和高效运输的需求。

6　作业流程及要求

6.1　配送站暂存

6.1.1　收货

6.1.1.1　运输设备到达配送站后，应检查封签完好情况，按照不同温区顺序迅速卸货，并核查是否受挤压损伤和污染串味情况。

6.1.1.2　配送站管理员在与司机完成交接货后，应及时将相关记录上传至信息系统。

6.1.1.3　使用数据采集器等相关设备进行扫描清点，并在信息系统中进行订单核对，及时反馈缺货、多货情况。

6.1.2　垛码

6.1.2.1　应按照冷链货物的种类码放整齐，大不压小、重不压轻、货不沾地、高度适宜、温区分隔，并及时将冷藏、冷冻以及需要恒温储存的货物放置在配送站的制冷设备中，以维持其所需的温度。

6.1.2.2　待发货区/发货区应保持环境清洁、通风良好。

6.2　配送员递送

6.2.1　配送前

6.2.1.1　应按照订单属性、客户地址等要素进行拣选、装车，并选择合理的配送路线。冰鲜、肉蛋、活鲜、易腐及热带水果等特殊订单应优先配送。

6.2.1.2　配送员宜提前联系客户，确认收货人、收货地址及收货时间，避免空驶。

6.2.1.3　配送员在联系客户时，应使用礼貌用语。

6.2.2　交付

6.2.2.1　本人签收

本人签收应按照下列流程进行：

a）配送员根据与客户约定好的时间，送货上门；

b）配送员礼貌提醒客户开箱验货，并和客户逐一核对冷链货物的种类、规格及数量，告知客户货物的温度暂存要求及产品周期等；

c）双方核实无误后完成货物、货款交接，配送员与客户礼貌告别，如使用可循环包装，一并带回；

d）配送员完成订单配送操作，并报备异常配送情况。

6.2.2.2　委托代收

委托代收应按照下列流程进行：

a）配送员根据与客户约定好的时间，送货上门；

b）配送员核实代收人信息与客户提供的是否一致，确认无误后，将冷链货物交与代收人，并告知货物的温度暂存要求及产品周期等；

c）如客户允许，代收人可开箱验货，逐一核对货物的种类、规格及数量；

d）配送员与代收人完成货物、货款交接后，与代收人礼貌告别，如使用可循环包装，一并带回；

e）配送员电话/短信告知客户代收情况，提醒客户货物的温度暂存要求及产品周期等；

f）配送员完成订单配送操作，并报备异常配送情况。

6.2.2.3　自提柜代存

自提柜代存应按照下列流程进行：

a）配送员应事先征求客户意见同意后，根据与客户约定好的时间，将冷链货物放于客户指定的自提柜，自提柜应具备温度控制功能，满足商品暂存需求；

b）存放完成后，配送员电话、短信、平台 App 客户端、微信客户端等告知客户代存情况，并提醒其及时取货；

c）客户验货无误并结清货款后，配送员完成订单配送操作，同时报备异常配送情况。

6.2.2.4　驿站代存

驿站代存应按照下列流程进行：

a）配送员应事先征求客户意见同意后，将商品放于客户指定的驿站代存点，驿站代存点应具备商品所需温度的设备，满足商品暂存环境；

b）存放完成后，配送员电话、短信、驿站代存点的平台 App 客户端等告知客户代存情况，并提醒其及时取货；

c）客户验货无误并结清货款后，配送员完成订单配送操作，同时报备异常配送情况。

6.2.3　交接

6.2.3.1　订单配送完成后，配送员应及时将票证和货款与配送站管理员进行交接。

6.2.3.2　对于未配送成功的冷链货物，应根据货物的温度暂存要求及时采取相应措施。

6.2.4　返件处理

6.2.4.1　若客户当场拒收，配送员应立即联系商家，按照商家的要求妥善处理。

6.2.4.2　若客户更改派送时间，配送员应立即联系商家。经商家同意后，配送员可在冷链货物有效保温期内进行第二次配送；如果预计将超过有效保温期，应及时带回配送站暂存于冷链货物要求的温度环境下。

6.2.4.3　若客户要求退货，配送员应按照客户的退货订单，上门取货，现场核对货物的种类、规格、数量及质量等内容并联系商家，按照商家的要求妥善处理。

6.2.4.4　若退回的货物不存在质量问题，配送员应将其放置在配送站的退货区，并暂存于其要求的温度环境下，最终通过逆向冷链物流返回给商家；若退回的冷链货物存在质量问题，配送员应及时联系商家，按照商家的要求妥善处理。

6.2.4.5　对应通过自提柜投递的商品需要退货的，可通过联系电商平台客户人员给与相应的开柜码，客户将所退商品放入指定自提柜内实现退货。退货商品由后续配送员取回。

6.3　商品撤回

6.3.1　应建立并实施产品撤回方案，以确保存在或可能存在质量安全问题的冷链货物能够被相关方及时获知和恰当处理，降低危害扩散。

6.3.2　应协助相关方对存在或可能存在质量安全问题的货物实施召回。

7　内审及改进

7.1　内审

电子商务冷链物流配送服务提供方应建立评审程序及方案，定期对所执行的作业规范体系进行评审，评审内容应包括：

a）冷链物流配送服务作业规范体系是否符合本标准要求；

b）配送作业程序、过程控制、相关记录可追溯性的适宜性；

c）配送作业规范体系实施的正确性；

d）针对评审结果，配送作业规范体系的持续改进情况。

7.2　改进

7.2.1　应建立持续改进的措施及方案。

7.2.2　应根据评审结果对不符合企业作业规范要求的和作业规范自身存在的缺陷进行改进，以确保作业规范的持续性、充分性和有效性，并将改进结果形成文档。

附 录 A
（资料性附录）
冷库性能检验项目

A.1 冷库性能检验项目

冷库性能检验项目参见表A.1。

表A.1 冷库性能检验项目

序号	项目分类	检验项目
1	库内温度	库内温度采集设备
2		库内温度记录设备
3		温度预警设施
4		库内工作温度
5		库内平均温差
6		库内平均温度波动值
7	库内湿度	湿度采集设备
8		湿度记录设备
9		湿度预警设备
10		库内空气相对湿度
11	冷库围护结构	单位面积热流量
12		阻燃性能
13	冷库门	密封性能
14		保温性能
15		耐撞击性能
16		启闭力
17		无进出货物时，库门关闭情况
18	库内性能指标	货物码放时距顶棚距离/m
19		货物码放时距顶排管下侧距离/m
20		货物码放时距顶排管横侧距离/m
21		货物码放时距无排管的墙距离/m
22		货物码放时距墙排管外侧距离/m
23		货物码放时距冷风机距离/m
24		货物码放时距风道底面距离/m
25		库内风速（冷风机停机或排管库）
26		排管库的排管除霜情况
27	压缩机组	铭牌信息
28		蒸发温度与库内温度的差值

续　表

序号	项目分类	检验项目
29	冷风机	铭牌信息
30		产冷量
31		射程
32		电融霜
33	冷凝器	铭牌信息
34		冷凝温度/℃
35	连接管路	管路保温
36		制冷剂泄漏
37	地坪防冻设施	防冻设施
38	库内照明	照明设备
39		照度
40	冷库整体性能指标	铭牌信息
41		冷库能耗

第四节　星级冷链物流企业评估标准及名单

一、星级冷链物流企业评估标准

星级冷链物流企业是依据《物流企业冷链服务要求与能力评估指标》（GB/T 31086—2014），对冷链物流企业的服务水平进行审定，对规范冷链物流行业发展具有重要作用。

该标准正文内容如下所示。

1　范围

本标准规定了物流企业从事农产品、食品冷链服务所应满足的基本要求，以及物流企业冷链服务类型、能力级别划分及评估指标。

本标准适用于物流企业的农产品、食品冷链服务及管理。

2　规范性引用文件

下列文件对于本文件的应用是必不可少的。凡是注日期的引用文件，仅注日期的版本适用于本文件。凡是不注日期的引用文件，其最新版本（包括所有的修改单）适用于本文件。

GB/T 18354—2006　物流术语

GB/T 19680—2013　物流企业分类与评估指标

GB/T 24616　冷藏食品物流包装、标志、运输和储存

GB/T 24617　冷冻食品物流包装、标志、运输和储存

GB 50072　冷库设计规范

QC/T 449　保温车、冷藏车技术条件及试验方法

3　术语和定义

GB/T 18354—2006 界定的以及下列术语和定义适用于本文件。

3.1

冷链 cold chain

根据物品特性，为保持其品质而采用的从生产到消费的过程中始终处于低温状态的物流网络。

[GB/T 18354—2006，定义 5.21]

3.2

冷库 cold store

在人工制冷条件下，贮藏货物及为其配套的建（构）筑物。

注：包括库房、制冷机房、变配电室等。

[GB 28009—2011，定义 3.1]

3.3

气调冷藏库 CA. cold store

在人工制冷条件下，贮藏货物及为其配套的建（构）筑物。

[SBJ 16—2009，术语 2.0.1]

4　基本要求

4.1　组织

冷链物流服务应满足 GB/T 19680—2013 表 1、表 2、表 3 中所界定的 A 级物流企业的要求。

4.2　设施设备

4.2.1　冷库设计和建设应按 GB 50072 执行。农产品、食品冷库应具有完备的检验检疫手续。

4.2.2　作业时，冷库门完全开启时间大于 5s 的，应设置冷风幕和耐低温透明门帘。

4.2.3　冷藏（冻）车（厢、箱）应符合 QC/T 449 中相关要求。

4.2.4　冷链服务车（厢、箱），应装冷链运输温度监控设备。

4.2.5　冷链各环节所配备的温度测量、记录仪器、运输监控设备应按规定定期检查和校正。

4.3　信息化

4.3.1　应有仓库管理系统或运输管理系统，管理系统应具有与温控相关的功能。

4.3.2　冷库、冷藏（冻）车（厢、箱）内应有必要的、经过计量部门计量检验合格的温度数据采集终端。采集终端应能保证冷链物品在各个环节应有准确、实时的温度数据记录。

4.3.3　服务每个环节应有记录。交接记录应包括但不局限于时间、地点、物品名称、规格、数量、温度数据、发货收货单位等信息。交接记录应能满足物品的温度数据的追溯和查询。温度数据记录应保存不低于6个月，且保存完整。

4.3.4　应具备对库区主通道、货物交接区的监控能力，规定时期内影像资料应保存完善可查询。

4.4　人员

4.4.1　业务管理人员结构应满足GB/T 19680—2013中人员素质要求。

4.4.2　操作人员应经过上岗专业培训，执证上岗率应达到100%。

4.4.3　农产品、食品的搬运、装卸等作业人员应持有相关部门发放的健康证明。

4.5　流程管理

4.5.1　应有满足委托方服务需求的冷链服务操作规范。

4.5.2　应建立能源管理体系，有较完善的节能环保措施和制度，落实良好。

4.5.3　作业现场，冷库库容库貌应整洁，标识规范应清晰，堆码应整齐，始发冷藏（冻）车（厢、箱）辆应保持整洁卫生。

4.5.4　库内物品堆放墙距、柱距、管距、风口距、灯距、垛距应满足操作与温控的基本要求。

4.5.5　库位规划合理，通道应满足叉车等机具的作业需求。装卸、运输设备应外观整洁，设备操作规范，运行良好，器械摆放整齐。

4.5.6　仓储设施及设备、冷链运输设备、保温设备应具备全程温度管理能力。

4.5.7 应具有完善的冷链保障机制，对在途、在库物品应满足冷链通用流程关键点控制操作规范要求。

4.5.8 冷链物品包装、标志、运输和存储作业应符合 GB/T 24616 和 GB/T 24617 的相关规定。

4.5.9 责任人员应做好现场交接记录。

4.6 应急预案

4.6.1 对已出库每批次物品应具备召回及处理能力。

4.6.2 应具有针对在运输、仓储环节中，遭遇灾害（如水灾、火灾等）、突发事件（如设备故障等）时的应急制度和应急预案。

4.7 冷链物流辅助服务功能

可为委托方优化冷链业务流程，制定冷链物流综合解决方案，提供增值服务。

5 物流企业冷链服务类型、能力级别划分及评估指标

5.1 服务类型

冷链物流服务类型宜参照 GB/T 19680—2013 的第 5 章中对物流企业类型的分类。

5.2 级别划分

对具备冷链服务能力的物流企业，按照其服务能力高低，分为五星、四星、三星、二星、一星 5 个等级，五星级最高，依次降低。

5.3 评估指标

5.3.1 运输型冷链服务

运输型冷链服务要求与能力评估指标见表 1。

表 1　运输型冷链服务要求与能力评估指标

评估指标		级别				
项目	类别	五星	四星	三星	二星	一星
设施设备	1. 自有冷藏（冻）车数量*/辆（或总载重量*/t）	≥400（≥2000）	≥200（≥1000）	≥100（≥500）	≥50（≥250）	≥20（≥100）
	2. 租用冷藏（冻）车数量/辆（或总载重量/t）	≥150（≥750）	≥90（≥450）	≥60（≥300）	≥30（≥150）	≥10（≥50）
	3. 冷藏（冻）车厢（箱）*	干净整洁，符合 QC/T 449 中对冷藏（冻）车厢（箱）的要求				
	4. 数据采集终端*	冷藏（冻）车（厢、箱）内、外有必要的温度数据采集终端，并有定期检查校正记录				

续　表

评估指标			级别				
项目	类别		五星	四星	三星	二星	一星
信息化	5. 温度监测系统*		冷藏（冻）车（厢、箱）内测温点分布均匀，温度实时监测并记录		冷藏（冻）车（厢、箱）内测温点分布均匀，温度定时监测及记录		
	6. 温度数据*		自物品交与委托方之日起应保存不低于6个月的温度数据，且数据应保存完整，可查询				
	7. 运输管理系统（TMS）*		有运输管理系统及相关温控模块		—		
	8. 货物跟踪*		自有/租用车辆100%装有冷链运输跟踪设备				
管理与服务	9. 客户投诉率（或客户满意度）		≤0.05%（≥98%）	≤0.1%（≥95%）		≤0.5%（≥90%）	
	10. 管理制度*		有健全的物品交接制度、清洁卫生制度、冷链通用流程关键点控制操作规范制度，有效运行				
	11. 应急预案*		包括但不局限于：冷机故障预案，在途车辆故障预案				
	12. 冷链操作人员	人员结构*	60%以上具有中等以上学历或专业资格	50%以上具有中等以上学历或专业资格		30%以上具有中等以上学历或专业资格	
		培训	全员经过上岗专业培训，有培训计划及定期培训记录				
		健康要求	农产品、食品的装卸、搬运等作业人员应持有相关部门发放的健康证明				
		执证上岗率*	制冷工、叉车工、电工、驾驶员等应执证上岗，执证上岗率100%				
	13. 冷链物流辅助服务功能		可为委托方优化冷链业务流程，制定冷链物流综合解决方案，提供增值服务		—		

注：标注*的指标为企业必备指标，其他为参考指标。

5.3.2　仓储型冷链服务

仓储型冷链服务要求与能力评估指标见表2。

表 2　　仓储型冷链服务要求与能力评估指标

<table>
<tr><th colspan="3">评估指标</th><th colspan="5">级别</th></tr>
<tr><th>项目</th><th colspan="2">类别</th><th>五星</th><th>四星</th><th>三星</th><th>二星</th><th>一星</th></tr>
<tr><td rowspan="8">设施设备</td><td colspan="2" rowspan="2">1. 自有冷库标准及容积*/立方米</td><td colspan="5">冷库建设应按 GB 50072 执行</td></tr>
<tr><td>≥300000</td><td>≥120000</td><td>≥60000</td><td>≥30000</td><td>≥15000</td></tr>
<tr><td colspan="2">2. 租用冷库标准及容积/立方米</td><td>≥200000</td><td>≥80000</td><td>≥40000</td><td>≥20000</td><td>≥15000</td></tr>
<tr><td colspan="2">3. 冷库功能区*</td><td colspan="4">建有满足物品时空温度要求的功能区，包括但不限于低温穿堂或封闭月台、预冷间或复冻间</td><td>—</td></tr>
<tr><td colspan="2" rowspan="2">4. 冷库门气密性</td><td colspan="3">作业时冷库门完全开启时间大于 5s 的应设置冷风幕和耐低温透明门帘</td><td colspan="2">有必要的密封装置</td></tr>
<tr><td colspan="3">配备有与运输车辆对接的密封装置</td><td colspan="2">—</td></tr>
<tr><td colspan="2">5. 搬运装卸设备*/台</td><td>≥15</td><td colspan="2">≥8</td><td colspan="2">≥3</td></tr>
<tr><td colspan="2">6. 数据采集终端*</td><td colspan="5">冷库内、外有必要的温度数据采集终端，并有定期检查校正记录</td></tr>
<tr><td rowspan="4">信息化</td><td colspan="2">7. 温度监测系统*</td><td colspan="5">冷库内测温点分布均匀，温度实时监测并记录</td></tr>
<tr><td colspan="2">8. 温度数据*</td><td colspan="5">自物品交与委托方之日起应保存不低于 6 个月的温度数据，且数据应保存完整，可查询</td></tr>
<tr><td rowspan="2">9. 仓库管理系统（WMS）*</td><td>系统</td><td colspan="2">有仓库管理系统，冷链业务进销存实现信息化管理，对库内温度数据实时掌握</td><td colspan="3">库内有温度测量装置，温度记录完善</td></tr>
<tr><td>库区监控</td><td colspan="5">具备对库区主通道、货物交接区的监控能力，影像资料保存 6 个月</td></tr>
<tr><td rowspan="9">管理与服务</td><td colspan="2">10. 客户投诉率（或客户满意度）</td><td>≤0.05%（≥98%）</td><td colspan="2">≤0.1%（≥95%）</td><td colspan="2">≤0.5%（≥90%）</td></tr>
<tr><td colspan="2">11. 管理制度*</td><td colspan="5">有健全的物品交接制度、清洁卫生制度、冷链通用流程关键点控制操作规范制度，落实到位</td></tr>
<tr><td colspan="2">12. 节能制度</td><td colspan="5">有节能降耗措施及改进计划，有效运行</td></tr>
<tr><td colspan="2">13. 应急预案*</td><td colspan="5">包括但不局限于：水灾、火灾、虫害、鼠害预案，断电应急预案，冷机故障预案；凡是用氨制冷的企业，建立液氨突发泄漏的应急预案</td></tr>
<tr><td rowspan="4">14. 冷链操作人员</td><td>人员结构*</td><td>60% 以上具有中等以上学历或专业资格</td><td colspan="2">50% 以上具有中等以上学历或专业资格</td><td colspan="2">30% 以上具有中等以上学历或专业资格</td></tr>
<tr><td>培训</td><td colspan="5">全员经过上岗专业培训，有培训计划及定期培训记录</td></tr>
<tr><td>健康要求</td><td colspan="5">农产品、食品的装卸、搬运等作业人员应持有相关部门发放的健康证明</td></tr>
<tr><td>执证上岗率*</td><td colspan="5">制冷工、叉车工、电工、驾驶员等应执证上岗的，100% 执证上岗</td></tr>
<tr><td colspan="2">15. 冷链物流辅助服务功能</td><td colspan="3">可为委托方优化冷链业务流程，制定冷链物流综合解决方案，提供增值服务</td><td colspan="2">—</td></tr>
</table>

注 1：标注 * 的指标为企业必备指标，其他为参考指标。
注 2：冷库包括冷藏库、冷冻库和气调冷藏库等低温仓库。

5.3.3　综合型冷链服务

综合型冷链服务要求与能力评估指标见表3。

表3　综合型冷链服务要求与能力评估指标

<table>
<tr><th colspan="3">评估指标</th><th colspan="5">级别</th></tr>
<tr><th>项目</th><th colspan="2">类别</th><th>五星</th><th>四星</th><th>三星</th><th>二星</th><th>一星</th></tr>
<tr><td rowspan="9">设施设备</td><td colspan="2" rowspan="2">1. 自有/租用冷库标准及容积*/m^3</td><td colspan="5">冷库建设应按 GB 50072 执行</td></tr>
<tr><td>≥300000</td><td>≥150000</td><td>≥50000</td><td>≥20000</td><td>≥10000</td></tr>
<tr><td colspan="2">2. 自有/租用冷藏（冻）车数量*/台（或总载重量/t）*</td><td>≥400
（≥2000）</td><td>≥200
（≥1000）</td><td>≥80
（≥400）</td><td>≥50
（≥250）</td><td>≥20
（≥100）</td></tr>
<tr><td colspan="2">3. 冷库功能区*</td><td colspan="4">建有满足物品时空温度要求的功能区，包括但不限于低温穿堂或封闭月台、预冷间或复冻间</td><td>—</td></tr>
<tr><td rowspan="3">4. 气密性*</td><td>冷库门</td><td colspan="3">作业时冷库门完全开启时间大于5s的，应设置冷风幕和耐低温透明门帘</td><td colspan="2">—</td></tr>
<tr><td rowspan="2">冷藏（冻）车厢（箱）</td><td colspan="2">配备有与运输车辆对接的密封装置</td><td colspan="3">—</td></tr>
<tr><td colspan="5">干净整洁，符合 QC/T 449 中对冷藏（冻）车厢（箱）的要求</td></tr>
<tr><td colspan="2">5. 装卸搬运设备/台*</td><td>≥12</td><td colspan="2">≥6</td><td colspan="2">≥2</td></tr>
<tr><td colspan="2">6. 数据采集终端*</td><td colspan="5">冷库、冷藏（冻）车（厢、箱）内外有必要的温度数据采集终端，并有定期检查校正记录</td></tr>
<tr><td rowspan="6">信息化</td><td colspan="2">7. 温度监测系统*</td><td colspan="3">冷库、冷藏（冻）车（厢、箱）内测温点分布均匀，温度实时监测并记录</td><td colspan="2">冷库、冷藏（冻）车（厢、箱）内测温点分布均匀，冷库内温度实时监测并记录，冷藏（冻）车（厢、箱）内温度定时监测、记录</td></tr>
<tr><td colspan="2">8. 温度数据*</td><td colspan="5">自物品交与委托方之日起应保存不低于6个月的温度数据，且数据应保存完整，可查询</td></tr>
<tr><td rowspan="2">9. 仓库管理系统（WMS）*</td><td>系统</td><td colspan="3">冷链业务进销存实现信息化管理，对库内温度数据实时掌握</td><td colspan="2">库内有温度测量装置，温度记录完善</td></tr>
<tr><td>库区监控</td><td colspan="5">具备对库区主通道、货物交接区的监控能力，影像资料保存6个月</td></tr>
<tr><td rowspan="2">10. 运输管理系统（TMS）*</td><td rowspan="2">货物跟踪</td><td colspan="2">有运输管理系统</td><td colspan="3">—</td></tr>
<tr><td colspan="5">自有涉冷车辆100%以上装有冷链运输跟踪设备</td></tr>
</table>

续 表

<table>
<tr><th colspan="3">评估指标</th><th colspan="5">级别</th></tr>
<tr><th>项目</th><th colspan="2">类别</th><th>五星</th><th>四星</th><th>三星</th><th>二星</th><th>一星</th></tr>
<tr><td rowspan="10">管理与服务</td><td colspan="2">11. 客户投诉率（或客户满意度）</td><td>≤0.05%
≥98%）</td><td colspan="2">≤0.1%
（≥95%）</td><td colspan="2">≤0.5%
（≥90%）</td></tr>
<tr><td colspan="2">12. 节能制度</td><td colspan="5">有节能降耗措施及改进计划，有效运行</td></tr>
<tr><td colspan="2">13. 管理制度*</td><td colspan="5">有健全的物品交接制度、清洁卫生制度、冷链通用流程关键点控制操作规范制度，有效运行</td></tr>
<tr><td colspan="2">14. 应急预案*</td><td colspan="5">包括但不局限于：水灾、火灾、虫害、鼠害预案，断电应急预案，冷机故障预案，在途车辆故障预案；凡是用氨制冷的企业，建立液氨突发泄漏的应急预案</td></tr>
<tr><td rowspan="4">15. 冷链操作人员</td><td>人员结构*</td><td>60%以上具有中等以上学历或专业资格</td><td colspan="2">50%以上具有中等以上学历或专业资格</td><td colspan="2">40%以上具有中等以上学历或专业资格</td></tr>
<tr><td>培训</td><td colspan="5">全员经过上岗专业培训，有培训计划及定期培训记录</td></tr>
<tr><td>健康要求</td><td colspan="5">农产品、食品的装卸、搬运等作业人员应持有相关部门发放的健康证明</td></tr>
<tr><td>执证上岗率*</td><td colspan="5">制冷工、叉车工、电工、驾驶员等应执证上岗，执证上岗率为100%</td></tr>
<tr><td colspan="2">16. 冷链物流辅助服务功能*</td><td colspan="3">可为委托方优化冷链业务流程，制定冷链物流综合解决方案，提供增值服务</td><td colspan="2">—</td></tr>
<tr><td colspan="7">注1：标注*的指标为企业必备指标，其他为参考指标。
注2：冷库包括冷藏库、冷冻库和气调冷藏库等低温仓库。</td></tr>
</table>

二、星级企业扶持政策

表8-5　　部分省市关于“星级冷链物流企业”扶持政策

序号	地区	文件名	文件号	文件内容
1	赣州市	《赣州市本级物流发展专项资金管理暂行办法》	赣市财建字〔2016〕38号	获得中国物流与采购联合会认定为国家1A（星）、2A（星）、3A（星）、4A（星）、5A（星）级的市本级物流企业，在评选当年分别给予5万元、10万元、20万元、30万元、40万元奖励。以上奖励以最高奖励档次计算，不累加。从低级别奖励档次提升至高级别奖励档次的，只追补奖励档次差

续　表

序号	地区	文件名	文件号	文件内容
2	泉州市	《泉州市人民政府办公室关于促进冷链物流加快发展的实施意见》	泉政办〔2017〕1号	积极鼓励冷链物流企业纳入上市后备企业，积极参评星级企业。对新建低温物流园区、集中区和中转基地，市商务局按不高于投资额20%、最高500万元并按进度予以补助；对在园区内建设冷库的，由市商务局按不高于投资额20%、最高不超过150万元予以补助
3	山东省	《山东省人民政府办公厅关于促进内贸流通供给侧结构性改革的意见》	鲁政办字〔2017〕108号	支持企业开展“星级”冷链物流企业创建，鼓励国内外大型冷链物流企业布局山东。2019年年底前，对注册地在山东的新获三星以上星级认定的冷链物流企业，有条件的地方可分档给予奖励，培育壮大一批冷链物流主体
4	大连市	《大连市港口与口岸局　大连市财政局关于印发〈大连市物流业发展专项资金暂行管理办法〉的通知》	大港口发〔2017〕159号	根据相关国家标准评定的3A级以上物流企业，3A、4A、5A级的物流企业分别给予10万元、20万元、30万元奖励。星级冷链物流企业专项资金等同A级物流企业
5	济南市	《济南市人民政府关于调整补充济南市加快物流业发展若干政策的通知》	济政字〔2017〕68号	新评为国家三星、四星、五星级的冷链物流企业，分别给予10万元、50万元和100万元一次性补助
6	焦作市	《焦作市人民政府办公室关于印发焦作市物流业转型发展三个工作方案的通知》	焦政办〔2017〕153号	积极引导冷链物流企业参加国家冷链物流企业星级评估、A级物流企业综合评估、物流企业信用评价等项工作
7	云南省	《云南省人民政府办公厅关于印发〈云南省加快推进现代物流产业发展10条措施〉的通知》	云政办发〔2018〕10号	鼓励大型制造企业、商贸企业整体剥离物流业务，面向社会提供公共物流服务。支持我省大型物流企业申评国家5A级物流企业及五星级冷链物流企业资质

续　表

序号	地区	文件名	文件号	文件内容
8	胶州市	《胶州市人民政府关于加快现代物流产业发展的意见》	胶政发〔2018〕66号	按照国家《冷链物流企业星级评估办法》，被评为国家三星、四星、五星级且纳入规模以上服务业统计的冷链物流企业，分别奖励20万元、30万元、50万元。由三星升四星、四星升五星的，补差计奖
9	福州市	《关于组织申报福州市2018年现代物流业发展专项资金项目的通知》	榕商务物流〔2018〕45号	对被评为国家4A、5A级的物流企业，分别给予30万元、50万元一次性奖励；对被评为四星、五星级的冷链物流企业，分别给予30万元、50万元一次性奖励，对升级企业给予补差奖励
10	广州市	《广州市商务委员会关于印发促进食品冷链物流发展若干措施的函》	穗商务函〔2019〕57号	按照有关标准，通过鼓励、引导和扶持等手段，推动企业开展质量认证、信用等级评定和国家A级物流企业、星级冷链物流企业评估
11	龙岩市	《龙岩市人民政府关于加快现代服务业发展十五条政策措施（修订）的通知》	龙政综〔2019〕21号	首次获评国家“三星”“四星”“五星”级冷链物流企业，分别给予10万元、20万元、30万元奖励，等级提升企业给予补差奖励
12	合肥市	《合肥市人民政府办公室关于印发2020年合肥市培育新动能促进产业转型升级推动经济高质量发展若干政策实施细则的通知》	合政办〔2020〕6号	对新晋升国家5A和4A级的物流企业，分别给予100万元、50万元一次性奖补。对首次评为国家五星、四星级的冷链物流企业，分别给予100万元、50万元一次性奖补
13	湖南省	《湖南省人民政府办公厅印发〈关于促进冷链物流业高质量发展的若干政策措施〉的通知》	湘政办发〔2020〕13号	对注册地在湖南且首次获评或复核通过的国家五星级冷链物流企业，以及全国冷链物流业100强企业，由省财政给予一次性奖励50万元。对注册地在湖南且首次获评或复核通过的国家三星、四星级冷链物流企业，各地可分档给予奖励

续　表

序号	地区	文件名	文件号	文件内容
14	漯河市	《漯河市人民政府关于印发漯河市扶持和促进冷链物流业高质量发展若干政策措施的通知》	漯政〔2021〕3号	对在我市设立独立法人且在我市连续3年以上申报纳税的冷链物流企业，被评定为国家3A、4A、5A级冷链物流企业或"三星""四星""五星"级冷链物流企业的，分别给予20万元、30万元、50万元一次性奖励，等级提升企业给予补差奖励；被评为全国冷链物流业100强企业的，给予10万元一次性奖励

资料来源：中物联冷链委整理。

三、星级冷链物流企业名单

表8-6　　星级冷链物流企业名单

序号	企业名称	级别
1	沈阳唯晟通医疗冷链运输有限公司	一星综合型
2	苏州工业园区航港物流有限公司	二星仓储型
3	抚松县成达仓储物流有限公司	二星仓储型
4	成都市锦江区顺发拓展运业有限公司	二星运输型
5	中盛统一粮油工业（厦门）有限公司	二星综合型
6	荣成广润水产食品有限公司	三星仓储型
7	德州飞马冷链物流有限公司	三星仓储型
8	赣州利友食品有限公司	三星仓储型
9	青岛冠宇生态农业有限公司	三星仓储型
10	宜昌三峡物流园有限公司	三星仓储型
11	河北宝信物流有限公司	三星仓储型
12	山东先锋物流有限公司	三星运输型
13	新余市东华龙货运有限公司	三星运输型
14	大连鲜悦达冷链物流有限公司	三星运输型
15	武汉汉欧国际物流有限公司	三星运输型
16	当阳市万里运输有限责任公司	三星运输型
17	哈尔滨市鹏瑞货物运输有限公司	三星运输型
18	大连港毅都冷链有限公司	三星综合型
19	资兴市达达农产品冷链物流有限公司	三星综合型
20	北京澳德物流有限公司	三星综合型

续　表

序号	企业名称	级别
21	沈阳鑫运物流有限公司	三星综合型
22	福建栢合冷链仓储管理有限公司	三星综合型
23	厦门正旸物流有限公司	三星综合型
24	湖北三峡银岭冷链物流股份有限公司	三星综合型
25	山东海洋爱通物流有限公司	三星综合型
26	太原万鑫物流有限公司	三星综合型
27	山东大鹏物流有限公司	三星综合型
28	瑞康医药（山东）有限公司	三星综合型
29	北京京粮物流有限公司	三星综合型
30	江苏汇鸿冷链物流有限公司	三星综合型
31	安徽谷之润食品有限公司	三星综合型
32	九江市新雪域置业有限公司	四星仓储型
33	厦门万翔物流管理有限公司	四星仓储型
34	青岛福兴祥物流有限公司	四星仓储型
35	郴州市义捷现代物流有限公司	四星仓储型
36	荣成市鑫汇水产有限公司	四星仓储型
37	山东喜地实业有限公司	四星仓储型
38	国营南昌肉类联合加工厂	四星仓储型
39	山东家家悦物流有限公司	四星仓储型
40	赤山集团有限公司	四星仓储型
41	舟山陆港物流有限公司	四星仓储型
42	山东美佳集团有限公司	四星仓储型
43	山东荣信水产食品集团股份有限公司	四星仓储型
44	山东海派冷链有限公司	四星仓储型
45	成都银犁冷藏物流股份有限公司	四星仓储型
46	佛山市鼎昊冷链物流有限公司	四星仓储型
47	合肥周谷堆大兴农产品国际物流园有限责任公司	四星仓储型
48	松原市瑞禾仓储物流服务有限公司	四星仓储型
49	云南众而沃实业有限责任公司	四星仓储型
50	福建省羊程冷链物流有限公司	四星运输型
51	福建信运冷藏物流有限公司	四星运输型
52	福建浩嘉冷链物流股份有限公司	四星运输型
53	黑龙江昊锐物流有限公司	四星运输型
54	南宁震洋物流有限公司	四星运输型
55	北京博华物流有限公司	四星运输型
56	辉源（上海）供应链管理有限公司	四星综合型

续　表

序号	企业名称	级别
57	山东东方海洋科技股份有限公司	四星综合型
58	上海中外运冷链运输有限公司	四星综合型
59	郴州凯程医药有限公司	四星综合型
60	成都鲜生活冷链物流有限公司	四星综合型
61	北京二商东方食品集团有限公司	四星综合型
62	大连天宝绿色食品股份有限公司	四星综合型
63	大连铁越集团有限公司	四星综合型
64	山东大舜医药物流有限公司	四星综合型
65	济南瑞丰物流有限公司	四星综合型
66	上海世权物流有限公司	四星综合型
67	河南大象物流有限公司	四星综合型
68	山东汇宝医药物流有限公司	四星综合型
69	上海恒孚物流有限公司	四星综合型
70	国药控股湖南有限公司	四星综合型
71	云南营家优鲜供应链有限公司	四星综合型
72	武汉中百物流配送有限公司	四星综合型
73	广西南宁华晨物流有限公司	四星综合型
74	大连獐子岛中央冷藏物流有限公司	五星仓储型
75	宇培供应链管理集团有限公司	五星仓储型
76	济南维尔康实业集团有限公司	五星仓储型
77	红星冷链（湖南）股份有限公司	五星仓储型
78	漯河双汇物流投资有限公司	五星运输型
79	靖海集团有限公司	五星运输型
80	浙江统冠物流发展有限公司	五星综合型
81	上海郑明现代物流有限公司	五星综合型
82	上海领鲜物流有限公司	五星综合型
83	希杰荣庆物流供应链有限公司	五星综合型
84	河南鲜易供应链有限公司	五星综合型
85	獐子岛锦通（大连）冷链物流有限公司	五星综合型
86	顺丰速运有限公司	五星综合型
87	云通物流服务有限公司	五星综合型
88	夏晖物流有限公司	五星综合型
89	上海广德物流有限公司	五星综合型
90	上海安鲜达供应链有限公司	五星综合型
91	华润湖南医药有限公司	五星综合型
92	北京京邦达贸易有限公司	五星综合型

资料来源：中物联冷链委。

第五节　部分省区市备案冷库公示信息汇总

表 8－7　　河北省从事冷藏冷冻食品贮存服务的非食品生产经营者备案信息统计表

序号	地区	备案号	企业名称	企业所在地	冷藏冷冻仓库地址	贮存能力	贮存主要食品品种	主要服务对象类型
1	石家庄	冀冷藏冷冻备第13018520200001号	石家庄金凤冷链物流园经营开发有限公司	石家庄市鹿泉区铜冶镇金凤路2号	石家庄市鹿泉区铜冶镇金凤路2号	冷冻库50吨，冷藏库20000吨	肉及肉制品、水产品及其制品、蔬菜水果、饮料及冷冻饮品、其他	食品生产者、食品经营者、食用农产品销售者
2		冀冷藏冷冻备第13018520200002号	河北教育厚朴实业有限责任公司	石家庄市鹿泉区昌盛大街17号	石家庄市鹿泉区昌盛大街17号	冷冻库20000吨，冷藏库5000吨	肉及肉制品、水产品及其制品、乳制品、蔬菜水果、饮料及冷冻饮品、酒类、其他	食品生产者、食品经营者、食用农产品销售者
3		冀冷藏冷冻备第13018520200003号	河北省大河物流有限公司	石家庄市鹿泉区植物园街199号	石家庄市鹿泉区植物园街199号	冷冻库1000吨，冷藏库5500吨	乳制品、蔬菜水果	食品经营者、食用农产品销售者
4		冀冷藏冷冻备第13018520200004号	石家庄雨润农场品全球采购有限公司	石家庄市鹿泉区寺家庄镇107国道鹿泉段9号	石家庄市鹿泉区寺家庄镇107国道鹿泉段9号	冷冻库40000吨，冷藏库5000吨	肉及肉制品、水产品及其制品、蔬菜水果、饮料及冷冻饮品	食品经营者、食用农产品销售者
5		冀冷藏冷冻备第13018520200005号	河北太行食品有限公司	石家庄市鹿泉区南胡庄路西	石家庄市鹿泉区南胡庄路西	冷冻库10000吨	肉及肉制品、水产品及其制品、蔬菜水果、饮料及冷冻饮品（雪糕等）、其他	食品经营者、食用农产品销售者

续　表

序号	地区	备案号	企业名称	企业所在地	冷藏冷冻仓库地址	贮存能力	贮存主要食品品种	主要服务对象类型
6	石家庄	冀冷藏冷冻备第13010820200001号	河北鑫辉源发海洋冷库租赁有限公司	石家庄市仓盛路67号	石家庄市仓盛路67号	冷冻库50000吨	肉及肉制品、水产品及其制品	食用农产品销售者
7		冀冷藏冷冻备第13010820200002号	石家庄双鸽食品有限责任公司	石家庄裕华区胜利南街307号	石家庄裕华区胜利南街307号	冷冻库65000吨，冷藏库15000吨	肉及肉制品、水产品及其制品	食品经营者
8		冀冷藏冷冻备第13010820200003号	石家庄市裕华区晶雪仓储服务处	石家庄市胜利南大街369号	石家庄市胜利南大街369号	300吨	肉及肉制品、乳制品、饮料及冷冻饮品（雪糕等）	食用农产品销售者
9		冀冷藏冷冻备第13010820200004号	河北怀特集团股份有限公司	裕华区育才街251号	裕华区育才街251号	冷冻库600吨，冷藏库10吨	肉及肉制品、其他	食用农产品销售者；食品经营者
10		冀冷藏冷冻备第13010820200005号	裕华区塔坛致雪仓储中心	河北省石家庄市裕华区建通街30号	河北省石家庄市裕华区建通街30号	冷藏库1500吨	肉及肉制品、饮料及冷冻饮品（雪糕等）	食品经营者
11		冀冷藏冷冻备第13010820200006号	石家庄市嘉嘉便民菜市场有限公司	石家庄市裕华区翟营大街75号	石家庄市裕华区翟营大街75号	400吨	肉及肉制品、水产品及其制品、饮料及冷冻饮品（雪糕等）	食品经营者、食用农产品销售者
12		冀冷藏冷冻备第13018420200001号	新乐市新天地储藏库	新乐市路家庄	新乐市路家庄	100吨	肉制品	食品经营者
13		冀冷藏冷冻备第13018420200003号	河北双杰肉类食品有限公司	新乐市邯邰镇南张村	新乐市邯邰镇南张村	2000吨	冷冻猪肉	食品批发商

续　表

序号	地区	备案号	企业名称	企业所在地	冷藏冷冻仓库地址	贮存能力	贮存主要食品品种	主要服务对象类型
14	石家庄	冀冷藏冷冻备第13018420200004号	石家庄乐盈食品有限公司	新乐市长杨路56号	新乐市长杨路57号	970吨	肉制品、冻玉米	个体批发零售
15		冀冷藏冷冻备第13018420200005号	新乐市锦汇仓储服务部	新乐市协神乡王村新灵路南	新乐市协神乡王村新灵路南	30吨	肉制品	食品经营者
16		冀冷藏冷冻备第13012320200801号	正定县宏伟冷冻厂	正定县东安丰村	正定县东安丰村北	200吨	肉及肉制品	食品生产者（含特殊食品生产者）
17		冀冷藏冷冻备第13012320200101号	石家庄市怡都酒店管理有限公司	正定县华安西路2号	正定县华安西路2号	300吨	肉及肉制品、蔬菜水果	食品经营者、食用农产品经营者
18		冀冷藏冷冻备第13010420200001号	石家庄市双丰冷冻储藏有限责任公司	石家庄市桥西区开泰街61号	石家庄市桥西区开泰街61号	4500吨	肉及肉制品、水产品及其制品、饮料及冷冻饮品（雪糕等）	食品经营者
19		冀冷藏冷冻备第13011120200001号	石家庄盛吉鑫仓储有限公司	栾城区楼底镇吴家屯村西	栾城区楼底镇吴家屯村西	3000吨	畜禽肉、水产品、其他	食品经营者
20		冀冷藏冷冻备第13011120200002号	栾城区鲜鲜冷库	栾城区楼底镇西羊市村	栾城区楼底镇西羊市村	500吨	畜禽肉、其他	食品经营者
21		冀冷藏冷冻备第13011120200003号	栾城区北龙仓储服务中心	栾城区楼底镇北留营村	栾城区楼底镇北留营村	1000吨	畜禽肉	食品经营者

续　表

序号	地区	备案号	企业名称	企业所在地	冷藏冷冻仓库地址	贮存能力	贮存主要食品品种	主要服务对象类型
22	石家庄	冀冷藏冷冻备第13011120200004号	栾城区旭锋动物产品门市部	栾城区于底村	栾城区于底村	100吨	其他	食品经营者
23		冀冷藏冷冻备第13011120200005号	石家庄市栾城区冰源冷冻有限公司	栾城区邵家庄村	栾城区邵家庄村	1000吨	畜禽肉	食品经营者
24		冀冷藏冷冻备第13011120200006号	栾城区晓业租赁站	栾城区段同村	栾城区段同村	300吨	畜禽肉	食品经营者
25		冀冷藏冷冻备第13011120200007号	河北凝鲜储商贸有限公司	栾城区霍家屯村	栾城区霍家屯村	1500吨	其他	食品经营者
26		冀冷藏冷冻备第13012620200001号	灵寿县食品公司	灵寿县正南路25号	灵寿县正南路25号	50吨	肉及肉制品	食品经营者
27		冀冷藏冷冻备第13013020200001号	无极县谈下底云清真冷库	无极县高头乡谈下南街村	无极县高头乡谈下南街村	150吨	肉及肉制品	食用农产品销售者
28		冀冷藏冷冻备第13013020200002号	无极县谈下底建英清真冷库	无极县高头乡谈下南街村	无极县高头乡谈下南街村	105吨	肉及肉制品	食用农产品销售者
29		冀冷藏冷冻备第13013020200003号	无极县北环冷库	无极县希望路路北	无极县希望路路北	300吨	肉及肉制品、水产品及其制品	食品经营者
30		冀冷藏冷冻备第13012720200001号	高邑县浩润食品店	高邑县蔬菜批发市场	高邑县蔬菜批发市场	60吨	冷冻食品	个体工商户、超市、饭店
31		冀冷藏冷冻备第13012720200003号	高邑县山河仓储冷库	高邑县镇旧城大街北段路东	高邑县镇旧城大街北段路东	150吨	肉及肉制品、水产品及其制品	食品经营者

续 表

序号	地区	备案号	企业名称	企业所在地	冷藏冷冻仓库地址	贮存能力	贮存主要食品品种	主要服务对象类型
32	石家庄	冀冷藏冷冻备第13012720200005号	高邑县常青仓储冷库	高邑县蔬菜批发市场	高邑县蔬菜批发市场	50吨	肉及肉制品、水产品及其制品	食品经营者
33	石家庄	冀冷藏冷冻备第13010820201001号	河北百岁肉类食品有限公司	石家庄高新区祁连街58号	石家庄高新区祁连街58号	10000吨	肉及肉制品、水产品及其制品	食品经营者
34	石家庄	冀冷藏冷冻备第13012820200001号	石家庄森焱贸易有限公司	深泽县府前西路249号	深泽县府前西路249号	200吨	猪肉、鸡肉	农村
35	石家庄	冀冷藏冷冻备第13012820200002号	深泽县永兴肉类食品贸易有限公司	深泽县建设街公安局对过	深泽县建设街公安局对过	300吨	猪肉、鸡肉	农村
36	石家庄	冀冷藏冷冻备第13012820200003号	深泽县马康冷库	深泽县铁杆镇前马里村生产路154号	深泽县铁杆镇前马里村生产路154号	50吨	白山药	农户
37	石家庄	冀冷藏冷冻备第13012820200004号	深泽县亿东冷库	深泽县铁杆镇前马里村	深泽县铁杆镇前马里村	50吨	白山药	农户
38	石家庄	冀冷藏冷冻备第13012820200005号	深泽县源旺冷库	深泽县铁杆镇前马里村	深泽县铁杆镇前马里村	50吨	白山药	农户
39	石家庄	冀冷藏冷冻备第13012820200006号	深泽县超辉冷库	深泽县铁杆镇前马里村	深泽县铁杆镇前马里村	50吨	白山药	农户
40	石家庄	冀冷藏冷冻备第13012820200007号	深泽县彦良冷库	深泽县铁杆镇前马里村	深泽县铁杆镇前马里村	50吨	白山药	农户

续 表

序号	地区	备案号	企业名称	企业所在地	冷藏冷冻仓库地址	贮存能力	贮存主要食品品种	主要服务对象类型
41	石家庄	冀冷藏冷冻备第13012820200008号	深泽县会轻冷库	深泽县铁杆镇前马里村	深泽县铁杆镇前马里村	50吨	白山药	农户
42		冀冷藏冷冻备第13012820200009号	深泽县雨泽冷库	深泽县铁杆镇前马里村	深泽县铁杆镇前马里村	50吨	白山药	农户
43		冀冷藏冷冻备第130128202000010号	深泽县思萱冷库	深泽县铁杆镇前马里村	深泽县铁杆镇前马里村	50吨	白山药	农户
44		冀冷藏冷冻备第130128202000011号	深泽县巩炫冷库	深泽县铁杆镇前马里村	深泽县铁杆镇前马里村	50吨	白山药	农户
45		冀冷藏冷冻备第130128202000012号	深泽县二红冷库	深泽县铁杆镇前马里村	深泽县铁杆镇前马里村	50吨	白山药	农户
46		冀冷藏冷冻备第130128202000013号	深泽县大旺冷库	深泽县铁杆镇前马里村	深泽县铁杆镇前马里村	50吨	白山药	农户
47		冀冷藏冷冻备第13010520200001号	石家庄天元发展有限责任公司	滨华路71号	滨华路71号	5吨	面点及调理品（国产）	食品经营者

资料来源：河北省市场监督管理局。

表 8－8　天津市从事冷藏冷冻食品贮存服务的非食品生产经营者备案信息统计表

序号	备案号	企业名称	企业所在地	冷藏冷冻仓库地址	贮存能力	贮存主要食品品种
1	津（武）食贮〔2020〕第0001号	三惠食品物流（天津）有限公司	天津市武清区大王古庄镇民旺道1号	天津市武清区大王古庄镇民旺道1号	12000吨	进口食用农产品、国产食用农产品、进口食品、国产食品
2	津（武）食贮〔2020〕第0002号	明举（天津）物流有限公司	天津市武清区京滨工业园晋元道20号	天津市武清区京滨工业园晋元道20号	30000吨	进口食用农产品、国产食用农产品、进口食品、国产食品
3	津（武）食贮〔2020〕第0003号	天津正腾投资发展有限公司	天津市武清区南蔡村镇农兴道21号	天津市武清区南蔡村镇农兴道21号	25000吨	进口食用农产品、国产食用农产品、进口食品、国产食品
4	津（武）食贮〔2020〕第0004号	天津百肯食品科技有限公司	天津市武清区大良镇新良道76号	天津市武清区大良镇新良道76号	25000吨	进口食用农产品、国产食用农产品、进口食品、国产食品
5	津（武）食贮〔2020〕第0005号	天津市武清区杨立新冷食批发店	天津市武清区城关镇东街村	天津市武清区城关镇东街村	冷冻库4吨	国产食用农产品
6	津（武）食贮〔2020〕第0006号	天津友嘉仓储有限公司	天津市武清区梅厂镇鸭徐庄村	天津市武清区梅厂镇鸭徐庄村	60吨	进口食用农产品、国产食用农产品、进口食品、国产食品
7	津（武）食贮〔2021〕第0001号	天津绿原冷冻食品有限公司	天津市武清区豆张庄镇西柳行村	天津市武清区豆张庄镇西柳行村	冷冻库100吨	国产食用农产品（禽肉及其产品
8	津（南）食贮〔2020〕第0001号	天津金福临海产冻品有限公司	天津市津南经济开发区（西区）香港街18号	天津市津南经济开发区（西区）香港街18号	冷冻库45000吨	进口食用农产品、国产食用农产品、进口食品、国产食品

续　表

序号	备案号	企业名称	企业所在地	冷藏冷冻仓库地址	贮存能力	贮存主要食品品种
9	津（南）食贮〔2020〕第0002号	天津宝鲜物流有限公司	天津市津南区八里台镇联顺东路6号	天津市津南区八里台镇联顺东路6号	20000吨	进口食用农产品、国产食用农产品、进口食品、国产食品
10	津（南）食贮〔2020〕第0003号	天津市旺鑫成冷库有限公司	天津小站工业区4号路	天津小站工业区4号路	冷冻库1000吨	进口食用农产品、国产食用农产品、进口食品、国产食品
11	津（南）食贮〔2020〕第0004号	天津市宝坤商贸有限公司	天津市津南区小站镇碱河南路1号	天津市津南区小站镇碱河南路1号	冷冻库180吨	国产食用农产品、国产食品
12	津（南）食贮〔2020〕第0005号	天津市友鹏市场管理服务有限公司	天津市津南区双港镇何庄子村津沽路北	天津市津南区双港镇何庄子友鹏市场大厅二楼、二厅一楼、二厅三楼	冷冻库3000吨	国产食用农产品
13	津（南）食贮〔2020〕第0006号	天津市中佳冷库服务有限公司	天津市津南区经济开发区（西区）北京街11号	天津市津南区经济开发区（西区）北京街11号	2600吨	进口食用农产品、国产食用农产品、进口食品、国产食品
14	津（南）食贮〔2020〕第0007号	鲜冻（天津）供应链管理有限公司	天津市津南区津南经济开发区（西区）发港路2号	天津市津南区津南经济开发区（西区）发港路2号	冷冻库6000吨	进口食用农产品、国产食用农产品
15	津（南）食贮〔2020〕第0008号	天津津鑫永利冷冻食品有限公司	天津市津南区双港镇五大街1号	天津市津南区双港镇五大街1号	冷冻库49500吨	进口食用农产品、国产食用农产品、进口食品、国产食品

续 表

序号	备案号	企业名称	企业所在地	冷藏冷冻仓库地址	贮存能力	贮存主要食品品种
16	津（南）食贮〔2020〕第0009号	天津枫林漫越水产品销售有限公司	天津市津南区津南经济开发区（西区）发港路6号2号厂房	天津市津南区津南经济开发区（西区）发港路6号2号厂房	冷冻库8694吨	进口食用农产品、国产食用农产品、进口食品、国产食品
17	津（南）食贮〔2020〕第0010号	天津市津南区友杰水产冷冻厂	天津市津南区双桥河镇东泥沽村	天津市津南区双桥河镇东泥沽村	冷冻库1060吨	进口食用农产品、国产食用农产品
18	津（南）食贮〔2020〕第0011号	天津市津美食品有限公司	天津市津南区经济开发区中康道2号	天津市津南区经济开发区中康道2号	冷冻库2700吨	国产食品
19	津（南）食贮〔2020〕第0012号	天津市泽水园商贸有限公司	天津市津南区葛沽镇福滨路6号1号楼101室	天津市津南区葛沽镇福滨路6号	冷冻库500吨	进口食用农产品、国产食用农产品、进口食品、国产食品
20	津（南）食贮〔2020〕第0013号	天津海食界国际贸易有限公司	天津市津南区津南经济开发区（西区）香港街10号	天津市津南区津南经济开发区（西区）香港街10号	冷冻库50000吨	进口食用农产品、国产食用农产品、进口食品、国产食品
21	津（南）食贮〔2020〕第0014号	天津市盛星达万利冷食经营部	天津市津南区小站镇工业区5号路10号	天津市津南区小站镇工业区5号路10号	冷冻库150吨	国产食用农产品（牛羊肉、禽肉及其产品、水产品）
22	津（南）食贮〔2020〕第0015号	天津聚隆达物流有限公司	天津市津南区津南经济开发区（东区）聚英路29号	天津市津南区津南经济开发区（东区）聚英路29号	800吨	国产食用农产品（果蔬）、进口食品
23	津（南）食贮〔2020〕第0016号	天津津南区福鑫冷库经营部	天津市津南区咸水沽镇福鑫路21号天津奥雷丽休闲家具有限公司院内	天津市津南区咸水沽镇福鑫路21号天津奥雷丽休闲家具有限公司院内	冷冻库150吨	国产食用农产品（果蔬）、进口食品

续　表

序号	备案号	企业名称	企业所在地	冷藏冷冻仓库地址	贮存能力	贮存主要食品品种
24	津（南）食贮〔2020〕第0017号	天津市富士特实业有限公司	天津市津南区双港镇经济开发区（西区）上海街52号	天津市津南区双港镇经济开发区（西区）上海街52号	冷冻库15000吨	国产食用农产品（果蔬）、进口食品
25	津（南）食贮〔2021〕第0001号	深圳美团优选科技有限公司天津分公司	天津市津南区北闸口镇丰泽六大道8号平安津南物流园A1号厂房1–3单元和A3号厂房1–2单元	天津市津南区北闸口镇丰泽六大道8号平安津南物流园A1号厂房1–3单元和A3号厂房1、2号单元	冷冻库25吨	国产食用农产品（猪肉、牛羊肉、禽肉及其产品、果蔬、水产品）、国产食品
26	津（滨）食贮〔2020〕第0001号	天津金三国际物流有限公司	天津市滨海新区中心渔港悦海北道198号	天津市滨海新区中心渔港悦海北道198号	25000吨	进口食用农产品
27	津（滨）食贮〔2020〕第0002号	天津东疆港大冷链商品交易市场有限公司	天津自贸区（东疆保税港区）邯郸道（保税区内）601号	天津自贸区（东疆保税港区）邯郸道（保税区内）601号	冷冻库25000吨	进口食用农产品、国产食用农产品、进口食品、国产食品
28	津（滨）食贮〔2020〕第0005号	天津市豪威特达科技发展有限公司	天津经济技术开发区中区轻四街546号	天津经济技术开发区中区轻四街546号	冷冻库2000吨	进口食用农产品、国产食用农产品、进口食品、国产食品
29	津（滨）食贮〔2020〕第0006号	天津市滨海新区北塘经济区昌吉水产品加工中心	天津滨海–中关村科技园北塘海鲜街市场36#	天津滨海–中关村科技园北塘海鲜街市场36号	70吨	国产食用农产品（水产品）
30	津（滨）食贮〔2020〕第0007号	天津港首农食品进出口贸易有限公司	天津自贸区（东疆保税港区）陕西道1069号	天津市滨海新区东疆保税港区	20000吨	进口食用农产品、国产食用农产品、进口食品、国产食品

续 表

序号	备案号	企业名称	企业所在地	冷藏冷冻仓库地址	贮存能力	贮存主要食品品种
31	津（滨）食贮〔2020〕第0008号	天津市滨海新区港渔湾冷冻厂	天津滨海－中关村科技园东海路1019号北塘海洋渔业协会院内平房	天津滨海－中关村科技园东海路1019号北塘海洋渔业协会院内平房	冷冻库206吨	国产食用农产品（水产品）
32	津（滨）食贮〔2020〕第0009号	中外运冷链物流（天津）有限公司	天津自贸试验区（空港经济区）航空路152号	天津自贸试验区（空港经济区）航空路152号	77424吨	进口食用农产品、国产食用农产品、进口食品、国产食品
33	津（滨）食贮〔2020〕第0010号	维益食品（天津）有限公司	天津自贸试验区（空港经济区）航空路158号	天津自贸试验区（空港经济区）航空路158号	冷冻库14432吨	进口食用农产品、国产食用农产品、进口食品、国产食品
34	津（滨）食贮〔2020〕第0011号	天津津海峰冷冻厂	天津市滨海新区汉沽杨家泊镇付庄村南	天津市滨海新区汉沽杨家泊镇付庄村南	100吨	国产食用农产品（水产品）
35	津（滨）食贮〔2020〕第0012号	天津港国际物流发展有限公司	天津市自贸试验区（天津港保税区）新港大道98号308室	天津市滨海新区塘沽街跃进路1299号	冷冻库38688吨	进口食用农产品、国产食用农产品（其他）、进口食品
36	津（滨）食贮〔2020〕第0013号	天津市滨海新区三利水产商贸有限公司	天津市滨海新区汉沽蒿山北路15号	天津市滨海新区汉沽蒿山北路15号	冷冻库500吨	国产食用农产品（猪肉、水产品）
37	津（滨）食贮〔2020〕第0014号	天津港强集团有限公司	天津自贸试验区（天津港保税区）海滨九路187号	天津自贸试验区（天津港保税区）海滨九路187号	冷冻库1300吨	进口食用农产品、国产食用农产品、进口食品、国产食品
38	津（滨）食贮〔2020〕第0015号	天津市银海水产品有限公司	天津市滨海新区汉沽大丰路106号	天津市滨海新区汉沽大丰路106号	150吨	国产食用农产品（果蔬）、进口食品

续　表

序号	备案号	企业名称	企业所在地	冷藏冷冻仓库地址	贮存能力	贮存主要食品品种
39	津（滨）食贮〔2020〕第0016号	天津市港湾合利食品有限公司	天津市滨海新区新河街津塘公路29号-6	天津市滨海新区新河街津塘公路29号-6	冷藏库3000吨	进口食用农产品、国产食用农产品、进口食品、国产食品
40	津（滨）食贮〔2020〕第0017号	华锐全日物流股份有限公司	天津自贸试验区（东疆保税港区）重庆道966号	天津自贸试验区（东疆保税港区）重庆道966号	18000吨	进口食用农产品、进口食品
41	津（滨）食贮〔2020〕第0018号	荣晟康实业（天津）有限公司	天津市滨海新区中心渔港经济区中央大道188号	天津市滨海新区中心渔港经济区中央大道188号	冷冻库12500吨	进口食用农产品
42	津（滨）食贮〔2020〕第0019号	吉宝物流（天津生态城）有限公司	天津市滨海新区中新天津生态城运河北路2118号	天津市滨海新区中新天津生态城运河北路2118号	6000吨	进口食用农产品、国产食用农产品、进口食品、国产食品
43	津（滨）食贮〔2020〕第0020号	天津海联冷冻食品有限责任公司	天津生态城中心渔港望海道765号	天津生态城中心渔港望海道765号	冷藏库12000吨	进口食用农产品（猪肉、牛羊肉、禽肉及其产品）
44	津（滨）食贮〔2020〕第0021号	五洋冷藏食品（天津）有限公司	天津市滨海新区中心渔港经济区海容路90号	天津市滨海新区中心渔港经济区海容路90号	冷藏库4000吨	进口食用农产品（猪肉、牛羊肉、禽肉及其产品）
45	津（滨）食贮〔2020〕第0022号	天津中渔置业有限公司	天津市生态城海容路95号	天津市生态城海容路95号	冷冻库40000吨	进口食用农产品（猪肉、牛羊肉、禽肉及其产品、水产品、其他）
46	津（滨）食贮〔2020〕第0023号	中农批（天津）冷链物流有限公司	天津市滨海新区中心渔港经济区望海南道200号	天津市滨海新区中心渔港经济区望海南道200号	冷冻库20000吨	进口食用农产品（猪肉、牛羊肉、禽肉及其产品、水产品、其他）

续　表

序号	备案号	企业名称	企业所在地	冷藏冷冻仓库地址	贮存能力	贮存主要食品品种
47	津（滨）食贮〔2020〕第0024号	泰达行（天津）冷链物流有限公司	天津市自贸试验区（东疆保税港区）亚洲路6975号金融贸易中心南区1－1－1621	天津市天津港集装箱物流中心吉运五道181号	30000吨	进口食用农产品、国产食用农产品、进口食品、国产食品
48	津（滨）食贮〔2020〕第0025号	天津市滨海新区启润冷库有限公司	天津市滨海新区海滨街道远景一村泰康路北侧	天津市滨海新区海滨街道远景一村泰康路北侧	8吨	国产食用农产品
49	津（滨）食贮〔2020〕第0026号	天津宇福祥商贸有限公司	天津大港油田港兴道东油田客运站北100米	天津大港油田港兴道东油田客运站北100米	冷冻库300吨	国产食用农产品
50	津（滨）食贮〔2020〕第0027号	天津金汇食品有限公司	天津滨海高新区塘沽海洋科技园金江路738号办公楼三楼	天津滨海高新区塘沽海洋科技园金江路738号	冷冻库18000吨	进口食用农产品、国产食用农产品、进口食品、国产食品
51	津（滨）食贮〔2020〕第0028号	五洋海产（天津）有限公司	天津滨海高新区塘沽海洋科技园东江路3849号	天津滨海高新区塘沽海洋科技园东江路3849号	15000吨	进口食用农产品（猪肉、牛羊肉、禽肉及其产品、水产品）
52	津（滨）食贮〔2020〕第0029号	天津成月物流有限公司	天津滨海高新区塘沽海洋科技园东江路5629号	天津滨海高新区塘沽海洋科技园东江路5629号	冷藏库8000吨	进口食用农产品
53	津（滨）食贮〔2020〕第0030号	润通航运服务有限公司天津分公司	天津开发区睦宁路60号（厂房NCB部分）	天津开发区睦宁路60号（厂房NCB部分）	30吨	进口食用农产品、国产食用农产品、进口食品、国产食品
54	津（滨）食贮〔2020〕第0031号	天津港保税区文奇国际贸易有限公司	天津自贸试验区（天津港保税区）海滨八路149号	天津自贸试验区（天津港保税区）海滨八路149号	冷冻库1000吨	进口食用农产品、国产食用农产品

续　表

序号	备案号	企业名称	企业所在地	冷藏冷冻仓库地址	贮存能力	贮存主要食品品种
55	津（滨）食贮〔2020〕第0032号	天津每日优鲜商贸有限公司第十四分公司	天津开发区黄海路155号	天津开发区黄海路155号	1吨	进口食用农产品、国产食用农产品、进口食品、国产食品
56	津（滨）食贮〔2020〕第0033号	天津市交通集团大件运输有限公司（天津盛汇物流有限公司）	天津市东丽区先锋东路48号-1	天津滨海高新区塘沽海洋科技园华山道412号	7000吨	进口食用农产品、国产食用农产品、进口食品、国产食品
57	津（滨）食贮〔2020〕第0034号	天津市滨海新区塘沽供销社海门冷冻厂	天津市滨海新区塘沽津塘路378号	天津市滨海新区塘沽津塘路378号	2500吨	进口食用农产品、国产食用农产品
58	津（滨）食贮〔2020〕第0035号	天津市滨海新区塘沽供销社海门冷冻厂	天津市滨海新区塘沽津塘路378号	天津市滨海新区塘沽津塘路378号	2500吨	进口食用农产品、国产食用农产品
59	津（滨）食贮〔2020〕第0036号	天津市滨海新区大港海丰水产冷冻厂	天津市滨海新区大港西环路233号	天津市滨海新区大港西环路233号	500吨	国产食用农产品
60	津（滨）食贮〔2020〕第0037号	天津市滨海新区大港水产冷冻厂	天津市滨海新区大港津歧公路五所南	天津市滨海新区大港津歧公路五所南	500吨	国产食用农产品
61	津（滨）食贮〔2020〕第0038号	天津市滨海新区汉沽正大水产冷冻厂	天津市滨海新区汉沽营城镇洒金坨村南	天津市滨海新区汉沽营城镇洒金坨村南	270吨	进口食用农产品（水产品）、国产食用农产品（水产品）
62	津（滨）食贮〔2020〕第0039号	天津金元宝滨海农产品交易市场有限公司	天津滨海高新区塘沽海洋科技园东江路5252号	天津滨海高新区塘沽海洋科技园东江路5252号	4000吨	进口食用农产品（猪肉、牛羊肉、禽肉及其产品）

续 表

序号	备案号	企业名称	企业所在地	冷藏冷冻仓库地址	贮存能力	贮存主要食品品种
63	津（滨）食贮〔2020〕第0040号	天津港东港物流有限公司（东疆葡萄酒恒温库）	天津自贸试验区（东疆保税港区）西昌道1000号仓储式红酒展销中心908室	天津市滨海新区东疆保税港区	冷藏库20000吨	进口食用农产品（其他）、进口食品
64	津（滨）食贮〔2020〕第0041号	天津帅仑食品科技有限公司	天津开发区渤海路1号	天津开发区渤海路1号	1000吨	进口食用农产品、国产食用农产品、进口食品、国产食品
65	津（滨）食贮〔2020〕第0042号	天津天华宏运物流有限公司（中外运天津空港综合物流基地冷库）	天津自贸试验区（空港经济区）空港国际物流区第三大街29号	天津自贸试验区（空港经济区）空港国际物流区第二大街5号	2450吨	进口食用农产品、国产食用农产品、进口食品、国产食品
66	津（滨）食贮〔2020〕第0043号	欧盛实业（天津）有限公司	天津经济技术开发区渤海路5号	天津经济技术开发区渤海路5号	冷藏库800吨	进口食用农产品、国产食用农产品、进口食品、国产食品
67	津（滨）食贮〔2020〕第0044号	天津东英顺货运代理有限公司	天津市滨海新区港城大道88号杨北建材市场	天津市滨海新区港城大道88号杨北建材市场	冷冻库2600吨	进口食用农产品
68	津（滨）食贮〔2020〕第0045号	天津市滨海新区连才水产品经营部	天津滨海－中关村科技园青海湖路与深州道交口	天津滨海－中关村科技园青海湖路与深州道交口	10吨	国产食用农产品（水产品）
69	津（滨）食贮〔2020〕第0046号	天津市滨海新区海德利冷冻厂	天津滨海－中关村科技园东海路2003号	天津滨海－中关村科技园东海路2003号	100吨	国产食用农产品（水产品）
70	津（滨）食贮〔2020〕第0047号	帅仑供应链管理（天津）有限公司	天津开发区渤海路34号	天津市滨海新区滨海开发区渤海路34号	8000吨	进口食用农产品、国产食用农产品、进口食品、国产食品

续　表

序号	备案号	企业名称	企业所在地	冷藏冷冻仓库地址	贮存能力	贮存主要食品品种
71	津（蓟）食贮〔2020〕第0001号	天津市蓟州区冷冻厂	天津市蓟州区官庄镇莲花院村北100米	天津市蓟州区官庄镇莲花院村北100米冷冻厂内	2000吨	进口食用农产品、国产食用农产品、进口食品、国产食品
72	津（蓟）食贮〔2020〕第0002号	天津市蓟州区李财冷库	天津市蓟州区别山镇	天津市蓟州区别山镇新十百户村	冷冻库40吨	国产食用农产品
73	津（蓟）食贮〔2020〕第0003号	天津市申泰业隆果蔬种植专业合作社	天津市蓟县许家台镇许家台村西	天津市蓟县许家台镇许家台村西	冷藏库85吨	国产食用农产品
74	津（蓟）食贮〔2020〕第0004号	天津市蓟县恒瑞通冷库	天津市蓟州区渔阳镇火车站北街6号	天津市蓟州区渔阳镇天津市蓟州区渔阳镇火车站北街6号	冷冻库2000吨	国产食用农产品
75	津（蓟）食贮〔2020〕第0005号	天津市奥雪冷冻食品有限公司	天津市蓟县中昌北路鸿昌广场1号路东侧	天津市蓟州区渔阳镇中昌北大道鸿昌广场1号楼东侧	冷冻库5吨	国产食用农产品（牛羊肉）、国产食品
76	津（蓟）食贮〔2020〕第0006号	天津市蓟州区东一集冷库	天津市蓟州区邦均镇西南道村大市场北	天津市蓟州区邦均镇西南道村大市场北	冷冻库40吨	进口食用农产品、国产食用农产品、进口食品、国产食品
77	津（青）食贮〔2021〕第0001号	天津二商迎宾肉类食品有限公司	天津市西青经济技术开发区赛达工业园新源道2号	天津市西青区王稳庄镇西青经济技术开发区赛达工业园新源道2号	冷冻库15000吨	进口食用农产品、国产食用农产品、进口食品、国产食品
78	津（青）食贮〔2021〕第0002号	天津郑明现代物流有限公司	天津市西青经济技术开发区赛达工业园天源道11号（天津普菱仓储服务有限公司院内A1－1号）	天津市西青经济技术开发区赛达工业园天源道11号（天津普菱仓储服务有限公司院内A1－1号）	7500吨	进口食用农产品、国产食用农产品、进口食品、国产食品

续 表

序号	备案号	企业名称	企业所在地	冷藏冷冻仓库地址	贮存能力	贮存主要食品品种
79	津（青）食贮〔2020〕第0001号	天津市精武食品冷冻有限公司	西青区精武镇小南河村北	西青区精武镇小南河村北	冷冻库6000吨	进口食用农产品、国产食用农产品、进口食品、国产食品
80	津（青）食贮〔2020〕第0002号	天津市王顶堤股份有限责任公司	天津市西青区外环线高速公路9号桥西	天津市西青区外环线高速公路9号桥西	27000吨	进口食用农产品、国产食用农产品、进口食品、国产食品
81	津（青）食贮〔2020〕第0003号	天津宇培供应链管理有限公司	天津市西青经济技术开发区赛达物流园福运道6－1号	天津市西青经济技术开发区赛达物流园福运道6－1号	1500吨	进口食用农产品、国产食用农产品、进口食品、国产食品
82	津（青）食贮〔2020〕第0004号	天津市影竹蔬菜种植专业合作社	天津市西青区辛口镇政府东侧	天津市西青区辛口镇政府东侧	冷藏库30吨	国产食用农产品（果蔬）
83	津（青）食贮〔2020〕第0005号	天津市运河蔬菜种植有限公司（下辛口村冷库）	天津市西青区辛口镇下辛口村	天津市西青区辛口镇下辛口村	冷藏库30吨	国产食用农产品（果蔬）
84	津（青）食贮〔2020〕第0006号	天津普冷国际物流有限公司	天津市西青经济技术开发区赛达物流园泰华路10号院内A1单元2－2－A	天津市西青经济技术开发区赛达物流园泰华路10号院内A1单元2－2－A	50吨	进口食用农产品、国产食用农产品、进口食品、国产食品
85	津（青）食贮〔2020〕第0007号	天津市恒升仓储有限公司	中北镇东姜井村南	天津市恒升仓储有限公司院内	22500吨	进口食用农产品、国产食用农产品、进口食品、国产食品

续　表

序号	备案号	企业名称	企业所在地	冷藏冷冻仓库地址	贮存能力	贮存主要食品品种
86	津（青）食贮〔2020〕第0008号	天津市西青区新冷艺冷库服务中心	天津市西青区张家窝镇京福支线与房甸路交口东500米农业产业园花卉交易大厅后侧	天津市西青区张家窝镇京福支线与房甸路交口东500米农业产业园花卉交易大厅后侧	冷藏库1440吨	国产食用农产品（果蔬）、国产食品
87	津（青）食贮〔2020〕第0009号	天津市西青区均昊牛羊肉销售中心	天津市西青区杨柳青农场奶牛宿舍68号	天津市西青区均昊牛羊肉销售中心院内	冷冻库8吨	国产食用农产品（果蔬）、国产食品
88	津（青）食贮〔2020〕第0010号	天津市津兰农贸市场冷库	天津市西青区李七庄街王兰庄村淄环路南侧	天津市西青区李七庄街天津市津兰农贸市场D区58号	冷冻库1530吨	进口食用农产品（猪肉、牛羊肉、禽肉及其产品）
89	津（青）食贮〔2020〕第0011号	天津市久久餐饮管理有限公司	天津市西青区西营门街杨柳青农场海纳道与百川路交口西行200米路南	天津市西青区西营门街杨柳青农场海纳道与百川路交口西行200米路南	冷藏库2吨	国产食用农产品
90	津（青）食贮〔2020〕第0012号	天津津天乐连锁超市有限公司	天津市西青区西营门街津静路6号A2一层1B45	天津市西青区西营门街津静路6号A2一层1B45	1吨	国产食用农产品
91	津（辰）食贮〔2021〕第0001号	美鑫冷链物流（天津）有限公司	天津市北辰区西堤头镇东堤头大桥北侧200米	天津市北辰区西堤头镇东堤头大桥北侧200米	冷冻库4500吨	进口食用农产品、国产食用农产品、进口食品、国产食品
92	津（辰）食贮〔2020〕第0001号	天津海德隆冷库有限公司	北辰西道2号韩家墅批发市场院内	北辰西道2号韩家墅批发市场院内	9120吨	进口食用农产品、国产食用农产品、进口食品、国产食品

续 表

序号	备案号	企业名称	企业所在地	冷藏冷冻仓库地址	贮存能力	贮存主要食品品种
93	津（辰）食贮〔2020〕第0002号	瑞泰冷链物流（天津）有限公司	天津市北辰区天津滨海高新区北辰科技园刘安庄分园佳美道5号	天津市北辰区小淀镇天津滨海高新区北辰科技园刘安庄分园佳美道5号	冷冻库5000吨	进口食用农产品（猪肉、牛羊肉、禽肉及其产品、水产品）
94	津（辰）食贮〔2020〕第0003号	天津市奥联钢品有限公司	北辰区小淀镇津围公路西侧	天津市北辰区小淀镇刘安庄工业区王朝南道29号	4000吨	进口食用农产品
95	津（辰）食贮〔2020〕第0004号	天津汇荣鑫物流有限公司	天津市北辰区小淀镇刘安庄附近成邦物流园办公楼底商9号	天津市北辰区小淀镇刘安庄附近成邦物流园办公楼底商9号	冷冻库3000吨	进口食用农产品、国产食用农产品、国产食品
96	津（辰）食贮〔2020〕第0005号	天津蓝玺冷链物流有限公司	天津市北辰区小淀镇外环线西侧北仓道北侧北仓道5009号	天津市北辰区小淀镇外环线西侧北仓道北侧北仓道5009号	冷冻库60000吨	进口食用农产品、国产食用农产品、进口食品、国产食品
97	津（辰）食贮〔2020〕第0006号	天津易源晟达供应链管理有限公司	天津市北辰区双口镇后丁庄村村西2号	天津市北辰区双口镇后丁庄村村西2号	冷冻库1200吨	进口食用农产品（猪肉、牛羊肉、禽肉及其产品）
98	津（辰）食贮〔2020〕第0007号	天津市第三食品有限责任公司	天津市北辰区青光镇韩家墅村外环线与津霸桥交口	天津市北辰区青光镇韩家墅村外环线与津霸桥交口	6000吨	进口食用农产品、国产食用农产品、国产食品
99	津（辰）食贮〔2020〕第0008号	天津市津张清真肉类有限公司	北辰区天穆顺义道	天津市北辰区天穆镇顺义道	8000吨	进口食用农产品（牛羊肉）、国产食用农产品（牛羊肉）、国产食品

续　表

序号	备案号	企业名称	企业所在地	冷藏冷冻仓库地址	贮存能力	贮存主要食品品种
100	津（辰）食贮〔2020〕第0009号	天津市双盈源肉类贸易有限公司	天津市北辰区双街镇慧盈道2号	天津市北辰区双街镇慧盈道2号	冷冻库20000吨	进口食用农产品、国产食用农产品、进口食品
101	津（辰）食贮〔2020〕第0010号	天津恒邦物流有限公司	天津市北辰区西堤头镇杨北公路英大加油站旁	天津市北辰区西堤头镇杨北公路英大加油站旁	冷冻库80000吨	进口食用农产品（猪肉、牛羊肉）、国产食用农产品（猪肉、牛羊肉）
102	津（辰）食贮〔2020〕第0011号	天津康派尔国际贸易有限公司	天津市北辰区西堤头镇杨北公路西刘快庄村（天津市永明油脂制造厂院内）	天津市北辰区西堤头镇	冷冻库17000吨	进口食用农产品（猪肉、牛羊肉、禽肉及其产品）、进口食品
103	津（辰）食贮〔2020〕第0012号	天津市聚佳亿冷链物流有限公司	天津市北辰区西堤头镇刘快庄东侧200米	天津市北辰区西堤头镇刘快庄东侧200米	冷冻库1200吨	进口食用农产品
104	津（辰）食贮〔2020〕第0013号	天津达乐成冷链物流有限公司	天津市北辰区西堤头镇辛侯庄村北	天津市北辰区西堤头镇辛侯庄村北	冷冻库28000吨	进口食用农产品（猪肉、牛羊肉）、国产食用农产品（猪肉、牛羊肉）
105	津（辰）食贮〔2020〕第0014号	天津华润万家生活超市有限公司配送分公司	天津市北辰区大张庄镇大张庄桥南津围公路东侧	天津市北辰区西堤头镇	400吨	进口食用农产品、国产食用农产品、国产食品
106	津（辰）食贮〔2020〕第0015号	天津市驰骏腾冷链物流有限公司	天津市北辰区西堤头镇刘快庄村西	天津市北辰区西堤头镇刘快庄村西	冷冻库10000吨	进口食用农产品（猪肉、牛羊肉）、国产食用农产品（猪肉、牛羊肉）

续 表

序号	备案号	企业名称	企业所在地	冷藏冷冻仓库地址	贮存能力	贮存主要食品品种
107	津（辰）食贮〔2020〕第0016号	天津恒伟供应链管理有限公司	天津市北辰区天津北辰经济技术开发区陆路港物流装备产业园陆路港三经路3号、9号库1分区	天津市北辰区天津北辰经济技术开发区陆路港物流装备产业园陆路港三经路3号、9号库1分区	冷冻库8500吨	进口食用农产品、国产食用农产品、国产食品
108	津（辰）食贮〔2020〕第0017号	天津市晟邦通达冷链物流有限公司	天津市北辰区西堤头镇杨北公路西刘快庄村工业区南500米	天津市北辰区西堤头镇杨北公路西刘快庄村工业区南500米	冷冻库13000吨	进口食用农产品、国产食用农产品、国产食品
109	津（辰）食贮〔2020〕第0018号	天津君合晟冷链物流有限公司	天津市北辰区天津陆路港物流装备产业园西堤头分园民康北道1号	天津市北辰区天津陆路港物流装备产业园西堤头分园民康北道1号	冷冻库7300吨	进口食用农产品、国产食用农产品、国产食品
110	津（辰）食贮〔2020〕第0019号	天津市路达恒晟冷链物流有限公司	天津市北辰区西堤头镇刘快庄村工业区87368部队南200米	天津市北辰区西堤头镇刘快庄村工业区87368部队南200米	冷冻库3000吨	进口食用农产品、国产食用农产品、国产食品
111	津（辰）食贮〔2020〕第0020号	深圳小田冷链物流股份有限公司天津分公司	天津市北辰区天津陆路港物流装备产业园陆路港三经路2号	天津市北辰区天津陆路港物流装备产业园陆路港三经路2号	冷冻库40000吨	进口食用农产品、国产食用农产品、国产食品
112	津（辰）食贮〔2020〕第0021号	天津君合冷链物流有限公司	天津市北辰区天津陆路港物流装备产业园西堤头分园民康北道1号A5	天津市北辰区天津陆路港物流装备产业园西堤头分园民康北道1号A5	冷冻库6000吨	进口食用农产品、国产食用农产品、国产食品
113	津（辰）食贮〔2020〕第0022号	天津井田仓储有限责任公司	天津市北辰区西堤头镇季庄村（华辰植物油厂院内）	天津市北辰区西堤头镇季庄村（华辰植物油厂院内）	冷冻库50000吨	进口食用农产品、国产食用农产品、国产食品

续　表

序号	备案号	企业名称	企业所在地	冷藏冷冻仓库地址	贮存能力	贮存主要食品品种
114	津（辰）食贮〔2020〕第0023号	天津市众诚合物流有限公司	天津市北辰区西堤头镇津榆公路1号旁	天津市北辰区西堤头镇津榆公路1号旁	800吨	进口食用农产品、国产食用农产品、国产食品
115	津（辰）食贮〔2020〕第0024号	天津市正通冷链物流有限公司	天津市北辰区西堤头镇福康路5号	天津市北辰区西堤头镇福康路5号	冷冻库13000吨	进口食用农产品、国产食用农产品、国产食品
116	津（丽）食贮〔2020〕第0001号	鑫汇洋冷链物流（天津）有限公司	天津市东丽区金钟街道金钟公路1501号	天津市东丽区金钟街道金钟公路1501号	100000吨	进口食用农产品、国产食用农产品、国产食品
117	津（丽）食贮〔2020〕第0002号	天津国鹏冷库服务有限公司	天津市东丽区金钟街道杨北路397号院内厂房	天津市东丽区金钟街道杨北路397号院内厂房	2000吨	进口食用农产品（牛羊肉、果蔬）、进口食品、国产食品
118	津（丽）食贮〔2020〕第0003号	天津海港城仓储有限公司	天津市东丽区金钟街杨北公路300号	天津市东丽区金钟街杨北公路300号	冷冻库3000吨	进口食用农产品
119	津（丽）食贮〔2020〕第0004号	天津市滨海金钟水产交易市场有限公司	东丽区金钟街道赵沽里外环线（东）14999号	东丽区金钟街道赵沽里外环线（东）14999号	冷冻库15600吨	进口食用农产品、国产食用农产品、国产食品
120	津（丽）食贮〔2020〕第0005号	天津市东丽区天桥制冰有限公司	天津市东丽区金钟街欢坨村	天津市东丽区金钟街欢坨村	冷冻库11000吨	进口食用农产品（猪肉、牛羊肉）、进口食品
121	津（丽）食贮〔2020〕第0006号	天津市格呈冷库有限公司	天津市东丽区金钟街道杨北公路与金钟路交口东侧3号	天津市东丽区金钟街道杨北公路与金钟路交口东侧3号	3000吨	进口食用农产品、国产食用农产品、国产食品
122	津（丽）食贮〔2020〕第0007号	天津市利发物流有限公司	天津市东丽区金钟街道欢坨村5排18号	天津市东丽区金钟街道欢坨村5排18号	冷冻库2300吨	进口食用农产品（猪肉、牛羊肉、禽肉及其产品）、进口食品

续 表

序号	备案号	企业名称	企业所在地	冷藏冷冻仓库地址	贮存能力	贮存主要食品品种
123	津（宁）食贮〔2020〕第0001号	天津奥特供应链管理有限公司	天津市宁河区潘庄镇	天津市宁河区潘庄镇五经路西侧二纬路南侧	1500吨	进口食用农产品、国产食用农产品、国产食品
124	津（宁）食贮〔2020〕第0002号	天津市德济冷库服务有限公司	天津市宁河区岳龙镇岳龙村东200米（双益棉业西侧）	天津市宁河区岳龙镇岳龙村东200米（双益棉业西侧）	1500吨	进口食用农产品、国产食用农产品、国产食品
125	津（宁）食贮〔2021〕第0001号	天津市奥特物流有限公司	天津市宁河区潘庄工业区五经路西侧二纬路南侧	天津市宁河区潘庄工业区五经路西侧二纬路南侧	1000吨	进口食用农产品（猪肉、牛羊肉、禽肉及其产品）
126	津（宁）食贮〔2021〕第0002号	天津市同康包装材料有限公司（同康冷库）	天津市宁河县潘庄镇潘庄镇工业区内（六经路以东，五经路以西，二纬路以北，三纬路以南）	天津市宁河县潘庄镇潘庄镇工业区内（六经路以东，五经路以西，二纬路以北，三纬路以南）	4500吨	—
127	津（静）食贮〔2020〕第0001号	天津海吉星农产品物流有限公司	天津市静海区国际商贸物流园徐良路1号	天津市静海区静海镇海吉星物流园内	14000吨	进口食用农产品、国产食用农产品、国产食品
128	津（静）食贮〔2020〕第0002号	天津盛信诚国际货运代理有限公司（天津海吉星农产品物流有限公司）	天津静海北环工业区内主干路二南侧海吉星内海关大楼B101	天津市静海区静海镇北环工业区徐良路1号	1200吨	进口食用农产品、国产食用农产品、国产食品
129	津（静）食贮〔2020〕第0003号	天津盛信诚国际货运代理有限公司（天津市生宝农业科技发展集团有限公司）	天津静海北环工业区内主干路二南侧海吉星内海关大楼B101	天津市静海区静海镇北环工业区徐良路与良罗路交叉口南100米	1100吨	进口食用农产品、国产食用农产品、国产食品

续　表

序号	备案号	企业名称	企业所在地	冷藏冷冻仓库地址	贮存能力	贮存主要食品品种
130	津（静）食贮〔2020〕第0004号	天津盛信诚国际货运代理有限公司（天津众品食业有限公司）	天津静海北环工业区内主干路二南侧海吉星内海关大楼B101	天津市静海经济开发区（北区）众品路2号	冷冻库950吨	进口食用农产品、国产食用农产品、国产食品
131	津（开）食贮〔2020〕第0001号	天津市二冷食品冷冻有限责任公司	天津市南开区红旗路保山道18号	天津市南开区保山道18号院内	37200吨	进口食用农产品、国产食用农产品、国产食品
132	津（宝）食贮〔2020〕第0001号	天津正优食品有限公司	天津市宝坻区马家店镇工业园区盛举道1号	天津市宝坻区马家店镇工业园区盛举道1号	冷冻库30吨	国产食用农产品（禽肉及其产品）、国产食品
133	津（北）食贮〔2020〕第0001号	天津市天福冬海娇食品厂	天津市河北区铁东路街张兴庄大街北道2号	天津市河北区铁东路街张兴庄大街北道2号	冷冻库600吨	国产食用农产品（猪肉、其他）、国产食品
134	津（北）食贮〔2020〕第0002号	天津鸿兴商贸有限公司（北站冷库）	天津市河北区宁园街道中山北路2号（天津市铁路冷冻厂院内2－1）	天津市河北区宁园街道中山北路2号（天津市铁路冷冻厂院内2－1）	200吨	国产食用农产品

资料来源：天津市市场监督管理委员会。

表 8－9　北京市从事冷藏冷冻食品贮存服务的非食品生产经营者备案信息统计表

序号	企业名称	企业所在地	冷藏冷冻仓库地址
1	北京市潮和仓储有限公司	北京市顺义区北小营镇榆林村	北京市北小营镇榆林村
2	北京聚缘果品产销专业合作社	北京市平谷区王辛庄镇校园路 32 号	北京市王辛庄镇小辛寨东路临 92 号
3	北京傅瑞供应链管理有限公司	北京市大兴区西红门路 8 号 11 幢 39 号平房	北京市张家湾镇住总冷库
4	北京惠圣金仓储有限公司	北京市通州区永乐店镇大务村西甲 1 号	北京市永乐店镇大务村西甲 1 号
5	北京怡园物业管理有限公司	北京市丰台区长辛店镇赵辛店村 781 号	北京市长辛店镇赵辛店村 781 号
6	北京嘉航新海科贸有限公司	北京市昌平区马池口镇百泉庄村临 777 号	北京市马池口镇北方汽车弹簧厂南侧
7	北京国网基业企业管理有限公司	北京市大兴区长子营镇企融路 1 号	北京市长子营镇长营路 8 号
8	北京名顺通肉食品有限公司冷冻厂	北京市平谷区夏各庄镇陈太务村夏鱼路 5 号	北京市夏各庄镇陈太务村夏鱼路 5 号
9	北京聚鑫顺通物流有限公司	北京市怀柔区庙城镇赵各庄村村委会西 300 米	北京市庙城赵各庄村
10	北京京讯递科技有限公司	北京市大兴区采育镇北京采育经济开发区育龙大街 2 号二层 201 室	北京市马驹桥镇融商三路 32 号
11	北京新发地农副产品批发市场中心	北京市丰台区京开路新发地桥西侧	北京市花乡新发地市场

资料来源：北京市市场监督管理局。

表 8－10　　江苏省从事冷藏冷冻食品贮存服务的非食品生产经营者备案信息统计表

序号	备案号	企业名称	企业所在地	冷藏冷冻仓库地址	贮存能力	贮存主要食品品种
1	ZC3205830001	昆山宇培供应链管理有限公司	—	昆山市巴城镇京浦路 6 号	—	—
2	ZC3205830002	江苏世佳供应链管理有限公司	—	昆山市周市镇横长泾路 378 号	—	—
3	ZC3205830003	苏州天环冷链物流有限公司	—	昆山市玉山镇古城路西、苏州绕城高速东侧	—	—
4	ZC3205830004	昆山宇培速通物流有限公司	—	昆山市周市镇横新泾 28 号	—	—
5	ZC3205830005	昆山市淀山湖镇永新冷冻食品经营部	—	昆山市淀山湖镇南苑路南永勤排涝站内	—	—
6	ZC3205830006	昆山市巴城镇中久冷冻仓储服务部	—	巴城镇正仪蓝升路 58 号 3 号房	—	—
7	ZC3205830007	昆山市周庄镇晓明农产品经营部	—	周庄镇祁浜村	—	—
8	ZC3205830008	朱学新	—	周庄建筑公司院内	—	—
9	ZC3205830009	昆山市周庄立勤农副产品经营部	—	周庄镇云亭市场 86 号	—	—
10	ZC3205830010	张洪林	—	周庄建筑公司内	—	—
11	ZC3205830011	江苏博瑞达物流有限公司	—	昆山市玉山镇民新路 255 号 7 号房	—	—
12	ZC320602001	港闸区自发冷库租赁服务部	—	南通市崇川区越江路 88 号	500 吨	—
13	ZC320602002	南通市港闸区双逸冷库	—	南通市崇川区兴泰路 18 号	1500 吨	—
14	ZC320602003	港闸区文旺食品商行	—	南通市崇川区长江北路 299 号	1400 吨	—

续 表

序号	备案号	企业名称	企业所在地	冷藏冷冻仓库地址	贮存能力	贮存主要食品品种
15	ZC320602004	南通富裕物业管理有限公司	—	南通市崇川区通港路 56 号	1500 吨	—
16	ZC320602005	南通翔升冷藏服务有限公司	—	南通市崇川区唐闸北首河口镇	502 吨	—
17	ZC320602006	崇川区天冷冷冻制品经营部	—	南通市崇川区通富北路 999 号	2000 吨	—
18	ZC320602007	南通农副产品物流有限公司	—	南通市崇川路 777 号	48000 吨	—
19	ZC3211830001	句容海旺农副产品有限公司	句容经济开发区西环路西侧（电力开关厂北侧）	句容经济开发区西环路西侧（电力开关厂北侧）	2000 吨	食品存储冷冻
20	ZC3202140200	无锡市朝阳蔬菜冷库有限公司	无锡市新吴区城南路 22 号	无锡市新吴区城南路 22 号	700 吨	—
21	ZC3202140400	上海郑明现代物流有限公司无锡分公司	无锡市新吴区普洛斯物流园 B1 库 4 号	无锡市新吴区普洛斯物流园 B1 库 4 号	3500 吨	—
22	ZC3209030001	盐城市天辰新型建材有限公司	盐都区盐兴西路 2 号	—	—	—
23	ZC3209030002	盐城郑明现代物流有限公司	盐都区盐龙街道纬八路	—	—	—
24	—	如东恒飞冷冻厂	—	掘港镇芳泉村二组	500 吨	—
25	—	南通世鸿农产品有限公司	—	外环东路 8 号	600 吨	—
26	—	通海水产冷冻食品有限公司	—	通海路 4 号	100 吨	—
27	—	如东县天源农副产品有限公司	—	掘港镇港南村十组	1000 吨	—
28	—	如东县掘港城东冷冻厂	—	掘港光明路 62 号	600 吨	—
29	—	如东县江海冷冻厂	—	如东县潮桥镇	200 吨	—
30	—	如东漫华粮食农地股份合作社	—	如东县曹埠镇下漫社区三组	20 吨	—

续　表

序号	备案号	企业名称	企业所在地	冷藏冷冻仓库地址	贮存能力	贮存主要食品品种
31	—	如东恒丰水产品有限公司	—	如东沿海经济开发区洋口渔港 6 号码头	500 吨	—
32	—	南通益安实业有限公司	—	如东洋口化学工业园区洋口大道东侧	1000 吨	—
33	—	如东县海宇润水产经营部	—	江苏省如东县洋口镇斜港村 315 号	2500 吨	—
34	—	如东齐盛水产经营部	—	如东县洋口镇海力路 139 号	1000 吨	—
35	—	如东县森亚制冰有限公司	—	如东县洋口港陆域内	800 吨	—
36	—	南通达夫特农业有限公司	—	袁庄镇时桥村八组	100 吨	—
37	—	许凌伟	—	袁庄镇小袁庄村五组	20 吨	—
38	—	缪五林	—	袁庄镇海河滩一组	20 吨	—
39	—	季本如	—	袁庄镇海河滩一组	10 吨	—
40	ZC3210810001	扬州市华鼎农产品仓储有限公司	仪征市经济开发区科研五路 8 号	仪征市经济开发区科研五路 8 号	1700 吨	—
41	ZC3210810002	扬州实康农副产品有限公司	仪征市新城镇新华村毛庄组	仪征市新城镇新华村毛庄组	1200 吨	—
42	—	南通欣晨冷链仓储有限公司	—	如皋市城南街道张八里村十一组	3800 吨	—
43	—	南通久久冷冻食品有限公司	—	如皋市东陈镇南东陈社区居委会二十五组	5000 吨	—
44	—	如皋市昊天农副产品加工有限公司	—	如皋市吴窑镇吴窑居十三组 66 号	1000 吨	—

续 表

序号	备案号	企业名称	企业所在地	冷藏冷冻仓库地址	贮存能力	贮存主要食品品种
45	—	江苏苏汽国际物流集团有限公司	苏州市姑苏区虎林路888号	苏州市姑苏区虎林路888号	15000吨	—
46	ZC3212040001	姜堰区溱湖冷链中心	姜堰区沈高镇冯庄村	姜堰区沈高镇冯庄村	40吨	—
47	ZC3212040002	姜堰区存良冷冻食品经营部	姜堰区梁徐镇王石村	姜堰区罗塘街道王石村	160吨	—
48	ZC3212040003	泰州市姜堰区顺开冷库	姜堰经济开发区富民创业园内	姜堰经济开发区富民创业园内	3000吨	—
49	ZC3212040004	姜堰区万鑫蔬果保鲜冷冻厂	罗塘街道银穆村八组	罗塘街道银穆村八组	1000吨	—
50	ZC3205070005	苏州酷德瑞姆冷藏科技有限公司	相城区阳澄湖生态休闲旅游度假区澄北路8号	相城区阳澄湖生态休闲旅游度假区澄北路8号	冷冻库 2400吨	畜禽肉、水产品
51	ZC3205070006	雄昱物流（苏州）股份有限公司	相城区望亭镇国际物流园	相城区望亭镇国际物流园	冷冻库 70吨	畜禽肉、水产品、其他（蔬菜水乳制品、速冻食品）
52	ZC3205070007	苏州恒冷冷库租赁服务有限公司	苏州市相城区望亭镇华阳村如意路1号1号厂房	苏州市相城区望亭镇华阳村如意路1号1号厂房	冷库 3500吨	肉及肉制品、冷冻饮品（雪糕等）、速冻食品
53	ZC3211920001	润州区隆基冷库服务部	镇江市润州区民营经营开发区内	镇江市润州区民营经营开发区内	2000平方米/ 2000吨	—
54	ZC3210880101	扬州市江都区瑞隆商贸有限公司	扬州市江都区仙女镇大运路8号	扬州市江都区仙女镇大运路8号	52. 8吨	—
55	ZC3210880102	江都区隆悦冷冻食品批发总汇	扬州市江都区仙女镇龙桥路25－8号	扬州市江都区仙女镇龙桥路25－8号	35. 8吨	—

续　表

序号	备案号	企业名称	企业所在地	冷藏冷冻仓库地址	贮存能力	贮存主要食品品种
56	ZC3210880103	扬州市江都区龙城食品冷库	江都区东方红东路 21 号	江都区东方红东路 21 号	60 吨	—
57	ZC3210880104	江都区仙女镇明欣食品销售中心	江都区东方红东路 29 号	江都区东方红东路 29 号	5 吨	—
58	ZC3210880301	扬州市雷磊食品有限公司	扬州市江都区仙女镇工业园区	扬州市江都区仙女镇工业园区	400 吨	—
59	ZC3210880302	江都区仙女镇利明农副产品经营部	扬州市江都区仙女镇城北工业园区邓院村孙庄组	扬州市江都区仙女镇城北工业园区邓院村孙庄组	400 吨	—
60	—	靖江市天福食品冷冻厂	—	靖城镇骥江西路 289 号	1100 平方米/1000 吨	—
61	—	江苏中也食品进出口有限公司	—	江苏省靖江市城北园区纬二路 88 号	2000 平方米/3520 吨	—
62	—	泰州嘉禾食品仓储有限公司	—	泰州市永定西路 268 号	冷冻库 9000 吨，冷藏库 3000 吨	—
63	ZC3202050005	锡山区东北塘荣达冷库服务部	无锡市锡山区东北塘锡港路 328 号	无锡市锡山区东北塘锡港路 328 号	—	—
64	ZC3202050006	锡山区东北塘宇通冷库服务部	无锡市锡山区东北塘锡港路 200 号	无锡市锡山区东北塘锡港路 200 号	—	—
65	ZC3202050007	锡山区东北塘荣源冷库服务部	无锡市锡山区东北塘锡港路 328 号	无锡市锡山区东北塘锡港路 328 号	—	—

续 表

序号	备案号	企业名称	企业所在地	冷藏冷冻仓库地址	贮存能力	贮存主要食品品种
66	ZC3202050008	江苏凯泰暖通设备有限公司	无锡市惠山区钱桥街道钱桥大道534号	无锡市锡山区东北塘东风桥金龙纸业内	—	—
67	ZC3202050009	锡山区东北塘老杨冷库服务部	无锡市锡山区东北塘锡港路328号	无锡市锡山区东北塘锡港路328号	—	—
68	ZC3202050010	锡山区东北塘悦明冷库服务部	无锡市锡山区东北塘锡通村下旺桥南堍	无锡市锡山区东北塘锡通村下旺桥南堍	—	—
69	ZC3207065001	连云港润达农副产品有限公司	—	连云港市海州区板浦镇谭庄1号	—	—
70	ZC3207065002	连云港中林保鲜蔬菜有限公司	—	连云港市海州区宁海工业园区连云港中林保鲜蔬菜有限公司1、2、3号库	—	—
71	ZC3207065003	连云港徐三冷冻有限公司	—	连云港市海州区海宁工贸园润宁路16号连云港徐三冷库有限公司1号库	—	—
72	ZC3207060001	连云港苏海肉食品有限公司	—	连云港市开发区猴嘴沿新西路12号	—	—
73	ZC3207063501	连云港申海物流有限公司	—	连云港市海州区海州开发区银桦路2号	—	—
74	ZC3207063502	连云港创沃仓储服务有限公司	—	连云港市海州区郁州南路16号108室	—	—
75	ZC3207063503	连云港市海州开发区益友冷库	—	连云港市海州开发区许庄村村部对面159号	—	—

续 表

序号	备案号	企业名称	企业所在地	冷藏冷冻仓库地址	贮存能力	贮存主要食品品种
76	ZC3207064002	海州区岗埠农场永盛冷库	—	连云港市海州区 323 省道北 150 米	—	—
77	ZC3207064001	连云港天天冷藏有限公司	—	连云港市海州区东海路 28 号	—	—
78	ZC3207061501	海州区冰客食品店	—	连云港市海州区大庆东路 99 号万家欣装饰市场北区冷库	—	—
79	ZC3207063001	连云港农副产品批发市场有限公司	—	连云港市海州区四季农产品市场冷库	—	—
80	ZC3207061001	连云港振兴实业集团有限公司苍梧生活广场	—	连云港市海州区兴隆路 26 号	—	—
81	ZC3207062001	连云港市农业发展集团有限公司瀛洲路农贸市场分公司	—	连云港市海州区海宁路 3 号	—	—
82	ZC3207062002	连云港市鲜诺商贸有限公司	—	连云港市海州区连云港农副产品批发市场大物业区 1 号	—	—
83	ZC3207060501	连云港绿中业蔬菜有限公司	—	连云港市海州区建联路 9 号	—	—

资料来源：江苏省市场监督管理局。

表 8－11　广东省从事冷藏冷冻食品贮存服务的非食品生产经营者备案信息统计表

序号	备案号	企业名称	企业所在地	冷藏冷冻仓库地址	贮存能力	贮存主要食品品种	主要服务对象类型
1	GDDB4403060570	深圳市中柱物流有限公司宝安分发中心	广东省深圳市宝安区石岩街道办事处料坑顺益路10号－1	广东省深圳市宝安区石岩街道办事处料坑顺益路10号－1	冷冻库1672吨，冷藏库1584吨	蔬菜水果、水产品、肉及肉制品、速冻食品	食品经营者
2	—	江海区景福冷冻服务部	江门市江海区礼乐北头咀自编号15号	江门市江海区礼乐北头咀自编号15号	冷冻库400吨	肉及肉制品	食品经营者、食品生产者
3	—	江门市礼乐礼达冷冻有限公司	江门市礼乐北头咀开发区	江门市礼乐北头咀开发区	冷冻库200吨，冷藏库300吨	肉及肉制品、其他（饲料）	食品经营者、食品生产者
4	—	江海区浩洋冷藏服务部	江门市江海区礼乐武东第一工业园自编07厂房	江门市江海区礼乐武东第一工业园自编07厂房	冷藏库600吨	肉及肉制品、水产品	食品经营者、食品生产者
5	4407050001	新会区东汇海食品加工厂	江门市新会区会城奇榜村探坑工业区	江门市新会区会城奇榜村探坑工业区	冷冻库80吨、冷藏库300吨	蔬菜水果、水产品、肉及肉制品、速冻食品	食品生产者（含特殊食品生产者）、食品经营者、食用农产品销售者
6	4407050002	江门市江耀农副产品有限公司	江门市新会区会城江咀大围工业区	江门市新会区会城江咀大围工业区	冷冻库500吨	水产品、肉及肉制品、速冻食品、其他	食品生产者（含特殊食品生产者）、食品经营者、食用农产品销售者

续　表

序号	备案号	企业名称	企业所在地	冷藏冷冻仓库地址	贮存能力	贮存主要食品品种	主要服务对象类型
7	4407050003	江门市联亚冷冻供应链有限公司	江门市新会区古井镇临港工业园（制衣车间1#、制衣车间2#、食堂、宿舍楼）	江门市新会区古井镇临港工业园（制衣车间1#、制衣车间2#、食堂、宿舍楼）	冷冻库 5000 吨、冷藏库 5000 吨	蔬菜水果、水产品、饮料、肉及肉制品、调味品、乳制品、特殊食品、速冻食品、冷冻饮品（雪糕等）、酒类、其他	食品生产者（含特殊食品生产者）、食品经营者、食用农产品销售者
8	4407050004	江门大昌慎昌食品加工仓储有限公司	江门市新会区今古洲天马港区	广东省江门市新会区银港大道21号	冷冻库 3600 吨、冷藏库 1200 吨	冷冻库：速冻食品、蔬菜水果、其他、水产品、肉及肉制品、乳制品；冷藏库：其他、乳制品	食品生产者（含特殊食品生产者）、食品经营者、食用农产品销售者
9	4407050005	江门市中群冷冻食品有限公司	江门市新会区江会路 82 号五层柜架结构大楼二层 201 室、202 室	江门市新会区江会路 82 号侧	冷冻库 1200 吨	肉及肉制品、水产品、速冻食品、其他	食品生产者（含特殊食品生产者）、食品经营者、食用农产品销售者
10	4407050006	—	—	—	—	—	—
11	4407050007	—	—	—	—	—	—
12	4407050008	新会区会城江会冷库服务部	江门市新会区会城江会路沙岗村河笃围	江门市新会区会城江会路沙岗村河笃围	冷藏库 600 吨	蔬菜水果	食品经营者

续　表

序号	备案号	企业名称	企业所在地	冷藏冷冻仓库地址	贮存能力	贮存主要食品品种	主要服务对象类型
13	4407050009	新会区会城鸿卓冷库服务部	江门市新会区会城沙岗村河等围即冈州大道东22号	江门市新会区会城沙岗村河等围即冈州大道东22号	冷藏库500吨	蔬菜水果	食品经营者、食用农产品销售者、食品生产者（含特殊食品生产者）
14	4407050010	江门市中群冷冻食品有限公司	江门市新会区江会路82号五层框架结构大楼二层201室、202室（江门市新会区沙岗村欧阳围15号-2）	江门市新会区沙岗村欧阳围15号之二	冷冻库300吨	肉及肉制品、水产品、速冻食品、其他	食品生产者（含特殊食品生产者）、食品经营者、食用农产品销售者
15	44070500016	江门市江会水果批发市场有限公司	江门市新会区会城冈州大道东10号	江门市新会区会城冈州大道东10号	冷藏库700吨	蔬菜水果	食品经营者、食用农产品销售者
16	44070500017	新会区会城盛丰冷库服务部	江门市新会区会城沙岗村青年围	江门市新会区会城沙岗村青年围	冷藏库1000吨	蔬菜水果	食品经营者、食用农产品销售者
17	4414020001	梅州市光兴发工贸有限公司月梅农贸批发市场分公司	梅州市月梅路168号	梅州市月梅路168号	1000吨	蔬菜水果	食用农产品销售者、食品经营者、食品生产者（含特殊食品生产者）
18	4414020002	梅州市梅江区新增增贸易行	梅州市梅江区城北镇环市北路海吉星农产品商贸物流园2－16栋15号店铺（复式）	梅州铁路货场6号仓库	300吨	调味品、速冻食品、肉及肉制品	食品经营者

续　表

序号	备案号	企业名称	企业所在地	冷藏冷冻仓库地址	贮存能力	贮存主要食品品种	主要服务对象类型
19	—	梅州广梅产业园投资开发有限公司	广东梅州高新技术产业园区	梅州高新技术产业园区广梅绿色创新中心16号楼	冷冻库40吨、冷藏库160吨	蔬菜水果	食品生产者（含特殊食品生产者）
20	4406080001	佛山市高明浩辉食品配送有限公司	佛山市高明区荷城街道（三洲）兴创路西侧	佛山市高明区荷城街道兴创路26号	冷冻库6000吨、冷藏库4000吨	蔬菜水果、水产品、饮料、肉及肉制品、调味品、乳制品、速冻食品、冷冻饮品（雪糕等）、其他、酒类	食用农产品销售者、食品经营者、食品生产者（含特殊食品生产者）
21	—	潮州市冷冻厂	—	潮州市湘桥区西荣路中段	冷冻库200吨、冷藏库450吨	肉及肉制品、水产品、速冻食品	食用农产品销售者、食品经营者
22	—	潮州市湘桥区潮韩冷冻库	—	潮州市湘桥区上洲村瑶台街3号	冷冻库200吨	水产品、肉及肉制品、速冻食品、冷冻饮品（雪糕等）、蔬菜水果	食用农产品销售者、食品经营者
23	—	潮州市湘桥区润盈仓储服务部	—	潮州市湘桥区城西上洲村新工业区西一横巷1号	冷藏库85吨	蔬菜水果、肉及肉制品、水产品、其他	食用农产品销售者、食品经营者
24	4412020001	肇庆冷冻厂有限公司	肇庆市端州三路50号	肇庆市端州三路50号	冷冻库1000吨、冷藏库500吨	肉及肉制品、水产品、蔬菜水果、速冻食品	食品经营者、食用农产品销售者

续 表

序号	备案号	企业名称	企业所在地	冷藏冷冻仓库地址	贮存能力	贮存主要食品品种	主要服务对象类型
25	4412020002	肇庆市宏鑫冷链物流有限公司	肇庆市端州一路原大冲收费站南侧宏鑫物业园区内A幢一层2－4卡	肇庆市端州一路原大冲收费站南侧宏鑫物业园区内A幢一层2－4卡	冷冻库360吨	肉及肉制品、速冻食品	食品生产者（含特殊食品生产者）、食品经营者、食用农产品销售者
26	4406050001	佛山市粤泰冷库物业投资有限公司	佛山市南海区大沥镇盐步东秀聚龙村盐秀路天隆城旁	佛山市南海区大沥镇盐步盐秀路18号佛山A库	15000平方米（冷冻库10000吨）	蔬菜水果、水产品、肉及肉制品、速冻食品、冷冻饮品（雪糕等）	食用农产品销售者、食品经营者、食品生产者（含特殊食品生产者）
27	4406050002	佛山市彰德冷链仓储管理有限公司	佛山市南海区大沥镇盐步东秀官田村东便工业区3号之一	佛山市南海区大沥镇盐步东秀官田村东便工业区3号－1	3800平方米（冷冻库2800吨）	肉及肉制品、其他	食品经营者、食品生产者（含特殊食品生产者）
28	4406050003	佛山市南海南宝冷冻食品有限公司	佛山市南海区狮山白沙桥工业区	佛山市南海区狮山镇白沙桥工业区粤宝冷库	10000平方米（冷冻库3000吨、冷藏库1000吨）	蔬菜水果、速冻食品、肉及肉制品、冷冻饮品（雪糕等）	食品经营者、食用农产品销售者
29	4406050004	佛山市南海大安冷库有限公司	狮山镇联和工业区东区十一路5号	佛山市南海区狮山镇罗村联和工业区东区十一路5号	3000平方米（冷冻库3000吨）	肉及肉制品	食品经营者

续　表

序号	备案号	企业名称	企业所在地	冷藏冷冻仓库地址	贮存能力	贮存主要食品品种	主要服务对象类型
30	4406050005	佛山华雪冷链物流有限公司	狮山镇前进中路二路海元物流园 C2	狮山镇前进中路二路海元物流园 C2	5000 平方米（冷冻库 1800 吨、冷藏库 300 吨）	乳制品、冷冻饮品（雪糕等）、速冻食品	食品经营者
31	4406050006	广东好又鲜供应链科技有限公司	三山大道 3 号	三山大道 3 号	780 平方米（冷冻库 200 吨、冷藏库 40 吨）	肉及肉制品、乳制品、速冻食品、冷冻饮品（雪糕等）	食品经营者
32	4406050007	广州诚晖冷冻食品物流有限公司佛山分公司	佛山市南海区大沥镇盐步盐秀路 18 号	佛山市南海区大沥镇盐步东秀聚龙村盐秀路天隆城旁粤泰冷库内自编 204 号、205 号、206 号	6600 平方米（冷冻库 7000 吨、冷藏库 1000 吨）	水产品、饮料、肉及肉制品、乳制品、速冻食品、其他	食用农产品销售者、食品经营者
33	4406050008	佛山市南海和兴冷链物流有限公司	佛山市南海区大沥镇盐步盐秀路 15 号	佛山市南海区大沥镇盐步盐秀路 15 号	20000 平方米（冷冻库 6000 吨）	水产品、肉及肉制品、乳制品、速冻食品、冷冻饮品（雪糕等）	食品经营者
34	4406050009	广州顺丰速运有限公司南海大沥盐步分公司	佛山市南海区大沥镇盐步盐秀路 18 号 A 栋首层自编 202 号仓库	佛山市南海区大沥镇盐步盐秀路 18 号 A 栋首层自编 202 号仓库	4800 平方米（冷冻库 3900 吨、冷藏库 48 吨）	蔬菜水果、水产品、肉及肉制品、调味品、速冻食品、冷冻饮品（雪糕等）、其他	食用农产品销售者、食品经营者、食品生产者（含特殊食品生产者）

续　表

序号	备案号	企业名称	企业所在地	冷藏冷冻仓库地址	贮存能力	贮存主要食品品种	主要服务对象类型
35	4406050010	佛山市颐顺冷冻食品有限公司	佛山市南海区丹灶镇华南五金产业基地新安工业区明沙中路1号-3	佛山市南海区丹灶镇新安工业区明沙中路1号	60平方米（冷冻库15吨）	肉及肉制品	食用农产品销售者
36	4406050011	佛山市鑫宏邦物流有限公司	佛山市南海区大沥镇黄岐泌二工业区敦豪物流发展有限公司内H2栋	佛山市南海区黄岐敦豪物流中心鑫宏冷链	200平方米（冷冻库180吨、冷藏库20吨）	乳制品、调味品、速冻食品	食品经营者
37	4406050012	佛山市江川汇海冷链物流有限公司	佛山市南海区大沥镇黄岐名雅路1-3号中联宝鼎创意产业园A区9号-1	中联宝鼎创意产业园9号-1	300平方米（冷冻库50吨、冷藏库50吨）	蔬菜水果、肉及肉制品、乳制品	食用农产品销售者、食品经营者、食品生产者（含特殊食品生产者）
38	4406050013	佛山市南海区大沥桂江冷库储存配送有限公司	佛山市南海区大沥镇沥北村良清堂路1号	佛山市南海区大沥桂江冷库储存配送有限公司	23000平方米（冷冻库16000吨、冷藏库4000吨）	蔬菜水果、水产品、肉及肉制品、速冻食品、其他	食用农产品销售者、食品经营者、食品生产者（含特殊食品生产者）
39	4406050014	快马鲜生（广州）科技有限公司	广州市越秀区解放南路39号1008室、1009室、1010室	佛山市南海区里水镇大步沿江路3号力进物流园	598.3平方米（冷冻库60吨、冷藏库190吨）	蔬菜水果、肉及肉制品、乳制品、速冻食品、饮料	食品经营者、食用农产品销售者

续　表

序号	备案号	企业名称	企业所在地	冷藏冷冻仓库地址	贮存能力	贮存主要食品品种	主要服务对象类型
40	4406050016	佛山市卜蜂莲花管理咨询有限公司	佛山市南海区桂城平洲三山西桥以南、环岛西路以东6号地B7栋	佛山市南海区桂城平洲三山西桥以南、环岛西路以东6号地B7栋	5000平方米（冷冻库3000吨、冷藏库7000吨）	蔬菜水果、水产品、饮料、肉及肉制品、乳制品、速冻食品、冷冻饮品（雪糕等）、其他、酒类、特殊食品、调味品	食品经营者、食品生产者（含特殊食品生产者）、食用农产品销售者
41	4406050017	广州市永烨物业管理有限公司	广州市荔湾区芳兴路57号首层C50号	广东省佛山市南海区大沥镇黄岐滘边村中路13号	6000平方米（冷冻库4000吨、冷藏库6000吨）	肉及肉制品、速冻食品、其他	食品经营者
42	4406050018	广东豪捷冷链物流有限公司	狮山镇松岗南国桃园桂和路段	广东省佛山市南海区狮山镇松岗南国桃园桂和路段	8000平方米（冷冻库8000吨、冷藏库7000吨）	肉及肉制品、速冻食品	食品经营者
43	4406050019	广东新供销天业冷链物流有限公司佛山分公司	佛山市南海区狮山镇狮山科技工业园C区恒丰路11号-2	佛山市南海区狮山镇狮山科技工业园C区恒丰路11号-2	4500平方米（冷冻库4200吨）	肉及肉制品	食品生产者（含特殊食品生产者）、食品经营者
44	4406050020	佛山市中南农业科技有限公司	佛山市南海区狮山镇罗村乐城一路北南信广场	佛山市南海区狮山镇罗村乐城一路北南信广场中南市场冷链事业部	12000平方米（冷冻库12000吨）	肉及肉制品、冷冻饮品（雪糕等）、酒类	食品经营者
45	4406050021	广东宏盛丰投资有限公司	佛山市南海区狮山镇红星村委会富和二路宏盛丰物流园综合楼B201	宏盛丰物流园	3800平方米（冷冻库5000吨）	肉及肉制品、水产品	食用农产品销售者

资料来源：广东省市场监督管理局。

表 8 - 12　江苏省从事冷藏冷冻食品贮存服务的非食品生产经营者备案信息统计表

序号	备案号	企业名称	企业所在地	冷藏冷冻仓库地址	贮存能力	贮存主要食品品种
1	—	绍兴市柯桥区比伏餐饮店	—	浙江省绍兴市柯桥区柯桥街道浙江省绍兴市柯桥区柯桥街道笛扬路 668 号蓝天金都商厦 1 幢 226、241、242、245 室	冷冻库 20 吨	禽肉、水产品、糕点
2	—	浙江诸暨力天食品有限公司畜禽屠宰场（力天中心冷库）	—	陶朱街道建工东路 38 号	5000 吨	—
3	—	诸暨市天元冷库	—	陶朱街道西湖村谭俞自然村	1000 平方米	—
4	—	诸暨市冰汇食品有限公司（宝峰冷库）	—	大唐街道轻纺北路 261 号	600 立方米	—
5	—	诸暨市草塔王学斌食品店	—	草塔农贸市场西门	36 平方米 + 28 平方米	—
6	—	宁海伟庆冷冻有限公司	—	浙江省宁波市宁海县西店镇团堧村	冷冻库 30 吨	农产品（含水产品）、海鲜等
7	—	浙江黄罐食品股份有限公司	—	台州市黄岩区江口工业食品开发园区内	13000 吨	—
8	—	浙江黄岩江南食品厂	—	台州市黄岩江口食品园区	5000 吨	—
9	—	黄岩正太冷冻食品有限公司	—	台州市黄岩区经济开发区绿汀路 218 号	300 吨	—
10	—	台州市黄岩宏源农副产品物流配送中心有限公司	—	台州市黄岩区院桥镇合屿工业区	30000 吨	—

续　表

序号	备案号	企业名称	企业所在地	冷藏冷冻仓库地址	贮存能力	贮存主要食品品种
11	—	徐冬明	—	台州市黄岩区东城街道红三村	600 吨	—
12	—	宁海伟庆冷冻有限公司	—	宁海县西店镇团堧村	—	—
13	ZC3209810501	东台市梁垛镇程兴才冷冻加工厂	东台市梁垛镇梁垛村五组	梁垛镇梁垛村五组	220 平方米/400 吨	水产品
14	ZC3209810502	东台市仁林水产品经营部	东台市安丰镇九桥村六组	安丰镇九桥村六组	500 平方米/500 吨	水产品
15	ZC3209811101	东台市金鼎冷库	东台经济开发区振兴路 8－1 号	东台经济开发区振兴路 8－1 号	108 平方米/120 吨	肉制品、水产品等
16	ZC3209811102	东台经济开发区玉杰冷饮批发部	东台经济开发区纬二路城北花园 1 幢 01 室	东台经济开发区纬二路城北花园 B 区 36 号	50 平方米/60 吨	冷饮、肉制品、水产品
17	ZC3209810201	东台市泰山冷冻服务部	东台市西溪景区泰山居委会十组	东台市西溪景区泰山居委会十组	230 平方米/200 吨	果蔬、肉制品
18	—	东阳市蓝岛冷冻仓储有限公司	—	浙江省金华市东阳市江北街道北鹿西街 220 号	10000 吨	牛肉、猪肉、水果、干果、坚果、棒冰
19	—	浙江省东阳市食品有限公司城东冷链分公司	—	浙江省金华市东阳市城东街道斯村	4999 吨	冻品

资料来源：浙江省市场监督管理局。

表 8－13　　湖北省从事冷藏冷冻食品贮存服务的非食品生产经营者备案信息统计表

序号	企业名称	冷藏冷冻仓库地址	贮存能力
1	应城市冰天雪冷库	应城市开发区横一路回盛科技公司隔壁	15000 吨
2	江陵县阳湖水产专业合作社	江陵县熊河镇候垱村黄林小学	50 吨
3	荆州市丰泽园农业股份有限公司	江陵县郝穴楚江大道	5000 吨
4	江陵县美湖蔬菜种植专业合作社	江陵县熊河镇洋湖村原村委会办公室	20 吨
5	荆州市鲜鲜正农产品股份有限公司	江陵县熊河镇候垱村（村委会旁）	1000 吨
6	浠水县培森电器店	黄冈市浠水县汪岗镇百川街 B 区	1 吨
7	保康县金源贸易有限责任公司	保康县城关镇西后街 7 号	400 吨
8	十堰供销华西国际农商城有限公司	十堰市茅箭区林荫大道中路 66 号	18000 吨
9	十堰市盛家源食品有限公司	十堰市汉江路 10 号	5000 吨
10	十堰秉忠商贸有限公司	十堰市汉江街办刘家村八组	5000 吨
11	十堰浙兴水产有限公司	十堰市张湾区河南路 1 号 1－1、2－1	4000 吨
12	张湾区河南路秋云蔬菜保鲜冷冻库	十堰市张湾区河南路 33 号	1000 吨
13	十堰浩俊工贸有限公司	十堰市车城西路 56 号 60 厂冷库	1000 吨

资料来源：湖北省市场监督管理局。

表 8－14　　陕西省从事冷藏冷冻食品贮存服务的非食品生产经营者备案信息统计表

序号	企业名称	冷藏冷冻仓库地址	贮存能力	贮存主要食品品种
1	商洛聚丰农业综合开发有限公司	陕西省商洛市商州区杨峪河镇谢塬村	36654. 8 平方米	—
2	陕西欣桥实业发展有限公司	西安市雁塔区昆明路 380 号	13900 立方米	畜禽肉类、海鲜及水产、水果及其他
3	西安馨沅冷饮有限公司	西安市雁塔区咸宁东路 298 号	5000 吨	畜禽肉类及其他

资料来源：陕西省市场监督管理局。

表 8－15　　黑龙江省从事冷藏冷冻食品贮存服务的非食品生产经营者备案信息统计表

序号	备案号	企业名称	企业所在地	冷藏冷冻仓库地址	贮存能力
1	LB2302810001	讷河市佳业商贸有限公司	—	讷河市文化街通江路东立交桥东	—
2	LB2302810002	讷河市拉哈镇宝红仓储库	—	讷河市拉哈镇金街中段	—
3	LB2302810003	讷河市董三冷库	—	黑龙江省齐齐哈尔市讷河市特殊教育学校南 200 米	—
4	LB2302810004	讷河市韩景群冷库	—	讷河市讷河镇卫东街（途安驾校东侧，西环路西侧）	—
5	LB2302810005	讷河市张伟斌冷库	—	讷河市卫东街（途安驾校东侧，城壕西侧）	—
6	LB2302810006	讷河市长青仓储有限责任公司	—	讷河市卫东街（途安驾校北侧）	—
7	LB2308030001	佳木斯市向阳区隆盛冷库租赁中心	—	向阳区新建路新建社区	2000 立方米/1500 吨
8	LB2308030002	佳木斯市向阳区梅江冷库租赁店	—	向阳区西林路梅江新村梅园 2 号楼	1000 立方米/1000 吨
9	LB2308030003	佳木斯同满低温仓储有限公司	—	向阳区松林街 36 号	3000 立方米/1300 吨
10	LB2308030004	佳木斯市向阳区华晟冷库	—	西林路	1520 立方米/800 吨
11	LB2308030005	佳木斯西林农贸市场	—	西林路	1400 立方米/900 吨
12	LB2308110001	佳木斯北方冷冻食品有限公司	—	佳木斯市友谊路 228 号	4546 立方米/5000 吨
13	LB2308040001	佳木斯天龙水产品批发有限公司	—	黑龙江省佳木斯市前进区长安路 236 号	25000 立方米/7000 吨

续 表

序号	备案号	企业名称	企业所在地	冷藏冷冻仓库地址	贮存能力
14	LB2308040002	佳木斯东联水产品有限公司	—	黑龙江省佳木斯市前进区长安路236号	8500立方米/2000吨
15	LB2308830001	抚远市抚远镇德龙冷库	—	西山二委	660立方米/80吨
16	LB2308830002	抚远市抚远镇仁和冷库	—	长江路	300立方米/60吨
17	LB2308830003	抚远市抚远镇宏伟冷库	—	抚远镇岷江路	500立方米/70吨
18	LB2308220001	桦南县新华金成冷饮批发部	—	桦南县隆胜村	400立方米/260吨
19	LB2308220002	桦南县连大冷冻食品有限责任公司	—	桦南县桦南林业局消防大队北侧	1800立方米/260吨
20	LB2308220003	桦南县肉禽经销公司	—	桦南县桦南镇铁西街	300立方米/200吨
21	LB2308810001	同江市晓龙经济贸易有限责任公司	—	同江市西区外环路西侧	4000立方米/1600吨
22	LB2308810002	同江市联鑫冷库	—	同江市富民路工商局东	600立方米/60吨
23	LB2308810003	同江市北极冷库三库	—	同江市东区新春街	720立方米/60吨
24	LB2308810004	同江市北极冷库二库	—	同江市东区中兴路	720立方米/60吨
25	LB2308260001	桦川县老万家冷库租赁部	—	桦川县悦来镇丰收路（二中北侧）	320立方米/5吨
26	LB2308820001	富锦市建设冷冻厂	—	富锦市西平路北段道西	300立方米/100吨
27	LB2308820002	富锦市杨家冷库	—	富锦市东平社区七组	360平方米/120吨
28	LB2308820003	富锦市小旭冷库租赁部	—	富锦市城关社区中兴村一组21号	660平方米/200吨
29	LB2308820004	富锦市锦东冷库服务有限公司	—	富锦市富锦镇文化街一委八组	4000立方米/1000吨

续　表

序号	备案号	企业名称	企业所在地	冷藏冷冻仓库地址	贮存能力
30	LB2308820005	商家冷藏库	—	富锦市文化街四委二组	700 立方米/300 吨
31	LB2308820006	富锦市红运冷库	—	富锦市南岗三十八委（法院西侧）	100 立方米/30 吨
32	LB2308820007	富锦市红星玉忠冷库厂	—	富锦市红星村	800 立方米/300 吨
33	LB2311010001	爱辉区广泉冰果厂	—	市劳动局东（环城路与官渡路交口）	1600 立方米
34	LB2311010002	爱辉区祥辉仓储中心	—	环城路大众饭店后院	4200 立方米
35	LB2311010003	新芝经贸有限公司	—	机场路啤酒厂后身	800 立方米
36	LB2311010004	黑河市爱辉区食品有限责任公司	—	黑河市合作区东郊	600 立方米
37	—	齐齐哈尔水产品批发市场冷库	—	铁锋区南马路 161 号	15000 平方米/20000 吨　冷冻
38	—	齐齐哈尔市北方公交集团有限公司站前农产品综合批发市场	—	铁锋区龙沙路 528 号	535.5 平方米/1350 立方米　冷冻
39	—	北方商城有限责任公司	—	北方商城院内西侧（1－5 号库）	265 平方米
40	—	北安市夺亿冷冻食品有限公司	—	庆华区十六委	500 平方米
41	—	北安市晟天鑫冷冻厂	—	北安市铁南区老食品公司院内	500 平方米
42	—	北安市冰阁冷冻食品储藏库	—	邮件处理中心院内	400 平方米
43	—	黑龙江省北源蓝莓饮品有限公司冷库	—	工业园区内	1000 平方米

续 表

序号	备案号	企业名称	企业所在地	冷藏冷冻仓库地址	贮存能力
44	—	北安市恒发冷库	—	北安市乌裕尔大街原饲料公司院内	140 平方米
45	—	北安市雪山冷库	—	北安市乌裕尔大街原饲料公司院内	300 平方米
46	LB2311830001	嫩江县振宇物流总站	—	嫩江县排水处院内	460 立方米
47	LB2311830002	嫩江县旭光莹春冷冻有限公司	—	嫩江镇旭光村一组 89 号	2080 立方米
48	LB2311830003	嫩江县鑫达冷储有限责任公司	—	嫩江县原水产公司	400 立方米
49	LB2311830004	嫩江县龙达冷库	—	东风街五委三组	600 立方米
50	LB2311830005	嫩江县江杨堤冷冻有限责任公司	—	嫩江镇旭光村	2200 立方米
51	LB2311830006	嫩江县洪达冷库	—	东风街五委三组	600 立方米
52	LB2311830007	好心情冷饮厂	—	铁西街六委一组	200 立方米
53	LB2311830008	嫩江市肉类食品加工有限责任公司冷藏库	—	旭光路号	800 吨
54	LB2311830009	嫩江市淑兰冷库	—	黑龙江省黑河市嫩江市兴农街六委四组	900 立方米
55	LB2311830010	嫩江县海江现代冷库	—	嫩江市四季鲜村	6000 立方米
56	LB2311830011	九三局直明强冷库出租店	—	九三局直交易大厅 53 – 55 号门市	80 立方米
57	—	大庆坛辉仓储服务有限公司	—	大庆市万峰路 33 – 3 号	900 平方米/1800 立方米
58	—	大庆市渴望冷饮有限公司	—	大庆市龙凤区光明路 3 号	8000 平方米

续　表

序号	备案号	企业名称	企业所在地	冷藏冷冻仓库地址	贮存能力
59	—	大庆市龙凤区盛世腾达冷库	—	大庆市龙凤区卧龙路西侧门窗公司院内 10 号	700 平方米/3000 立方米
60	LB2302240005	泰来县学丽冷库出租服务部	泰来县卫星街	泰来县卫星街	—
61	LB2302240007	泰来县田老四冷库出租服务部	泰来县胜利街一委九组（原芦苇公司南）三百南，小十街东	泰来县胜利街一委九组（原芦苇公司南）三百南，小十街东	—
62	LB2302240008	泰来县绍伟冷库出租部	泰来县向阳街三委九组（小天鹅幼儿园附近）	泰来县向阳街三委九组（小天鹅幼儿园附近）	—
63	LB2302240009	泰来县李二冷库出租服务部	泰来县东风街一委十一组	泰来县东风街一委十一组	—
64	LB2302240010	泰来县孙海波冷库出租服务部	泰来县胜利街一委八组（城建处南）	泰来县胜利街一委八组（城建处南）	—
65	LB2302240011	泰来县兴旺冷库出租服务部	泰来县泰来县卫星街二委六组	泰来县泰来县卫星街二委六组	—
66	LB2302240013	泰来县兰英冷库出租部	泰来县新建街三委四十组（烈士陵园北侧）	泰来县新建街三委四十组（烈士陵园北侧）	—
67	LB2302240014	泰来县聚鑫冷库出租服务部	泰来县和平镇镇直	泰来县和平镇镇直	—

资料来源：黑龙江省市场监督管理局。

表 8－16　　四川省从事冷藏冷冻食品贮存服务的非食品生产经营者备案信息统计表

序号	备案号	企业名称	企业所在地	冷藏冷冻仓库地址	贮存能力	贮存主要食品品种	主要服务对象类型
1	—	荣县旭阳镇刘三冷冻食品店	—	荣县旭阳镇顺城街 41－20 号	—	—	—

续 表

序号	备案号	企业名称	企业所在地	冷藏冷冻仓库地址	贮存能力	贮存主要食品品种	主要服务对象类型
2	—	广元市佳成农业开发有限公司	—	广元市昭化区元坝镇益昌大道979号	冷藏库500吨、冷冻库200吨	—	—
3	—	红原凌记鲜肉店	—	红原县邛溪镇综合市场	70平方米、210立方米	牦牛肉	—
4	—	红原张建鲜肉店	—	红原县邛溪镇综合市场	70平方米、210立方米	牦牛肉	—
5	—	红原犇犇牛肉店	—	红原县邛溪镇综合市场	30平方米、90立方米	牦牛肉	—
6	—	红原县赵记牛肉店	—	红原县邛溪镇综合市场	70平方米、210立方米	牦牛肉	—
7	—	红原县康源牦牛肉店	—	红原县邛溪镇综合市场	579平方米、803立方米	牦牛肉	—
8	—	红原县喻记鲜牦牛肉店	—	红原县邛溪镇综合市场	70平方米、210立方米	牦牛肉	—
9	—	红原县袁彬鲜肉销售店	—	红原县邛溪镇综合市场	70平方米、210立方米	牦牛肉	—
10	—	红原县袁记鲜肉店	—	红原县邛溪镇综合市场	70平方米、210立方米	猪肉	—
11	—	红原县何适猪肉店	—	红原县邛溪镇综合市场	70平方米、210立方米	猪肉	—
12	—	红原县余记牦牛肉店	—	红原县邛溪镇综合市场	70平方米、210立方米	牦牛肉	—

续　表

序号	备案号	企业名称	企业所在地	冷藏冷冻仓库地址	贮存能力	贮存主要食品品种	主要服务对象类型
13	—	红原县蒋氏鲜牦牛肉店	—	红原县邛溪镇综合市场	35 平方米、105 立方米	牦牛肉	—
14	—	红原县唐记鲜肉店	—	红原县邛溪镇综合市场	70 平方米、210 立方米	牦牛肉	—
15	—	红原县余记牛肉店	—	红原县邛溪镇综合市场	70 平方米、210 立方米	牦牛肉	—
16	—	红原县佳惠超市	—	红原县邛溪镇阳噶中街周锦赛	12 平方米、36 立方米	蔬菜、冻海产品、禽类	—
17	—	红原县陈大哥鲜肉店	—	红原县邛溪镇综合市场	70 平方米、210 立方米	猪肉	—
18	—	红原县朝普鲜肉销售点	—	红原县邛溪镇综合市场	16 平方米、48 立方米	猪肉	—
19	—	红原县欣康肉食品商贸有限公司	—	红原县邛溪镇综合市场	16 平方米、49 立方米	猪肉	—
20	—	红原县王记鲜肉销售店	—	红原县邛溪镇综合市场	10 平方米、30 立方米	猪肉	—
21	—	红原县荣鑫屠宰有限责任公司	—	红原县邛溪镇绿色产业园区	70 平方米、210 立方米	猪肉	—
22	—	红原县张记鲜肉店	—	红原县邛溪镇综合市场	16 平方米、49 立方米	猪肉	—
23	—	红原新希望牦牛产业有限公司	—	红原县邛溪镇绿色产业园区	3875 平方米、15500 立方米	牦牛肉	—

续　表

序号	备案号	企业名称	企业所在地	冷藏冷冻仓库地址	贮存能力	贮存主要食品品种	主要服务对象类型
24	—	红原县兄弟牛羊肉铺	—	红原县邛溪镇绛熙东街8号	40平方米、120立方米	牛肉、羊肉	—
25	—	眉山市圣丰农产品批发市场管理有限公司	—	东坡区兴业南路18号	4000吨	—	—
26	—	彭州市鑫联益冷冻仓储有限公司	—	濛阳镇东塔村八组	3000平方米	—	—
27	—	四川常青鲜农业有限公司	—	濛阳镇东塔社区一组	4000平方米	—	—
28	—	成都三味玖福食品有限公司	—	濛阳镇濛兴路372号	2000平方米	—	—
29	—	彭州市红光蔬菜冷藏农民专业合作社	—	隆丰街道银定社区五组	1000平方米	—	—
30	—	彭州市金隆农贸有限公司	—	隆丰街道金山村	1500平方米	—	—
31	—	彭州市国泰环保有限公司	—	天彭镇朝阳中路西侧	200平方米	—	—
32	—	成都濛阳农副产品综合批发交易市场有限责任公司	—	濛阳镇工业集中发展园区物流大道中段18号	70701平方米	—	—
33	—	夹江县郑志强农副产品冷藏库	—	夹江县漹城街道城东社区第三村民小组	2000立方米	—	—

续　表

序号	备案号	企业名称	企业所在地	冷藏冷冻仓库地址	贮存能力	贮存主要食品品种	主要服务对象类型
34	美冷字202001	美姑宇兰冻货批发部	—	美姑县新区农贸市场D3幢5号	14平方米、30立方米	畜禽原料肉、畜禽副产物、预包装食品	批发零售
35	美冷字202002	美姑县龙腾冻货店	—	美姑县新区农贸市场D3幢102号	25平方米、70立方米	畜禽原料肉、畜禽副产物、预包装食品	批发零售
36	美冷字202003	美姑县明阳冻品批发部	—	美姑县新区农贸市场D3幢106号	20平方米、54立方米	畜禽原料肉、畜禽副产物、预包装食品	批发零售
37	美冷字202004	美姑东坡冻品批发部	—	美姑县新区农贸市场B幢101号－102号	28平方米、70立方米	畜禽原料肉、畜禽副产物、预包装食品	批发零售
38	美冷字202005	美姑县德丽批发部	—	美中路18号门市	30平方米、50立方米	预包装食品	批发零售
39	美冷字202006	美越农业有限公司	—	美姑县农作乡甲谷村	500平方米、450立方米	畜禽原料肉	提供冷库、管理服务
40	美冷字202007	美姑和丰农业发展有限责任公司	—	美姑县牛牛坝乡	500平方米、800立方米	畜禽原料肉、畜禽副产物、水产品、果蔬、预包装食品	提供冷库、管理服务
41	美冷字202008	绵阳双汇食品有限责任公司	—	美姑县巴普镇俄普村	30平方米、50立方米	畜禽原料肉	仅提供冷库
42	美冷字202009	美姑凉一夏冻货店	—	美姑县海子路汇超花园	30平方米、70立方米	预包装食品	批发零售
43	—	雅安宇杰制冷安装工程有限责任公司	—	雅安市雨城区南郊乡坪石村四组99号	500平方米	—	—
44	—	雅安市雨城区秀丰食品经营部	—	雅安市雨城区草坝镇龙舟路1号4栋一层101号	34平方米	—	—

续　表

序号	备案号	企业名称	企业所在地	冷藏冷冻仓库地址	贮存能力	贮存主要食品品种	主要服务对象类型
45	—	内江市东兴区雪源冷冻服务部	—	内江市东兴区东风路96－104号	50吨	—	—
46	—	内江市东兴区九坡冷冻	—	内江市东兴区新江街道东风路80号附5号	180吨	—	—
47	—	内江市东兴区明雄冷冻仓储服务部	—	内江市东兴区东风路19号	200吨	—	—
48	—	绵阳冰源商贸有限公司	四川省绵阳市游仙经济试验区仙童街1号紫金城内	科学城六区冷库	1000平方米/4000立方米	畜禽原料肉、畜禽副产物、果蔬、预包装食品	—
49	—	平遥县华威肉食品有限公司	—	平遥县东刘村	1100平方米	猪、牛、鸡肉及附属产品	冷冻产品储存销售
50	—	平遥县南政村孔庆宝货物储藏部	—	平遥县南政乡南政村北石桥北街	260平方米	三黄鸡、猪头	普通货物储藏服务、生熟肉批零

资料来源：四川省市场监督管理局。

表8－17　内蒙古自治区从事冷藏冷冻食品贮存服务的非食品生产经营者备案信息统计表

序号	备案号	企业名称	企业所在地	冷藏冷冻仓库地址	贮存能力	贮存主要食品品种	主要服务对象类型
1	—	内蒙古金秋牧场肉业有限公司	西乌旗巴拉嘎尔高勒镇工业园区	西乌旗巴拉嘎尔高勒镇工业园区	冷冻库70吨	肉类	—

续　表

序号	备案号	企业名称	企业所在地	冷藏冷冻仓库地址	贮存能力	贮存主要食品品种	主要服务对象类型
2	—	西乌旗奔牛烤肉干	西乌旗巴拉嘎尔高勒镇海日罕街	西乌旗巴拉嘎尔高勒镇海日罕街	冷冻库 70 吨	肉类	—
3	—	西乌旗蒙泰肥牛水产	西乌旗巴拉嘎尔高勒镇宝力格街十二组40号	西乌旗巴拉嘎尔高勒镇宝力格街十二组40号	冷冻库 60 吨	肉类	—
4	—	西乌旗牧原冷库直销处	西乌旗工业园区	西乌旗工业园区	冷冻库 100 吨	肉类	—
5	—	达茂旗关四农牧业专业合作社	达茂旗百灵庙镇新区	百灵庙镇新区	冷冻库 10 吨、冷藏库 500 吨（1000 平方米）	肉类	食品经营者
6	—	包头市旭源高新实业有限公司	包头市达茂旗百灵庙镇原乳品厂院内	达茂旗百灵庙镇原乳品厂院内	冷冻库 10 吨、冷藏库 100 吨（5000 平方米）	肉类	食品经营者
7	蒙（通辽市科左中旗）食贮〔2020〕第0001 号	科尔沁左翼中旗高氏冷库	内蒙古通辽市科尔沁左翼中旗保康镇梅林社区二组 453 号	内蒙古自治区通辽市科尔沁左翼中旗保康镇果园北侧	240 吨冷冻	肉及肉质品	—
8	蒙（通辽市库伦旗）食贮〔2020〕第0001 号	内蒙古青蒙食品有限公司	库伦旗库伦镇轻工业区安代大街路南	库伦旗库伦镇轻工业区安代大街路南	1000 吨冷冻	食品	—

续 表

序号	备案号	企业名称	企业所在地	冷藏冷冻仓库地址	贮存能力	贮存主要食品品种	主要服务对象类型
9	蒙（包头青山区青福）食贮〔2020〕第001号	包头市福康商贸有限责任公司	—	青山区兴胜镇当铺村	—	肉及肉制品、水产品、饮品雪糕等、速冻食品	—
10	蒙（呼伦额尔古纳二所）食贮〔2020〕第0001号	额尔古纳市拉布大林益民冷库	—	额尔古纳市胜利路西二道街504号	—	—	—
11	蒙（呼伦贝尔市额尔古纳市）食贮〔2021〕0002号	额尔古纳市拉布大林立峰活鱼店	—	额尔古纳市迎春街百合路74号	—	—	—
12	—	镶黄旗阜亨食品有限公司	—	镶黄旗新宝拉格镇	297平方米冷藏、93平方米冷冻	—	—
13	—	苏尼特右旗锡苏牧业牛羊肉店	—	苏尼特右旗赛汉塔拉镇朱日和街都仁路784号	200平方米冷藏、200平方米冷冻	—	—
14	—	牧原冷库直销处	—	工业园区	600平方米冷冻	—	—
15	—	蒙泰肥牛水产	—	宝力格街十二组40号	200平方米冷冻	—	—
16	—	苏尼特左旗哦天天一泉直销处	—	内蒙古锡林郭勒盟苏尼特左旗满都拉图镇达日汗社区五街坊洪格日街一组8号	70平方米冷冻	—	—

续　表

序号	备案号	企业名称	企业所在地	冷藏冷冻仓库地址	贮存能力	贮存主要食品品种	主要服务对象类型
17	—	锡林浩特市永润冷库	—	畜产品工业园区	300 平方米冷冻	—	—
18	—	锡林浩特市众泰工贸有限责任公司	—	畜产品工业园区	1900 平方米冷冻	—	—
19	—	锡林浩特市草原青冷库	—	杭办查干淖尔社区峰煌肉食业公司厂房 101011	500 平方米冷冻	—	—
20	—	锡林郭勒盟青山商贸有限责任公司	—	长安社区二组 16 号	300 平方米冷冻	—	—
21	—	锡林浩特市景林肉食品有限责任公司	—	杭办长安街	2500 平方米冷冻	—	—
22	—	锡林郭勒盟草原九羊肉食品有限公司	—	杭办呼格吉勒路东畜产品加工园区	1500 平方米冷冻	—	—
23	—	锡林浩特市正大鑫利肉类加工厂	—	杭办畜牧园开发区	1000 平方米冷冻	—	—

续 表

序号	备案号	企业名称	企业所在地	冷藏冷冻仓库地址	贮存能力	贮存主要食品品种	主要服务对象类型
24	—	锡林郭勒盟全大商贸有限责任公司	—	畜产品工业园区	2000 平方米冷冻	—	—
25	—	锡林郭勒盟索布德肉食品有限公司	—	畜产品工业园区	1100 平方米冷冻	—	—
26	—	威远畜产品有限责任公司	—	畜产品工业园区	500 平方米冷冻	—	—
27	—	鸿鑫鸿冷库	—	大世界南门对面	960 平方米冷冻	—	—
28	—	锡林浩特市蒙辰畜产品有限责任公司	—	畜产品工业园区	300 平方米冷冻	—	—
29	—	锡林郭勒盟蒙兴肉业有限责任公司	—	畜产品加工园区	500 平方米冷冻	—	—
30	—	正蓝旗上都镇敖包肉食品调料店	—	正蓝旗上都镇菜市场	160 平方米冷冻	—	—
31	—	正蓝旗土产公司	—	正蓝旗上都镇菜市场	120 平方米冷藏，268 平方米冷冻	—	—

续　表

序号	备案号	企业名称	企业所在地	冷藏冷冻仓库地址	贮存能力	贮存主要食品品种	主要服务对象类型
32	蒙（包头市昆区）食贮〔2020〕第0001号	包钢集团万开实业有限公司林荫南路冷藏分公司	—	内蒙古自治区包头市昆区阿尔丁大街蔬菜库北	—	速冻食品，预包装、散装食品	—
33	蒙（包头市昆区）食贮〔2020〕第0002号	昆区鸿通冷冻食品厂	—	内蒙古自治区包头市昆区沼潭208检测站西侧	—	肉及肉制品	—
34	蒙（包头市昆区）食贮〔2020〕第0003号	包头市甲尔坝农副产品有限公司	—	昆区甲尔坝村（昆北路东）	—	肉及肉制品、水产品、饮料、速冻食品	—
35	蒙（包头市昆区）食贮〔2020〕第0004号	包头市广汇农产品批发有限公司	—	昆区友谊大街356号（广汇建材城后院）	—	肉及肉制品、水产品、饮料、速冻食品	—
36	蒙（包头市昆区）食贮〔2020〕第0005号	包头市友谊农副产品仓储配送中心（普通合伙）	—	包头市昆区昆河镇和平村（昆区食品加工园区）	—	肉及肉制品、水产品	—
37	蒙（包头市昆区）食贮〔2020〕第0006号	包头市鸿翔贸易有限公司	—	昆区昆河镇友谊新村21号1排副13栋	—	肉及肉制品	—

资料来源：内蒙古自治区市场监督管理局。

表 8－18　福建省从事冷藏冷冻食品贮存服务的非食品生产经营者备案信息统计表

序号	企业名称	冷藏冷冻仓库地址	贮存能力
1	安海安平海达冷冻厂	安海开发区嘉世路22号	—
2	晋江市海星食品冷冻有限公司	晋江市罗山社店38号	—
3	晋江三兴水产品有限公司	晋江市罗山梧垵洋柄199号	—
4	晋江市龙湖镇百盛冷冻厂（普通合伙）	晋江市龙湖镇南浔村大同路1号	—
5	晋江市龙湖镇鸿佳冷冻厂	晋江市龙湖镇梧坑村梧坑开发区89号鸿达五金厂内	—
6	晋江市正港冷链物流有限公司	晋江市内坑镇晋江陆地港通关中心401	—
7	福建省晋江市华洲海生水产冷冻有限公司	池店镇华洲	—
8	晋江市统拓号海西冷链物流有限责任公司	安平开发区18区2号聚贤路258号	—
9	晋江南星海水产食品有限公司	晋江经济开发区食品园狮城大道旁	—
10	晋江乐乐食品冷冻有限公司	晋江经济开发区食品园智造大道28号	—
11	福州柒壹壹物流有限公司	福建省福州市闽侯县荆溪镇荆溪大道33号科乐通产业园区三期1#仓库	冷冻库300平方米，仓库储存能力约为300吨，冷藏库300平方米，仓库储存能力约为300吨
12	泉州万煌冷冻有限公司	泉州南安市官桥镇新圩村	—
13	南安市洪濑回源强冷冻品经营部	南安市洪濑镇江滨西路229号	—
14	南安洪濑鸿盛冷冻厂	福建省泉州市南安市洪濑镇谯琉村牛尾垅90号	—
15	福建泉州巴比乐乐食品有限公司	南安市洪濑镇晶华小区173号	—
16	福建毅龙商贸有限公司	福建省泉州市南安市柳城街道露江工业区工业路20号	—

资料来源：福建省市场监督管理局。

表 8－19　新疆维吾尔自治区从事冷藏冷冻食品贮存服务的非食品生产经营者备案信息统计表

序号	企业名称	冷藏冷冻仓库地址	贮存能力
1	哈密市凯旺冷库	新疆哈密市伊州区广东工业园区	4000 平方米
2	哈密市北出口明龙保鲜库	陶家宫镇新户三队	900 平方米
3	哈密市伊州区丰源冷库	惠康园路北平房 1－29 号	100 平方米
4	新疆东疆春农产品综合批发市场有限公司	新疆哈密市伊州区广东工业园区	2000 平方米
5	中国铁路乌鲁木齐局集团有限公司房产经营管理中心	前进东路四流站	400 平方米
6	新疆铁龙建筑工程有限责任公司	启辰社区 28 号	228 平方米

资料来源：新疆维吾尔自治区市场监督管理局。

表 8－20　辽宁省从事冷藏冷冻食品贮存服务的非食品生产经营者备案信息统计表

序号	备案号	企业名称	备案机关	主要服务对象类型
1	辽 0211 冷食贮〔2020〕第 0209 号	大连北黄海冷链物流有限公司	庄河市市场监督管理局	食品生产者
2	辽 0203 冷食贮〔2021〕第 0330 号	大连龙泽商贸有限公司	香炉礁街道市场监管所	食品经营者
3	辽 0207 冷食贮〔2021〕第 0327 号	大连经济技术开发区金山水产有限公司	海青岛市场监督管理所	食品经营者
4	辽 0206 冷食贮〔2021〕第 0302 号	大连建伟海产品有限公司	旅顺口区市场监督管理局	食品生产者、食品经营者
5	辽 0205 冷食贮〔2020〕第 0101 号	大连润豪贸易有限公司	大连市甘井子区市场监督管理局	食品经营者
6	辽 0205 冷食贮〔2020〕第 0028 号	辽渔集团有限公司冷藏分公司	甘井子区市场监督管理局大连湾市场监督管理所	食品生产者、食品经营者、食用农产品销售者
7	辽 0203 冷食贮〔2021〕第 0317 号	大连双兴商品城有限公司	西岗区市场监督管理局	食用农产品销售者
8	辽 0205 冷食贮〔2020〕第 0080 号	大连吉良林海仓储有限公司	大连市甘井子区市场监督管理局革镇堡市场监管所	食品经营者
9	辽 0203 冷食贮〔2021〕第 0318 号	大连天盛方实业发展有限公司天盛综合批发市场分公司	西岗区市场监督管理局	食品经营者

续 表

序号	备案号	企业名称	备案机关	主要服务对象类型
10	辽 0203 冷食贮〔2021〕第 0316 号	大连富地冷库有限公司	香炉礁街道市场监督管理所	食品生产者、食品经营者、食用农产品销售者
11	辽 0207 冷食贮〔2021〕第 0313 号	大连经济技术开发区腾飞冷藏厂	大连金普新区市场监督管理局德胜市场监督管理所	食品生产者、食用农产品销售者
12	辽 0207 冷食贮〔2021〕第 0314 号	大连七岛水产有限公司	大连金普新区市场监督管理局德胜市场监督管理所	食品经营者
13	辽 0207 冷食贮〔2021〕第 0308 号	大连经济技术开发区建华水产养殖场	大连金普新区市场监督管理局德胜市场监督管理所	食品生产者
14	辽 0207 冷食贮〔2021〕第 0306 号	大连市经济技术开发区金韵水产品加工厂	大连金普新区市场监督管理局德胜市场监督管理所	食品生产者、食用农产品销售者
15	辽 0207 冷食贮〔2020〕第 0287 号	大连经济技术开发区大李家顺昌海产品冷库	得胜市场监督管理所	食用农产品销售者
16	辽 0207 冷食贮〔2020〕第 0288 号	大连经济技术开发区九星冷库	大连金普新区市场监督管理局德胜市场监督管理所	食品经营者
17	辽 0211 冷食贮〔2020〕第 0096 号	大连晨辉农业发展有限公司	庄河市市场监督管理局	食品生产者
18	辽 0210 冷食贮〔2020〕第 0133 号	大连瑞宝食品有限公司	大连市普兰店区市场监督管理局	食品生产者
19	辽 0211 冷食贮〔2020〕第 0083 号	大连华彤食品有限公司	庄河市市场监督管理局	食品生产者、食品经营者
20	辽 0205 冷食贮〔2020〕第 0163 号	大连佳合运通集装箱运输有限公司	甘井子区市场监督管理局大连湾市场监督管理所	食品生产者、食品经营者
21	辽 0207 冷食贮〔2020〕第 0166 号	金州区拥政街道鸿坤冷库	大连金普新区市场监督管理局拥政市场监督管理所	食品生产者、食品经营者
22	辽 0205 冷食贮〔2020〕第 0078 号	大连良方仓储管理有限公司	大连市甘井子区市场监督管理局	食品经营者

续　表

序号	备案号	企业名称	备案机关	主要服务对象类型
23	辽 0205 冷食贮〔2020〕第 0065 号	大连鹏洁水产有限公司	甘井子区市场监督管理局大连湾市场监督管理所	食品生产者、食品经营者、食用农产品销售者
24	辽 0205 冷食贮〔2020〕第 0032 号	大连鼎鲜食品有限公司	甘井子区市场监督管理局大连湾市场监督管理所	食品生产者、食品经营者、食用农产品销售者
25	辽 0205 冷食贮〔2020〕第 0042 号	大连兴华水产品有限公司	甘井子区市场监督管理局大连湾市场监督管理所	食品生产者、食品经营者、食用农产品销售者
26	辽 0209 冷食贮〔2021〕第 0031 号	大连万通达物流有限公司	瓦房店市市场监督管理局	—
27	辽 1102 冷食贮〔2021〕第 0049 号	盘锦市双台子区远强水产食品冷库	双台子区市场监督管理局	—
28	辽 0207 冷食贮〔2021〕第 0173 号	大连京迅递供应链科技有限公司	金普新区市场局三十里堡市场监督管理所	食品经营者
29	辽 1407 冷食贮〔2021〕第 0091 号	兴城市春华水产品商店	兴城市市场监督管理局	食品经营者
30	辽 1105 冷食贮〔2021〕第 0037 号	盘山县吴家镇郭家村佰顺冷库厂	盘山县市场监督管理局吴家监督管理所	食品经营者
31	辽 1404 冷食贮〔2021〕第 0019 号	葫芦岛市南票区东方食品冷库	南票区市场监督管理局	—
32	辽 1102 冷食贮〔2021〕第 0039 号	盘锦市双台子区心怡海洋产品销售行	双台子区市场监督管理局	—
33	辽 1102 冷食贮〔2021〕第 0033 号	盘锦市双台子区老于水产商店	双台子区市场监督管理局	食品经营者、食用农产品销售者
34	辽 1102 冷食贮〔2021〕第 0026 号	盘锦市双台子区军强水产品经销处	双台子区市场监督管理局	食品生产者、食品经营者、食用农产品销售者
35	辽 0707 冷食贮〔2021〕第 0043 号	凌海市大有乡志红冷库	凌海市市场监督管理局	—
36	辽 0209 冷食贮〔2021〕第 0030 号	大连绿源食品有限公司	瓦房店市市场监督管理局	食品经营者

续 表

序号	备案号	企业名称	备案机关	主要服务对象类型
37	辽 0209 冷食贮〔2021〕第 0029 号	鸿鑫冷冻库	瓦房店市市场监督管理局	食品经营者
38	辽 1103 冷食贮〔2021〕第 0032 号	盘锦首站商贸有限公司	盘锦市兴隆台区市场监督管理局	食品生产者、食品经营者、食用农产品销售者
39	辽 1102 冷食贮〔2021〕第 0020 号	盘锦市双台子区旺升冷库	双台子区市场监督管理局	食品经营者
40	辽 0209 冷食贮〔2021〕第 0027 号	大连市泓和丰国际贸易有限公司	瓦房店市市场监督管理局	食品生产者
41	辽 0206 冷食贮〔2021〕第 0031 号	大连向日葵冷藏有限公司	旅顺口区市场监督管理局	食用农产品销售者
42	辽 1402 冷食贮〔2021〕第 0044 号	连山区锦郊街道宇昊冷藏冷库	连山区市场监督管理局	食品经营者
43	辽 1102 冷食贮〔2021〕第 0032 号	盘锦市双台子区明利水产批发店	双台子区市场监督管理局	食品经营者
44	辽 1207 冷食贮〔2021〕第 0053 号	调兵山市利友冷库出租服务部	调兵山市市场监督管理局	食品生产者、食品经营者
45	辽 0209 冷食贮〔2021〕第 0026 号	大连方圆农产品储藏有限公司	瓦房店市市场监督管理局	食用农产品销售者
46	辽 0606 冷食贮〔2021〕第 0158 号	东港市益兴食品有限公司	东港市市场监督管理局	食品生产者
47	辽 0105 冷食贮〔2021〕第 0003 号	沈阳市华龙绿健食品有限公司	皇姑区市场监督管理局	食品生产者、食品经营者、食用农产品销售者
48	辽 0704 冷食贮〔2021〕第 0013 号	太和区华杰冷库租赁服务部	太和区市场监督管理局	食用农产品销售者
49	辽 0504 冷食贮〔2021〕第 0026 号	明山区兴旺仓储服务部	本溪市明山区市场监督管理局	食品生产者
50	辽 0606 冷食贮〔2021〕第 0157 号	东港市金弘食品有限公司	东港市市场监督管理局	食品生产者、食品经营者、食用农产品销售者
51	辽 0503 冷食贮〔2021〕第 0006 号	本溪市圣瀚建筑工程有限公司	本溪市溪湖区市场监督管理局	食品经营者

续　表

序号	备案号	企业名称	备案机关	主要服务对象类型
52	辽 1103 冷食贮〔2021〕第 0023 号	兴隆台区爱顿优牧格尔生鲜超市	盘锦市兴隆台区市场监督管理局	食品经营者
53	辽 0602 冷食贮〔2021〕第 0024 号	丹东市海旺三宝食品有限公司	丹东市元宝区市场监督管理局	食品生产者、食品经营者
54	辽 1103 冷食贮〔2021〕第 0022 号	兴隆台区业群冷库储存中心	盘锦市兴隆台区市场监督管理局	—
55	辽 0707 冷食贮〔2021〕第 0031 号	凌海市双羊镇华益冷冻厂	凌海市市场监督管理局	食品生产者、食品经营者
56	辽 1407 冷食贮〔2021〕第 0082 号	兴城市林疗刘宇冷库	兴城市市场监督管理局	食品经营者
57	辽 0606 冷食贮〔2021〕第 0156 号	辽宁浩洋冷链物流有限公司	东港市市场监督管理局	—
58	辽 0707 冷食贮〔2021〕第 0020 号	凌海市大凌河张二冷库	凌海市市场监督管理局	食用农产品销售者
59	辽 1204 冷食贮〔2021〕第 0054 号	铁岭市舍道食品加工有限公司	铁岭县市场监督管理局	食品经营者
60	辽 0707 冷食贮〔2021〕第 0016 号	凌海市右卫镇玉珠冷库	凌海市市场监督管理局	—
61	辽 0306 冷食贮〔2021〕第 0056 号	辽宁鑫华科技发展有限公司	台安县市场监督管理局富强分局	食品生产者
62	辽 1206 冷食贮〔2021〕第 0057 号	昌图县房国明冷库	昌图县市场监督管理局昌图站市场监督管理所	—
63	辽 0308 冷食贮〔2021〕第 0138 号	海城市西柳镇广泽冷饮店	海城市市场监督管理局	食品经营者
64	辽 0308 冷食贮〔2021〕第 0117 号	海城市兴海区广汇福利冷库	海城市市场监督管理局	食品经营者
65	辽 0308 冷食贮〔2021〕第 0123 号	海城市龙鱼冷冻有限公司	海城市市场监督管理局	食品生产者、食品经营、食用农产品销售者
66	辽 0308 冷食贮〔2020〕第 0131 号	黑河万隆贸易有限责任公司海城分公司	海城市市场监督管理局	食品生产者、食品经营者、食用农产品销售者

续　表

序号	备案号	企业名称	备案机关	主要服务对象类型
67	辽 0306 冷食贮〔2020〕第 0050 号	台安县宏阔冷库仓储处	台安县市场监督管理局西佛分局	食用农产品销售者
68	辽 0308 冷食贮〔2020〕第 0130 号	海城市祥国贸易有限公司	海城市市场监督管理局	食品经营者、食用农产品销售者
69	辽 0307 冷食贮〔2020〕第 0012 号	德利冷库服务中心	岫岩满族自治县市场监督管理局	食品经营者
70	辽 0303 冷食贮〔2020〕第 0022 号	辽宁乾元新兴实业有限公司	鞍山市铁西区市场监督管理局	食品经营者、食用农产品销售者
71	辽 0121 冷食贮〔2020〕第 0017 号	沈阳宇培供应链管理有限公司	铁西区市场监督管理局	食品经营者
72	辽 1103 冷食贮〔2020〕第 0013 号	盘锦市兴隆台区万富冷库	盘锦市兴隆台区市场监督管理局	食品经营者
73	辽 0107 冷食贮〔2020〕第 0035 号	沈阳市苏家屯区智冻冷冻储存冷库	沈阳市苏家屯区市场监督管理局	食品经营者、食用农产品销售者
74	辽 0606 冷食贮〔2020〕第 0151 号	东港市新城区久旭储藏厂	东港市市场监督管理局	食品生产者
75	辽 1206 冷食贮〔2020〕第 0053 号	昌图县马仲河镇小王副食品商店	昌图县市场监督管理局昌图站市场监督管理所	食品经营者
76	辽 0706 冷食贮〔2020〕第 0006 号	义县大众市场冷库	义县市场监督管理局振兴所	食品经营者
77	辽 0110 冷食贮〔2020〕第 0062 号	沈阳市于洪区金玉昶仓储服务站	沈阳市于洪区市场监督管理局	食品生产者、食品经营者
78	辽 0110 冷食贮〔2020〕第 0061 号	沈阳元通良种牛养殖基地	沈阳市于洪区市场监督管理局	食品经营者
79	辽 0708 冷食贮〔2020〕第 0024 号	北镇市沟帮子镇清伊顺食品厂	北镇市市场监督管理局	食品生产者
80	辽 0708 冷食贮〔2020〕第 0020 号	北镇市闾阳镇百昌水产经销处	北镇市市场监督管理局	食品经营者
81	辽 0207 冷食贮〔2020〕第 0132 号	大连名岛海洋食品有限公司	金普新区市场局三十里堡市场监督管理所	食品经营者
82	辽 0708 冷食贮〔2020〕第 0013 号	北镇市沟帮子忠东冷库仓储部	北镇市市场监督管理局	食品生产者、食品经营者

续　表

序号	备案号	企业名称	备案机关	主要服务对象类型
83	辽0708冷食贮〔2020〕第0010号	北镇市协成屠宰厂	北镇市市场监督管理局	食品经营者、食用农产品销售者
84	辽0806冷食贮〔2020〕第0023号	盖州市谊鑫冷库	盖州市市场监督管理局	食品经营者
85	辽0708冷食贮〔2020〕第0008号	北镇市东越食品有限公司	北镇市市场监督管理局	食品生产者、食品经营者、食用农产品销售者
86	辽0708冷食贮〔2020〕第0006号	北镇市沟帮子忠东冷库仓储部	北镇市市场监督管理局	食品生产者、食品经营者、食用农产品销售者
87	辽0708冷食贮〔2020〕第0005号	北镇市沟帮子德志冷库仓储部	北镇市市场监督管理局	食用农产品销售者
88	辽1206冷食贮〔2020〕第0048号	昌图县昌图镇老张家冷库	昌图县市场监督管理局昌图站市场监督管理所	食品经营者
89	辽0304冷食贮〔2020〕第0018号	鞍山市立山区丽娟冷库出租中心	鞍山市立山区市场监督管理局	食品经营者
90	辽0308冷食贮〔2020〕第0111号	海城市开发区祥华冷库	海城市市场监督管理局	食品经营者、食用农产品销售者
91	辽0109冷食贮〔2020〕第0002号	沈阳市沈北新区宏秀伟冷库	沈北新区市场监督管理局	食品经营者
92	辽0705冷食贮〔2020〕第0021号	黑山县杨玉侠冷库	黑山县城东市场监督管理所	食品经营者
93	辽0308冷食贮〔2020〕第0110号	海城市开发区吉顺保鲜食品销售冷库	海城市市场监督管理局	食品经营者、食用农产品销售者
94	辽0308冷食贮〔2020〕第0108号	海城市验军管理区二台子村东冠名华股份经济专业合作社	海城市市场监督管理局	食品经营者、食用农产品销售者
95	辽0708冷食贮〔2020〕第0007号	北镇市华云物业管理有限公司	北镇市市场监督管理局	食品经营者、食用农产品销售者
96	辽0710冷食贮〔2020〕第0017号	锦州市太和区富锦山庄饭店	锦州松山新区（锦州高新技术产业开发区）市场监督管理局	食品经营者

续 表

序号	备案号	企业名称	备案机关	主要服务对象类型
97	辽 1206 冷食贮〔2020〕第 0040 号	昌图县松峰冷库服务处	昌图县市场监督管理局昌图站市场监督管理所	食品生产者、食品经营者
98	辽 0705 冷食贮〔2020〕第 0015 号	黑山县文华冷库	黑山县城关市场监督管理所	—
99	辽 0107 冷食贮〔2020〕第 0030 号	沈阳市苏家屯区英茗普通货物仓储服务站	沈阳市苏家屯区市场监督管理局	食品经营者
100	辽 0705 冷食贮〔2020〕第 0010 号	黑山县小东镇大雷冷库经营部	黑山县小东市场监督管理所	食品经营者
101	辽 0705 冷食贮〔2020〕第 0009 号	黑山县小东镇小帅冷饮店	黑山县小东市场监督管理所	食品经营者
102	辽 0705 冷食贮〔2020〕第 0013 号	黑山县利民水产冷库租赁部	黑山县城关市场监督管理所	食品经营者
103	辽 0107 冷食贮〔2020〕第 0029 号	沈阳市苏家屯区羽业仓储冷库	沈阳市苏家屯区市场监督管理局	食品生产者、食品经营者
104	辽 0705 冷食贮〔2020〕第 0004 号	黑山县陈玉棉水产品储藏库	黑山县城关市场监督管理所	食品经营者
105	辽 1206 冷食贮〔2020〕第 0032 号	辽宁鹤润食品有限公司	昌图县市场监督管理局	食品生产者
106	辽 0206 冷食贮〔2020〕第 0029 号	大连美极鲜虾食品有限公司	旅顺口区市场监督管理局	—
107	辽 0306 冷食贮〔2020〕第 0041 号	台安县刘二冷库仓储门市部	台安县市场监督管理局富强分局	食品经营者
108	辽 1006 冷食贮〔2020〕第 0015 号	太子河区福元速冻食品经营部	太子河区市场监督管理局	食品经营者
109	辽 0306 冷食贮〔2020〕第 0040 号	台安县富强街老贾冷库	台安县市场监督管理局富强分局	食品经营者
110	辽 1104 冷食贮〔2020〕第 0020 号	大洼区强盛冷库	大洼区市场监督管理局	食品经营者
111	辽 0206 冷食贮〔2020〕第 0028 号	大连一品鼎盛冷库有限公司	旅顺口区市场监督管理局	食品经营者
112	辽 0605 冷食贮〔2020〕第 0075 号	宽甸满族自治县立祥冷库	宽甸满族自治县市场监督管理局	食品经营者

续　表

序号	备案号	企业名称	备案机关	主要服务对象类型
113	辽 1206 冷食贮〔2020〕第 0027 号	昌图县野百味肉串加工厂	昌图县市场监督管理局	食品生产者
114	辽 0907 冷食贮〔2020〕第 0023 号	阜新蒙古族自治县晟鑫冷贮有限公司	阜新市市场监督管理局	食品经营者
115	辽 1006 冷食贮〔2020〕第 0012 号	太子河区亿海昌源水产品批发部	太子河区市场监督管理局	食品生产者、食品经营者、食用农产品销售者
116	辽 1303 冷食贮〔2020〕第 0007 号	朝阳市利新冷冻厂	龙城区市场监督管理局	食品生产者、食品经营者、食用农产品销售者
117	辽 0707 冷食贮〔2020〕第 0003 号	凌海市大凌河正裕仁平冷库仓储厂	凌海市市场监督管理局	食品经营者、食用农产品销售者
118	辽 0707 冷食贮〔2020〕第 0002 号	凌海市新庄子镇盛源冷库	凌海市市场监督管理局	食品经营者、食用农产品销售者
119	辽 1103 冷食贮〔2020〕第 0011 号	盘锦中佳农贸有限公司	盘锦市兴隆台区市场监督管理局	食品生产者、食品经营者、食用农产品销售者
120	辽 1103 冷食贮〔2020〕第 0012 号	兴隆台区春永冷库	盘锦市兴隆台区市场监督管理局	食品经营者
121	辽 0710 冷食贮〔2020〕第 0014 号	辽宁中億脉柯科技有限公司	锦州松山新区（锦州高新技术产业开发区）市场监督管理局	食品经营者
122	辽 1206 冷食贮〔2020〕第 0018 号	昌图县昌图镇谢家冷冻库	昌图县市场监督管理局昌图站市场监督管理所	—
123	辽 0707 冷食贮〔2020〕第 0001 号	凌海市温滴楼镇通达冷鲜仓储库	凌海市市场监督管理局	食品生产者、食品经营者、食用农产品销售者
124	辽 0906 冷食贮〔2020〕第 0022 号	辽宁原本食品有限公司	阜新市细河区市场监督管理局	食品生产者、食品经营者、食用农产品销售者
125	辽 1008 冷食贮〔2020〕第 0028 号	灯塔市王中王铧西熟食店	灯塔市市场监督管理局	食品经营者

续 表

序号	备案号	企业名称	备案机关	主要服务对象类型
126	辽 1305 冷食贮〔2020〕第 0008 号	建平县叶柏寿源丰冷库	建平县市场监督管理局	食品生产者、食品经营者、食用农产品销售者
127	辽 1204 冷食贮〔2020〕第 0045 号	铁岭县阿吉镇钟赫食品销售部	铁岭县市场监督管理局	食品经营者
128	辽 1305 冷食贮〔2020〕第 0007 号	建平县叶柏寿环城冷冻食品批发部	建平县市场监督管理局	食品经营者、食用农产品销售者
129	辽 0404 冷食贮〔2020〕第 0003 号	辽宁抚顺泰华冷链物流有限公司	抚顺市望花区市场监督管理局	食品生产者、食品经营者、食用农产品销售者
130	辽 1206 冷食贮〔2020〕第 0015 号	昌图县昌图镇马文斌速冻保鲜冷藏库	昌图县市场监督管理局昌图站市场监督管理所	食品生产者、食品经营者
131	辽 1206 冷食贮〔2020〕第 0013 号	昌图县昌图镇金冰岛冷库	昌图县市场监督管理局昌图站市场监督管理所	食品生产者、食品经营者
132	辽 0703 冷食贮〔2020〕第 0015 号	锦州佳龙制冷设备有限公司	锦州市凌河区市场监督管理局	食品生产者、食品经营者、食用农产品销售者
133	辽 1006 冷食贮〔2020〕第 0011 号	太子河区新恒亿商贸中心	太子河区市场监督管理局	食品经营者
134	辽 0110 冷食贮〔2020〕第 0037 号	沈阳市于洪区庆发冷库	沈阳市于洪区市场监督管理局	食品经营者
135	辽 1206 冷食贮〔2020〕第 0007 号	昌图县昌图镇淑云冷库出租处	昌图县市场监督管理局昌图站市场监督管理所	食品经营者
136	辽 1206 冷食贮〔2020〕第 0005 号	昌图县富兴蔬菜种植专业合作社	昌图县市场监督管理局八面城市场监督管理所	食品经营者
137	辽 0304 冷食贮〔2020〕第 0009 号	鞍山太平地下街菜市场有限公司	鞍山市立山区市场监督管理局	食品生产者、食品经营者、食用农产品销售者
138	辽 1108 冷食贮〔2020〕第 0001 号	盘锦经济开发区家泰冷饮配货站	盘锦市兴隆台区市场监督管理局	食品经营者、食用农产品销售者

续 表

序号	备案号	企业名称	备案机关	主要服务对象类型
139	辽 0110 冷食贮〔2020〕第 0040 号	沈阳安庭仓储服务有限公司	沈阳市于洪区市场监督管理局	食品经营者
140	辽 1209 冷食贮〔2020〕第 0006 号	铁岭市东升实业有限公司	铁岭市市场监督管理局开发区分局	食品生产者、食品经营者、食用农产品销售者
141	辽 1306 冷食贮〔2020〕第 0022 号	喀左县大城子街道腾飞冷库	喀左县市场监督管理局	食品生产者、食品经营者
142	辽 0304 冷食贮〔2020〕第 0008 号	立山区玉明冷库出租中心	鞍山市立山区市场监督管理局	食品经营者
143	辽 0205 冷食贮〔2020〕第 0234 号	大连明源物资有限公司	大连市甘井子区市场监督管理局大连湾市场监督管理所	食品经营者
144	辽 1205 冷食贮〔2020〕第 0036 号	西丰县东兴参茸土特产品加工有限公司	西丰县市场监督管理局中草药材市场所	食用农产品销售者
145	辽 0205 冷食贮〔2020〕第 0232 号	甘井子区大连湾街道明浩冷冻加工厂	大连市甘井子区市场监督管理局大连湾市场监督管理所	食品经营者
146	辽 0206 冷食贮〔2020〕第 0029 号	大连市旅顺口区新人冷库	旅顺口区市场监督管理局	食品经营者、食用农产品销售者
147	辽 1402 冷食贮〔2020〕第 0043 号	连山区晓红冷库仓储中心	连山区市场监督管理局	食品生产者
148	辽 1102 冷食贮〔2021〕第 0014 号	盘锦市兴隆台区荣富冷库储存中心	盘锦市兴隆台区市场监督管理局	食品经营者
149	辽 1303 冷食贮〔2020〕第 0008 号	慧枫（辽宁）实业有限公司	龙城区市场监督管理局	食品生产者、食品经营者
150	辽 0206 冷食贮〔2020〕第 0028 号	旅顺新鑫水产品加工厂	旅顺口区市场监督管理局	食品经营者
151	辽 0902 冷食贮〔2020〕第 0022 号	阜新市玉博物流仓储有限公司	阜新市海州区市场监督管理局韩家店所	食品经营者
152	辽 1206 冷食贮〔2020〕第 0054 号	昌图县家和美商城芹鹏副食品商店	昌图县市场监督管理局昌图站市场监督管理所	食品经营者
153	辽 0302 冷食贮〔2020〕第 0008 号	鞍山盛仕文化市场经营管理有限公司	铁东区市场监督管理局	食品经营者

续　表

序号	备案号	企业名称	备案机关	主要服务对象类型
154	辽0305冷食贮〔2020〕第0005号	鞍山味邦肉类联合加工有限公司	铁东区市场监督管理局	食用农产品销售者
155	辽1103冷食贮〔2020〕第0004号	盘锦新跃农贸综合批发市场有限公司	盘锦市兴隆台区市场监督管理局	食用农产品销售者
156	辽0304冷食贮〔2020〕第0007号	鞍山市立山区瑞丰冷库	鞍山市立山区市场监督管理局	食品经营者、食用农产品销售者
157	辽0205冷食贮〔2020〕第0227号	大连市甘井子区大连湾街道宝瑞海产品加工厂	大连市甘井子区市场监督管理局大连湾市场监督管理所	食品经营者
158	辽1302冷食贮〔2020〕第0007号	双塔区德诚冷库	朝阳市双塔区市场监督管理局	食品经营者
159	辽0710冷食贮〔2020〕第0010号	锦州市松山新区伟国冷库	锦州松山新区（锦州高新技术产业开发区）市场监督管理局	食品经营者
160	辽0304冷食贮〔2020〕第0006号	立山区北方冷藏冷冻库	鞍山市立山区市场监督管理局	食品经营者
161	辽1305冷食贮〔2020〕第0006号	建平县猪首山熟食加工厂	建平县市场监督管理局	食品生产者、食品经营者、食用农产品销售者
162	辽0205冷食贮〔2020〕第0227号	甘井子区大连湾街道北海岸冷库	大连市甘井子区市场监督管理局大连湾市场监督管理所	食品经营者
163	辽0205冷食贮〔2020〕第0225号	甘井子区大连湾街道海汇水产品养殖场	大连市甘井子区市场监督管理局大连湾市场监督管理所	食品经营者
164	辽0308冷食贮〔2020〕第0084号	海城市吉兴保鲜库	海城市市场监督管理局	食用农产品销售者
165	辽0205冷食贮〔2020〕第0225号	大连金中源水产品有限公司	大连市甘井子区市场监督管理局大连湾市场监督管理所	食品经营者
166	辽0205冷食贮〔2020〕第0224号	大连市甘井子区海德冷库	大连市甘井子区市场监督管理局大连湾市场监督管理所	食品经营者

续　表

序号	备案号	企业名称	备案机关	主要服务对象类型
167	辽 0206 冷食贮〔2020〕第 0027 号	旅顺口区成任冷库	旅顺口区市场监督管理局	食品经营者
168	辽 0205 冷食贮〔2020〕第 0223 号	大连市甘井子区海润水产冷库	大连市甘井子区市场监督管理局大连湾市场监督管理所	食品经营者
169	辽 1208 冷食贮〔2020〕第 0034 号	开原市农产品交易中心有限公司	开原市市场监督管理局	食品经营者
170	辽 0206 冷食贮〔2020〕第 0024 号	大连一品鼎盛食品有限公司	旅顺口区市场监督管理局	食品经营者
171	辽 1104 冷食贮〔2020〕第 0019 号	大洼区志鑫冷库	大洼区市场监督管理局	—
172	辽 0705 冷食贮〔2020〕第 0001 号	黑山县小东镇海河冷库	黑山县小东市场监督管理所	食品经营者
173	辽 0308 冷食贮〔2020〕第 0076 号	海城市腾鳌镇庆利养殖场	海城市市场监督管理局	食用农产品销售者
174	辽 1006 冷食贮〔2020〕第 0008 号	辽阳鸣轩冷库仓储有限公司	太子河区市场监督管理局	食品经营者、食用农产品销售者
175	辽 1008 冷食贮〔2020〕第 0025 号	灯塔市新陈二香肠熟食店	灯塔市市场监督管理局	—
176	辽 0206 冷食贮〔2020〕第 0021 号	大连翼展海珍品有限公司	旅顺口区市场监督管理局	食品经营者
177	辽 0206 冷食贮〔2020〕第 0018 号	旅顺城明冷库	旅顺口区市场监督管理局	食品经营者、食用农产品销售者
178	辽 0107 冷食贮〔2020〕第 0020 号	沈阳市安盛冷藏有限公司	沈阳市苏家屯区市场监督管理局	食品生产者、食品经营者、食用农产品销售者
179	辽 0106 冷食贮〔2020〕第 0032 号	沈阳市铁西区双红合冷库	铁西区市场监督管理局	食品经营者
180	辽 0606 冷食贮〔2020〕第 0131 号	东港市哈为食品有限公司	东港市市场监督管理局	食品生产者、食品经营者
181	辽 0107 冷食贮〔2020〕第 0019 号	沈阳市苏家屯区吉祥发冷库	沈阳市苏家屯区市场监督管理局	食品经营者、食用农产品销售者
182	辽 0107 冷食贮〔2020〕第 0018 号	沈阳芃圣制冷有限公司	沈阳市苏家屯区市场监督管理局	食品经营者、食用农产品销售者

续 表

序号	备案号	企业名称	备案机关	主要服务对象类型
183	辽 0309 冷食贮〔2020〕第 0004 号	鞍山呈海贸易有限公司	鞍山市市场监督管理局经济开发区分局	食品生产者、食品经营者
184	辽 1008 冷食贮〔2020〕第 0024 号	灯塔市洪伟冷库	灯塔市市场监督管理局	—
185	辽 0402 冷食贮〔2020〕第 0002 号	抚顺市水产经贸总公司	抚顺市新抚区市场监管局	食用农产品销售者
186	辽 0807 冷食贮〔2020〕第 0010 号	大石桥市泓源水产有限公司	大石桥市市场监督管理局金桥分局	食品经营者
187	辽 1205 冷食贮〔2020〕第 0032 号	西丰县西丰镇金草原小肥羊火锅店	西丰县市场监督管理局餐饮股	食品经营者
188	辽 1205 冷食贮〔2020〕第 0031 号	西丰县西丰镇巴蜀火锅二部	西丰县市场监督管理局餐饮股	食品经营者
189	辽 0506 冷食贮〔2020〕第 0026 号	本溪满族自治县鑫健农产品仓储保鲜物流有限公司	本溪满族自治县市场监督管理局	食品生产者、食品经营者、食用农产品销售者
190	辽 0308 冷食贮〔2020〕第 0071 号	海城市牌楼镇大旺村鑫盛股份经济专业合作社	海城市市场监督管理局	食品经营者
191	辽 0105 冷食贮〔2020〕第 0002 号	沈阳沈飞实业有限公司	沈阳市皇姑区市场监督管理局	食品生产者、食品经营者、食用农产品销售者
192	辽 1104 冷食贮〔2020〕第 0012 号	盘锦市大洼区启会冷库	大洼区市场监督管理局	食品经营者
193	辽 0402 冷食贮〔2020〕第 0001 号	抚顺市阳光食品有限公司新抚冷藏物流分公司	抚顺市新抚区市场监管局	食品经营者
194	辽 0507 冷食贮〔2020〕第 0006 号	桓仁富民果业专业合作社	桓仁满族自治县市场监督管理局	食用农产品销售者
195	辽 0507 冷食贮〔2020〕第 0005 号	桓仁涌鸿农业专业合作社	桓仁满族自治县市场监督管理局	食用农产品销售者
196	辽 0507 冷食贮〔2020〕第 0004 号	桓仁满族自治县金穗粘玉米专业合作社	桓仁满族自治县市场监督管理局	食品经营者、食用农产品销售者
197	辽 0507 冷食贮〔2020〕第 0003 号	桓仁桓龙冷藏库	桓仁满族自治县市场监督管理局	食用农产品销售者
198	辽 0507 冷食贮〔2020〕第 0002 号	桓仁五里甸子镇绿生大果榛子专业合作社	桓仁满族自治县市场监督管理局	食用农产品销售者

续　表

序号	备案号	企业名称	备案机关	主要服务对象类型
199	辽 1407 冷食贮〔2020〕第 0070 号	兴城市宏扬冷库	兴城市市场监督管理局	食用农产品销售者
200	辽 0205 冷食贮〔2020〕第 0236 号	大连佳合运通集装箱运输有限公司	大连市甘井子区市场监督管理局大连湾市场监督管理所	食品生产者、食品经营者
201	辽 1105 冷食贮〔2020〕第 0006 号	盘山县吴家镇榆树村美全食品经销处	盘山县市场监督管理局吴家监督管理所	食品经营者
202	辽 1403 冷食贮〔2020〕第 0023 号	龙港区文岩冷库	龙港区市场监督管理局	—
203	辽 0908 冷食贮〔2020〕第 0011 号	彰武县任二水产速冻食品批发部	阜新市彰武县市场监督管理局	食品经营者
204	辽 0404 冷食贮〔2020〕第 0002 号	抚顺市望花区宏艳仓储服务部	抚顺市望花区市场监督管理局	食用农产品销售者
205	辽 0404 冷食贮〔2020〕第 0001 号	抚顺市望花区艳宏佳仓储服务部	抚顺市望花区市场监督管理局	食用农产品销售者
206	辽 1105 冷食贮〔2020〕第 0004 号	盘锦欧旭食品有限公司	盘山县市场监督管理局县城监督管理所	食品经营者
207	辽 0303 冷食贮〔2020〕第 0014 号	鞍山泉佳种植专业合作社	鞍山市铁西区市场监督管理局	食品经营者、食用农产品销售者
208	辽 0302 冷食贮〔2020〕第 0007 号	鞍山市新兴商贸集团有限责任公司	铁东区市场监督管理局	食品经营者
209	辽 0303 冷食贮〔2020〕第 0013 号	铁西区海滨冷库出租站	鞍山市铁西区市场监督管理局	食品经营者
210	辽 0408 冷食贮〔2020〕第 0005 号	清原满族自治县辽东市场铁柱水产商店	清原满族自治县市场监督管理局	食品经营者
211	辽 1007 冷食贮〔2020〕第 0006 号	辽阳县黄泥洼镇福民大市场	辽阳县市场监督管理局	食品生产者、食品经营者
212	辽 0302 冷食贮〔2020〕第 0002 号	鞍山凯兴冷冻品经营有限公司	铁西区市场监督管理局	食品生产者
213	辽 0408 冷食贮〔2020〕第 0004 号	清原满族自治县潘家水产零售铺	清原满族自治县市场监督管理局	食品经营者
214	辽 0806 冷食贮〔2020〕第 0016 号	营口港盖州物流有限公司	盖州市市场监督管理局	食品经营者

续 表

序号	备案号	企业名称	备案机关	主要服务对象类型
215	辽 1211 冷食贮〔2020〕第 0002 号	辽宁佳时农业发展有限公司	铁岭市市场监督管理局开发区分局	食品生产者、食品经营者、食用农产品销售者
216	辽 0605 冷食贮〔2020〕第 0059 号	宽甸满族自治县永甸镇韩喆冷库仓储冷库	宽甸满族自治县市场监督管理局	食用农产品销售者
217	辽 0204 冷食贮〔2020〕第 0035 号	沙河口区苗苗冷库经营部	大连市沙河口区市场监督管理局	食品经营者
218	辽 1404 冷食贮〔2020〕第 0017 号	南票区高桥镇德华水果种植家庭农场	南票区市场监督管理局	—
219	辽 0407 冷食贮〔2020〕第 0009 号	新宾满族自治县万顺冷库	新宾满族自治县市场监督管理局新宾镇分局	食品经营者、食用农产品销售者
220	辽 0407 冷食贮〔2020〕第 0008 号	新宾满族自治县食品公司	新宾满族自治县市场监督管理局新宾镇分局	食品生产者、食用农产品销售者
221	辽 1008 冷食贮〔2020〕第 0022 号	灯塔市张台子镇君豪冷库	灯塔市市场监督管理局	食用农产品销售者
222	辽 0606 冷食贮〔2020〕第 0117 号	东港市冰鲜食品水产有限公司	东港市市场监督管理局	食品经营者
223	辽 0210 冷食贮〔2020〕第 0011 号	大连隆宇食品有限公司	大连市普兰店区市场监督管理局	食品经营者
224	辽 0107 冷食贮〔2020〕第 0016 号	沈阳市苏家屯区王纲乡天盛饲料厂	沈阳市苏家屯区市场监督管理局	食品生产者
225	辽 0405 冷食贮〔2020〕第 0004 号	抚顺市枫益冷冻食品储藏中心	抚顺市顺城区市场监督管理局	食用农产品销售者
226	辽 0107 冷食贮〔2020〕第 0014 号	沈阳市天成速冻品加工厂	沈阳市苏家屯区市场监督管理局	食品生产者、食品经营者
227	辽 0107 冷食贮〔2020〕第 0012 号	沈阳财俊轩仓储有限公司	沈阳市苏家屯区市场监督管理局	食品生产者、食品经营者、食用农产品销售者
228	辽 1008 冷食贮〔2020〕第 0021 号	灯塔市金佰汇冷库	灯塔市市场监督管理局	食品经营者
229	辽 0121 冷食贮〔2020〕第 0013 号	沈阳鑫通冷藏有限公司	铁西区市场监督管理局	食品生产者、食品经营者、食用农产品销售者

续　表

序号	备案号	企业名称	备案机关	主要服务对象类型
230	辽 1008 冷食贮〔2020〕第 0020 号	灯塔市烟台街道鸿昌冷库	灯塔市市场监督管理局	食品经营者
231	辽 0205 冷食贮〔2020〕第 0193 号	大连市甘井子区广利冷冻库	大连市甘井子区市场监督管理局南关岭市场监督管理所	食品经营者
232	辽 0407 冷食贮〔2020〕第 0007 号	新宾满族自治县永陵大正冷藏库	新宾满族自治县市场监督管理局永陵分局	食品经营者
233	辽 0710 冷食贮〔2020〕第 0009 号	锦州市远航实业有限责任公司	锦州松山新区（锦州高新技术产业开发区）市场监督管理局	食品经营者
234	辽 1202 冷食贮〔2020〕第 0018 号	铁岭市银州区鸿利冷藏库	铁岭市银州区市场监督管理局	食品经营者、食用农产品销售者
235	辽 0407 冷食贮〔2020〕第 0005 号	新宾满族自治县圣帝冷库出租有限公司	新宾满族自治县市场监督管理局永陵分局	食品经营者
236	辽 1007 冷食贮〔2020〕第 0003 号	辽阳县刘二堡占俭冷库	辽阳县市场监督管理局	食品经营者
237	辽 0107 冷食贮〔2020〕第 0007 号	辽宁万沣冷藏食品有限公司	沈阳市苏家屯区市场监督管理局	食品生产者、食品经营者、食用农产品销售者
238	辽 0121 冷食贮〔2020〕第 0011 号	沈阳德商水产有限公司	铁西区市场监督管理局	食品经营者
239	辽 0906 冷食贮〔2020〕第 0015 号	阜新市瑞轩实业发展有限公司	阜新市细河区市场监督管理局	食品经营者、食用农产品销售者
240	辽 0209 冷食贮〔2020〕第 0012 号	瓦房店市复州雪山冷库	瓦房店市市场监督管理局	食品经营者
241	辽 0902 冷食贮〔2020〕第 0016 号	阜新市食品有限责任公司	阜新市海州区市场监督管理局站前所	食品经营者
242	辽 0204 冷食贮〔2020〕第 0025 号	大连水产养殖集团有限公司冷冻厂	大连市沙河口区市场监督管理局	食品生产者、食品经营者
243	辽 0210 冷食贮〔2020〕第 0010 号	大连瑞宝食品有限公司	大连市普兰店区市场监督管理局	食品生产者
244	辽 1402 冷食贮〔2020〕第 0028 号	辽宁维客多电力机械销售有限公司	连山区市场监督管理局	—

续 表

序号	备案号	企业名称	备案机关	主要服务对象类型
245	辽 1402 冷食贮〔2020〕第 0027 号	葫芦岛市连山区德谦食品冷冻有限公司	连山区市场监督管理局	—
246	辽 1402 冷食贮〔2020〕第 0022 号	连山区沙河营乡上坡子村秀兰冷库	连山区市场监督管理局	—
247	辽 1402 冷食贮〔2020〕第 0021 号	连山区沙河营乡天顺冷库	连山区市场监督管理局	—
248	辽 1402 冷食贮〔2020〕第 0020 号	连山区星达冷库安装店	连山区市场监督管理局	—
249	辽 1402 冷食贮〔2020〕第 0019 号	连山区沙河营乡涛子冷库	连山区市场监督管理局	—
250	辽 1402 冷食贮〔2020〕第 0018 号	连山区寺儿堡镇新缘冷库	连山区市场监督管理局	—
251	辽 1402 冷食贮〔2020〕第 0017 号	连山区沙河营乡建业冷库	连山区市场监督管理局	—
252	辽 1402 冷食贮〔2020〕第 0016 号	连山区裕铭冷库	连山区市场监督管理局	—
253	辽 1402 冷食贮〔2020〕第 0015 号	连山区沙河营乡聚缘冷库	连山区市场监督管理局	—
254	辽 1402 冷食贮〔2020〕第 0014 号	连山区沙河营乡华运冷库	连山区市场监督管理局	—
255	辽 1407 冷食贮〔2020〕第 0057 号	兴城市宝鑫冷库	兴城市市场监督管理局	—
256	辽 1402 冷食贮〔2020〕第 0013 号	葫芦岛市连山区寺儿堡镇众汇冷库仓储中心	连山区市场监督管理局	—
257	辽 1402 冷食贮〔2020〕第 0012 号	连山区寺儿堡镇馨彪冷库	连山区市场监督管理局	—
258	辽 1402 冷食贮〔2020〕第 0011 号	连山区俊宏冷藏仓储冷库	连山区市场监督管理局	—
259	辽 1402 冷食贮〔2020〕第 0010 号	葫芦岛市连山区沙河营乡前潘明达冷库	连山区市场监督管理局	—
260	辽 1206 冷食贮〔2020〕第 0003 号	昌图县盛博冷库	昌图县市场监督管理局昌图站市场监督管理所	食品经营者、食用农产品销售者

续　表

序号	备案号	企业名称	备案机关	主要服务对象类型
261	辽1202冷食贮〔2020〕第0017号	铁岭市银州区百顺肉类仓储经销处	铁岭市银州区市场监督管理局铁西市场监督管理所	食品经营者
262	辽1211冷食贮〔2020〕第0001号	昌图县仓满冷库	昌图县市场监督管理局昌图站市场监督管理所	食品经营者
263	辽0309冷食贮〔2020〕第0001号	鞍山市德泰冷藏有限公司	鞍山市市场监督管理局经济开发区分局	食品生产者、食品经营者、食用农产品销售者
264	辽1008冷食贮〔2020〕第0016号	灯塔市亚君冷库	灯塔市市场监督管理局	食品经营者
265	辽0405冷食贮〔2020〕第0003号	抚顺市中顺食品有限责任公司	抚顺市顺城区市场监督管理局	食品生产者、食品经营者
266	辽0807冷食贮〔2020〕第0005号	大石桥市鱼鲜生水产	大石桥市市场监督管理局金桥分局	—
267	辽0807冷食贮〔2020〕第0006号	泓源冷库	大石桥市市场监督管理局金桥分局	—
268	辽1407冷食贮〔2020〕第0045号	葫芦岛九股河食品有限公司	兴城市市场监督管理局	食品生产者、食用农产品销售者
269	辽0807冷食贮〔2020〕第0004号	大石桥市梁泽渔业	大石桥市市场监督管理局金桥分局	—
270	辽1208冷食贮〔2020〕第0030号	开原市平安冷库	开原市市场监督管理局	食品经营者、食用农产品销售者
271	辽0209冷食贮〔2020〕第0011号	瓦房店新冰都冷库	瓦房店市市场监督管理局	食品生产者、食品经营者、食用农产品销售者
272	辽0211冷食贮〔2020〕第0017号	大连富鑫食品有限公司	庄河市市场监督管理局	食品生产者
273	辽1306冷食贮〔2020〕第0020号	喀左县利州街道富达鲜肉冷藏库	喀左县市场监督管理局	食品经营者
274	辽1407冷食贮〔2020〕第0032号	兴城市泓福冷库	兴城市市场监督管理局	食品经营者
275	辽1407冷食贮〔2020〕第0030号	兴城市张鲜生冷库	兴城市市场监督管理局	食品经营者

续 表

序号	备案号	企业名称	备案机关	主要服务对象类型
276	辽 0107 冷食贮〔2020〕第 0006 号	沈阳市苏家屯区富超冷库	沈阳市苏家屯区市场监督管理局	食品经营者
277	辽 1404 冷食贮〔2020〕第 0015 号	南票区一航冷冻库	南票区市场监督管理局	—
278	辽 1402 冷食贮〔2020〕第 0031 号	葫芦岛市连山区锦郊街道忠良货物恒温储备库	连山区市场监督管理局	食品经营者
279	辽 1402 冷食贮〔2020〕第 0008 号	连山区沙河营乡清君冷库	连山区市场监督管理局	食品经营者
280	辽 1205 冷食贮〔2020〕第 0013 号	西丰县利钢绿野菇业有限公司	西丰县市场监督管理局	食用农产品销售者
281	辽 1402 冷食贮〔2020〕第 0007 号	葫芦岛市天天食业有限公司	连山区市场监督管理局	食品经营者
282	辽 1407 冷食贮〔2020〕第 0019 号	兴城市钓鱼台龙兴冷冻厂	兴城市市场监督管理局	食用农产品销售者
283	辽 1407 冷食贮〔2020〕第 0016 号	兴城市鑫弘洋水产有限公司	兴城市市场监督管理局	食品经营者
284	辽 1402 冷食贮〔2020〕第 0005 号	葫芦岛市连山区锦郊鑫源冷库	连山区市场监督管理局	食品经营者
285	辽 1402 冷食贮〔2020〕第 0004 号	连山区锦郊街道团北村德祥冷库	连山区市场监督管理局	食品经营者
286	辽 1402 冷食贮〔2020〕第 0003 号	葫芦岛市立业冷藏有限公司	连山区市场监督管理局	食品经营者
287	辽 1404 冷食贮〔2020〕第 0013 号	葫芦岛市南票区高桥镇刘杰恒温保鲜库	南票区市场监督管理局	—
288	辽 1402 冷食贮〔2020〕第 0002 号	连山区众鑫生鲜食品冷库	连山区市场监督管理局	食品经营者
289	辽 1402 冷食贮〔2020〕第 0026 号	连山区化工街顺风冷冻厂	连山区市场监督管理局	—
290	辽 1411 冷食贮〔2020〕第 0081 号	绥中县绥中镇春福冷库	绥中县市场监督管理局	—
291	辽 1402 冷食贮〔2020〕第 0029 号	葫芦岛市连山区三众冷库	连山区市场监督管理局	—
292	辽 1207 冷食贮〔2020〕第 0031 号	调兵山市军盛冷库仓储店	调兵山市市场监督管理局	食品经营者

续　表

序号	备案号	企业名称	备案机关	主要服务对象类型
293	辽 0405 冷食贮〔2020〕第 0002 号	抚顺市冷藏品经销公司	抚顺市顺城区市场监督管理局	食品经营者
294	辽 0405 冷食贮〔2020〕第 0001 号	辽宁顺安冷食品有限公司	抚顺市顺城区市场监督管理局	食品经营者
295	辽 0205 冷食贮〔2020〕第 0170 号	大连义德冷库有限公司	大连市甘井子区市场监管局革镇堡市场监管所	食品生产者、食品经营者、食用农产品销售者
296	辽 1407 冷食贮〔2020〕第 0003 号	兴城市强兴冷库	兴城市市场监督管理局	食用农产品销售者
297	辽 1403 冷食贮〔2020〕第 0015 号	龙港区百杰冷库	龙港区市场监督管理局	食品经营者
298	辽 1407 冷食贮〔2020〕第 0001 号	兴城市云端海水冷库	兴城市市场监督管理局	食用农产品销售者
299	辽 0205 冷食贮〔2020〕第 0167 号	大连义和冷库有限公司	大连市甘井子区市场监管局革镇堡市场监管所	食品生产者、食品经营者、食用农产品销售者
300	辽 1411 冷食贮〔2020〕第 0064 号	绥中县沙河镇赵国辉冷库	绥中县市场监督管理局	食用农产品销售者
301	辽 1411 冷食贮〔2020〕第 0063 号	绥中县沙河镇何文茹冷库	绥中县市场监督管理局	食用农产品销售者
302	辽 1411 冷食贮〔2020〕第 0062 号	绥中县绥中镇肖家冷库	绥中县市场监督管理局	食用农产品销售者
303	辽 0803 冷食贮〔2020〕第 0001 号	营口市西市区裕隆冷库	自贸区市场监管局	食品经营者
304	辽 0207 冷食贮〔2020〕第 0099 号	大连市金州区友谊街道蚂蚁岛海产品冷库	金普新区市场监督管理局拥政市场监督管理所	食品经营者
305	辽 0703 冷食贮〔2020〕第 0012 号	凌河区倾城之恋主题婚礼经营部	锦州市凌河区市场监督管理局	食品经营者
306	辽 0703 冷食贮〔2020〕第 0011 号	凌河区肖天德水产品床	锦州市凌河区市场监督管理局	食用农产品销售者
307	辽 0110 冷食贮〔2020〕第 0007 号	沈阳市于洪区天天顺源仓储中心	于洪区市场监督管理局	食品经营者、食用农产品销售者

续 表

序号	备案号	企业名称	备案机关	主要服务对象类型
308	辽 1204 冷食贮〔2020〕第 0008 号	铁岭新都综合市场有限公司	铁岭县市场监督管理局	食品经营者
309	辽 1403 冷食贮〔2020〕第 0014 号	龙港区龙欣冷库	龙港区市场监督管理局	食品经营者
310	辽 0205 冷食贮〔2020〕第 0161 号	大连市甘井子区佳源农贸市场有限公司	大连市甘井子区市场监督管理局甘井子市场监督管理所	食品经营者
311	辽 0207 冷食贮〔2020〕第 0092 号	大连经济技术开发区大李家顺昌海产品冷库	大连金普新区市场监督管理局德胜市场监督管理所	食用农产品销售者
312	辽 0703 冷食贮〔2020〕第 0010 号	凌河区七里香熟食店	锦州市凌河区市场监督管理局	食品经营者
313	辽 0703 冷食贮〔2020〕第 0008 号	凌河区唯利食品经销处	凌河区市场监督管理局	食品经营者
314	辽 0114 冷食贮〔2020〕第 0003 号	新民市张家屯镇金鸿源冷库厂	新民市市场监督管理局	食品生产者
315	辽 1404 冷食贮〔2020〕第 0010 号	葫芦岛市南票区金星镇恒泰食品冷库	南票区市场监督管理局	—
316	辽 1404 冷食贮〔2020〕第 0009 号	葫芦岛市南票区新旺冷冻储存中心	南票区市场监督管理局	—
317	辽 1404 冷食贮〔2020〕第 0008 号	葫芦岛市南票区虹螺岘镇高二冷库	南票区市场监督管理局	—
318	辽 1404 冷食贮〔2020〕第 0016 号	葫芦岛市南票区高桥镇孙亮恒温保鲜库	南票区市场监督管理局	—
319	辽 1404 冷食贮〔2020〕第 0006 号	南票区强盛冷库仓储冷库	南票区市场监督管理局	—
320	辽 0207 冷食贮〔2020〕第 0089 号	大连市金州区站前街道振鸿冷库	大连市金普新区市场监督管理站前市场监督管理所	食品经营者
321	辽 1404 冷食贮〔2020〕第 0005 号	葫芦岛市南票区大兴乡鸿远储藏库	南票区市场监督管理局	—
322	辽 0121 冷食贮〔2020〕第 0011 号	辽宁合蒙汇商贸有限公司	铁西区市场监督管理局	食品生产者、食品经营者

续　表

序号	备案号	企业名称	备案机关	主要服务对象类型
323	辽 1404 冷食贮〔2020〕第 0014 号	南票区新盛源冷库户	南票区市场监督管理局	—
324	辽 1404 冷食贮〔2020〕第 0012 号	南票区盛宏冷库站	南票区市场监督管理局	—
325	辽 0109 冷食贮〔2020〕第 0007 号	沈阳雨润农产品全球采购有限公司	沈北新区市场监督管理局	食品经营者、食用农产品销售者
326	辽 1411 冷食贮〔2020〕第 0043 号	绥中县万家镇渤兴冷库	绥中县市场监督管理局	食品经营者
327	辽 1404 冷食贮〔2020〕第 0002 号	葫芦岛市南票区高桥镇卓越冷库	南票区市场监督管理局	—
328	辽 1411 冷食贮〔2020〕第 0032 号	绥中县绥中镇鑫源冷库	绥中县市场监督管理局	食品经营者
329	辽 1104 冷食贮〔2020〕第 0011 号	大洼区鑫建华冷冻厂	大洼区市场监督管理局	食品生产者、食品经营者、食用农产品销售者
330	辽 1202 冷食贮〔2020〕第 0009 号	铁岭辰信仓储有限公司	铁岭市银州区市场监督管理局	食品经营者、食用农产品销售者
331	辽 0205 冷食贮〔2020〕第 0189 号	辽宁中弘实业（集团）有限公司	大连市甘井子区市场监督管理局大连湾市场监督管理所	食品生产者、食品经营者、食用农产品销售者
332	辽 0207 冷食贮〔2020〕第 0087 号	金州区拥政街道鸿坤冷库	金普新区市场监督管理局拥政市场监督管理所	食品生产者、食品经营者
333	辽 0407 冷食贮〔2020〕第 0004 号	新宾满族自治县继宏饲料有限公司	新宾满族自治县市场监督管理局新宾镇分局	食品生产者、食品经营者、食用农产品销售者
334	辽 1207 冷食贮〔2020〕第 0028 号	调兵山市百斯爱日用品经销处	调兵山市市场监督管理局	食品经营者、食用农产品销售者
335	辽 1208 冷食贮〔2020〕第 0016 号	开原市艳阳天冷库租赁服务部	开原市市场监督管理局	食品生产者、食品经营者、食用农产品销售者
336	辽 0904 冷食贮〔2020〕第 0001 号	阜新思依工贸有限公司	阜新市太平区市场监督管理局	食品生产者、食品经营者、食用农产品销售者

续 表

序号	备案号	企业名称	备案机关	主要服务对象类型
337	辽 1202 冷食贮〔2020〕第 0007 号	铁岭市水产有限责任公司	铁岭市银州区市场监督管理局	食用农产品销售者
338	辽 1406 冷食贮〔2020〕第 0006 号	建昌县华东牧业有限责任公司	建昌县市场监督管理局	食品经营者
339	辽 0207 冷食贮〔2020〕第 0080 号	金州区中长街道鑫星储藏库	金普新区市场局光中市场监督管理所	食品经营者
340	辽 1202 冷食贮〔2020〕第 0006 号	铁岭市银州区世杰水产品销售部	铁岭市银州区市场监督管理局	食品经营者
341	辽 0504 冷食贮〔2020〕第 0007 号	本溪市江琦冷鲜食品有限公司	本溪市明山区市场监督管理局	食品经营者
342	辽 0205 冷食贮〔2020〕第 0137 号	大连宝圣源物流有限公司	大连市甘井子区市场监督管理局甘井子市场监督管理所	食品经营者
343	辽 0504 冷食贮〔2020〕第 0005 号	本溪榕成冷链物流有限责任公司	本溪市明山区市场监督管理局	食品生产者、食品经营者、食用农产品销售者
344	辽 0308 冷食贮〔2020〕第 0046 号	海城市腾鳌镇永发冰果店	海城市市场监督管理局	食品经营者、食用农产品销售者
345	辽 0308 冷食贮〔2020〕第 0043 号	海城市西柳食品饮料有限公司	海城市市场监督管理局	食品经营者
346	辽 0308 冷食贮〔2020〕第 0042 号	海城市西柳镇合兴冷库	海城市市场监督管理局	食品经营者
347	辽 0121 冷食贮〔2020〕第 0004 号	沈阳吉天水产有限公司	铁西区市场监督管理局	食品经营者
348	辽 1205 冷食贮〔2020〕第 0005 号	西丰县食品公司	西丰县市场监督管理局	食品经营者
349	辽 0212 冷食贮〔2020〕第 0007 号	大连华博电力整流器有限公司	大连保税区市场监督管理局	食品生产者、食品经营者
350	辽 0308 冷食贮〔2020〕第 0040 号	海城市王石镇高氏冷藏库	海城市市场监督管理局	食品生产者、食品经营者、食用农产品销售者
351	辽 1202 冷食贮〔2020〕第 0001 号	铁岭市银州区华兴冷库	铁岭市银州区市场监督管理局	食品经营者

续　表

序号	备案号	企业名称	备案机关	主要服务对象类型
352	辽 0207 冷食贮〔2020〕第 0072 号	大连东盛水产品冷藏有限公司	金普新区市场监督局登沙河市场监督管理所	食品生产者、食用农产品销售者
353	辽 0207 冷食贮〔2020〕第 0071 号	大连市金州区长和冷库	金普新区市场监督局登沙河市场监督管理所	食用农产品销售者
354	辽 1302 冷食贮〔2020〕第 0002 号	朝阳县隆鑫畜禽水产品购销处	朝阳县市场监督管理局	食品经营者、食用农产品销售者
355	辽 0207 冷食贮〔2020〕第 0069 号	金普新区杏树街道富升冷库	金普新区市场监督局登沙河市场监督管理所	食用农产品销售者
356	辽 0205 冷食贮〔2020〕第 0126 号	大连义昌冷库服务有限公司	大连市甘井子区市场监督管理局辛寨子市场监督管理所	食用农产品销售者
357	辽 0604 冷食贮〔2020〕第 0036 号	丹东市振安区丹青冷藏库	丹东市振安区市场监督管理局	食品经营者
358	辽 0207 冷食贮〔2020〕第 0061 号	金普新区胜利市场东合盛鑫冷库	金普新区市场监督管理局拥政市场监督管理所	食品经营者
359	辽 0207 冷食贮〔2020〕第 0062 号	金普新区恒利丰商城安鑫冷库	金普新区市场局光中市场监督管理所	食品经营者
360	辽 0115 冷食贮〔2020〕第 0007 号	沈阳华强供应链管理有限公司	浑南区市场监督管理局东湖市场监管所	食品经营者
361	辽 1207 冷食贮〔2020〕第 0020 号	调兵山市茂源仓储店	调兵山市市场监督管理局	食品经营者
362	辽 0306 冷食贮〔2020〕第 0034 号	台安县黄沙坨镇老九调料综合超市	台安县市场监督管理局黄沙坨分局	食品经营者
363	辽 0207 冷食贮〔2020〕第 0054 号	大连市金州区中长冷冻加工厂	金普新区市场局光中市场监督管理所	食品经营者、食用农产品销售者
364	辽 0106 冷食贮〔2020〕第 0005 号	沈阳志广冷藏有限公司	铁西区市场监督管理局	食品经营者、食用农产品销售者
365	辽 0207 冷食贮〔2020〕第 0050 号	大连经济技术开发区九星冷库	金普新区市场局得胜市场监督管理所	食品经营者
366	辽 0207 冷食贮〔2020〕第 0049 号	大连市金州区中长冷库	金普新区市场局光中市场监督管理所	食品经营者
367	辽 0606 冷食贮〔2020〕第 0102 号	东港市置信市场经营管理有限公司	东港市市场监督管理局	食品生产者、食品经营者

续 表

序号	备案号	企业名称	备案机关	主要服务对象类型
368	辽 1205 冷食贮〔2020〕第 0015 号	铁岭市东大种业有限责任公司	西丰县市场监督管理局	食品生产者、食品经营者、食用农产品销售者
369	辽 0604 冷食贮〔2020〕第 0035 号	丹东市振安区业辉冷库	丹东市振安区市场监督管理局	食品经营者
370	辽 0213 冷食贮〔2020〕第 0005 号	福瑞滋冷链管理（大连）有限公司	大连保税区市场监督管理局	食品经营者
371	辽 0121 冷食贮〔2020〕第 0008 号	沈阳富运冷链物流有限公司	铁西区市场监督管理局	食品经营者
372	辽 0209 冷食贮〔2020〕第 0008 号	大连泰邦冷藏物流有限公司	瓦房店市市场监督管理局	食品生产者、食品经营者
373	辽 0207 冷食贮〔2020〕第 0043 号	大连姜氏冷藏有限公司	金普新区市场局三十里堡市场监督管理所	食品生产者
374	辽 0604 冷食贮〔2020〕第 0034 号	丹东市振安区立国冷藏库	丹东市振安区市场监督管理局	食品经营者、食用农产品销售者
375	辽 0115 冷食贮〔2020〕第 0006 号	毅都（沈阳）冷链物流发展有限公司	浑南区市场监督管理局东湖市场监管所	食品经营者、食用农产品销售者
376	辽 0104 冷食贮〔2020〕第 0004 号	沈阳市大东区鸿发润冷库租赁服务部	沈阳市大东区市场监督管理局	食品生产者、食品经营者、食用农产品销售者
377	辽 0605 冷食贮〔2020〕第 0052 号	宽甸满族自治县城镇四通冷冻库	宽甸满族自治县市场监督管理局	食用农产品销售者
378	辽 0604 冷食贮〔2020〕第 0033 号	丹东市振安区世一冷藏库	丹东市振安区市场监督管理局	食用农产品销售者
379	辽 1104 冷食贮〔2020〕第 0015 号	盘锦北方农业技术开发有限公司	大洼区市场监督管理局	食品经营者
380	辽 0104 冷食贮〔2020〕第 0003 号	沈阳市大东区久久旺冷藏服务部	沈阳市大东区市场监督管理局	食品经营者
381	辽 0205 冷食贮〔2020〕第 0116 号	大连市甘井子区大连湾街道水晶冷库	大连市甘井子区市场监督管理局大连湾市场监督管理所	食品经营者
382	辽 0205 冷食贮〔2020〕第 0115 号	甘井子区大连湾街道秀麟冷库	大连市甘井子区市场监督管理局大连湾市场监督管理所	食品经营者

续　表

序号	备案号	企业名称	备案机关	主要服务对象类型
383	辽 0205 冷食贮〔2020〕第 0117 号	大连鑫合农副产品有限公司	大连市甘井子区市场监督管理局辛寨子市场监督管理所	食品生产者、食品经营者
384	辽 0207 冷食贮〔2020〕第 0041 号	大连宝泉食品有限公司	金普新区市场局三十里堡市场监督管理所	食品生产者、食品经营者、食用农产品销售者
385	辽 0205 冷食贮〔2020〕第 0109 号	大连渤海水产供销公司	大连市甘井子区市场监督管理局红旗市场监督管理所	食品经营者
386	辽 1411 冷食贮〔2020〕第 0006 号	绥中县塔山镇桃花万顺冷库	绥中县市场监督管理局	食品经营者、食用农产品销售者
387	辽 0205 冷食贮〔2020〕第 0102 号	大连市甘井子区柱城水产冷冻加工厂	大连市甘井子区市场监督管理局大连湾市场监督管理所	食品生产者
388	辽 0604 冷食贮〔2020〕第 0031 号	丹东市振安区雅紫冷库	丹东市振安区市场监督管理局	食品生产者、食品经营者、食用农产品销售者
389	辽 0606 冷食贮〔2020〕第 0094 号	东港黄海大市场有限公司	东港市市场监督管理局	食用农产品销售者
390	辽 0205 冷食贮〔2020〕第 0099 号	甘井子区大连湾街道鑫坤诚冷库	大连市甘井子区市场监督管理局大连湾市场监督管理所	食品经营者
391	辽 1402 冷食贮〔2020〕第 0001 号	葫芦岛市三星食品冷冻有限责任公司	连山区市场监督管理局	—
392	辽 0111 冷食贮〔2020〕第 0003 号	沈阳市辽中区金狐冷库	沈阳市辽中区市场监督管理局	食品生产者、食品经营者
393	辽 0121 冷食贮〔2020〕第 0003 号	沈阳水产股份有限公司	铁西区市场监督管理局	食品经营者、食用农产品销售者
394	辽 0205 冷食贮〔2020〕第 0091 号	大连东圣通讯设备安装工程队	大连市甘井子区市场监督管理局辛寨子市场监督管理所	食品经营者
395	辽 0606 冷食贮〔2020〕第 0124 号	东港巨龙食品有限公司	东港市市场监督管理局	食品生产者
396	辽 0121 冷食贮〔2020〕第 0002 号	沈阳富运冷链物流有限公司	铁西区市场监督管理局	食品经营者、食用农产品销售者

续 表

序号	备案号	企业名称	备案机关	主要服务对象类型
397	辽 0901 冷食贮〔2020〕第 0001 号	阜新裕丰商贸有限公司	海州区市场监督管理局苗圃市场监督管理所	食品经营者
398	辽 1104 冷食贮〔2020〕第 0009 号	盘锦市大洼区朱立杰冷库	大洼区市场监督管理局	食品经营者
399	辽 0205 冷食贮〔2020〕第 0084 号	大连市甘井子区神马冷冻加工厂	大连市甘井子区市场监督管理局大连湾市场监督管理所	食品经营者
400	辽 0115 冷食贮〔2020〕第 0005 号	沈阳市冷藏有限公司	浑南区市场监督管理局浑南站东市场监管所	食品生产者
401	辽 1008 冷食贮〔2020〕第 0006 号	灯塔市冰原冷库	灯塔市市场监督管理局	食品经营者
402	辽 0107 冷食贮〔2020〕第 0003 号	沈阳市苏家屯区再生物资回收公司	沈阳市苏家屯区市场监督管理局	食品经营者、食用农产品销售者
403	辽 0102 冷食贮〔2020〕第 0003 号	沈阳十二线农副产品有限公司	沈阳市和平区市场监督管理局	食品经营者、食用农产品销售者
404	辽 0205 冷食贮〔2020〕第 0082 号	大连辰隆食品冷藏服务有限公司	大连市甘井子区市场监督管理局大连湾市场监督管理所	食品生产者、食品经营者
405	辽 0205 冷食贮〔2020〕第 0081 号	大连良方仓储管理有限公司	大连市甘井子区市场监督管理局周水子市场监督管理所	食品经营者
406	辽 0110 冷食贮〔2020〕第 0005 号	沈阳诚大冷藏有限公司	于洪区市场监督管理局	食品生产者、食品经营者、食用农产品销售者
407	辽 0109 冷食贮〔2020〕第 0006 号	沈阳峰喜农副产品进出口有限公司	沈北新区市场监督管理局	食品生产者、食品经营者
408	辽 0102 冷食贮〔2020〕第 0002 号	沈阳市胜利冷冻厂	沈阳市和平区市场监督管理局	食品经营者
409	辽 0906 冷食贮〔2020〕第 0002 号	阜新意通物流有限公司	阜新市市场监督管理局高新技术产业开发区分局	—
410	辽 0113 冷食贮〔2020〕第 0006 号	沈阳润达市场经营管理有限公司	法库县市场监督管理局	食品经营者、食用农产品销售者

续　表

序号	备案号	企业名称	备案机关	主要服务对象类型
411	辽 0205 冷食贮〔2020〕第 0067 号	辽渔集团有限公司冷藏分公司	大连市甘井子区市场监督管理局大连湾市场监督管理所	食品生产者、食品经营者、食用农产品销售者
412	辽 0205 冷食贮〔2020〕第 0065 号	大连凯洋食品有限公司	大连市甘井子区市场监督管理局大连湾市场监督管理所	食品生产者、食品经营者、食用农产品销售者
413	辽 0205 冷食贮〔2020〕第 0060 号	大连渤海豆制品冷库有限公司	大连市甘井子区市场监管局革镇堡市场监管所	食品经营者、食用农产品销售者
414	辽 1006 冷食贮〔2020〕第 0005 号	太子河区鸿运冷鲜库	太子河区市场监督管理局	食用农产品销售者
415	辽 0205 冷食贮〔2020〕第 0059 号	江河良仓（大连）贸易有限公司	大连市甘井子区市场监管局革镇堡市场监管所	食品经营者
416	辽 0205 冷食贮〔2020〕第 0058 号	大连市甘井子区义鑫冷冻加工厂	大连市甘井子区市场监督管理局大连湾市场监督管理所	食用农产品销售者
417	辽 1006 冷食贮〔2020〕第 0004 号	辽阳市太子河区和兴恒温库	太子河区市场监督管理局	食用农产品销售者
418	辽 0209 冷食贮〔2020〕第 0004 号	瓦房店市钰坤冷库	瓦房店市市场监督管理局	食品经营者
419	辽 0111 冷食贮〔2020〕第 0002 号	沈阳市辽中区低低冷库	沈阳市辽中区市场监督管理局	食用农产品销售者
420	辽 0604 冷食贮〔2020〕第 0022 号	丹东市振安区果园村旭馨冷库	丹东市振安区市场监督管理局	食品经营者
421	辽 0205 冷食贮〔2020〕第 0057 号	大连智瑞鑫贸易有限公司	大连市甘井子区市场监督管理局大连湾市场监督管理所	食品经营者
422	辽 0605 冷食贮〔2020〕第 0044 号	宽甸满族自治县城镇冬园冷库	宽甸满族自治县市场监督管理局	食品生产者、食品经营者、食用农产品销售者
423	辽 0605 冷食贮〔2020〕第 0045 号	宽甸满族自治县城镇洪俪冷库	宽甸满族自治县市场监督管理局	食品生产者、食品经营者、食用农产品销售者

续 表

序号	备案号	企业名称	备案机关	主要服务对象类型
424	辽 0506 冷食贮〔2020〕第 0012 号	本溪春光农副产品销售有限公司	本溪县市场监督管理局	食用农产品销售者
425	辽 0605 冷食贮〔2020〕第 0041 号	宽甸满族自治县富贵仓库	宽甸满族自治县市场监督管理局	食用农产品销售者
426	辽 0205 冷食贮〔2020〕第 0066 号	大连瑞驰冷链物流有限公司	大连市甘井子区市场监督管理局大连湾市场监督管理所	食品生产者、食品经营者
427	辽 0205 冷食贮〔2020〕第 0118 号	大连吉良林海仓储有限公司	大连市甘井子区市场监督管理局革镇堡市场监督管理所	食品经营者
428	辽 0605 冷食贮〔2020〕第 0034 号	宽甸满族自治县丰裕冷冻库	宽甸满族自治县市场监督管理局	食用农产品销售者
429	辽 0605 冷食贮〔2020〕第 0031 号	宽甸满族自治县城镇懿城绿芸冷冻库	宽甸满族自治县市场监督管理局	食品生产者、食品经营者
430	辽 0902 冷食贮〔2020〕第 0005 号	阜新市水产有限责任公司	海州区市场监督管理局站前市场监督管理所	食品经营者
431	辽 0205 冷食贮〔2020〕第 0049 号	大连海联水产有限公司	大连市甘井子区市场监督管理局大连湾市场监督管理所	食品经营者
432	辽 0205 冷食贮〔2020〕第 0048 号	大连福海冷冻加工厂	大连市甘井子区市场监督管理局大连湾市场监督管理所	食品生产者、食品经营者
433	辽 0205 冷食贮〔2020〕第 0047 号	甘井子区泡崖街道军联冷库租赁处	大连市甘井子区市场监督管理局泡崖市场监督管理所	食品经营者
434	辽 0205 冷食贮〔2020〕第 0044 号	大连兴华水产品有限公司	大连市甘井子区市场监督管理局大连湾市场监督管理所	食品生产者、食品经营者、食用农产品销售者
435	辽 1005 冷食贮〔2020〕第 0003 号	弓长岭区冰鲜冷库	弓长岭区市场监督管理局	食品经营者、食用农产品销售者
436	辽 0205 冷食贮〔2020〕第 0043 号	大连义昌行冷库服务有限公司	大连市甘井子区市场监督管理局辛寨子市场监督管理所	食品经营者、食用农产品销售者

续　表

序号	备案号	企业名称	备案机关	主要服务对象类型
437	辽 0205 冷食贮〔2020〕第 0041 号	大连靖宇冷藏有限公司	大连市甘井子区市场监督管理局大连湾市场监督管理所	食品生产者、食品经营者
438	辽 0607 冷食贮〔2020〕第 0042 号	体育部农贸市场冷库	凤城市市场监督管理局	—
439	辽 0907 冷食贮〔2020〕第 0005 号	阜新鑫海冷贮有限公司	阜新蒙古族自治县市场监督管理局	食品生产者、食品经营者
440	辽 0205 冷食贮〔2020〕第 0034 号	大连辽渔建设集团有限公司	大连市甘井子区市场监督管理局大连湾市场监督管理所	食品经营者
441	辽 0111 冷食贮〔2020〕第 0001 号	沈阳市辽中区双利冷藏库	沈阳市辽中区市场监督管理局	食品经营者
442	辽 0205 冷食贮〔2020〕第 0104 号	大连市甘井子区金鹿水产品冷冻加工厂	大连市甘井子区市场监督管理局大连湾市场监督管理所	食品经营者
443	辽 0212 冷食贮〔2020〕第 0002 号	海神岛（大连）冷链物流有限公司	大连保税区市场监督管理局	食品生产者、食品经营者、食用农产品销售者
444	辽 0207 冷食贮〔2020〕第 0025 号	首农供应链（大连）有限公司	大连保税区市场监督管理局	食品生产者、食品经营者
445	辽 0205 冷食贮〔2020〕第 0033 号	大连圆河食品冷藏有限公司	大连市甘井子区市场监督管理局大连湾市场监督管理所	食品经营者、食用农产品销售者
446	辽 0207 冷食贮〔2020〕第 0090 号	大连惠德食品有限公司	大连市金普新区市场监督管理站前市场监督管理所	食品生产者、食品经营者
447	辽 0306 冷食贮〔2020〕第 0023 号	台安县士博冷库	台安县市场监督管理局富强分局	食品经营者
448	辽 0603 冷食贮〔2020〕第 0023 号	丹东市振兴区兴彩冷藏库	丹东市振兴区市场监督管理局	食品经营者、食用农产品销售者
449	辽 0205 冷食贮〔2020〕第 0032 号	大连棒棒娃水产食品有限公司	大连市甘井子区市场监督管理局大连湾市场监督管理所	食品经营者

续 表

序号	备案号	企业名称	备案机关	主要服务对象类型
450	辽0205冷食贮〔2020〕第0031号	大连金桥伟业国际贸易有限公司	大连市甘井子区市场监督管理局大连湾市场监督管理所	食品生产者、食品经营者
451	辽1305冷食贮〔2020〕第0004号	建平县冰琳冷库	建平县市场监督管理局	食品经营者
452	辽1305冷食贮〔2020〕第0003号	建平县红山玥飞冷库出租服务处	建平县市场监督管理局	食品经营者
453	辽0104冷食贮〔2020〕第0002号	铁越智联云仓物流（沈阳）有限公司	沈阳市大东区市场监督管理局	食品生产者、食品经营者
454	辽0506冷食贮〔2020〕第0004号	本溪满族自治县小市镇盛鑫冷藏库	本溪县市场监督管理局	—
455	辽0602冷食贮〔2020〕第0006号	丹东华丰水产冷冻加工有限公司	丹东市元宝区市场监督管理局	食品生产者、食品经营者、食用农产品销售者
456	辽0208冷食贮〔2020〕第0001号	长海县大长山岛镇丰源冷库经销部	长海县大长山市场监督管理所	食品经营者
457	辽0115冷食贮〔2020〕第0002号	沈阳万仓物流产业投资有限公司	浑南区市场监督管理局东湖市场监管所	食品经营者
458	辽0306冷食贮〔2020〕第0018号	台安县凤霞冷库	台安县市场监督管理局繁荣分局	食品经营者
459	辽0306冷食贮〔2020〕第0016号	台安梅子冷库	台安县市场监督管理局繁荣分局	食品经营者
460	辽0408冷食贮〔2020〕第0003号	清原满族自治县辽东农贸市场有限公司	清原满族自治县市场监督管理局	食品经营者
461	辽1002冷食贮〔2020〕第0007号	白塔区利源鸡肉产品经销处	白塔区市场监督管理局	食用农产品销售者
462	辽0204冷食贮〔2020〕第0002号	大连棒棰岛食品有限公司台山冷冻厂	大连市沙河口区市场监督管理局	食品经营者
463	辽0607冷食贮〔2020〕第0037号	凤城市白旗镇恒丰冷库	凤城市市场监督管理局	食品生产者、食品经营者、食用农产品销售者
464	辽1104冷食贮〔2020〕第0006号	大洼区鑫建华冷冻厂	大洼区市场监督管理局	—

续　表

序号	备案号	企业名称	备案机关	主要服务对象类型
465	辽 0205 冷食贮〔2020〕第 0028 号	大连铁越集团有限公司大连城市物流共同配送中心	大连市甘井子区市场监督管理局中华路市场监督管理所	食品经营者
466	辽 0306 冷食贮〔2020〕第 0015 号	台安县宝才冷库	台安县市场监督管理局富强分局	食品经营者
467	辽 0109 冷食贮〔2020〕第 0004 号	沈阳海吉星农产品物流有限公司	沈北新区市场监督管理局	食品经营者
468	辽 0408 冷食贮〔2020〕第 0002 号	辽宁省抚顺市清原满族自治县食品公司	清原县市场监督管理局	食品经营者
469	辽 0606 冷食贮〔2020〕第 0025 号	东港大平水产食品有限公司	东港市市场监督管理局	食品生产者、食品经营者
470	辽 0207 冷食贮〔2020〕第 0006 号	大连天联物流有限公司	大连金普新区市场监督管理局站前市场监督管理所	食品生产者、食品经营者
471	辽 0207 冷食贮〔2020〕第 0005 号	金普新区金铺地市场众赢冷库	大连金普新区市场监督管理局站前市场监督管理所	食品经营者
472	辽 0207 冷食贮〔2020〕第 0004 号	大连市金州区先进富洋食品有限公司	大连金普新区市场监督管理局站前市场监督管理所	—
473	辽 0207 冷食贮〔2020〕第 0060 号	大连一鸣环宇冷冻有限公司	金普新区市场监督管理局拥政市场监督管理所	食品经营者
474	辽 0606 冷食贮〔2020〕第 0059 号	辽宁国威冷藏物流有限公司	东港市市场监督管理局前阳市场监督管理所	食品生产者、食品经营者、食用农产品销售者
475	辽 0207 冷食贮〔2020〕第 0003 号	金州区站前街道乐园冷库	大连金普新区市场监督管理局站前市场监督管理所	食品生产者、食用农产品销售者
476	辽 0106 冷食贮〔2020〕第 0003 号	沈阳盛达冷藏服务有限公司	铁西区市场监督管理局	食品经营者
477	辽 0607 冷食贮〔2020〕第 0029 号	凤城市东汤镇玉华种植园	凤城市市场监督管理局	食品经营者

续 表

序号	备案号	企业名称	备案机关	主要服务对象类型
478	辽 1007 冷食贮〔2020〕第 0002 号	辽阳县永华冷藏保鲜库	辽阳县市场监督管理局	食品经营者
479	辽 1411 冷食贮〔2020〕第 0028 号	绥中县龙翔水果专业合作社	绥中县市场监督管理局	食品经营者、食用农产品销售者
480	辽 0806 冷食贮〔2020〕第 0012 号	盖州市清河市场德军冷库	盖州市市场监督管理局	食用农产品销售者
481	辽 0202 冷食贮〔2020〕第 0007 号	大连市中山区新路冷库	大连市中山区市场监督管理局	食品经营者
482	辽 0202 冷食贮〔2020〕第 0006 号	中山区金辉仓储服务部	大连市中山区市场监督管理局	食品经营者
483	辽 1307 冷食贮〔2020〕第 0001 号	北票市庄头营蔬菜批发市场有限公司	朝阳市北票市市场监督管理局	食品经营者、食用农产品销售者
484	辽 0109 冷食贮〔2020〕第 0003 号	沈阳市北级冷库有限公司	沈北新区市场监督管理局	食品经营者、食用农产品销售者
485	辽 0704 冷食贮〔2020〕第 0004 号	锦州盛源食品有限公司	太和区市场监督管理局	食品经营者、食用农产品销售者
486	辽 0207 冷食贮〔2020〕第 0001 号	中铁铁龙冷链发展有限公司	金普新区市场局三十里堡市场监督管理所	食品生产者、食品经营者、食用农产品销售者
487	辽 0105 冷食贮〔2020〕第 0001 号	沈阳长生产业集团股份有限公司	沈阳市皇姑区市场监督管理局	食品生产者、食品经营者、食用农产品销售者
488	辽 1306 冷食贮〔2020〕第 0017 号	喀左县利州鹅业有限公司	喀左县市场监督管理局	食品生产者、食品经营者
489	辽 1302 冷食贮〔2020〕第 0001 号	朝阳市双塔区天信冷冻厂	朝阳市双塔区市场监督管理局	食品经营者、食用农产品销售者
490	辽 1104 冷食贮〔2020〕第 0004 号	盘锦富泰冷藏有限公司	大洼区市场监督管理局	食品生产者、食品经营者、食用农产品销售者
491	辽 0202 冷食贮〔2020〕第 0004 号	中山区大港兆发商贸行	大连市中山区市场监督管理局	食品经营者
492	辽 0806 冷食贮〔2020〕第 0008 号	盖州市鑫利冷库	盖州市市场监督管理局	—

续　表

序号	备案号	企业名称	备案机关	主要服务对象类型
493	辽 1207 冷食贮〔2020〕第 0011 号	调兵山市大孔冷库	调兵山市市场监督管理局	食品经营者
494	辽 1308 冷食贮〔2020〕第 0003 号	凌源市众营冷冻库	凌源市市场监督管理局	食品生产者
495	辽 0907 冷食贮〔2020〕第 0003 号	阜新康龙食品有限公司	阜新蒙古族自治县市场监督管理局	食品生产者、食品经营者
496	辽 1103 冷食贮〔2020〕第 0002 号	盘锦天有商贸有限公司	盘锦市兴隆台区市场监督管理局	—
497	辽 1103 冷食贮〔2020〕第 0007 号	盘锦市兴隆台区兴隆冷库	盘锦市兴隆台区市场监督管理局	—
498	辽 1303 冷食贮〔2020〕第 0005 号	朝阳众鑫物流有限公司	龙城区市场监督管理局	食品生产者、食品经营者、食用农产品销售者
499	辽 0806 冷食贮〔2020〕第 0017 号	盖州市西海振兴冷冻加工厂	盖州市市场监督管理局	食品生产者、食品经营者
500	辽 1007 冷食贮〔2020〕第 0001 号	辽阳县首山镇永合仓储服务中心	辽阳县市场监督管理局	食品经营者
501	辽 1308 冷食贮〔2020〕第 0002 号	凌源市八里堡蔬菜冷冻保鲜有限公司	凌源市市场监督管理局	食品经营者
502	辽 0202 冷食贮〔2020〕第 0001 号	大连三八商城莲峰冷库	大连市中山区市场监督管理局	食品经营者
503	辽 1303 冷食贮〔2020〕第 0003 号	鹏宇（辽宁）实业有限公司	龙城区市场监督管理局	食品生产者、食品经营者
504	辽 0110 冷食贮〔2020〕第 0002 号	沈阳润恒农产品市场有限公司	于洪区市场监督管理局	食品生产者、食品经营者、食用农产品销售者
505	辽 0704 冷食贮〔2020〕第 0003 号	锦州市桃园食品集团有限公司	太和区市场监督管理局	食品生产者、食品经营者、食用农产品销售者
506	辽 0806 冷食贮〔2020〕第 0001 号	盖州市政国冷冻加工厂	盖州市市场监督管理局	食品生产者
507	辽 0704 冷食贮〔2020〕第 0001 号	锦州市太和区食品公司	太和区市场监督管理局	食品经营者

续 表

序号	备案号	企业名称	备案机关	主要服务对象类型
508	辽 1411 冷食贮〔2020〕第 0001 号	绥中县绥中镇桥北冷库行	绥中县市场监督管理局	食品经营者
509	辽 0209 冷食贮〔2020〕第 0007 号	瓦房店市海丰冷库	瓦房店市市场监督管理局	食品生产者、食品经营者、食用农产品销售者
510	辽 0308 冷食贮〔2020〕第 0022 号	海城海州管理区富祥冷藏仓储服务处	海城市市场监督管理局	食品经营者、食用农产品销售者
511	辽 0205 冷食贮〔2020〕第 0006 号	大连盛荣冷藏服务有限公司	大连市甘井子区市场监督管理局南关岭市场监督管理所	食品经营者
512	辽 0307 冷食贮〔2020〕第 0002 号	岫岩满族自治县广峰农副产品交易有限公司	岫岩满族自治县市场监督管理局	食用农产品销售者
513	辽 0103 冷食贮〔2020〕第 0006 号	沈阳市万泉冷藏公司	沈河区市场监督管理局	食品经营者、食用农产品销售者
514	辽 0710 冷食贮〔2020〕第 0007 号	锦州科技路农贸市场有限公司	锦州松山新区（锦州高新技术产业开发区）市场监督管理局	食品经营者、食用农产品销售者
515	辽 1207 冷食贮〔2020〕第 0008 号	调兵山市晓燕冷库租赁服务部	调兵山市市场监督管理局	食品经营者、食用农产品销售者
516	辽 1207 冷食贮〔2020〕第 0006 号	调兵山市雪山冷库	调兵山市市场监督管理局	食用农产品销售者
517	辽 1006 冷食贮〔2020〕第 0002 号	辽阳金中昌信冷链物流有限公司	太子河区市场监督管理局	食品生产者、食品经营者、食用农产品销售者
518	辽 0103 冷食贮〔2020〕第 0001 号	沈阳市沈河区顺发仓储配送中心	沈河区市场监督管理局东陵市场监督管理所	食品经营者、食用农产品销售者
519	辽 0307 冷食贮〔2020〕第 0001 号	岫岩满族自治县广麟农副产品交易有限公司	岫岩满族自治县市场监督管理局	食品经营者
520	辽 1207 冷食贮〔2020〕第 0003 号	调兵山市西克冷库	调兵山市市场监督管理局	食品经营者
521	辽 0602 冷食贮〔2020〕第 0002 号	丹东市元宝区礼平水产行	丹东市振兴区市场监督管理局	食品生产者、食品经营者
522	辽 0603 冷食贮〔2020〕第 0008 号	丹东市日隆食品有限公司	丹东市振兴区市场监督管理局	食用农产品销售者

续　表

序号	备案号	企业名称	备案机关	主要服务对象类型
523	辽 0107 冷食贮〔2020〕第 0002 号	沈阳金宝农副产品配送中心	沈阳市苏家屯区市场监督管理局	食品经营者
524	辽 0607 冷食贮〔2020〕第 0018 号	凤城市盛泽食品冷冻加工厂	凤城市市场监督管理局	食品经营者
525	辽 0603 冷食贮〔2020〕第 0007 号	丹东富鸿食品有限公司	丹东市振兴区市场监督管理局	食品经营者
526	辽 0603 冷食贮〔2020〕第 0006 号	丹东市振兴区黄殿光水产冷冻加工部	丹东市振兴区市场监督管理局	食品经营者
527	辽 0603 冷食贮〔2020〕第 0005 号	丹东鸿鑫食品有限公司	振兴区市场监督管理局	食品经营者
528	辽 0308 冷食贮〔2020〕第 0025 号	海城市食品公司	海城市市场监督管理局	食品经营者、食用农产品销售者
529	辽 0602 冷食贮〔2020〕第 0011 号	丹东市珍珍冷饮有限责任公司	丹东市元宝区市场监督管理局	食品经营者、食用农产品销售者
530	辽 0211 冷食贮〔2020〕第 0003 号	大连北黄海冷链物流有限公司	庄河市市场监督管理局	食品生产者、食用农产品销售者
531	辽 0603 冷食贮〔2020〕第 0004 号	丹东天堃房地产开发有限公司	丹东市振兴区市场监督管理局	食品经营者
532	辽 0114 冷食贮〔2020〕第 0001 号	新民市英武冷藏库	新民市市场监督管理局	食品经营者
533	辽 0603 冷食贮〔2020〕第 0002 号	丹东联青水产品有限公司	振兴区市场监督管理局	食品经营者、食用农产品销售者
534	辽 0211 冷食贮〔2020〕第 0002 号	大连科强食品有限公司	庄河市市场监督管理局	食品生产者、食品经营者
535	辽 1308 冷食贮〔2020〕第 0001 号	凌源市广润冷冻厂	凌源市市场监督管理局	食品经营者、食用农产品销售者
536	辽 1207 冷食贮〔2020〕第 0002 号	调兵山市曹家冷库	调兵山市市场监督管理局	食品经营者
537	辽 0209 冷食贮〔2020〕第 0001 号	瓦房店龙山冷库	瓦房店市市场监督管理局	食品生产者、食品经营者
538	辽 0603 冷食贮〔2020〕第 0003 号	丹东市振兴区合弘储备库	丹东市振兴区市场监督管理局	食品生产者、食品经营者
539	辽 1404 冷食贮〔2020〕第 0007 号	南票区维杰冷库仓储户	南票区市场监督管理局	—

续 表

序号	备案号	企业名称	备案机关	主要服务对象类型
540	辽0603冷食贮〔2020〕第0001号	丹东祥隆发展有限公司	丹东市振兴区市场监督管理局	食用农产品销售者
541	辽0115冷食贮〔2020〕第0001号	夏晖物流（北京）有限公司沈阳分公司	浑南区市场监督管理局东湖市场监管所	食品经营者
542	辽0308冷食贮〔2020〕第0005号	海城市兴海区同聚同欢冻品销售中心	海城市市场监督管理局	食品经营者
543	辽0605冷食贮〔2020〕第0011号	宽甸满族自治县三艺商行	宽甸满族自治县市场监督管理局	食品经营者、食用农产品销售者
544	辽0308冷食贮〔2020〕第0002号	海城市李氏冷库仓储专业合作社	海城市市场监督管理局	食品生产者、食品经营者、食用农产品销售者
545	辽0607冷食贮〔2020〕第0004号	凤城市凤凰城经济管理区恒兴速冻食品经销处	凤城市市场监督管理局	食品经营者、食用农产品销售者
546	辽0607冷食贮〔2020〕第0002号	凤城市德源冷冻食品加工有限公司	凤城市市场监督管理局	食品生产者、食品经营者、食用农产品销售者
547	辽0305冷食贮〔2020〕第0001号	鞍山盛鑫食品冷冻有限公司	鞍山市市场监督管理局经济开发区分局	食用农产品销售者
548	辽0607冷食贮〔2020〕第0001号	凤城翰墨贸易市场	凤城市市场监督管理局	食品经营者、食用农产品销售者
549	辽1406冷食贮〔2020〕第0001号	建昌县润淇冷食经销处	建昌县市场监督管理局	—
550	辽1404冷食贮〔2020〕第0003号	南票区日升冷库仓储户	南票区市场监督管理局	食品经营者
551	辽1404冷食贮〔2020〕第0001号	葫芦岛市南票区高桥利民屠宰有限公司	南票区市场监督管理局	食品生产者、食用农产品销售者
552	辽0205冷食贮〔2020〕第0002号	大连润豪贸易有限公司	大连市甘井子区市场监督管理局周水子市场监督管理所	食品经营者
553	辽0205冷食贮〔2020〕第0001号	大连百盈食品有限公司	大连市甘井子区市场监督管理局泡崖市场监督管理所	食品经营者

资料来源：辽宁省市场监督管理局。

表 8－21　广西壮族自治区从事冷藏冷冻食品贮存服务的非食品生产经营者备案信息统计表

序号	企业名称	企业所在地	冷藏冷冻仓库地址	贮存能力
1	田林县裕登冷链有限责任公司	—	田林县乐里镇新昌村平雄廉租房旁（李云龙出租铺面）	600 立方米
2	广西田林兴运农副产品购销农民专业合作社	—	田林县乐里镇新建村河口屯那合（小地名）	1700 平方米
3	田林县食品公司家畜定点屠宰厂	—	田林县乐里镇富阳路1号	6 平方米
4	北流市山围镇铁炉劳务有限公司	—	北流市山围镇铁炉村委会铺面第 3 间房	1200 立方米
5	广西润冠市场管理有限公司	南宁市西乡塘区秀厢大道秀园三里 1 号鑫利华花城润冠农贸市场	南宁市西乡塘区上尧四队卢屋坡 100 号木塘里1号	51.35 平方米
6	南宁市西乡塘区桂闽合仓储经营部	南宁市西乡塘区屯渌村2 队鲁班路仓库	广西南宁市西乡塘区鲁班路 1 号南宁五丰联合食品有限公司汽车修理厂 2/3/4 号	1100 平方米
7	南宁市庆明租赁有限责任公司	南宁市西乡塘区上尧四队卢屋坡 100 号木塘里1 号	南宁市西乡塘区鲁班路4 号振宁·现代鲁班第33 号楼 B 单元二层 201 号房	2350 平方米
8	南宁市森恒都冷库租赁服务部（国杰冷库）	广西南宁市西乡塘区鲁班路 1 号南宁五丰联合食品有限公司汽车修理厂 2/3/4 号	富庶村三岔路口	900 平方米
9	广西绿帅财富投资有限公司	南宁市西乡塘区鲁班路4 号振宁·现代鲁班第33 号楼 B 单元二层 201号房	坛洛镇群南村定力坡	900 平方米
10	富庶村冻库	富庶村三岔路口	—	200 平方米
11	南宁市西乡塘区马记农产品加工厂	坛洛镇群南村定力坡	—	80 平方米
12	百色市田阳区海霞冷库经营部	—	百色市田阳农副产品综合批发市场二期交易大厅大棚第 8 栋 1－2 号	1680 平方米

续 表

序号	企业名称	企业所在地	冷藏冷冻仓库地址	贮存能力
13	广西玉林润民肉类联合加工有限公司	—	—	—
14	玉林市玉州区新润冷藏库	—	—	—
15	玉林市莺莺冷库	—	—	—

资料来源：广西壮族自治区市场监督管理局。

表 8 – 22　广西壮族自治区从事冷藏冷冻食品贮存服务的市场主体

序号	备案市场主体	冷库名称	冷库地址
1	广西集港市场管理有限公司	广西集港市场管理有限公司冻库	广西玉林市大北路 390 号
2	南宁农产品交易中心有限责任公司	A7 冷库（冷链物流）	广西南宁市青秀区长虹路 88 号南宁农产品交易中心
3	凌云县绿安商贸有限责任公司	凌云县绿安商贸有限责任公司	广西凌云县泗城镇东风街 52 号（制药厂内）
4	凌云县海运猪肉店	凌云县海运猪肉店	广西百色市凌云县泗城镇镇洪村幸福家园 3 栋 106 号商铺
5	凌云县弘农商贸有限公司	凌云县弘农商贸有限公司	凌云县泗城镇城南出城路口（真风修理厂旁）
6	南宁市保胜丰房屋租赁有限公司	保胜丰冷库	高新大道 80 号
7	凭祥市益捷仓储中心	凭祥市益捷仓储中心	凭祥市上石镇白龙村那孝经联社山拖
8	凌云县汇鲜食品专营店	凌云县汇鲜食品专营店	凌云县泗城镇前进社区纳新小区 109 号第一间门面
9	凌云县鹏发海产品干杂店	凌云县鹏发海产品干杂店	凌云县泗城农贸市场
10	凌云县华顺食品经营部	凌云县华顺食品经营部	凌云县泗城镇农贸市场内
11	谢春新食品店	谢春新食品店	凌云县泗城市场粮油行 1 号摊
12	凌云县百汇商贸有限责任公司	凌云县百汇商贸有限责任公司	广西百色市凌云县泗城镇鸿顺中央公园商业小区 1 号、2 号、3 号、5 号楼
13	广西五洲金桥农产品有限公司	广西金桥国际农产品批发市场冷库	南宁市昆仑大道 169 号

续　表

序号	备案市场主体	冷库名称	冷库地址
14	灵山县辉隆冷冻食品批发部	灵山县辉隆冷冻食品批发部	广西钦州市灵山县灵城街道新燕街9号
15	荔浦市龙永兴洗果场	荔浦市龙永兴洗果场	荔浦市杜莫镇杜莫社区杜莫街11队
16	凌云县前进冰室	凌云县前进冰室	凌云县泗城镇前进社区纳新小区23号
17	凌云县龙桥冰淇淋批发部	凌云县龙桥冰淇淋批发部	广西百色市凌云县泗城镇前进社区
18	凌云县美味基餐厅	凌云县美味基餐厅	凌云县泗城镇鸿顺中央公园9号商铺
19	凌云县零度冰室	凌云县零度冰室	广西百色市凌云县泗城镇新秀社区西苑小区254号
20	凌云县旭东冷冻食品批发部前进分店	凌云县旭东冷冻食品批发部前进分店	凌云县泗城镇前进社区迎晖小区35号
21	凌云县许氏冷冻食品批发部	凌云县许氏冷冻食品批发部	广西百色市凌云县加尤镇加尤村供销商铺第六间
22	南宁市万纬冷链物流有限公司	南宁万纬金海物流园	南宁华兴路16号（南宁综合保税区）
23	凌云县华朕超市	凌云县华朕超市	广西百色市凌云县泗城镇天河城D028
24	凌云县肯美基餐厅	凌云县肯美基餐厅	凌云县泗城镇新秀路中央公园小区二楼
25	荔浦和记农产品销售专业合作社	荔浦和记农产品销售专业合作社	荔浦市杜莫镇杜莫街荔蒙南路38号
26	荔浦叶记农产品购销专业合作社	荔浦叶记农产品购销专业合作社	荔浦市杜莫镇杜莫街荔蒙南路88号
27	南宁市高新区铭之优冷冻食品经营部	铭之优冷库	南宁市高新区北湖北路48号北湖综合批发市场临街铺面33－34号
28	田林县裕登冷链有限责任公司	裕登冷链	田林县乐里镇新昌村平雄廉租房旁（李云龙出租铺面）
29	广西田林兴运农副产品购销农民专业合作社	兴运冷库	田林县乐里镇新建村河口屯那合（小地名）
30	广西南宁华晨物流有限公司	金桥冷库	广西南宁市兴宁昆仑大道169号金桥农产品批发市场1号冷库

续 表

序号	备案市场主体	冷库名称	冷库地址
31	柳城县长兴农业投资开发有限责任公司	河西工业园内食品厂内冷库、橘之宝有限公司内冷库	柳城县大埔镇河西大道河西工业园区
32	广西横县普惠供应链管理有限公司	保鲜气调库	广西横县百合镇洪庐村牛转岭
33	南宁壮宁食品冷藏有限责任公司	壮宁冷库	南宁市江南区友谊路 21 –2 号
34	象州县豪杰藏水果专业合作社	象州县豪杰藏水果专业合作社冷库	象州县象州镇鸡沙村民委沙岗村水库旁
35	象州县寿乡桔果业专业合作社	象州县寿乡桔果业专业合作社冷库	象州县象州镇石里村丰华砖厂旁
36	崇左市南洋农副食品冷藏有限公司	崇左市南洋农副食品冷藏有限公司	崇左市丽江建筑工程公司江州红砖厂内
37	玉林市莺莺冷库	玉林市莺莺冷库	玉林市城西工业园区二期 8 号
38	玉林市玉州区新润冷藏库	玉林市玉州区新润冷藏库	广西玉林市二环北路贮木场旁
39	江州区钧豪冷冻仓储中心	江州区钧豪冷冻仓储中心	广西崇左市江州区石景林街道环城路卜利村旧村屯与五龙屯交接地名（钢仓）
40	田林县食品公司家畜定点屠宰厂	食品公司冷库	田林县乐里镇富阳路 1 号
41	广西兴南城物流有限公司	兴南城物流冷库	南宁市江南区那历路 22 号
42	广西玉林润民肉类联合加工有限公司	玉林润民冷库	玉林市玉州区西郊塘铺区 8 号
43	象州县农城农业发展有限公司	象州县农城农业发展有限公司冷藏库	象州县寺村镇下杨柳村 307 省道
44	广西北港物流有限公司南宁分公司	玉洞冷库	广西南宁市银海大道 1223 号
45	广西皓正贸易有限公司	广西皓正贸易有限公司北湖冷冻仓库	南宁市北湖村一队综合批发市场北楼 1 –2 号铺
46	上海郑明现代物流有限公司	1 号、2 号、3 号、4 号冷库	南宁市江南区金阳路 46 号 B –3 工业仓储用房 B3 库 U3 号单元
47	凭祥市宏源货场	凭祥市宏源货场	凭祥市狮子山路 5 号

续　表

序号	备案市场主体	冷库名称	冷库地址
48	灵山县灵城镇黄六嫂冷冻食品经营部	黄六嫂冷冻食品经营部	灵山县灵城街道双鹤一路北一巷
49	灵山县灵城镇鑫业冷冻食品经营部	鑫业冷冻食品经营部	灵山县灵城街道丰江市场第三间门店
50	德保县食品公司肉品配送中心	德保县食品公司肉品配送中心	广西百色市德保县城关镇新隆南六街37号
51	来宾市金泓贸易有限责任公司	金泓冻库	来宾市兴宾区天然桥路238号桂中农贸市场22栋
52	广西田阳农副产品综合批发市场	广西田阳农副产品综合批发市场	广西百色市田阳区田州镇金狮街（三雷）
53	广西田阳农副产品综合批发市场百育分场	广西田阳农副产品综合批发市场百育分场	百色市田阳区百育镇百育至那满岔路口
54	桂林市德鑫物业服务有限公司	桂林市德鑫物业服务有限责任公司	桂林市叠彩区大河乡白竹干村民委员会办公室
55	北流市山围镇铁炉劳务有限公司	北流市山围镇铁炉劳务有限公司冷库	北流市山围镇铁炉村委会铺面第3间房
56	灵山县鑫邺冷冻食品经营部	鑫邺冷冻食品经营部	广西钦州市灵山县灵城街道丰裕路105号
57	灵山县好易家冷冻食品批发经营部	好易家冷冻食品批发经营部	灵山县灵城街道丰江市场（县原工商局丰江综合楼西边停车场一层第12间、13间出租屋）
58	灵山县灵城镇兴隆冷冻食品经营部	灵山县兴隆冷冻食品经营部	灵山县灵城街道江南路（县建设培训中心出租的6号商铺）
59	灵山县家广福超市有限公司	家广福超市冷库	灵山县灵城街道六峰路商业步行街2号楼二层
60	广西柳州市张公岭冷库物流有公司	广西柳州市张公岭冷库物流有公司	柳州市柳江区基隆开发区门头路口
61	大新县盛隆仓储中心	盛隆仓储中心	大新县桃城镇新平路冶炼厂内
62	容县覃坤雪糕经营部	容县覃坤雪糕经营部	容县十里镇泗登村好益物流园内
63	临桂区会仙镇胜燕冷冻食批发部	临桂区会仙镇胜燕冷冻食品批发部冷库	临桂区会仙镇会仙商贸城13栋11号
64	大新县康铭商贸有限责任公司	康铭冷库	大新县雷平镇左安村弄卡屯左安路口入内100米

续　表

序号	备案市场主体	冷库名称	冷库地址
65	合浦县鸿源食品有限公司	合浦县鸿源食品有限公司	北海市合浦县石湾镇新安村委会三队村边
66	桂林市庆祥食品冷藏有限公司	庆祥冷库	桂林市叠彩区大河乡白竹干村第二组
67	大新县雷平益丰冷库服务中心	益丰冷库	大新县雷平镇车站村大新县供销合作社雷平购销经理部宿舍区
68	广西龟妈妈仓储有限公司	广西龟妈妈仓储有限公司冷库	广西壮族自治区北海市工业园区香港路12号北海强宇食品有限公司内3幢2号库房
69	广西锦一方园林绿化股份有限公司	广西锦一方园林绿化股份有限公司冷库（1号、2号、3号、4号）	隆安县丁当镇丁当社区
70	桂林鑫润冷链物流有限公司	桂林鑫润冷库	桂林市秀峰区桃花江路西山13号人防山洞
71	广西都安弈秋冷冻食品有限公司	广西都安弈秋冷冻食品有限公司	广西壮族自治区河池市都安瑶族自治县安阳镇新屏路150－21号
72	广西立达电商物流有限公司	广西立达电商物流有限公司冻库	广西河池市南丹县城关镇丹城大道丹泉酒厂旁电商物流园
73	容县容州容南食品经营部	容县容州容南食品经营部	容县容州镇侨乡大道123号
74	都安果宝冰店	都安果宝冰店	广西河池市都安瑶族自治县安阳镇沿江路47号
75	阳朔县和源冷库部	阳朔县和源冷库部	阳朔县福利镇忠和村委凤凰村村口
76	广西华穗物流有限责任公司	广西华穗物流有限责任公司冷库（南菜北运冷库）	隆安县那桐镇兴桐大道往镇流村路口50米处
77	广西联泰利锋投资有限公司	联泰利锋仓库	龙州县工业区龙北综合加工区B－1－3地块
78	广西龙州县天一进出口贸易有限公司	天一冷库	广西龙州县石油公司旧油库里面
79	龙州县相生农业有限公司	相生冷库	龙州县龙州镇自清村养猪场西侧
80	广西布局国际商贸投资有限公司	布局冷库	龙州县下冻镇布局村布局互市点

续　表

序号	备案市场主体	冷库名称	冷库地址
81	桂林农鲜达食品贸易有限公司	桂林农鲜达食品贸易有限公司	桂林市秀峰区甲山街道办事处官桥村委会龙泉村
82	广西泗水缤纷品牌管理有限公司	凌云县冷链仓储配套中心	凌云县泗城镇茶产业园28栋一楼
83	凌云县佳信农产品商贸有限公司	凌云县佳信农产品商贸有限公司	广西百色市凌云县泗城镇农贸市场内
84	崇左市财源贸易有限公司	崇左市财源贸易有限公司	崇左市江州区龙井口东环城路中段东侧（正高国际往三桥方向2公里处）
85	凌云县果鲜生水果专卖店	凌云县果鲜生水果专卖店	凌云县泗城镇新秀社区西苑小区262号
86	凌云县老百货生鲜肉店	凌云县老百货生鲜肉店	广西百色市凌云县泗城镇解放社区正南小区007号
87	柳城县长兴农业投资开发有限公司	河西工业园内食品厂内冷库、橘之宝有限公司内冷库	柳城县大埔镇河西大道河西工业园区
88	南宁市善礼货物仓储服务部	南宁市善礼货物仓储服务部	南宁市兴宁区兴东路99号南宁市东沟岭综合农贸市场2号楼03A－1－17、03A－1－18、03A－1－19、03A－1—20号商铺
89	苍梧县木双镇明盛食品店	苍梧县木双镇明盛食品店	苍梧县木双镇双凤街30号
90	扶绥海纳物业管理有限公司	扶绥海纳物业管理有限公司	扶绥县新宁镇空港大道西8号1栋202室
91	广西蓝海国际船务有限公司	广西蓝海国际船务有限公司冷藏冷库	防城港市港口区车辽社区站前小区西面旧加油站
92	田林县桂佳种养专业合作社	田林县桂佳种养专业合作社联合社	田林县潞城瑶族乡潞城街208号
93	田林县惠实种养专业合作社	田林县惠实种养专业合作社	田林县潞城瑶族乡营盘村营盘屯十二桥（杨再光宅内）
94	都安德意客意式餐厅	都安德意客意式餐厅	广西河池市都安瑶族自治县安阳镇大桥路融建商业广场一楼1F－011号
95	都安苏示牛排西餐厅	都安苏示牛排西餐厅	广西河池市都安瑶族自治县安阳镇大桥路丽都滨江花园1－2号楼一层02号

续 表

序号	备案市场主体	冷库名称	冷库地址
96	都安美味基快餐店	都安美味基快餐店	广西河池市都安瑶族自治县融建商业广场壹贰层 A02、A01 – 03、05 – 10 号
97	都安美味基快餐店二店	都安美味基快餐店二店	广西河池市都安瑶族自治县安阳镇迎晖街 480 号
98	都安蓝水冷冻食品经营部	都安蓝水冷冻食品经营部	广西河池市都安瑶族自治县安阳镇新屏路三和商业广场西北角
99	广西龙州中升物流开发有限公司	广西龙州中升物流开发有限公司冻库生产车间	龙州县水口镇共和大道 1 号 A 地块
100	都安昌泰利冻品总汇	都安昌泰利冻品总汇	广西河池市都安瑶族自治县安阳镇新屏路 150 – 17 号
101	都安三鲜冷冻食品批发部	都安三鲜冷冻食品批发部	广西河池市都安瑶族自治县安阳镇百才新区北四巷 58 号
102	都安福合冻库	都安福合冻库	广西河池市都安瑶族自治县安阳镇新屏路 150 – 22 号
103	河池市金城江区荣惠冷冻食品批发部	河池市金城江区荣惠冷冻食品批发部冻库	河池市金城江区南新东路 388 号（新华印刷厂综合楼一楼 31 号门面）
104	河池市金城江区杨哥蔬菜店	河池市金城江区杨哥蔬菜店冻库	河池市金城江区乾霄路（河池农产品批发交易市场物流中心二区 31 号门面）
105	柳州市鱼峰区联庆冷冻食品经营部	柳州市鱼峰区联庆冷冻食品经营部	柳州市鱼峰区前进农贸综合市场海鲜冻品行 11 栋旁
106	都安鲜果速递商店百才店	都安鲜果速递商店百才店	广西河池市都安瑶族自治县安阳镇百才街 56、58 号
107	桂林市叠彩区志雄仓储服务部	桂林市叠彩区志雄仓储服务部	桂林市叠彩区中山北路 698 号地层
108	都安鲜果速递商店	都安鲜果速递商店	广西河池都安瑶族自治县安阳镇迎晖社区迎晖街 464 号二轻联社第三间门面
109	容县广罗食品加工中心	食品保鲜库	容县经济开发区友谊路 60 号（厢南野鸭塘工业区）
110	防城港市港口区光坡镇麦大蔬综合批发部	防城港市港口区光坡镇麦大蔬综合批发部冷库	港口区光坡镇中间坪村大路坳组 12 号旁

续　表

序号	备案市场主体	冷库名称	冷库地址
111	百色市田阳区海霞冷库经营部	百色市田阳区海霞冷库经营部	百色市田阳农副产品综合批发市场二期交易大棚第8栋1－2号
112	河池市金城江区飘香阁食品经营部	河池市金城江区飘香阁食品经营部冻库	河池市金城江区河池东高速出口西南旁福达冷链B8区B8－01号商铺
113	防城港春晖国际船务有限公司	防城港春晖国际船务有限公司冷库	防城港市港口区白沙万街道牛角沙路东C1号房
114	广西东蒙乳业有限公司	二期车间	南宁市友谊路21－8号
115	防城港市港口区聪盈商店	防城港市港口区聪盈商店冷库	防城港市港口区鱼洲城建政路163号
116	田林县港兴种养专业合作社	田林县港兴种养专业合作社	田林县平塘乡兴六村岩右屯（旧搅拌站）
117	田林县坡寿皇种养专业合作社	田林县坡寿皇种养专业合作社	田林县潞城乡营盘村平岩屯那拉常
118	田林县富丽水果种植专业合作社	田林县富丽水果种植专业合作社	田林县利周瑶族乡福祥村（田林－乐业二级公路旁）
119	田林县皓坤种养专业合作社	田林县皓坤种养专业合作社	田林县平塘乡兴六村岩右屯旧搅拌站
120	防城港市港口区企沙镇滨海冷冻鲜品店	防城港市港口区企沙镇滨海冷冻鲜品店冷库	港口区企沙镇海滨花园（海港市场南侧）
121	广西都安平凡商贸有限公司	广西都安平凡商贸有限公司	广西河池市都安瑶族自治县安阳镇屏山中路202号

资料来源：广西壮族自治区市场监督管理局。

表8－23　　山东省从事冷藏冷冻食品贮存服务的非食品生产经营者备案信息统计表

序号	备案号	企业名称	企业所在地	冷藏冷冻仓库地址	贮存能力
1	—	潍坊华中冷藏有限公司	山东省潍坊市经济开发区张氏街道店子村	山东省潍坊市经济开发区张氏街道店子村	300吨
2	—	潍坊北海冷藏有限公司	山东省潍坊市经济开发区张氏街道虞河路与泰祥街交叉口西南角	山东省潍坊市经济开发区张氏街道虞河路与泰祥街交叉口西南角	1200吨

续 表

序号	备案号	企业名称	企业所在地	冷藏冷冻仓库地址	贮存能力
3	—	安丘市万盛冷库	—	兴安街道央赣路中段东侧（汶南村）	1000 吨
4	LB3706810001	龙口市同益食品有限公司	泰兴路 10 号	龙口市兰高镇泰兴路 10 号	1000 吨
5	LB3716240005	沾化区冯家镇金海冷藏厂	—	沾化区冯家镇商业街	400 平方米
6	LB3716240006	沾化区冯家四海冷藏厂	—	沾化区冯家镇巴家村	500 平方米
7	LB3716240004	滨州市沾化区冯家鑫源冷藏厂	—	滨州市沾化区冯家镇丰海路 279 号	473. 8 平方米
8	LB3716240003	滨州市沾化区华达海产批发商行	—	山东省滨州市沾化区冯家镇冯贸路	200 平方米
9	LB3716240002	滨州市沾化区鑫河塑料制品有限公司	—	山东省滨州市沾化区冯家镇政府驻地	550 平方米

资料来源：山东省市场监督管理局。

表 8－24　　重庆市从事冷藏冷冻食品贮存服务的非食品生产经营者备案信息统计表

序号	备案号	企业名称	冷藏冷冻仓库地址	贮存能力
1	—	重庆盈派物流有限公司（永济冻库）	重庆市永川区南大街办事处火车站南路 60 号	5000 吨
2	—	重庆市大渡口区虹雪仓储服务部	重庆市大渡口区建胜镇群胜村二社	280 吨
3	—	重庆市高新技术产业开发区春模畜产品加工厂	重庆市大渡口区群胜一社	200 吨
4	—	重庆万吨冷储物流有限公司	重庆市大渡口区陈家坝 15 号	72000 吨
5	—	重庆港务物流集团实业有限公司	重庆市大渡口区石棉厂内	2500 吨
6	渝合食贮〔2020〕0001 号	重庆天灿冷冻食品有限公司	重庆市合川区南办处临渡村三社桑家塆	3000 吨
7	渝合食贮〔2020〕0002 号	重庆鹏盛农产品冷藏有限公司冷冻库	重庆市合川区南津街街道办事处巴州路 269 号办公楼	20000 吨
8	渝合食贮〔2020〕0003 号	重庆市中农联冻库	重庆市合川区合阳城街道办事处合阳大道 1477 号	20000 吨

续　表

序号	备案号	企业名称	冷藏冷冻仓库地址	贮存能力
9	—	璧山区万鲜食用农产品冷冻库	重庆市璧山区璧城街道皮鞋城南二街23号附9号	200吨
10	—	璧山区李家雨冷冻食品销售部	重庆市璧山区璧城街道皮鞋3区北二街148号	160吨
11	—	璧山区罗庆英冷冻食品经营部	璧泉街道文风路50号、52号、天门巷35号	80吨
12	—	璧山区双天食用农产品经营部	璧泉街道一天门柿花街130号	100吨
13	—	重庆天星农产品冷藏有限公司	璧山区青杠街道白云大道569号	5000吨
14	—	重庆公路（运输）集团有限公司南部货运市场管理分公司	重庆市巴南区南彭物流园B区	40000立方米
15	—	重庆南宙冷链物流有限公司	重庆市巴南区东城大道9号附2号楼	10000吨
16	—	重庆顺丰丰泰产业园	重庆市巴南区南彭公路物流基地盛保路443号重庆顺丰丰泰产业园B－2库	48000立方米
17	—	重庆顺丰速运有限公司	重庆市巴南区南彭公路物流基地环道东路6号顺丰产业园	1353平方米
18	—	重庆市聚龙食品有限公司	渝北区汉渝路56号	—
19	—	湖南湘佳牧业股份有限公司	渝北区回兴街道两港大道218号	—
20	—	重庆海若农业发展有限公司	重庆市渝北区领航南路8号2幢	—
21	—	重庆锦鲜汇食品配送有限公司	长安锦绣城地下车库负一层	—

资料来源：重庆市市场监督管理局。

表 8-25　海南省从事冷藏冷冻食品贮存服务的非食品生产经营者备案信息统计表

序号	企业名称	冷藏冷冻仓库地址	贮存能力	贮存主要食品品种
1	澄迈福山三星冷库	福山镇福桥北路	50715 立方米/10000 吨	水果
2	澄迈振宇冷藏冷冻有限公司	澄迈县金安农场经济队（金安中学对面）	4800 立方米/200 吨	瓜菜
3	澄迈华联社实业有限公司	澄迈县瑞溪镇石琼村路旁	2592 立方米/3000 吨	瓜菜
4	澄迈永发富尧果菜保鲜有限公司	海南省澄迈县永发镇海榆中线 39 公里处	6750 立方米/1500 吨	瓜菜
5	澄迈永发环宝蔬菜种植专业合作社	海南省澄迈县永发镇永发居委会加善村	1440 立方米/150 吨	瓜菜
6	澄迈永吉农业开发有限公司	澄迈县永发镇海榆中线公里与金安路口交界处	9900 立方米/2100 吨	瓜菜
7	海南永发果菜批发市场有限公司	澄迈县永发镇永发批发市场内	4500 立方米/500 吨	瓜菜
8	海南福长食品加工有限公司	海南省澄迈县永发镇海榆中线 42.6 公里处	520 立方米/70 吨	畜禽肉
9	海南杰运冷冻有限公司	澄迈县白莲海榆细线 30 公里处	57000 立方米/2000 吨	畜禽肉、水产品
10	澄迈吉运农业开发有限公司	澄迈县金江镇美亭金美路	1003 立方米/1000 吨	瓜菜
11	海南鲁青农业科技发展有限公司	澄迈县金江镇美亭黄金路 340 号	10800 立方米/8100 吨	瓜菜、水果
12	澄迈鲁兴农业发展有限公司	澄迈县金江镇美亭黄金路 350 号	15900 立方米/11930 吨	瓜菜、水果
13	澄迈美智开发有限公司	海南省澄迈县金江镇美亭黄金路 328 号	12620 立方米/900 吨	瓜菜
14	澄迈玉通盛开发有限公司	海南省澄迈县金江镇美亭金美路 53 号	10400 立方米/7800 吨	瓜菜、水果
15	万宁万城繁华冷冻食品商行	万城镇文明南路二横街 54 号	—	—
16	万宁尚谷渔业发展有限公司	万城镇乌场村港外大道 8 号	—	—
17	万宁福旺渔业有限公司	万城镇乌场码头	—	—
18	万宁万城乌场许肖飞冷冻厂	万城乌场白路坡路口	—	—
19	万宁礼纪集贸市场冷冻库	礼纪镇农贸市场内	—	—
20	海南品格贸易有限公司美钗坡冷库	定安县定城镇见龙大道美钗坡村 357 号	50 立方米/8 吨	畜禽肉、预包装食品

续　表

序号	企业名称	冷藏冷冻仓库地址	贮存能力	贮存主要食品品种
21	洋浦义和冷冻商行	洋浦吉浦路与嘉洋路交叉口西北角三友工业园内第2号钢结构	240立方米/15吨	畜禽肉、水产品、预包装食品
22	洋浦昌隆商行	洋浦普瑞综合市场A036	60立方米/2吨	畜禽肉、水产品、预包装食品
23	洋浦新英湾东辉食品销售商店	海南省洋浦经济开发区海滨假日2号楼一层1号-10	20立方米/1.5吨	畜禽肉、预包装食品
24	洋浦金顺冷冻食品商行	洋浦新英湾龙苑区10号	49立方米/10吨	畜禽肉、水产品、预包装食品、其他
25	海南雷马国际贸易有限公司—洋浦雷马物流冷库中心	洋浦经济开发区保税港区泓洋路D15A区	14196立方米/3000吨	畜禽肉
26	洋浦伍浦俊冷冻食品商行	海南省洋浦经济开发区新英湾区洋浦海滨假日小3号-1-12室	30立方米/10吨	畜禽肉、水产品、预包装食品
27	海南新发地现代农业发展有限公司琼海分公司	海南省琼海市大路镇堆头村委会旁	5300吨	瓜菜
28	琼海塔洋郑世乐鲜鱼摊	琼海市塔洋镇联先双发岭福松水产市场	4吨	水产品
29	琼海塔洋王振松水产品摊	琼海市塔洋镇联先双发岭福松水产市场	5吨	水产品
30	琼海塔洋符策容水产摊	琼海市塔洋镇联先双发岭福松水产市场	3吨	水产品、畜禽肉、其他、预包装食品
31	琼海塔洋阿巧海鲜摊	琼海市塔洋镇联先双发岭福松水产市场	5吨	畜禽肉、水产品、预包装食品、其他
32	琼海塔洋周杏花海鲜摊	琼海市塔洋镇联先双发岭福松水产市场	6吨	畜禽肉、水产品、预包装食品、其他

续 表

序号	企业名称	冷藏冷冻仓库地址	贮存能力	贮存主要食品品种
33	琼海塔洋符史顺水产摊	琼海市塔洋镇联先双发岭福松水产市场	5 吨	水产品
34	琼海福松实业有限公司	琼海市塔洋镇联先双发岭工业区	8000 吨	畜禽肉、瓜菜、水果、预包装食品、水产品
35	琼海佳佳食品商行	琼海联先交通城	100 吨	畜禽肉、水产品、预包装食品、其他
36	琼海塔洋仁兴果菜保鲜冷库	琼海市塔洋镇鱼良村委会路口	120 吨	瓜菜
37	琼海双联农业有限公司	琼海市塔洋镇联先工业区	3500 吨	畜禽肉、瓜菜
38	琼海宏瑞农业开发公司	琼海市塔洋镇琼文东街	240 吨	瓜菜
39	海南船通海产品贸易有限公司	琼海市潭门镇富港街（杨全娥宅）	2 吨	水产品
40	琼海生生源渔业有限公司	琼海市潭门镇富港街（陈刘全宅）	6 吨	水产品
41	琼海潭门富吉海产品购销点	琼海市潭门镇九吉坡	1000 吨	水产品
42	邱一德	琼海市潭门镇潭门村潭六村 21 号	6 吨	水产品
43	琼海春兴实业开发有限公司	琼海市潭门镇福田墟福源街	10000 吨	其他
44	东方新港顺达冷库	东方市八所渔港水产品交易市场 11—16 号	300 立方米/200 吨	水产品
45	东方东升储藏有限公司	东方市新港码头内冷藏综合楼	600 立方米/500 吨	水产品
46	海口胜茂大红灯笼餐饮管理有限公司	海口市琼山区龙昆南路 74 – 1 号皇家花园 1 幢第 17 层 17D1 房	0. 5 吨	预包装食品
47	海南仙民农产品交易市场有限公司	海口市琼山区甲子镇新民墟	2000 吨	瓜菜
48	宝昌利冻品商行	三门坡三门街 119 号	0. 2 吨	小吃面点、烧烤类
49	海南楚天卢实业有限公司	海口市勋亭路勋亭一街附甲 1 号	5 吨	预包装食品

续 表

序号	企业名称	冷藏冷冻仓库地址	贮存能力	贮存主要食品品种
50	海口绿民农业开发有限公司	海口市琼山区红旗镇海榆路旁	6000 吨	瓜菜
51	海口盛民瓜菜专业合作社	海口市琼山区红旗镇海榆路旁	2000 吨	瓜菜
52	海南万家惠贸易有限公司	海口市琼山区凤翔路天鹅花园 1—3 层	10 立方米、5 吨	畜禽肉、瓜菜、水果、水产品
53	海南银达国际餐饮管理有限公司海口府城天鹅花园麦当劳分居	海南银达国际餐饮管理有限公司海口府城天鹅花园麦当劳分居	4.36 吨	畜禽肉、鲜蛋、预包装食品
54	海南岛尚臻品贸易有限公司	海南省海口市琼山区桂林上路 92 -3 号	10 吨	瓜菜、水果
55	海口琼山苏应家水果店	海口市琼山区桂林上路 1 号一楼	10 吨	水果、预包装食品
56	海南南北顺鑫贸易有限公司	海南省海口市琼山区中山南路 42 号	80 吨	水产品、预包装食品
57	陕西康牙康果业有限公司	海口市琼山区凤翔横街 25 号	20 吨	水果
58	海南南北冷冻保鲜有限公司	海口府城中山南路 20 号	7000 吨	畜禽肉、瓜菜、水果、水产品、预包装食品
59	海口琼山赣国蔬菜批发店	海口市琼山区中山南路 42 号海南凤翔蔬菜批发市场 AE34 号档口	5 吨	瓜菜
60	海口琼山陈华成蔬菜批发店	海南凤翔蔬菜批发市场 C 区 27 号	0.5 吨	瓜菜、其他
61	海口琼山开金蔬菜批发店	海口市琼山区中山南路 42 号海南凤翔蔬菜批发市场 C 区 39 号档口	4 吨	瓜菜
62	海口琼山张裕永蔬菜批发店	海南凤翔蔬菜批发市场 C 区 41—42 档口	2 吨	瓜菜、其他
63	海口琼山郑来斌蔬菜批发店	海口市琼山区中山南路 42 号海南凤翔蔬菜批发市场 C 区 45 号档口	5 吨	瓜菜
64	海口琼山颜木明蔬菜批发店	海南凤翔蔬菜批发市场 C 区 48 号档口	1 吨	瓜菜、其他
65	郑茂沈	海南凤翔蔬菜批发市场 C 区 51—52 档口	3 吨	瓜菜
66	海口琼山邓秀容蔬菜批发店	海口市中山南路兴达公寓 30 号铺面	8 吨	瓜菜、其他

续 表

序号	企业名称	冷藏冷冻仓库地址	贮存能力	贮存主要食品品种
67	海口琼山玲顺蔬菜批发店	海口琼山中山南路42号海南凤翔蔬菜批发市场C区55号档口	4吨	瓜菜
68	海口琼山包雄蔬菜批发店	海口市琼山区中山南路42号海南凤翔蔬菜批发市场C区58号档口	4吨	瓜菜
69	海口琼山孙梅玉蔬菜批发店	海南凤翔蔬菜批发市场C区57号档口	4吨	瓜菜、其他
70	海口琼山金福容农产品销售店	海口市琼山区中山南路42号C53档口	1.5吨	瓜菜
71	海口琼山葛记农产品批发店	海口市琼山区中山南路南水蔬菜批发市场E区11号对面	5吨	瓜菜
72	海口琼山符海福水景商行	海口市琼山区府城镇中山南路水果批发市场A栋铺面3号	12吨	水果
73	海口琼山林海峰水果批发店	海口市琼山区府城镇中山南路水果批发市场C区14号	1.5吨	水果
74	海口琼山中山进龙水果批发店	海口琼山南北水果市场A栋10号	3吨	水果
75	海口琼山中山陈城水果批发店	海口府城南北水果市场A区南铺5号	3吨	水果
76	海口琼山中山新线水果批发店	海口府城南北水果市场B区11号铺面	9吨	水果
77	海口国正果业有限公司	海南省海口市琼山区中山南路南北水果批发市场A区B栋25号铺面	3吨	水果
78	海口琼山庆茂水果批发店	海口府城南北水果市场A区南铺1号	3吨	水果、预包装食品
79	海口琼山周海琼水果店	海南省海口市琼山区中山南路66号海口南北水果市场A区A栋9号铺面	3吨	水果、预包装食品
80	海口琼山阿荣水果店	海南省海口市琼山区府城镇中山南路66号南北水果市场A区A栋37号铺面	2吨	水果

续　表

序号	企业名称	冷藏冷冻仓库地址	贮存能力	贮存主要食品品种
81	海口琼山孟玉莲子批发店	海口市琼山区凤翔街道办事处三峰社区高登里104号	2吨	水果
82	海口琼山然味冷冻食品店	海南省海口市琼山区凤翔街道办中山南路42号综合楼一楼铺面	14吨	畜禽肉、水产品、预包装食品
83	海南生鲜送农产品配送有限公司	海口市琼山区凤翔街道椰海综合批发市场综合区C11、C12档口	65吨	瓜菜、水果
84	海南磊桥投资有限公司	海口市琼山区椰海大道椰海综合批发市场综合区C-3号	5吨	畜禽肉、瓜菜、水果、水产品、鲜蛋、预包装食品、其他
85	海南老芳贸易有限公司	海南省海口市琼山区椰海大道与中山南路延长线汇外南侧	3吨	畜禽肉、瓜菜、水果
86	海口市琼山区郑黄武蔬菜批发经营部	椰海综合市场	3吨	瓜菜
87	海口利鑫达贸易有限公司	椰海综合市场综合区B13、B14号	2吨	瓜菜
88	海南椰海盛农业有限公司	海口市琼山区椰海大道中山南路延长线南侧椰海综合市场综合区C6—8号	0.5立方米、2吨	瓜菜、水果、鲜蛋、预包装食品
89	福德城冻品批发零售店	椰海综合批发市场	5吨	畜禽肉
90	海南德裕福祥贸易有限公司	海口市琼山区椰海大道中山南路延长线南侧椰海综合批发市场综合区B1—2号	5立方米、4吨	畜禽肉、瓜菜、水果、预包装食品
91	海南香馥馥果业网络科技有限公司	海口市琼山区凤翔街道办椰海大道与中山南路延长线交会处南侧综合批发市场综合区D区4—5档口	72吨	畜禽肉、瓜菜、水果、预包装食品
92	海口琼山哆嗬蔬菜批发店	海口市琼山区椰海大道中山南路延长线南侧椰海综合批发市场综合D区6—8号商铺	6立方米、5吨	瓜菜、水果、鲜蛋、预包装食品

续 表

序号	企业名称	冷藏冷冻仓库地址	贮存能力	贮存主要食品品种
93	海口琼山信誉米粉摊	海口市琼山区凤翔街道办椰海大道与中山南路延长线交会处南侧综合批发市场零售区D区4号	2吨	畜禽肉、水产品、预包装食品
94	海口市琼山戴祖生农副产品配送中心	海口市琼山区凤翔街道办椰海大道与中山南路延长线交会处南侧综合批发市场蔬菜区D区18—23号	200立方米、20吨	水果
95	海南农惠民农业供应链科技有限公司	海口市琼山区凤翔街道办椰海大道与中山南路延长线交会处南侧综合批发市场蔬菜区D区15—16号	80吨	畜禽肉
96	海口琼山单士军水果店	海口市琼山区凤翔街道办椰海大道与中山南路延长线交会处南侧综合批发市场打包区B区20号及C区20号商铺	8吨	水果
97	海口琼山世雅商店	海口市琼山区凤翔街道办椰海大道与中山南路延长线交会处南侧综合批发市场中商铺15号	20吨	瓜菜
98	海口琼山杨明蔬菜批发店	海口市琼山区凤翔街道办椰海大道与中山南路延长线交会处南侧综合批发市场蔬菜区C区2号铺面	20吨	瓜菜
99	海南新果泰果蔬贸易有限公司	海口市琼山区凤翔街道办椰海大道与中山南路延长线交会处南侧综合批发市场冷库C区10号商铺	15吨	瓜菜、水果

续 表

序号	企业名称	冷藏冷冻仓库地址	贮存能力	贮存主要食品品种
100	海南一站到家科技有限公司	海口市琼山区凤翔街道办椰海大道与中山南路延长线交会处南侧综合批发市场冷库C区17—18号商铺	6立方米、10吨	畜禽肉、瓜菜、水果、鲜蛋、预包装食品
101	海口琼山姬晓肉批发店	海口市琼山区凤翔街道办椰海大道与中山南路延长线交会处南侧综合批发市场中铺34—35号	3吨	畜禽肉
102	海口琼山惠农健鸿蔬菜配送中心	海口市琼山区凤翔街道办椰海大道与中山南路延长线交会处南侧综合批发市场中铺27—28号	3吨	瓜菜、水果
103	海南豆藤贸易有限公司椰海分公司	椰海市场中商铺22—23号	10吨	畜禽肉、水产品、预包装食品
104	海口陈辰蔬菜批发店	椰海综合批发市场综合区D-11	3吨	瓜菜
105	海南顺会满市场管理有限公司椰海分公司	海口市琼山区凤翔街道办椰海大道与中山南路延长线交会处南侧综合批发市场检查市旁	20吨	瓜菜、水果
106	海口琼山千达冷冻食品区	海口市琼山区凤翔街道办宝荫村50号	80吨	畜禽肉
107	海口琼山山凌胜冷冻食品店	海口市琼山区凤翔街道办权事处大园社区振兴路91号	7吨	畜禽肉、水产品、预包装食品
108	海南中威方成科技有限公司	海口市琼山区府城镇儒逢村委会儒传新村150号	12吨	预包装食品
109	海口琼山兆民小笼包店	海口市琼山区石塔村石塔南路7号	30吨	预包装食品
110	海口琼山立海猪肉经营部	海南省海口市琼山区凤翔街道办石塔村立海路8号	50吨	畜禽肉

续 表

序号	企业名称	冷藏冷冻仓库地址	贮存能力	贮存主要食品品种
111	海南鲜意浓农业科技有限公司	海口市琼山区凤翔街道办石塔村同都路40号	3吨	畜禽肉、瓜菜、水果、水产品、预包装食品
112	海口琼山平丰商行	海口市琼山区石塔南路85号	30吨	畜禽肉
113	广东好来客食品有限公司海口分公司	海南省海口市琼山区凤翔街道办石塔村委畔凤新村98号	34吨	畜禽肉、瓜菜、水果、水产品、预包装食品、其他
114	海南益兴西美茶业有限公司	海南省海口市琼山区城南一横路278号	5吨	其他
115	海南佳多味食品有限公司	海口市琼山区凤翔街道办石塔村桐都路91号	2吨	畜禽肉、预包装食品
116	海南鲜生到家供应链科技有限公司	海南省海口市琼山区凤翔街道石塔村石塔一横路3号	5吨	水产品、预包装食品
117	海口市琼山鑫松林冷冻食品商行	海口市琼山区石塔村石塔西路10号	20吨	畜禽肉
118	海口市新种植专业合作社	海口市琼山石塔一社83号	15吨	其他
119	海口琼山永胜源冷冻品店	海口市琼山区石塔村石塔西路16号	20吨	其他
120	海南汇万盈商贸有限公司	海口市琼山区振民巷103号	10吨	瓜菜
121	海南金源供应链管理有限公司	海口市龙华区龙桥镇羊山大道41号	600吨	预包装食品
122	海口凯律贸易有限公司	海口市龙华区银湖路7号103号铺面	13吨	预包装食品
123	海口龙华荣盛冻品商行	海口市龙华区新港路西侧4－26（原01号）铺面	6吨	畜禽肉
124	海口龙华臻杨食品经销部	海口市龙华区新港路13－2瑞田大厦首层北端	2吨	畜禽肉
125	海口龙华裕丰食品店	海口市龙华区滨海街道新港路13号瑞田大厦首层南端铺面第三间	1.2吨	畜禽肉

续　表

序号	企业名称	冷藏冷冻仓库地址	贮存能力	贮存主要食品品种
126	海口龙华和昌盛冷冻食品店商店	海口市龙华区滨海街道新港路东侧 34 号铺面	2 吨	畜禽肉
127	海南好利来食品有限公司	海口市龙华区滨海大道新港水产码头东 66 号瑞昌综合楼 115—116 号	11 吨	畜禽肉
128	海口龙华澳菲利商行	海口市龙华区滨海商业街 56 号铺面	5 吨	畜禽肉
129	海口龙华蒙之量冷冻品商行	海口市龙华区滨海大道 2 号滨海商业街 41 号	5. 5 吨	畜禽肉
130	海口龙华域发商行	海口市龙华区滨海大道 2 号锦晟副食品酒店用品市场 H49 号	8 吨	畜禽肉
131	海口荣厚贸易有限公司	海口市龙华区滨海大道 2 号锦晟副食品酒店用品市场 H01 号铺和 H24 号铺	5 吨	畜禽肉
132	海口龙华名光西餐食品商行	海口市龙华区滨海大道 2 号水产码头锦晟商城 H25 号	4 吨	畜禽肉
133	海口龙华好嘉源商行	海口市龙华区滨海大道 2 号水产码头锦晟商城 H26 号	6 吨	畜禽肉
134	海口绿野家园商贸有限公司	海口市龙华区滨海大道 2 号锦晟酒店用品市场 H07 号	10 吨	畜禽肉
135	海口龙华鑫鼎豪冷冻食品商行	海口市龙华区滨海大道 2 号水产码头锦晟批发商城 H27 号	5 吨	畜禽肉
136	海口龙华海思源冻品行	海口市龙华区滨海大道 2 号锦晟副食品酒店用品市场 H29—30 号	5 吨	畜禽肉

续　表

序号	企业名称	冷藏冷冻仓库地址	贮存能力	贮存主要食品品种
137	海口龙华鑫鑫铭冷冻食品商行	海南省海口市龙华区滨海大道 2 号锦晟批发市场 H40 档	10 吨	畜禽肉
138	海口龙华宏天诚信清真食品专卖店	海口市龙华区滨海大道 2 号锦晟副食品酒店用品市场 H19 号铺	2 吨	畜禽肉
139	海南初心食品有限公司	海口市龙华区滨海大道 2 号锦晟副食品酒店用品市场 H47 号铺	3 吨	畜禽肉
140	海南圣盛食品有限公司	海南省海口市龙华区城西镇金星路 9 号	—	畜禽肉、预包装食品水产品、其他
141	海口日强制冷厨具有限公司	海南省海口市龙华区城西镇苍峄路 8 号日强冷库	4000 吨	畜禽肉、预包装食品水产品、其他
142	海口龙华海燕隆冷冻品商行	海口市金盘建设二横路 20 号综合楼空调机房 1 号	—	畜禽肉、预包装食品水产品、其他
143	中核海南海原开发有限公司	海南省海口市龙华区城西镇金盘路 12 号 –9	—	畜禽肉、预包装食品水产品、其他
144	海南十加一食品有限公司	海南省海口市龙华区高坡下村 11 队 80 号	200 吨	畜禽肉
145	海南鼎展商贸有限公司	海南省海口市龙华区椰海大道 373 号椰海粮油交易市场南区 22 栋 4 号、5 号	—	畜禽肉
146	易和（海南）国际贸易有限公司	海南省海口市龙华区椰海大道 373 号椰海粮油交易市场南区 22 栋 11 号	—	畜禽肉

续　表

序号	企业名称	冷藏冷冻仓库地址	贮存能力	贮存主要食品品种
147	海南中铁保税冷链物流有限公司	澄迈县老城经济开发区南一环路69号海口综合保税区A13－1、地块－2	20000吨	畜禽肉
148	海南绿色工程有限公司	海南省海口市秀英区狮子岭工业园光伏北路6号	3000吨	畜禽肉
149	海口秀英大亨大冷冻厂	海口市秀英区永兴镇狮子岭经济开发区光伏北路6号	1309吨	鲜肉、水产品、食用农产品
150	海口美兰长堤冷冻食品店	海口市美兰区长堤路50号长堤春晓商住楼一层105号－1商铺	0.3吨	畜禽肉
151	海口美兰富强冷冻食品商行	海口市美兰区新民东路55号1间	0.1吨	畜禽肉
152	海口美兰海记冷冻店	海口市美兰区新民东路58号	0.1吨	畜禽肉
153	海口美兰诚记水产品行	海口市新民东路70号	0.1吨	畜禽肉
154	海口美兰鑫大厨食品商行	海口市美兰区塘边路49路一层铺面	0.4吨	预包装食品
155	海口美兰椰湾水产商行	海口市美兰区塘边路48号	0.1吨	水产品
156	海口美兰爱菊海鲜产品商行	海口市美兰区牛角村26号101房	0.3吨	水产品
157	海口美兰王吉时水产品摊储存海产品仓库	海口市美兰区新民东路13号	0.1吨	水产品
158	海口新裕和冰制品有限公司	海口市美兰区演丰镇美兰墟琼文路	70吨	虾干
159	海口美兰南航食品有限公司	海口美兰区演丰镇美兰墟美兰花园内	15吨	蔬果
160	海南（潭牛）文昌鸡股份有限公司鸡屠宰加工厂速冻库	罗牛山互通旁	18吨	畜禽肉

续 表

序号	企业名称	冷藏冷冻仓库地址	贮存能力	贮存主要食品品种
161	海南（潭牛）文昌鸡股份有限公司鸡屠宰加工厂保鲜库	罗牛山互通旁	100 吨	畜禽肉
162	海南（潭牛）文昌鸡股份有限公司鸡屠宰加工厂冷藏库	罗牛山	200 吨	畜禽肉
163	海口美兰福心洋贸易有限公司	海南省海口市美兰区灵山镇琼庄村一队25 号	3 吨	畜禽肉
164	海南环球水产贸易有限公司	海南省海口市美兰区新埠路 8 号海口水产品综合批发市场内 C 栋	0. 5 吨	水产品
165	海口美兰信和冷冻食品配送中心	海南省海口市美兰区新埠路 8 号海口水产品综合批发市场内 D 栋三层 19 号、20 号	0. 4 吨	水产品
166	海口金辉豪商业管理有限公司	海南省海口市美兰区新埠路 8 号海口水产品综合批发市场内 D 栋一层 06 – 09 号铺面	0. 5 吨	水产品
167	海口中盛港记食品有限公司	海南省海口市美兰区新埠岛新埠大道 8 号海口水产品综合批发市场 C 栋一层 006 – 007 号商铺	0. 4 吨	畜禽肉
168	海南珍味坊贸易有限公司	海南省海口市美兰区新埠岛新埠大道 8 号海口水产品综合批发市场 B 栋一层 25 号铺位	0. 2 吨	畜禽肉
169	海口多美康贸易有限公司	海南省海口市美兰区新埠岛新埠大道 8 号海鲜大世界 D 栋 25 号	0. 2 吨	水产品

续　表

序号	企业名称	冷藏冷冻仓库地址	贮存能力	贮存主要食品品种
170	海口美兰兴宝佳冻品批发商行	海南省海口市美兰区新埠岛新埠大道8号海口水产品综合批发市场C栋一层	0.3吨	畜禽肉
171	海南鑫大厨食品有限公司	海南省海口市美兰区新埠岛新埠大道8号海口水产品综合批发市场C栋一层2号	0.2吨	水产品
172	海南双同兴贸易有限公司	海南省海口市美兰区新埠岛新埠大道8号海口水产品综合批发市场C栋一层8号	0.1吨	畜禽肉
173	海南黑香食品有限公司	海南省海口市美兰区新埠岛新埠大道8号海口水产品综合批发市场C栋一层5号、28号商铺	0.3吨	畜禽肉
174	海南悦丰凯食品有限公司	海南省海口市美兰区新埠岛新埠大道8号海口水产品综合批发市场C栋一层18号	0.2吨	畜禽肉
175	海南好利来食品有限公司海鲜大世界	海口市美兰区新埠岛新埠大道8号新埠岛海鲜市场冻品D栋一层19—20号	0.4吨	水产品
176	海南路易鑫贸易有限公司	海口市美兰区新埠岛新埠大道8号新埠岛海鲜市场冻品D栋一层29—30号	0.4吨	畜禽肉
177	海南佳鲜食品有限公司	海口市美兰区新埠岛新埠大道8号海口水产品综合批发市场C栋一层39号	0.1吨	畜禽肉

续 表

序号	企业名称	冷藏冷冻仓库地址	贮存能力	贮存主要食品品种
178	海口美兰双兴水产品商行	海口市美兰区新埠岛新埠大道 8 号海口水产品综合批发市场 C 栋一层 19 号	0.2 吨	水产品
179	海口国兴大润发商业有限公司	国兴大道 63 号	10 吨	畜禽肉
180	海南济海船务有限公司	海口市沿江一西路 8 号	152 吨	畜肉类、水产品
181	美兰霞姐姐食品店	海甸岛二东路水岸听涛 85 号	3 吨	老鸡、鸭、鸡翅
182	海口美兰鑫园星猪肉店	海口市龙舌坡 112 号	4 吨	畜禽肉
183	大英小丽冻库	海口市美兰区大英一里 29－2 号 7 号	4 吨	畜禽肉
184	海口秀英阿明冰淇淋店	海口永兴镇中线路	0.5 吨	预包装食品
185	海口秀英洪四方速冻食品店	海口秀英区西秀镇丰盈村 203 号铺	2 吨	畜禽肉
186	海南鑫越隆食品有限公司	海口市秀英区向荣路 11 号农垦物资仓 6 号库	1000 吨	畜禽肉
187	海口喜洋冷冻食品有限公司	海口市秀英区兴业路 16 号	2000 吨	畜禽肉
188	海南大厨乐食品有限公司	海口市秀英区兴海路 19 号振业小区正对面	2 吨	预包装食品
189	海口秀英永吉李制冰厂	海口秀英海榆中线 30 号	800 吨	畜禽肉
190	海口秀英千秋宏冷冻食品店	海口秀英区秀英大道 21－16 号海玻市场 10 号门面	10 吨	畜禽肉
191	海口秀英恒顺叶氏食品经营部	海口市秀英区海口市砖厂临海玻市场北一层铺面	10 吨	畜禽肉
192	海口秀英桂柳新盛冻品商行	海口市秀英区秀英大道海口第一砖厂内第 10 栋一层 104 号铺面	1 吨	畜禽肉

续 表

序号	企业名称	冷藏冷冻仓库地址	贮存能力	贮存主要食品品种
193	海口秀英加旺现代农业有限公司	海口市秀英区椰海大道与永万西路交会处	5000 吨	畜禽肉
194	海南特海农副产品有限公司	海口市秀英区海玻市场 1 号楼二层	4 吨	畜禽肉
195	海口秀英长明冻品商行	海口市秀英区长流镇长康路农贸市场后面王录机第一间铺面	3 吨	畜禽肉
196	海南大厨云选供应链科技有限公司	海口市秀英区兴海路 19 号振业小区正对面	30 吨	畜禽肉
197	海南中商农产品中心市场有限公司	海南省海口市秀英区粤海大道 270 号	30000 吨	蔬菜、水果
198	海南顺安冷冻食品有限公司	海南省海口市秀英区港澳开发区兴业路 16 号厂房	200 吨	畜禽肉
199	海口美兰苏创冷冻食品经营店	海南省海口市美兰区桂林洋开发区农贸市场 29 号	2 吨	禽畜肉、预包装食品
200	海南鑫良元冷冻食品有限公司	海南省海口市美兰区桂林洋经济开发区场部社区市场 105 号	1 吨	禽畜肉、水产品、预包装食品
201	海口美兰汤记冻品行	海南省海口市美兰区桂林洋农贸市场 14 号三层	1.75 吨	禽畜肉、水产品、预包装食品
202	海南罗牛山食品集团有限公司	海口市桂林洋灵桂路北侧	80000 吨	水产品、禽畜肉、预包装食品

资料来源：海南省市场监督管理局。

表 8 – 26　河南省从事冷藏冷冻食品贮存服务的非食品生产经营者备案信息统计表

序号	备案号	企业名称	冷藏冷冻仓库地址	贮存能力	贮存主要食品品种
1	—	久芳（郑州）生物科技有限公司	—	—	—
2	—	河南省顺丰速运有限公司	—	—	—
3	—	三门峡市陕康农业开发有限责任公司	河南省三门峡市陕州区大营镇陕州大道西段南侧铝工业园区 0001 号	4000 吨 5800 立方米	食品存储、冷藏、冷冻
4	漯食冷贮备字 07115	临颍县豫祥商贸有限公司	临颍县 107 国道皇帝庙路口	6000 吨	蔬菜
5	漯食冷贮备字 01102	漯河市千汇仓储服务有限公司	漯河市郾城区李集镇相树张村	1500 吨	畜禽肉、其他
6	漯食冷贮备字 05100	漯河市鑫源仓储有限公司	漯河市召陵区中山路与龙江路交叉口北 400 米	400 吨	畜禽肉
7	漯食冷贮备字 05101	漯河市鑫源仓储有限公司	漯河市召陵区中山路与龙江路交叉口北 400 米	400 吨	畜禽肉
8	漯食冷贮备字 03106	漯河新星农业发展有限公司	漯河市召陵区召陵镇坡李村	2000 吨	蔬菜、水果、畜禽肉、水产品
9	漯食冷贮备字 07116	临颍县实诚冻品商行	临颍县新城路南段东侧	1000 吨	畜禽肉、水产品、其他
10	漯食冷贮备字 07117	临颍县广军冷库	临颍县城关镇双庙村	1500 吨	蔬菜
11	漯食冷贮备字 07119	临颍县祥林冷库	临颍县 107 国道皇帝庙路口	6000 吨	蔬菜
12	漯食冷贮备字 01107	漯河市赫冷仓储服务有限公司	郾城区高铁站附近	1200 吨	畜禽肉
13	漯食冷贮备字 01108	漯河市圆福仓储有限公司	黑龙潭乡半截塔村	25200 吨	蔬菜、水果、畜禽肉、水产品
14	漯食冷贮备字 03108	召陵区王珂仓储服务部	漓江路与燕山了交叉口西北	3600 吨	畜禽肉

续　表

序号	备案号	企业名称	冷藏冷冻仓库地址	贮存能力	贮存主要食品品种
15	漯食冷贮备字03109	召陵区兴旺冷库	召陵区龙塘村南	400 吨	畜禽肉
16	漯食冷贮备字03110	漯河市召陵区秀敏冷库	召陵区邓襄镇寨门村	500 吨	畜禽肉、其他
17	漯食冷贮备字07125	临颍县锦隆商贸有限公司	临颍县三家店镇高宗寨村	32000 吨	蔬菜
18	漯食冷贮备字07126	临颍县欣泰丰商贸有限公司	临颍县王岗镇梁岗村	7200 吨	其他
19	漯食冷贮备字07127	临颍金杰商贸有限公司	临颍县王岗镇梁岗村辣椒市场院内	15000 吨	其他
20	漯食冷贮备字07128	临颍县伟恒辣椒种植专业合作社	临颍县瓦店镇沟王村	6600 吨	蔬菜
21	漯食冷贮备字07130	临颍县金顺商贸有限公司	临颍县王岗镇梁岗村	1100 吨	蔬菜
22	漯食冷贮备字07133	漯河银磊农产品有限公司	临颍县王岗镇梁岗村	9000 吨	蔬菜
23	漯食冷贮备字07135	临颍县华磊农产品购销专业合作社	临颍县王岗镇南村	8000 吨	蔬菜
24	漯食冷贮备字07139	临颍县创益商贸有限公司	临颍县王岗镇水牛宋村	7500 吨	其他
25	漯食冷贮备字07140	临颍县颖磊农产品专业合作社	临颍县王岗镇水牛宋村	1300 吨	其他
26	漯食冷贮备字07142	临颍县王岗镇金广冷库	临颍县王岗镇水牛宋村	6500 吨	其他
27	漯食冷贮备字07144	临颍县鑫鸿商贸有限公司	临颍县王岗镇梁岗村	1600 吨	其他
28	漯食冷贮备字07148	临颍县万奇仓储服务部	临颍县城关镇丁庄村	9000 吨	蔬菜
29	漯食冷贮备字07149	临颍县根营商贸有限公司	临颍县王岗镇水牛宋村	7000 吨	其他
30	漯食冷贮备字07152	临颍县永顺农产品购销专业合作社	临颍县王岗镇南村	1000 吨	蔬菜
31	漯食冷贮备字03111	漯河市香伊嘉食品有限公司	漯河市召陵区召陵镇归村	1200 吨	畜禽肉

续　表

序号	备案号	企业名称	冷藏冷冻仓库地址	贮存能力	贮存主要食品品种
32	漯食冷贮备字07154	临颍县众达农产品购销专业合作社	临颍县王岗镇水牛宋村	5400 吨	蔬菜
33	漯食冷贮备字07155	临颍县喜民农产品专业合作社	临颍县王岗镇梁岗村	1500 吨	其他
34	漯食冷贮备字07156	临颍玖玖红商贸	临颍县王岗镇梁岗村	5000 吨	其他
35	漯食冷贮备字07157	临颍县学义商贸有限公司	临颍县王岗镇梁岗村	1100 吨	蔬菜
36	漯食冷贮备字07159	临颍县宏达种植专业合作社	临颍县王岗镇梁岗村	10000 吨	蔬菜
37	漯食冷贮备字07161	临颍县朝霞农产品仓储有限公司	临颍县瓦店镇叶庄村	16000 吨	蔬菜
38	漯食冷贮备字07162	临颍县根跃农产品经营部	临颍县瓦店镇叶庄村鸿盛源公司院内2 号	8000 吨	蔬菜
39	漯食冷贮备字07165	临颍县国芳家庭农场	临颍县王岗镇闫楼村 8 排 9 号	750 吨	蔬菜
40	漯食冷贮备字07166	临颍县根营商贸有限公司	临颍县王岗镇水牛宋村	7500 吨	其他
41	漯食冷贮备字07168	漯河和锦种植专业合作社	临颍县王岗镇大坑李村	1800 吨	其他
42	漯食冷贮备字07170	临颍县军辉商贸有限公司	临颍县王岗镇南村	9000 吨	蔬菜
43	漯食冷贮备字07172	临颍县新年农产品仓储专业合作社	临颍县王岗镇南村	9720 吨	蔬菜
44	漯食冷贮备字07173	临颍县全福农产品有限公司	临颍县王岗镇梁岗村	5000 吨	蔬菜
45	漯食冷贮备字07174	鑫源冷库	临颍县王岗镇梁岗村	6500 吨	蔬菜、其他
46	漯食冷贮备字08100	舞阳县佳辉辣椒种植农民专业合作社	二环路北西段	5900 吨	水果、畜禽肉
47	漯食冷贮备字01112	河南港投实业有限公司	郾城区黑龙潭乡金山大道北段港投路1 号	246 吨	畜禽肉

续　表

序号	备案号	企业名称	冷藏冷冻仓库地址	贮存能力	贮存主要食品品种
48	漯食冷贮备字07175	临颍县穷小子商贸有限公司	临颍县王岗镇梁岗村	7000吨	其他
49	漯食冷贮备字07176	临颍县穷小子商贸有限公司	临颍县王岗镇梁岗村	7000吨	其他
50	漯食冷贮备字07177	临颍县穷小子商贸有限公司	临颍县王岗镇梁岗村	7000吨	其他
51	漯食冷贮备字07179	临颍县腾达农产品购销专业合作社	临颍县王岗镇梁岗村	5000吨	蔬菜
52	漯食冷贮备字03112	漯河市召陵区欣嘉盛仓储服务经营部	漯河市召陵区召陵镇归村东10号	1000吨	畜禽肉

资料来源：河南省市场监督管理局。

表8－27　　山西省从事冷藏冷冻食品贮存服务的非食品生产经营者备案信息统计表

序号	备案号	企业名称	冷藏冷冻仓库地址
1	—	稷山县稷峰妙英肉类联合加工厂	稷峰镇杨赵村
2	—	稷山县稷峰梁文龙冷饮批发部	稷峰镇羊牧头村
3	—	一生情枣业有限公司	稷峰镇小杜村
4	—	稷山县稷峰大斌冷藏冷冻部	姚村
5	—	稷山县恒瑞农副产品开发有限公司	丰喜路北端
6	—	稷山县翟店新生冷库	翟店镇太郝村
7	—	稷山县翟店雪峰冷库	翟店镇太郝村
8	—	稷山县翟店镇太郝村祥发冷库	翟店镇太郝村
9	—	稷山县丰石果蔬冷藏有限公司	翟店镇南梁村
10	—	稷山县太阳乡白家庄大丰保鲜冷库	太阳乡白家庄村
11	—	稷山县太阳乡均和村效林冷库	太阳乡均和村
12	—	稷山县绿康蔬菜专业合作社	太阳乡均和村
13	—	稷山县太阳乡均和村毅光保鲜库	太阳乡均和村
14	—	山西康泰农业科技开发有限公司	蔡村乡上李村口
15	—	稷山县蔡村淑英冷库	蔡村乡郝壁村
16	—	稷山县蔡村农丰冷藏园	蔡村乡复兴庄村
17	—	太原田和食品集团有限公司物流第一分公司	太原市小店区北营北路6号院1号、2号、3号冷库
18	—	太原田和食品集团有限公司物流第二分公司	太原市小店区北营北路6号院新1号、2号冷库

续　表

序号	备案号	企业名称	冷藏冷冻仓库地址
19	—	山西田和伊兰清真食品有限公司	太原市小店区北营北路4号
20	—	山西森盛冷储生鲜物流有限公司	太原市小店区民航街43号
21	—	太原市金明龙保冷藏物流有限公司	太原市小店区窑子上村村东3号
22	—	太原携力通仓储物流服务有限公司	太原市小店区马练营路亿景物流园区E区
23	—	太原速驰冷链物流有限公司	太原市小店区北格镇部村红生大街28号
24	—	太原市圆顺食品经销部	太原市小店区北格镇部村红生大街28号
25	—	太原市欣祥物流有限公司	太原市小店区红寺村吉昌信粮油市场西1排9号
26	14004 - bd001	保德县港源水产部冷库	保德县马家滩村
27	14004 - bd002	保德县永杰食品有限公司冷库	保德买马家滩村
28	14004 - bd004	保德县德胜肉食大全冷库	保德县东关镇马家滩农贸市场
29	14004 - bd005	保德县杨军水产批发部冷库	保德县马家滩村
30	14004 - bd006	保德县有存鲜肉铺冷库	保德县马家滩村
31	14004 - bd007	保德县爱军水产门市冷库	保德县马家滩村
32	14004 - bd008	保德县汇源水产批发冷库	保德县林涛大道20号
33	14004 - bd009	保德县火红食材调味品批零门市冷库	山西省忻州市保德县马家村
34	14004 - bd010	保德旺达调味水产商行冷库	保德县马家滩村
35	14004 - bd011	保德县鹏飞水产二部冷库	马家滩农贸市场
36	14004 - bd012	保德县霍帆活鱼水产冷库	保德县马家滩新宠贸市场
37	14004 - bd013	保德县文兵肉铺冷库	桥头镇桥头村
38	14004 - bd014	保德县文彦生肉店	桥头镇桥头村
39	14004 - bd015	保德县白栓成肉铺	桥头镇桥头村
40	14004 - bd016	保德县金德隆超市冷库	保德县梅花西街保德县金德隆超市
41	14004 - bd017	保德县通源水产部冷库	山西省忻州市保德县粮食局院内
42	14004 - bd019	保德县好又多生活超市冷库	山西省忻州市保德县国贸院内
43	14004 - bd021	保德县国贸商务酒店冷库	国贸酒店后院停车场
44	14004 - bd022	保德县杨帆水产部冷库	山西省忻州市保德县河滨市场院内
45	14004 - bd023	保德县王军水产部冷库	山西省忻州市保德县河滨市场院内
46	14004 - bd024	保德县阳光商务酒店冷库	府前街

续　表

序号	备案号	企业名称	冷藏冷冻仓库地址
47	14004 – bd003	保德县旭升水产调味批发冷库	保德县马家滩农贸市场三楼
48	14004 – bd018	保德县宾馆冷库	府前大街保德县宾馆院内
49	14004 – dai001	代县新全超市自建冷库	代县上馆镇东大街华洋商厦对面
50	14004 – dai002	代县鑫泰水产自建冷库	代县上馆镇教场
51	14004 – dai003	代县二日熟肉自建冷库	忻州市代县大教场
52	14004 – dai004	代县付四毛熟肉自建冷库	忻州市代县上馆镇大校场口
53	14004 – dai005	代县教场雨润肉行自建冷库	忻州市代县大教场
54	14004 – dai006	代县明明熟肉自建冷库	忻州市代县教场
55	14004 – dai007	代县秦勇冷鲜自建冷库	代县上馆镇东关小学对面
56	14004 – dai008	代县利军水产自建冷库	代县上馆镇教场
57	14004 – dai009	代县客都购物广场自建冷库	代县城大南街
58	14004 – dai010	代县新家福乐购物广场自建冷库	东大街药材公司家福乐超市后院
59	14004 – dai011	代县龙雁水产自建冷库	代县上馆镇七一路龙雁海鲜水产店
60	14004 – dai012	代县万美水产自建冷库	忻州市代县二环路万美小区楼下
61	14004 – dai013	代县旭东生鲜批发自建冷库	代县靖南农贸市场
62	14004 – dai014	代县小黄调味水产门市自建冷库	忻州市代县靖南农贸市场
63	14004 – dai015	代县许老二调味水产二部自建冷库	忻州市代县靖南农贸市场
64	14004 – dai016	代县南桥利民水产自建冷库	代县新高乡靖南农贸市场
65	14004 – dai017	代县宁康调味品自建冷库	代县靖南农贸市场
66	14004 – dai018	代县峨口老卞调味水产熟肉自建冷库	山西省代县峨口镇郝街
67	14004 – dai019	代县峨口占福水产自建冷库	代县峨口镇郝街
68	14004 – dai020	代县聚华水产自建冷库	山西省代县峨口镇郝街
69	14004 – dai021	代县老杨水产自建冷库	忻州市代县峨口西大街
70	14004 – dai022	代县华联超市自建冷库	忻州市代县峨口旧东路
71	14004 – dai023	代县峨口镇范四虎兴民超市自建冷库	山西省代县峨口镇郝街
72	14004 – dai024	代县温永超市自建冷库	代县峨口镇喜来乐饭店旁边
73	14004 – dai025	代县峨口双汇冷鲜肉自建冷库	代县峨口镇郝街
74	14004 – dx001	定襄县外婆家火锅店冷库	忻州定襄县医院忻阜路 99 号
75	14004 – dx002	定襄县张大水产门店冷库	忻州定襄县晋昌镇华泰农贸市场西排 14 号
76	14004 – dx003	定襄县鑫隆达肉业部冷库	华泰农贸市场鑫隆达肉业

续 表

序号	备案号	企业名称	冷藏冷冻仓库地址
77	14004 – dx004	定襄县郭二水产调味门市部冷库	山西省忻州市定襄县华泰农贸市场南侧
78	14004 – dx005	定襄县建国调味品门市部冷库	定襄县西关安置小区
79	14004 – dx006	建荣水产门市部冷库	华泰农贸市场
80	14004 – dx007	定襄县锁锁水产门市部冷库	山西省忻州市定襄县华泰农贸市场23、24
81	14004 – dx008	定襄县瑞的水产副食店冷库	定襄华泰农货市场南楼四单元
82	14004 – dx009	定襄县星美双汇冷鲜肉经销部冷库	忻州定襄县晋昌镇华丰建材市场背面一层1号
83	14004 – dx010	定襄县景花苑丽景酒店冷库	定襄县忻阜路酒精厂院内
84	14004 – dx011	定襄县金勇熟肉店冷库	忻州定襄县晋昌镇西关村财神庙街南二巷7号
85	14004 – dx012	定襄县乔计肉店冷库	忻州市定襄县西关村
86	14004 – dx013	定襄县信德铧美超市有限公司冷库	山西省忻州市定襄县解放路新华美超市东南角
87	14004 – dx014	定襄县韩莉水产经销部冷库	忻州定襄光明巷
88	14004 – dx015	定襄县宏道镇华联超市冷库	宏道镇华联超市
89	14004 – dx016	定襄县云鲜水产品经销店冷库	定襄县利民街中段
90	14004 – dx017	尚美超市冷库	忻州市定襄县晋昌镇晋昌大街4号尚美超市地下室
91	14004 – dx018	续宏生水产店冷库	定襄县宏道镇南街
92	14004 – dx019	小虎水产门市部自建冷库	定襄县宏道镇十字街
93	14004 – dx020	定襄县叶波生活超市冷库	定襄县晋昌镇晋昌大街美好家源负一层
94	14004 – dx021	定襄县春梅冷饮店冷库	忻州定襄县城内村东门街南四巷3号
95	14004 – dx022	定襄县王二熟肉加工店冷库	定襄县神山乡师家湾村
96	14004 – dx023	定襄县光明水产冷库	忻州市定襄县解放路饮食底商
97	14004 – dx024	雨润冷鲜肉专营店冷库	华泰市场对面
98	14004 – dx025	定襄县三妮饭店冷库	忻州市定襄县城关镇解放路
99	14004 – dx026	定襄县睿福源肉类经销部冷库	忻州市定襄县晋昌镇西关村
100	14004 – dx027	定襄县香香熟肉加工店冷库	定襄县西关村财神庙19号
101	14004 – dx028	定襄县家优民超市冷库	定襄县西门街百货公司
102	14004 – dx029	定襄县杜杜肉制品厂冷库	忻州市定襄县晋昌镇西大街盛世华城一期背后蚱蜢庙街

续　表

序号	备案号	企业名称	冷藏冷冻仓库地址
103	14004 - dx030	定襄县山田园食品加工有限公司冷库	定襄县南王乡西霍村
104	14004 - dx031	定襄县通元食品有限公司冷库	定襄县南王乡南王村
105	14004 - dx032	定襄县宏道镇全伟水产门市冷库	定襄县宏道镇十字街
106	14004 - dx033	定襄县美特鲜生活超市冷库	定襄县宏道镇北街
107	14004 - dx034	定襄县通通乐水产品经销部冷库	定襄县宏道镇北街
108	14004 - dx035	定襄县受禄乡永兴百货门市部冷库	定襄县受禄乡高村
109	14004 - dx036	定襄县喜来食品有限公司冷库	忻州定襄县蒋村乡砂村
110	14004 - dx037	定襄县陶然亭主体婚礼酒店五安路分部冷库	定襄县北关村五安路
111	14004 - dx038	定襄县北景饭庄冷库	定襄县北关村五安路
112	14004 - dx039	定襄县晋王府涮园冷库	定襄县北关村康乐街
113	14004 - dx040	定襄县金子涵果品店	定襄县北关村康乐街
114	14004 - fs001	大营树国水产门市冷库	繁峙县大营镇大营街 74 号
115	14004 - fs002	繁峙县大营福贵水产副食门市冷库	繁峙县大营镇大营村
116	14004 - fs003	繁峙县大营三三水产副食门市冷库	繁峙县大营镇大营街 73 号
117	14004 - fs004	繁峙县繁城镇来来来水产门市冷库	繁峙县永丰东街电影院对面
118	14004 - fs005	繁峙县繁城镇来来来水产门市二部冷库	繁峙县向阳南路门市
119	14004 - fs006	繁峙县繁城镇巧林双汇冷鲜肉二部冷库	繁峙县永丰东街电影院楼下
120	14004 - fs007	繁峙县繁城镇上品涮肉坊冷库	忻州市繁峙县向阳南路光华街
121	14004 - fs008	繁峙县繁城镇田夫鲜生超市冷库	繁峙县向阳南路集贸市场负一层田夫鲜生超市
122	14004 - fs009	繁峙县繁城镇云娥水产调料冷库	繁峙县滹源东街旧环保局东侧
123	14004 - fs010	繁峙县繁城镇隆盛水产门市冷库	繁峙县永丰西街保险公司对面
124	14004 - fs011	繁峙县繁城镇发达水产肉食批发冷库	繁峙县繁城镇永丰西街菜市场南大门西
125	14004 - fs012	繁峙县繁城镇爱兰水产门市冷库	繁峙县永丰西街新华书店对面
126	14004 - fs013	繁峙县繁城镇明忠双汇冷鲜肉冷库	繁峙县永丰西街新华书店对面
127	14004 - fs014	繁峙县繁城镇龙祯餐饮冷库	繁峙县向阳南路滨河北大道滨河 1 号西门
128	14004 - fs015	繁峙县繁城镇重庆秦妈火锅店冷库	繁峙县向阳南路兴城街兴隆公寓北排小三楼六街

续 表

序号	备案号	企业名称	冷藏冷冻仓库地址
129	14004 – fs016	繁峙县乐祥家超市有限公司冷库	繁峙县繁城镇滨河北大道北
130	14004 – fs017	繁峙县龙河宾馆有限公司冷库	石龙街 125 号
131	14004 – fs018	繁峙县繁城镇鑫懋大酒店冷库	繁峙县繁城镇鑫懋大酒店
132	14004 – fs019	繁峙县佳享肉食经销中心冷库	繁峙县繁城镇西城街
133	14004 – fs020	繁峙县山西省食品公司繁峙县公司冷库	繁峙县杏园乡古家庄村
134	14004 – fs021	繁峙县尚源商贸有限公司冷库	繁峙县杏园乡世通农贸市场院内
135	14004 – fs022	繁峙县山西丰泽国际大酒店有限公司繁峙分公司冷库	山西省忻州市繁峙县杏园乡杏园村南
136	14004 – fs023	繁峙县砂河镇利民蔬菜门市冷库	繁峙县砂河镇利民小区
137	14004 – fs024	繁峙县砂河镇积鑫水产门市冷库	繁峙县砂河镇迎宾东街路南
138	14004 – fs025	繁峙县砂河镇四成元蔬菜水产门市冷库	繁峙县砂河镇三村迎宾街
139	14004 – fs026	繁峙县砂河镇华联购物中心冷库	繁峙县砂河镇迎宾东街路南
140	14004 – fs027	繁峙县砂河镇恒发蔬菜水产综合门市冷库	砂河镇朝台路（十字路南院内）
141	14004 – fs028	繁峙县砂河镇泰和烟酒综合门市冷库	繁峙县砂河镇朝台路
142	14004 – fs029	繁峙县砂河镇汇一生鲜便利店冷库	繁峙县砂河镇朝台路东
143	14004 – fs030	繁峙县砂河镇成元菜店冷库	繁峙县砂河镇砂台路
144	14004 – fs031	繁峙县砂河镇海燕水产批发部冷库	繁峙县砂河镇滹源馨菜市场
145	14004 – fs032	繁峙县砂河镇秀芳烟酒门市冷库	繁峙县砂河镇和谐西街
146	14004 – fs033	繁峙县砂河镇汇二生鲜便利店冷库	繁峙县砂河镇和谐西街路南
147	14004 – fs034	繁峙县歌尔商贸有限公司冷库	繁峙县砂河镇和谐西街路南 3 号
148	14004 – fs035	繁峙县砂河镇永联发生活超市冷库	繁峙县砂河镇和谐西街路北
149	14004 – fs036	繁峙县丰泽大酒店有限公司冷库	繁峙县砂河镇代堡村 108 国道旁
150	14004 – fs037	繁峙县砂河镇萃香园熬鱼馆冷库	繁峙县砂河镇三村（新国道 45 号）
151	14004 – fs038	繁峙县大营晓光冷冻食品批发冷库	繁峙县大营镇大营村小学后楼东边
152	14004 – fs039	繁峙县砂河镇众品水产批发部冷库	繁峙县砂河镇供电站北门面
153	14004 – fs040	繁峙县砂河镇恒源蔬菜水产门市冷库	繁峙县砂河镇富民路大桥西

续 表

序号	备案号	企业名称	冷藏冷冻仓库地址
154	14004 - fs041	繁峙县砂河镇命姐水产副食门市冷库	繁峙县砂河镇富民路西
155	14004 - fs042	繁峙县砂河镇兴利水产副食部冷库	繁峙县砂河镇富民路
156	14004 - fs043	繁峙县砂河镇美特鲜超市冷库	繁峙县砂河镇富民路
157	14004 - fs044	繁峙县砂河镇家佳玛生鲜超市冷库	繁峙县砂河镇富民路
158	14004 - fs045	繁峙县砂河镇速冻制品配送部冷库	繁峙县砂河镇新城东一街 18 号
159	14004 - hq001	河曲县美辰酒店冷库	河曲县文笔镇黄河东大街
160	14004 - hq002	河曲县兄弟综合批发部冷库	河曲县文笔镇益民北路北元蔬菜市场
161	14004 - hq003	河曲县嘉福调味水产冷库	河曲县文笔镇益民北路菜市场
162	14004 - hq004	河曲县华联水产冷库	河曲县文笔镇益民北路益民菜市场
163	14004 - hq005	河曲县建斌鲜肉冷库	河曲县文笔镇北元菜市场
164	14004 - hq006	河曲县贾二鲜肉批发店冷库	河曲县文笔镇益民北路菜市场
165	14004 - hq007	河曲县百家汇水产店一部冷库	河曲县文笔镇北元菜市场
166	14004 - hq008	河曲县九隆本地猪鲜肉店冷库	河曲县文笔镇北元农贸市场 3 号
167	14004 - hq009	河曲县壹加壹综合超市冷库	河曲县文笔镇延瑞路
168	14004 - hq010	河曲县家福乐购物广场冷库	河曲县文笔镇黄河大街大众市场
169	14004 - hq011	河曲县黄河宾馆冷库	文笔镇黄河大街
170	14004 - hq012	河曲黄金海岸大酒店三部冷库	河曲县文笔镇黄河东大街土地局对面
171	14004 - hq013	河曲县富雅居宾馆冷库	河曲县文笔镇黄河东大街
172	14004 - hq014	河曲旧县露天煤业有限公司食堂冷库	河曲县旧县乡山西煤炭进出口集团河曲旧县露天煤业有限公司职工食堂
173	14004 - hq015	河曲县新梁斌水产店冷库	河曲县益民北路北元农贸市场
174	14004 - hq016	河曲县鼎好水产超市冷库	山西省忻州市河曲县文笔镇益民北路 56 号
175	14004 - hq017	河曲县二小鲜肉店冷库	山西省河曲县文笔镇北元新农贸市场 1 排 1 号
176	14004 - hq018	河曲县隩德大酒店有限责任公司冷库	河曲县文笔镇黄河东大街
177	14004 - hq019	河曲县林林水产门市冷库	河曲县文笔镇黄河东大街
178	14004 - hq020	河曲县佳佳乐综合超市购物中心冷库	河曲县文笔镇黄河东大街
179	14004 - hq021	山西鲁能河曲发电有限公司职工食堂冷库	河曲县文笔镇沙畔村

续　表

序号	备案号	企业名称	冷藏冷冻仓库地址
180	14004 – hq022	山西香一锅食品有限公司冷库	忻州市河曲县文笔镇开元路95号
181	14004 – hq023	山西晋神沙坪煤业有限公司职工食堂冷库	山西省忻州市河曲旧县乡王玉庄村
182	14004 – hq024	河曲县源缘渊大酒店冷库	河曲县文笔镇沙畔村
183	14004 – hq025	河曲县汇隆生鲜购物中心冷库	南元新村
184	14004 – hq026	河曲县好又多超市冷库	山西省忻州市河曲县文笔镇黄河东大街111号
185	14004 – hq027	河曲县觅柱诚信水产店冷库	黄河大街工商银行附近
186	14004 – hq028	河曲县后套人家饭店冷库	忻州河曲县文笔镇黄河西大街
187	14004 – jl001	亿客隆超市自建冷库	静乐县杜家村
188	14004 – jl002	旭刚门市自建冷库	静乐县杜家村
189	14004 – jl003	耀青水产自建冷库	静乐县杜家村
190	14004 – jl004	会会水产自建冷库	静乐县杜家村
191	14004 – jl005	静文门市自建冷库	静乐县杜家村
192	14004 – jl006	天安煤矿自建冷库	静乐县杜家村
193	14004 – jl007	驿龙便民自建冷库	静乐县太佳高速服务区南区
194	14004 – jl008	客满家购物超市自建冷库	静乐县鹅城镇汾河西大街70号
195	14004 – jl009	家福佳购物中心自建冷库	静乐县鹅城镇汾河西大街
196	14004 – jl010	卫平肉食店自建冷库	静乐县鹅城镇汾河西大街
197	14004 – jl011	摸错门牛肚王自建冷库	静乐县鹅城镇西林路7号
198	14004 – jl012	口肉食水产综合门市自建冷库	静乐县鹅城镇西关口
199	14004 – jl013	广场水产粮油经销部自建冷库	静乐县广场西关口南2号
200	14004 – jl014	彦刚水产门市自建冷库	静乐县鹅城镇广场南街6号
201	14004 – jl015	美特好超市自建冷库	静乐县鹅城镇广场南街201号
202	14004 – jl016	燕峰水产调味自建冷库	静乐县鹅城镇鹅城路63号
203	14004 – jl017	名都国际酒店有限公司自建冷库	静乐县鹅城镇静汾西路5号
204	14004 – jl018	美家园购物广场自建冷库	静乐县鹅城南路164号
205	14004 – jl019	润怀调味水产门市自建冷库	静乐县鹅城镇广场南街
206	14004 – jl020	鑫隆水产调味部自建冷库	静乐县鹅城镇广场南街
207	14004 – jl021	新军水产部自建冷库	静乐县鹅城镇广场南街生产公司楼下
208	14004 – jl022	小军水产门市自建冷库	静乐县鹅城镇广场南街202号
209	14004 – jl023	家福佳生鲜便利自建冷库	静乐县鹅城镇谦仟和小区
210	14004 – jl024	美家乐三部超市自建冷库	静乐县鹅城镇东门路1号

续　表

序号	备案号	企业名称	冷藏冷冻仓库地址
211	14004 – kl001	新明水产冷库	道门路 122 号
212	14004 – kl002	冷库	岢岚县道门街 100 号
213	14004 – kl003	冷库	岢岚县安元街
214	14004 – kl004	客都超市二部冷库	岢岚县安元街客都超市 135 号
215	14004 – kl005	岢岚县瑞兴水产冷库	岢岚县岚漪镇舟城路 100 号
216	14004 – kl006	岢岚县鑫鑫超市冷库	岢岚县周城路
217	14004 – kl007	岢岚县永乐生活超市舟城店冷库	岢岚县舟城路 167 号
218	14004 – kl008	海鑫水产冷库	岢岚县居仁街西街 236 号
219	14004 – kl009	岢岚县好又多超市冷库	镇西路 19 号
220	14004 – kl010	岢岚县二虎水产副食门市冷库	岢岚县镇西路北 5 号
221	14004 – kl011	永乐生活超市桥头店冷库	山西省岢岚县岚漪镇镇西路 8 号
222	14004 – kl012	岢岚县王财肉店冷库	岢岚县舟城路 144 号
223	14004 – kl013	岢岚县王友水产三部冷库	岢岚县安元街 195 号
224	14004 – kl014	岢岚县广源水产副食冷库	岢岚县向阳街 33 号
225	14004 – kl015	岢岚县惠园便利店冰柜	山西省岢岚县向阳街 47 号
226	14004 – kl016	岢岚县丰华超市冷库	山西省岢岚县道门路 26 号
227	14004 – kl017	岢岚县海平水产冷库	岢岚县海平水产店
228	14004 – kl018	岢岚县漪家超市北道坡冷库	岢岚县镇西路 320 号
229	14004 – kl019	岢岚县王友水产部冷库	岢岚县舟城路 103 号
230	14004 – kl020	岢岚县膳捷食汇坊冷库	山西省岢岚县镇西路 338 号
231	14004 – kl021	山西晋岚生物科技有限公司冷库	山西省忻州市岢岚县岚漪镇岢大线 4 公里处
232	14004 – kl022	岢岚县金凯悦大酒店冷库	岢岚县镇西路 369 号
233	14004 – kl023	山西岢岚芦峰食品有限公司冷库	山西省岢岚县振兴路 23 号
234	14004—kl024	舟城阳光酒店冷库	岢岚县漪水北街
235	14004—kl025	成安饭店冷库	岢岚县崇德街 23 号
236	14004 – nw001	宁武县大润发超市冷库	佳龙苑
237	14004 – nw008	宁武万福可圆绿色果店冷库	山西省忻州市宁武县凤凰西大街万福源
238	14004 – nw009	宁武县晋宁商务酒店有限公司冷库	宁武县马家湾晋宁商务酒店
239	14004 – nw011	宁武县福德水产门市冷库	梧桐路 58 号
240	14004 – nw005	宁武县众力水产批发部冷库	宁武县东关小学操场后河街 403 号
241	14004 – nw002	宁武世纪鑫联超市冷库	宁武县凤凰大街水口门万隆商厦后院

续 表

序号	备案号	企业名称	冷藏冷冻仓库地址
242	14004 - nw004	宁武县大吉弘水产冷库	宁武县凤凰大街自来水公司东侧巷
243	14004 - nw003	好又多冷藏库	宁武县好又多超市中恒店
244	14004 - nw012	昌盛源水产批发部冷库	宁武县水口门昌盛源水产批发门市0089 号
245	14004 - nw007	宁武县小龙坎火锅店冷库	山西省忻州市宁武县龙凤公馆 C 座一单元地下室
246	14004 - nw006	宁武县昌昱餐厅冷库	忻州市宁武县金河商场一层
247	14004 - pg001	偏关宾馆餐饮部冷库	偏关县塔梁街
248	14004 - pg002	偏关县新时代大酒店冷库	偏关县文笔大街国税局对面
249	14004 - pg003	偏关县农家山寨鱼头王二部冷库	偏关县文笔大街税务局对面
250	14004 - pg004	偏关县塞北春商务酒店冷库	偏关县忻州市偏关县南门外黄河大街
251	14004 - pg008	偏关县偏头关大酒店冷库	山西省忻州市偏关县文笔大街
252	14004 - pg010	偏关县治国蔬菜水产门市二部冷库	南门广场治国水产
253	14004 - pg014	偏关县新亚洲冷库	山西省忻州市偏关县新关镇太虎坡影剧院东侧
254	14004 - sc004	神池县靖宏大酒店冷库	忻州市神池县学府街
255	14004 - sc009	神池县温州十八珍熟肉店冷库	忻州市神池县食品工业园区
256	14004 - sc010	神池县白润楚味坛子鸡冷库	神池县龙泉镇食品工业园区
257	14004 - sc012	神池县贺宴春宾馆冷库	神池县南关南路
258	14004 - sc013	神池县开源水产门市冷库	神池县民生市场北门西
259	14004 - sc014	神池县百姓肉业门市冷库	神池县龙泉镇南关西街
260	14004 - sc015	神池县兴达水产批发门市部冷库	神池县民生市场
261	14004 - sc016	神池县易购超市冷库	神池县龙泉镇利民路 51 号
262	14004 - sc017	神池县佳和商贸有限公司冷库	山西省忻州市神池县龙泉镇馨乐苑
263	14004 - sc018	神池县养生谷生态园冷库	神池县龙泉镇温岭路
264	14004 - sc019	神池县至尊皇牛火锅冷库	神池县至尊皇牛火锅
265	14004 - sc020	神池县全家乐生熟肉店冷库	神池县龙泉镇南关西街
266	14004 - sc021	神池县老肖水产门市部冷库	神池县南关路 65 号
267	14004 - sc008	神池县浩瀚饭店私家菜冷库	山西省忻州市神池县龙泉镇龙泉北路
268	14004 - sc003	神池县佳晟海鲜店冷库	神池县府西街
269	14004 - sc005	神池县荣昇商务酒店冷库	神池县崞水西街

续　表

序号	备案号	企业名称	冷藏冷冻仓库地址
270	14004－sc006	神池县媛媛雪糕批发部冷库	神池县龙泉镇府西街福源小区
271	14004－sc002	神池县神池大酒店冷库	神池县龙泉镇开发南
272	14004－sc007	神池县礼堂大酒店冷库	神池县龙泉镇礼堂路
273	14004－sc001	神池县三晋大酒店冷库	忻州市神池县崞水东街
274	14004－fjq001	山西文旅酒店管理集团有限公司五台山友谊宾馆分公司冷库	台怀镇杨柏峪村
275	14004－fjq002	忻州市五台山风景名胜区爱尚火锅餐饮有限公司冷库	五台山台怀镇杨柏峪村
276	14004－fjq003	忻州市五台山风景名胜区庞大金聚丰商店冷库	五台山台怀镇杨柏峪村
277	14004－fjq004	忻州五台山风景名胜区丽花双惠水产店冷库	五台山台怀镇杨柏峪村
278	14004－fjq005	忻州五台山风景名胜区金福粮油水产熟肉店冷库	五台山台怀镇杨柏峪村
279	14004－fjq006	山西银佳后勤服务有限公司银海山庄冷库	五台山台怀镇杨柏峪村
280	14004－fjq007	忻州五台山风景区花卉山庄有限公司冷库	五台山台怀镇大车沟村
281	14004－fjq008	忻州五台山风景名胜区金都山庄有限公司冷库	五台山台怀镇大车沟村
282	14004－fjq009	五台县云峰宾馆冷库	五台山台怀镇杨柏峪村
283	14004－fjq010	山西五台山栖贤阁迎宾馆冷库	五台山台怀镇小南坡村
284	14004－fjq011	山西东辉五台山大酒店有限公司五台山万豪酒店冷库	五台山金岗库乡大甘河村
285	14004－fjq012	忻州五台山风景名胜区金岗库酒店冷库	五台山金岗库乡金岗库村
286	14004－fjq013	忻州五台山风景名胜区建伟汇源水产副食店冷库	五台山石咀镇石咀村
287	14004－fjq014	忻州五台山风景名胜区绿源水产店冷库	五台山石咀镇石咀村
288	14004－fjq015	忻州五台山风景名胜区周三菜店冷库	五台山石咀镇石咀村
289	14004－fjq016	忻州五台山风景名胜区梁二水产门市部冷库	五台山石咀镇南坪村

续　表

序号	备案号	企业名称	冷藏冷冻仓库地址
290	14004 – fjq017	忻州五台山风景名胜区常青青菜场冷库	五台山台怀镇杨柏峪村
291	14004 – wt015	五台县豆村镇喜燕水产部冷库	五台县豆村镇豆村
292	14004 – wt016	五台县豆村镇五峰园水产副食批零部冷库	五台县豆村镇豆村
293	14004 – wt017	五台县豆村镇恒义超市豆村店冷库	五台县豆村镇豆村
294	14004 – wt018	五台县豆村镇先荣水产蔬菜经销部冷库	五台县豆村镇豆村
295	14004 – wt019	五台县耿镇镇王三蔬菜店冷库	五台县耿镇镇耿镇村商业街 7 号
296	14004 – wt020	五台县东冶镇利群优选生活连锁超市冷库	五台县东冶镇西街
297	14004 – wt021	勇波水产冷鲜超市冷库	茹村乡东茹村
298	14004 – wt022	广信超市冷库	五台县东冶镇西街
299	14004 – wt023	美特鲜超市冷库	五台县东冶镇西街
300	14004 – wt024	王团水产冷库	五台县东冶镇汽车站
301	14004 – wt025	三才门市冷库	五台县东冶镇汽车站
302	14004 – wt026	利峰水产冷库	五台县东冶镇北大街
303	14004 – wt027	福万家超市冷库	山西省五台县东冶镇北街
304	14004 – wt028	五台县耿镇镇河北村贵鸿水产中心冷库	山西省忻州市五台县耿镇镇河北村开发区 32 号
305	14004 – wt029	五台山利康食品有限公司冷库	山西省忻州市五台县建安乡张家庄村凤凰堡街 7 号
306	14004 – wz001	五寨县丰海水产冷库	西华路
307	14004 – wz002	五寨县海源水产调味门市冷库	北城后
308	14004 – wz003	五寨县海运商贸有限公司冷库	五寨县新建北路
309	14004 – wz004	五寨县购物中心有限责任公司冷库	山西省忻州市五寨县新建路
310	14004 – wz005	五寨县南海水产门市冷库	山西省忻州市五寨县迎宾东街
311	14004 – wz006	五寨县和平水产批发中心冷库	山西省忻州市五寨县学府东街 49 号
312	14004 – wz007	五寨县四海水产批发部冷库	五寨县亨通巷
313	14004 – wz008	五寨县五原超市冷库	山西省忻州市五寨县农贸市场
314	14004 – wz009	五寨县云海水产门市冷库	山西省忻州市五寨县学府东街 45 号
315	14004 – wz010	五寨县海运水产一部冷库	山西省五寨县兴达巷
316	14004 – wz011	五寨县小胡水产门市冷库	山西省忻州市五寨县新建路

续　表

序号	备案号	企业名称	冷藏冷冻仓库地址
317	14004 - wz012	五寨县昌鸿水产品店冷库	山西省忻州市五寨县兴达巷19号
318	14004 - wz013	五寨县福有水产门市冷库	山西省忻州市五寨县三岔路
319	14004 - wz014	五寨县三牛水产蔬菜水果配送中心冷库	山西省忻州市五寨县新建南路74号
320	14004 - wz015	五寨县东宸水产生鲜便利店冷库	山西省忻州市五寨县砚城镇迎宾东街361号
321	14004 - wz016	五寨县慧美佳商贸有限责任公司冷库	山西省忻州市五寨县新建北路天辅苑小区门口
322	14004 - wz017	五寨县华联购物中心冷库	山西省忻州市五寨县政府路财政局西侧
323	14004 - wz018	五寨县华联精选超市有限公司冷库	山西省忻州市五寨县砚城镇新建路18号
324	14004 - xf001	山西吉祥农业开发有限公司冷库	忻府山交镇前三交村
325	14004 - xf002	忻州市忻府区莲莲甜点屋库房冷库	忻州市忻府区新建路粮库
326	14004 - xf003	山西华美超级商场运营管理有限公司分店冷库	山西省忻州市忻府区七一北路19号
327	14004 - xf004	山西龙泉绿色果蔬鲜储有限公司冷库	忻州市忻府区顿村西坡
328	14004 - xf005	忻州市忻府区臻牛坊火锅店冷库	华瑞市场
329	14004 - xf006	忻州市忻府区补全冷饮批发部冷库	忻府区东楼乡西楼村20号
330	14004 - xf007	简阳市海捞餐饮管理有限公司忻州第一分公司冷库	开来欣悦三楼海底捞后堂
331	14004 - xf008	忻州邻里鲜森超市有限公司冷库	山西省忻州市忻府区新建南路34号
332	14004 - xf009	忻州市忻府区张宁生水果店冷库	忻州市忻府区建设路与利民街十字路口果唯伊
333	14004 - xf010	忻州市忻府区大利水产经销部冷库	忻州市忻府区前进东街
334	14004 - xf011	忻州市忻府区小梁水产副食部冷库	忻州市和平东街忻州市忻府区华瑞农副产品转运中心
335	14004 - xf012	双鹰冷库	华瑞市场二雷水产经营部负一层
336	14004 - xf013	成强水产自用冷库	忻州市蔬菜综合市场
337	14004 - xf014	忻州市忻府区宏达副食调味品经销部冷库	忻州市忻府区小商品批发市场
338	14004 - xf015	太原肯德基有限公司忻州和平餐厅冷库	忻州市和平路开来欣悦一层肯德基

续 表

序号	备案号	企业名称	冷藏冷冻仓库地址
339	14004 - xf016	忻州市忻府区南洋水产经销部冷库	小商品批发市场院内
340	14004 - xf017	忻州市忻府区强丽水产经销部冷库	华瑞市场 6 排
341	14004 - xf018	丁方冷库	丁方主题宴会酒店后院
342	14004 - xf019	山西华美超级商场运营管理有限公司团结路店冷库	山西省忻州市忻府区七一北路 86 号
343	14004 - xf020	新宜佳超市店内冷库	忻州市忻府区奇村村委会楼下
344	14004 - xf021	忻州中泛酒店管理有限公司冷库	山西省忻州市忻府区七一路东泛华酒店十层
345	14004 - xf022	明明香干冷库	忻州市忻府区云中路街道卢家窑村
346	14004 - xf023	山西金拱门食品有限公司忻州新建南路大欣城餐厅冷库	山西省忻州市忻府区新建南路 32 号
347	14004 - xf024	大连水产冷库	忻州市忻府区前进东街小商品综合批发市场北门 4 - 6 号
348	14004 - xf025	忻州市忻府区天伦乐餐饮部冷库	忻州市忻府区北义井乡安邑村
349	14004 - xf026	忻州市忻府区乐川冰激凌店冷库	开来欣悦购物广场五层
350	14004 - xf027	忻州市忻府区万民超市冷库	忻州市忻府区明望村
351	14004 - xf028	春旺水产冷库	忻州市忻府区蔬菜批发市场
352	14004 - xf029	忻州市忻府区鑫蒙亨菜馆冷库	忻州市忻府区天瑞家园底商门面房
353	14004 - xf030	忻州市忻府区建良烧烤经营部冷库	忻州市忻府区蔬菜公司小商品批发市场一区 46 号
354	14004 - xf031	阿庆嫂家常菜馆冷库	忻州市忻府区台忻线与金忻线交叉路口
355	14004 - xf032	忻府区立兴饭店冷库	忻州市忻府区台忻线张庄村
356	14004 - xf033	忻州市四通甜糯玉米加工基地冷库	忻州市忻府区解原乡西冯城
357	14004 - xf034	华电忻州广宇煤电有限公司冷库	忻州市忻府区播明镇符村
358	14004 - xf035	万家乐购超市冷库	山西省忻州市忻府区新建南路 48 号
359	14004 - xf036	四毛冷库	忻州市忻府区奇村镇建设路 56 号
360	14004 - xf037	玉米储存库	忻府区九原街办事处土陵桥村
361	14004 - xf038	冠力大酒店冷库	忻府区建设北路 15 号
362	14004 - xf039	忻州鼎尚家家利超市有限公司冷库	山西省忻州市忻府区新建南路 32 号
363	14004 - xf040	山西省忻州鼎尚家家利超市冷库	山西省忻州市忻府区新建南路 32 号
364	14004 - xf041	忻州市忻府区义结饭店冷库	忻州市忻府区北义井乡北义井村
365	14004 - xf042	忻州市忻府区建春副食部冷库	山西省忻州市忻府区新建路前进东街蔬菜批发市场一区 36 号

续　表

序号	备案号	企业名称	冷藏冷冻仓库地址
366	14004 - xf043	忻州市忻府区天绿源甜糯玉米专业合作社冷库	忻州市忻府区解原乡北赵村
367	14004 - xf044	忻州市忻府区大福烤肉冷库	忻州市忻府区国力三期国力商铺
368	14004 - xf045	忻州市忻府区草原兴发肉食品经销部冷库	小商品批发市场三区31号
369	14004 - xf046	忻州市忻府区康盛斋杂粮加工店冷库	忻州市忻府区东楼乡南肖村
370	14004 - xf047	忻州市忻府区春华海鲜店冷库	忻州市忻府区前进东街蔬菜批发市场一区23号、24号
371	14004 - xf048	忻州市忻府区曲龙水产店冷库	欣府区前进东街小商品批发市场一区17号、18号、19号
372	14004 - xf049	忻州市忻府区区二牛熟肉店冷库	忻州市忻府区小商品批发市场
373	14004 - xf050	忻州市忻府区西安调味副食店冷库	忻州市前进东街蔬菜市场
374	14004 - xf051	忻州市忻府区刘宏鲜肉店冷库	忻州市忻府区前进东街2号
375	14004 - xf052	忻州市忻府区明望吕五肉店冷库	忻州市忻府区奇村镇明望村
376	14004 - xf053	忻州肉联厂福客来快餐店冷库	忻州市忻府区南关大街
377	14004 - xf054	忻府区食品冷库	忻州市忻府区南关大街31号
378	14004 - xf055	盾皇食品冷冻食品库	忻州市忻府区小商品批发市场一区东排1号2楼
379	14004 - xf056	鑫隆达副食店冷藏库	忻州市忻府区云中南路鑫盛市场三区5号楼
380	14004 - xf057	忻州市忻府区彭氏肉业冷库	华瑞蔬菜瓜果批发市场
381	14004 - xf058	龙投冷库	忻州市忻府区七一北路61号
382	14004 - xf059	忻州市忻府区双美水产副食调味品经销部冷库	山西省忻州市忻府区团结路华瑞农副产品转运中心
383	14004 - xf060	忻州市忻府区万年香熟肉路店冷库	山西省忻州市忻府区前进东街批发市场52号
384	14004 - xf061	忻州市忻府区南斌食品经销部冷库	山西省忻州市忻府区前进东街小商品蔬菜批发市场一区53号
385	14004 - xf062	忻州市江盛商贸有限公司冷库	忻州市忻府区南关大街
386	14004 - xf063	忻州市忻府区老李肉店冷库	忻州市忻府区团结路南华瑞农副产品转运中心
387	14004 - xf064	忻州市忻府区美花肉店冷库	忻府区华瑞批发市场7排101号

续　表

序号	备案号	企业名称	冷藏冷冻仓库地址
388	14004 – xf065	忻州市忻府区博多食品经营部冷库	忻州市忻府区华瑞蔬菜批发市场
389	14004 – xf066	毛鳜鱼水产冷库	忻州市忻府区前进东街蔬菜市场北门2 – 3 号
390	14004 – xf067	忻州市忻府区昕秀副食店冷库	忻府区健康路小商品院内
391	14004 – xf068	忻州市忻府区老聂诚信肉店冷库	忻州市忻府区和平东街华瑞市场 15 号
392	14004 – xf069	忻州市忻府区祥瑞加工店冷库	山西省忻州市忻府区播明镇吕令村
393	14004 – xf070	忻州市忻府区二留肉店冷库	忻州市忻府区二留肉店
394	14004 – xf071	山西美特好连锁超市股份有限公司忻州分公司冷库	忻州市忻府区公园东街与新建北路交叉口
395	14004 – xf072	忻州鼎尚家家利超市有限公司泛华奥莱店冷库	山西省忻州市忻府区七一北路泛华奥莱广场负一层
396	14004 – xf073	忻州市忻府区日月大厦有限责任公司冷库	忻府区日月广场北侧
397	14004 – xf074	忻州市开发区三晋庄园种植甜糯玉米农民专业合作社冷库	忻州市汾源街 21 号
398	14004 – xf075	忻州市忻府区伍红猪肉批发部冷库	忻州市忻府区团结南路
399	14004 – xf076	山西省忻州鼎尚家家利超市阳光店冷库	山西省忻州鼎尚家家利超市阳光店蔬果区
400	14004 – xf077	山西省忻州市鼎尚家家利超市有限公司阳光店冷库	忻州市忻府区七一路阳光城市广场
401	14004 – xf078	忻州市忻府区宣科熟肉店冷库	忻府区前进东街蔬菜批发市场
402	14004 – xf079	忻州市忻府区丰汇源餐厅冷库	忻州市忻府区七一北路蓝海大厦三层
403	14004 – xf080	忻州市忻府区曹二蒙泰羊肉副食冷库	忻州市忻府区前进东街
404	14004 – xf081	忻州市忻府区牛牛家宴馆冷库	忻府区合索乡南营村
405	14004 – xf082	忻州市忻府区金鼎宴自助烤肉店冷库	忻州市忻府区五台山南路 48 号金诺商城 2 楼
406	14004 – xf083	忻州市忻府区丽丽水产副食经销部冷库	山西省忻州市忻府区前进东街
407	14004 – xf084	忻州市忻府区虎子肉品经销部冷库	忻州市忻府区团结路南华瑞农副产品转运中心
408	14004 – xf085	忻州市忻府区宇子水产副食经销部冷库	忻州市忻府区团结路南华瑞农副产品转运中心

续　表

序号	备案号	企业名称	冷藏冷冻仓库地址
409	14004 – xf086	忻州市忻府区代林调味品经销部和平路店冷库	忻州市忻府区团结路南华瑞农副产品转运中心
410	14004 – xf087	忻州市忻府区贾二水产副食部冷库	忻州市忻府区团结路南华瑞农副产品转运中心
411	14004 – xf088	忻州市忻府区三金肉店冷库	忻州市忻府区团结路南华瑞农副产品转运中心
412	14004 – xf089	忻州市忻府区段平安水产调味经销部冷库	山西省忻州市忻府区团结路团结市场
413	14004 – xf090	忻州市忻府区二宝熟肉水产店冷库	忻州市忻府区团结南路华瑞农副产品转运中心
414	14004 – xf091	忻州市忻府区爱芳肉店冷库	忻州市忻府区团结路南华瑞农副产品转运中心
415	14004 – xf092	忻州市忻府区林燕熟肉店冷库	忻州市忻府区团结路南华瑞农副产品转运中心
416	14004 – xf093	新紫檀商务酒店冷库	山西省忻州市新建北路 334 号
417	14004 – xf094	忻州市忻府区家和水产店冷库	忻州市忻府区团结南路华瑞蔬菜批发市场
418	14004 – xf095	忻州市忻府区天尧和平路肉店冷库	山西省忻州市忻府区团结路南华瑞农副产品转运中心西区 10 排 122 号
419	14004 – xf096	忻州市忻府区云卿农林服务有限公司	忻州市忻府区和平东街华瑞菜市场 155 号
420	14004 – xf097	忻州市忻府区东子熟肉店	忻州市忻府区团结路南华瑞农副产品转运中心
421	14004 – xf098	忻州市忻府区王三熟肉店	忻州市忻府区和平东路华瑞市场 46 号
422	14004 – xf099	忻府区二补食品经销部	忻州市忻府区团结路南华瑞农副产品转运中心
423	14004 – xf100	忻州市忻府区存贵调味副食水产经营部	忻州市忻府区团结路南华瑞农副产品转运中心
424	14004 – xf101	忻州市忻府区彭斌肉店	忻州市忻府区团结路南华瑞农副产品转运中心
425	14004 – xf102	忻州市忻府区小王水产批发经营部	忻州市忻府区团结东街华瑞市场 125 号
426	14004 – xf103	忻州市忻府区青年水产经销部	忻州市忻府区华瑞农副产品转运中心

续　表

序号	备案号	企业名称	冷藏冷冻仓库地址
427	14004 – xf104	忻府区成记肉店	忻府区华瑞市场
428	14004 – yp001	申玉冷库	原平市昌泰批发市场
429	14004 – yp002	恒昌冷库	原平市昌泰批发市场
430	14004 – yp003	薇薇冷库	原平市昌泰批发市场
431	14004 – yp004	原平市大虎调味食品店冷库	原平市昌泰批发市场
432	14004 – yp005	丽丽冷库	原平市昌泰批发市场
433	14004 – yp006	晓冀冷库	原平市昌泰批发市场
434	14004 – yp007	宏大冷库	原平市昌泰批发市场
435	14004 – yp008	原平市原平宏星水产调味批发部冷库	原平市昌泰蔬菜市场
436	14004 – yp009	原平市长军生鲜水产经销部冷库	原平市昌泰批发市场
437	14004 – yp010	原平市钱宸烧烤大全冷库	原平市昌泰批发市场
438	14004 – yp011	原平市兄弟肉店冷库	原平市昌泰批发市场
439	14004 – yp012	原平市俏旦旦肉店冷库	原平市昌泰批发市场
440	14004 – yp013	原平市汇康肉店冷库	原平市昌泰批发市场
441	14004 – yp014	原平市盛美农贸城弓雄肉店冷库	原平市昌泰批发市场
442	14004 – yp015	原平市惠民批发部冷库	原平市昌泰批发市场
443	14004 – yp016	原平市梓芳生鲜粮油店冷库	原平市昌泰批发市场
444	14004 – yp017	原平市亢记熟食冷库	原平市昌泰批发市场
445	14004 – yp018	原平市草原羊肉店冷库	原平市昌泰批发市场
446	14004 – yp019	存明冷库	原平市盛美农贸市场
447	14004 – yp020	原平市聚信肉店	原平市昌泰批发市场
448	14004 – yp021	原平市三娃牛羊肉店冷库	原平市昌泰批发市场
449	14004 – yp022	原平市原平天成酒家冷库	原平市解放街
450	14004 – yp023	原平市原平百福商店	原平市吉祥花园
451	14004 – yp024	原平市原平吉祥信德铧美超市	原平市吉祥花园
452	14004 – yp025	同鑫酒店冻库	原平市吉祥花园小区
453	14004 – yp026	原平武彦存明肉店	原平市武彦村
454	14004 – yp027	原平市迎春海洋水产店冷库	原平市昌泰批发市场
455	14004 – yp028	原平市金良生肉水产批发部冷库	原平市昌泰批发市场
456	14004 – yp029	原平市张二桃熟肉副食店冷库	原平市昌泰批发市场
457	14004 – yp030	原平市杰鑫调味水产店冷库	原平市昌泰批发市场
458	14004 – yp031	原平市轩岗所蜂水产部冷库	原平市轩岗

续　表

序号	备案号	企业名称	冷藏冷冻仓库地址
459	14004 - yp032	原平市轩岗蒸蒸水产冷库	忻州原平市轩岗
460	14004 - yp033	原平市轩岗晋轩水产门市冷库	忻州原平市轩岗
461	14004 - yp034	原平市轩岗溢香园门市冷库	忻州原平市轩岗
462	14004 - yp035	原平市新美合商贸有限公司冷库	忻州市原平市轩岗镇
463	14004 - yp036	原平市轩岗飞碟水产门市冷库	原平市轩岗镇新市街桥头公交车站旁
464	14004 - yp037	原平市长梁沟汇百惠商店冷库	忻州原平市长梁沟
465	14004 - yp038	原平市西山宾馆冷库	原平市轩岗镇新市东街
466	14004 - yp039	原平市轩煤公司焦家寨矿冷库	原平市轩岗焦家寨矿职工食堂
467	14004 - yp040	大同煤矿集团轩岗煤电有限责任公司刘家梁煤矿冷库	忻州市原平市轩岗镇刘家梁
468	14004 - yp041	大同煤矿集团轩岗煤电有限责任公司六亩地食堂冷库	忻州市原平市轩岗镇六亩地村
469	14004 - yp042	山西漳电同华发电有限公司五号餐厅内部冷库	原平市轩岗镇马圈村
470	14004 - yp043	大同煤矿集团轩岗煤电有限责任公司招待所冷库	忻州原平市轩岗镇
471	14004 - yp044	原平市原平旦旦肉店冷库	山西省原平市原平德金城
472	14004 - yp045	原平市德金城军军鲜肉水产经销部冷库	山西省忻州市原平市德金城市场
473	14004 - yp046	原平市德金城眉眼生肉水产门市冷库	原平市德金城 D - 31 号 - 18 室
474	14004 - yp047	原平市原平海洋水产冷库	原平市德金城 D - 31 号 - 17 室
475	14004 - yp048	原平市德金城官文粮油经销部冷库	原平市德金城 D - 36 号 - 15、16 室
476	14004 - yp049	原平市德金城大虎调味品经销部冷库	原平市德金城 D - 31 号 - 10、11 室
477	14004 - yp050	原平市德金城里军顺发副食经销部冷库	原平市德金城 D - 31 号 - 20、21 室
478	14004 - yp051	原平市环茂农牧专业合作社冷库	忻州原平市京原北路原种场附近
479	14004 - yp052	原平市晋龙保鲜仓储有限公司冷库	忻州市原平市京原北路原种场
480	14004 - yp053	原平市德金城二小水产调味经销部冷库	原平市德金城 D - 32 号 - 56 室
481	14004 - yp054	原平市德金城富裕水产调味部冷库	原平市德金城 D - 30 号 - 03 室

续 表

序号	备案号	企业名称	冷藏冷冻仓库地址
482	14004 - yp055	原平市西镇岗岗水产调味门市冷库	忻州原平市京原北路德金城 32 号
483	14004 - yp056	原平市原平毛蛋肉食水产店冷库	原平市青年西街
484	14004 - yp057	原平市云江大润发商贸有限公司冷库	原平市体育南路
485	14004 - yp058	原平市原平长乐水产门市冷库	原平市青年西街
486	14004 - yp059	原平市乐家家水产店冷库	原平市前进西街化二大门北
487	14004 - yp060	原平市崞阳镇美特鲜生活购物中心冷库	原平市崞阳镇 108 国道路东
488	14004 - yp061	原平市崞阳林科水产调味品门市冷库	原平市崞阳镇西门外
489	14004 - yp062	原平市崞阳镇小河水产经销部冷库	原平市崞阳镇西街
490	14004 - yp063	忻州市原平宾馆	山西省忻州市原平市前进西街文化北路 1 号
491	14004 - yp064	原平市原平增文王府调味品经销部冷库	山西省忻州市原平市永康北路 17 号
492	14004 - yp065	原平市原平阳武鹏飞炖骨头店	原平市永康北路
493	14004 - yp066	原平家家利超市有限公司冷库	原平市京原南路 636 号
494	14004 - yp067	原平市亿客来牛排	原平市前进西街大修厂楼下亿客来牛排
495	14004 - yp068	原平市信德铧美超市前进店冷库	原平市前进西街 1461 号
496	14004 - yp069	原平市新北国芙蓉大酒店	原平市永康北路 729 号 2 楼大厨房西面
497	14004 - yp071	原平市原平龙川淼饭店	原平市永康北路龙川淼饭店
498	14004 - yp072	原平市原平新王府涮园	原平市永康北路王府涮园
499	14004 - yp073	原平市原平金汉森自选火锅店	原平市永康北路
500	14004 - yp074	原平市陈氏虾餐饮店	原平市永康北路
501	14004 - yp075	原平市原平国献王婆大虾火锅店	原平市永康北路实达中学对面槐乡王婆大虾
502	14004 - yp076	家家利超市冷库	原平市北城街道原平前进街与体育北路交叉口西北角
503	14004 - yp078	原平市原平焖锅部落餐饮店冷库	原平市前进西街时代广场 4 楼 A4004 号
504	14004 - yp079	原平市原平口口香虾吃虾涮饭店	原平市永康北路

续　表

序号	备案号	企业名称	冷藏冷冻仓库地址
505	14004－yp081	原平市原平好又多超市冷库	山西省忻州市原平市京原北路105号负一层
506	14004－yp082	原平市原平海源水产部	山西省忻州市原平市京原北路718号（库房）
507	14004－yp083	原平市原平尚膳坊饭店	原平市平安西大街
508	14004－yp084	原平市黄河京都大酒店	前进西街479号
509	14004－yp085	原平市原平万通麦克思餐厅	山西省原平市万通2楼麦克思餐厅
510	14004－yp086	原平市原平德克士餐厅	山西省忻州市原平市前进西街北
511	14004－yp088	原平市文殊庄川湘人家	原平市永康北路怡景小区东北1幢4单元101门面
512	14004－yp089	原平市原平潭鱼头涮锅城	山西省忻州市原平市京原北路888号
513	14004－yp090	原平市王府甲鱼城冷库	原平市京原南路
514	14004－yp091	原平市原平百合餐厅冷库	原平市京原南路
515	14004－yp092	原平市原平爱琴海婚宴厅冷库	原平市京原南路电杆厂院
516	14004－yp093	原平市原平九田家果木烤肉店冷库	原平市京原南路九田家果木烤肉
517	14004－yp096	原平市丽萍牛腩火锅店冷库	原平市京原南路
518	14004－yp097	山西省原平市辛玉田锅贴有限公司冷库	原平市京原南路汽车配件厂院内
519	14004－yp098	原平市原平缘味先石锅饭店	原平市前进西街中央时代广场3楼
520	14004－yp099	原平市原平渝菲家饭店冷库	原平市前进西街（中央时代广场）
521	14004－yp100	原平市千岛炉烤肉	山西省原平市中央时代广场
522	14004－yp101	原平市锅老官锡纸包鱼小吃店冷库	山西省原平市时代广场4楼
523	14004－yp103	原平国强饭店冷库	原平中央时代广场鸡公煲
524	14004－yp104	原平市时代广场四楼酷蛙星座冷库	原平市前进西街时代广场
525	14004－yp105	原平市原平分米鸡餐饮店冷库	山西省原平市前进西街时代广场3楼分米鸡
526	14004－yp106	原平市原平渔四郎餐饮部冷库	原平前进西街时代广场
527	14004－yp107	原平市原平五味缘火锅店冷库	原平市前进西街（时代广场）
528	14004－yp108	原平市原平鱼你在一起快餐店冷库	原平市前进西街时代广场
529	14004－yp109	原平市库桥炸鸡店	原平市前进西街中央时代广场4楼库桥炸鸡店里
530	14004－yp110	原平晋享王婆大虾冷库	原平市时代广场4楼晋享王婆大虾
531	14004－yp116	原平市原平凌香园冷饮冷库	原平市南滩北街

续 表

序号	备案号	企业名称	冷藏冷冻仓库地址
532	14004 - yp118	原平市新华街锦盛烟酒烟店冷库	原平市新华街
533	14004 - yp119	原平吉祥商贸经销部冷库	原平市新华街
534	14004 - yp070	太原肯德基有限公司	原平中央时代广场一层肯德基
535	14004 - yp077	草根子冷库	农校院内
536	14004 - yp080	农校冷库	农校院内
537	14004 - yp087	原平市久泰超市冷库	原平御景嘉苑北门

资料来源：山西省市场监督管理局。

表 8 - 28　宁夏回族自治区从事冷藏冷冻食品贮存服务的非食品生产经营者备案信息统计表

序号	企业名称	冷藏冷冻仓库地址	贮存能力	贮存主要食品品种	主要服务对象类型
1	宁夏润家物流配送有限公司	宁夏银川永宁县望远工业园区红旗路华润万家物流配中心	—	—	—
2	宁夏新华百货现代物流有限公司	宁夏银川望远工业园区内	—	—	—
3	宁夏四季鲜农产品综合批发市场 42# 冷库	宁夏四季鲜农产品综合批发市场 42# 大库	—	—	—
4	宁夏四季鲜农产品综合批发市场 37# 冷库	宁夏四季鲜农产品综合批发市场 37# 大库	—	—	—
5	宁夏四季鲜农产品综合批发市场46# - 2 冷库	宁夏四季鲜农产品综合批发市场46# - 2 楼	—	—	—
6	宁夏四季鲜农产品综合批发市场 41# 北侧冷库	宁夏四季鲜农产品综合批发市场 41# 大库	—	—	—
7	宁夏四季鲜农产品综合批发市场综合大厅冷库	宁夏四季鲜农产品综合批发市场 27#、28#、29#楼	—	—	—

续　表

序号	企业名称	冷藏冷冻仓库地址	贮存能力	贮存主要食品品种	主要服务对象类型
8	宁夏东晟食品有限公司	银川德胜工业园区兴旺路东侧	—	—	—
9	宁夏长湖实业有限公司	银川德胜工业园区永胜西路3号	—	—	—
10	宁夏海吉星国际农产品物流有限公司	银川市贺兰县经济桥物流园	—	—	—
11	宁夏长湖实业有限公司平罗分公司	平罗县城关镇利民西路（宁夏平罗工业园区轻工业园）	20000吨	—	—
12	宁夏石嘴山市汇源食品有限公司	宁夏石嘴山市大武口区维电路10号	7700立方米	牛肉、羊肉、鸡肉、水产品的储存	预包装食品（含冷藏冷冻食品）销售
13	宁夏中卫四季鲜农产品综合批发市场有限公司	中卫市沙坡头区宁钢大道西侧	3921平方米、344吨	生鲜冻肉	—
14	中卫市三益蔬菜商贸有限责任公司	中卫市沙坡头区文昌南街卫中北巷	660平方米、450吨	鸡鸭肉、蔬菜、火锅丸子	—
15	中卫市盛鑫冷冻食品经销商	中卫市沙坡头区三益蔬菜院内	180平方米、20吨	鸡鸭肉、火锅丸子	—
16	宁夏南山阳光果业有限公司	中卫市永康镇丰台村	8000~10000吨	水果（苹果、梨）	—
17	中卫市卫宁果品产销专业合作社	中卫市沙坡头区永康镇彩达村二队	500平方米、1000吨	水果（苹果）	—

资料来源：宁夏回族自治区市场监督管理厅。

表8－29　湖南省从事冷藏冷冻食品贮存服务的非食品生产经营者备案信息统计表

序号	备案号	企业名称
1	LDB43110220200003	永州市沐林冷链配送有限公司
2	LDB43110220200015	零陵区花哥冷冻批发
3	LDB43110220200005	零陵区罗永衡冷库
4	LDB43110220200021	零陵区徐家井家合冷冻食品商行
5	LDB43110220200011	零陵区徐家井冷库

续　表

序号	备案号	企业名称
6	LDB43110220200008	零陵区建民冷库
7	LDB43110220200024	零陵区万客隆超市
8	LDB43110220200018	永州潇湘源高级中学有限公司
9	LDB43110220200016	永州市零陵名泉实业有限公司
10	LDB43110220200004	永州市零陵区靖宇冷冻批发店
11	LDB43110220200012	永州市零陵区罗氏冷冻食品批发部
12	LDB43110220200001	永州市零陵区福睿仕食品有限公司
13	LDB43110220200002	永州市零陵区正一肉食加工厂
14	LDB43110220200009	永州市零陵区杨记干货调料店
15	LDB43110220200022	永州市零陵区昊辉生鲜批发部
16	LDB43110220200010	永州市零陵区时俐和海鲜冻品店
17	LDB43110220200007	永州市零陵区建都超市有限公司
18	LDB43110220200013	永州市零陵区唐氏冷冻食品店
19	LDB43110220200014	永州市零陵区卜蜂超市有限公司
20	LDB43110220200023	永州市零陵区云勇肉制品经销处
21	LDB43110220200026	永州市锐恒商贸有限公司
22	LDB43110220200019	永州市鑫龙酒店管理有限责任公司
23	LDB43110220200020	永州家家谊超市有限责任公司
24	LDB43110220200006	步步高商业连锁股份有限公司红星国际店
25	LDB43110220200025	步步高商业连锁股份有限公司徐家井店

资料来源：湖南省市场监督管理局。

表 8－30　江西省从事冷藏冷冻食品贮存服务的非食品生产经营者备案信息统计表

序号	企业名称	冷藏冷冻仓库地址	贮存能力
1	江西煌上煌实业有限公司	江西省南昌市南昌县小蓝经济技术开发区小蓝大道以北、金沙四路以东	—
2	南昌众勤实业有限公司	江西省南昌市南昌县小蓝经济开发区金沙三路 1799 号	—
3	南昌大众制冰有限公司	江西省南昌市南昌县小蓝工业园汇仁大道 1366 号	—
4	江西金雨圣冷链物流有限公司	江西省鹰潭市月湖区童家创业基地	10000 吨
5	鹰潭市丰华源冷冻食品有限责任公司	江西省鹰潭市月湖区现代物流园五纬路以北、十二经路以西	5000 吨

续　表

序号	企业名称	冷藏冷冻仓库地址	贮存能力
6	鹰潭市双林水产冷链配送有限公司	鹰潭市现代物流园16号块地	100000吨
7	鹰潭市安海冷链配送有限公司	江西省鹰潭市月湖区上桂物流园鹰潭丰圣实业有限公司4号厂房	1000吨
8	贵溪市佳农冷库	贵溪市天禄镇龙虎山大道旁	1000吨

资料来源：江西省市场监督管理局。

表8－31　　甘肃省从事冷藏冷冻食品贮存服务的非食品生产经营者备案信息统计表

序号	企业名称	冷藏冷冻仓库地址	贮存能力
1	兰州易森冷鲜食品有限公司	兰州市城关区嘉峪关东路47号院内	18000吨
2	兰州联友食品冷藏有限公司	兰州市城关区焦家湾路38号	13000吨
3	兰州新世界汇美百货有限公司	甘肃省兰州市城关区张掖路89号	5吨
4	甘肃省洋卿堂足浴服务有限责任公司	甘肃省兰州市城关区静宁北路327号嘉业大厦2楼	0.3吨
5	城关区正宁路魏大龙蔬菜批发部	甘肃省兰州市城关区正宁路市场227号	0.5吨
6	城关区正宁路如喜大眼睛农产品配送中心	甘肃省兰州市城关区正宁路市场227号	0.5吨
7	城关区豫皖水产部	甘肃省兰州市城关区正宁路市场227号	0.8吨
8	城关区正宁路新卜家水产店	甘肃省兰州市城关区正宁路市场227号	0.8吨
9	兰州国际高原夏菜副食品采购中心有限公司	甘肃省兰州市榆中县城关镇兴隆路275号	18000吨
10	甘肃民丰物流有限公司	甘肃省兰州市榆中县定远镇定远村	100000吨
11	兰州安商食品有限公司	兰州市七里河区武威路57号	20吨
12	兰州绿祥食品有限公司	七里河区建西东路179号	8吨
13	兰州鹏程食品有限公司	七里河区建西东路179号	20吨
14	西固区昱彤肉品配送中心	西固区康乐路74号宏达铝塑业院内厂房	15吨
15	甘肃陆港冷链进出口贸易有限公司	甘肃省兰州市西固区新城镇96－53号	3000吨
16	兰州陆港国际商贸有限公司	甘肃省兰州市西固区新城镇96－21号	10200吨
17	兰州富裕商贸有限公司	兰州市红古区海石湾镇南区市场	115吨
18	宁夏金河科技股份有限公司兰州分公司	兰州市七里河区西津西路49号银信大厦1106室	20吨
19	兰州丰隆蔬菜种植专业合作社	甘肃省兰州市皋兰县九合镇钱家窑村西沟	1000吨

续　表

序号	企业名称	冷藏冷冻仓库地址	贮存能力
20	白银大森林旅游汽车运输有限责任公司	白银区公园路452号	40吨
21	白银区冰雪制冷设备经营部	白银区原冷库大院场地房号F-1	100吨
22	金昌市食品有限责任公司肉联厂冷库	金昌市金川区长春路81号	5000吨
23	古浪县故乡情农牧专业合作社	古浪县为民新村	—
24	古浪县祁连山珍农牧专业合作社	古浪县裴家营镇北滩村七组	—
25	甘肃华盛黄羊川农牧开发有限责任公司	古浪县黄羊川镇周家庄村	—
26	古浪县华舜农牧合作社	古浪县黄羊川新街	—
27	甘肃正文菌业生物科技有限公司	甘肃省武威市古浪县干城乡为民新村205号	—
28	武威长盛元冷藏有限公司	凉州区滨河路4-5号	—
29	武威市凉州区华盛冷藏库	凉州区南关中路	—
30	武威市大开食品冷藏有限公司	凉州区北关西路22号	—

资料来源：甘肃省市场监督管理局。

表8-32　吉林省从事冷藏冷冻食品贮存服务的非食品生产经营者备案信息统计表

序号	备案号	企业名称	冷藏冷冻仓库地址	贮存能力
1	2020-001	长春华商冷藏物流有限公司	宽城区经济开发区兴旺路3488号	93052.84立方米
2	2020-002	长春海鑫水产冷冻食品有限公司	宽城区凯旋路429号	15000立方米
3	2020-003	长春市宽城区鑫达冷冻有限公司	宽城区兴业街44号	1080立方米
4	2020-004	长春市宽城区大创农民专业合作社	吉林省长春市宽城区兰家镇小城子村	1500立方米
5	2020-005	长春中泰实业有限公司	长春市宽城区凯旋路4888号泰新光复路市场1期G1号楼	12000立方米

续　表

序号	备案号	企业名称	冷藏冷冻仓库地址	贮存能力
6	2020－006	宽城区东骏冻品批发中心	吉林省长春市宽城区铁北一路43号仓储大楼1－5楼	12000立方米
7	2020－007	宽城区鑫鑫冷藏中心	宽城区铁北四路89号	700立方米
8	2020－008	长春市宽城区鑫晟仓储服务中心	宽城长江路开发区小城子工业孵化基地11栋	3200立方米
9	2020－009	长春众彩科技有限公司	吉林省长春市宽城区团山街道办事处小南村长春市忠信预制件有限责任公司302号	900立方米
10	2020－010	长春市宽城区德龙冷链仓储服务中心	宽城区团山街道办事处小南村三社	800立方米
11	2020－011	宽城区东强冷库租赁站	宽城区首山路1号	4000立方米
12	2020－012	宽城区海威冷冻品部	吉林省长春市宽城区东天光路7号（利国街10号）	1300立方米
13	2020－013	长春市冀涛冷库有限公司	长春市宽城区利国街钻石礼都B区12栋2单元101室	12000立方米
14	2020－014	长春市旺兴冷库有限公司	长春市宽城区利国街钻石礼都B区12栋2单元102室	1050立方米
15	2020－015	吉林华正牧业开发股份有限公司	吉林省长春市宽城区合隆经济开发区长农大街2688号	33600立方米
16	2020－016	长春市宽城区润通仓储中心	长春市宽城区长白路2号	100立方米
17	2020－017	王春双（个体）	宽城区东七条街12号	1618立方米
18	2020－018	长春源惠食品有限公司	宽城区兰家镇华大天石工业园B23号	300立方米
19	2020－019	长春市盛雪冷冻仓储中心	宽城区新月路16号	220立方米
20	—	图们市图们粮库	图们市光明街66号	—
21	—	图们市中心市场	图们市友谊街52号	—
22	—	辉南县抚民镇鑫发冷库	通化市辉南县抚民镇下集场子村	830立方米
23	—	四平市万海牧业有限公司	四平市铁西区平西乡巨丰村九社	—

续 表

序号	备案号	企业名称	冷藏冷冻仓库地址	贮存能力
24	—	四平市铁西区鑫鑫仓储服务部	四平市铁西区平西乡条子河村5社2层101室	—
25	—	四平市铁西区鑫旺冷库租赁服务部	四平市铁西区站前街1558号内库房	—
26	—	四平市铁西区柒号蔬菜农民专业合作社	四平市铁西区平西乡勤业村六社	—
27	—	四平红嘴经济技术开发区红梅食品有限公司	四平红嘴经济技术开发区平西乡太平沟村五组	—
28	—	四平市铁东区恒达冷库	四平市铁东区幸福路36号	—
29	—	四平万邦农副产品批发市场有限公司	四平市铁东区北一经街3317号	—
30	—	四平市融泰冷藏物流有限公司	四平市铁东区平东中路（原肉联厂东侧）	—
31	—	四平市金元蔬菜水果批发市场有限公司	四平市铁东区南一经街2358号	—
32	—	四平经济开发区长发冷库	四平经济开发区长发村委会南行200米	—
33	—	四平市旺都农副产品加工有限公司	四平市铁东区黄土坑街南七纬路	—

资料来源：吉林省市场监督管理局。

表8－33　贵州省从事冷藏冷冻食品贮存服务的非食品生产经营者备案信息统计表

序号	企业名称	冷藏冷冻仓库地址	贮存能力	贮存主要食品品种
1	贵州云开投资有限公司	贵州省贵阳市南明区云关乡云关坡1号	40000吨	—
2	贵州峰云杰实业有限公司	贵州省贵阳市白云区云环东路315号1层1号	2400吨	牛肉、鸡肉、鸡辅食
3	贵州黔运通达物流有限公司	贵阳市白云区牛场乡阿所村菌食园区	12000吨	预包装食品、果蔬

续　表

序号	企业名称	冷藏冷冻仓库地址	贮存能力	贮存主要食品品种
4	贵州煌田牧业有限公司	贵阳市白云区白云北路108号海科集团内	50吨	冻鹿肉
5	云尚共享冷库	贵阳市白云区白云南路185号2号楼	600吨	—
6	贵州电子商务云运营有限责任公司	贵阳市白云区产业大道65号银都工业开发中心园区内仓储2楼	900吨	—
7	贵阳白云鑫鑫农副产品冷链有限公司	贵州省贵阳市白云区麦架镇果园村	55吨	冰棒、猪肉、牛肉

资料来源：贵州省市场监督管理局。

参考文献

［1］刘广海，吴俊章，游力，等．冷链物流系统碳足迹模型构建与实证分析［J］. 制冷学报，2018，39（4）：19－25.

［2］马骏．以碳中和为目标完善绿色金融体系［EB/OL］．（2021－01－18）［2021－05－09］．https：//www. financialnews. com. cn/ll/xs/202101/t20210118_209930. html.

［3］邱嘉昌，刘龙昌．冷藏库的节能［J］. 冷藏技术，2007（4）：10－14.

［4］吴俊章．冷藏车典型制冷系统碳足迹模型构建及分析［D］. 广州：广州大学，2020.

［5］杨鑫，张文杰，曾韬，等．交通运输行业绿色交通：新能源风劲潮涌 碳中和任重道远［EB/OL］．（2021－03－22）［2021－05－09］．http：//stockfinance. sina. cn/stock/go. php/paper/reportid/669764961694/index. phtml？cid＝76524&vt＝4.

广东省供销社企业

成立于 2011 年 5 月，由广东省、市、县（区）三级供销社共同出资，其中广东省供销社持股 92. 05%; 现有下属子公司 53 家、分公司 6 家。

聚焦农产品冷链物流主业

提供多温区冷冻冷藏、冷链运输、分拣配送等综合服务，承担储备肉等重要农产品应急保供任务；是广东省网络布局广、实际投入使用大的冷链企业。

合作伙伴

与京东生鲜、盒马生鲜、温氏、蜀海供应链、海霸王等建立合作伙伴关系；与广东省农业发展银行、中国工商银行、中国建设银行、中国交通银行等建立战略合作关系。

冷库运营管理

- 招商推广
- 运营管理
- 云仓联动

项目投资建设

- 冷链骨干网
- 现代农业产业园
- 助农服务平台

4大核心业务板块

冷链物流运输

- 冷链干线运输
- 冷链城市配送
- 冷链车辆租赁

冷链科技服务

- 冷链项目策划咨询
- 冷链智慧管理平台
- 冷链设施研发推广

高标准品质管理

光明领鲜借鉴、融合国内外先进标准，不断健全光明“五星”冷链管理系统。提出了多项行业独创、可量化、科学的冷链评估系统。

科学的绩效目标
- 1 项核心目标
- 3 项关键指标
- 8 项聚焦数据

量化的评价数据
- 冷库温度合格率
- 配送温度合格率
- 终端温度合格率

无盲点的监控系统
- GPS 监控系统
- 冷库视频监控
- 超温抓拍系统

信息化的数据平台
- WMS 仓储管理系统
- DPS 拣货系统
- TMS 运输管理系统

高标准的硬件设施
- 1000 辆 F 级冷藏车
- 26 座现代化物流中心
- 2~6℃的全程冷链保障

第六届中国国际食品安全与创新技术展览会

“光明五星冷链质量管理系统”获得
2018—2019 年度食品安全示范项目奖

- ✓《食品冷链物流追溯管理要求》国家标准试点企业
- ✓《餐饮冷链物流服务规范》行业标准达标企业
- ✓ ISO 9001 质量管理体系认证
- ✓ BRC-S&D 食品安全全球标准认证
- ✓ IFS 国际食品标准认证

智慧物流一码追溯

- 工厂出库
- 中转仓入库
- 中转仓出库
- 分仓入库
- 配送终端

低温产品

常温产品

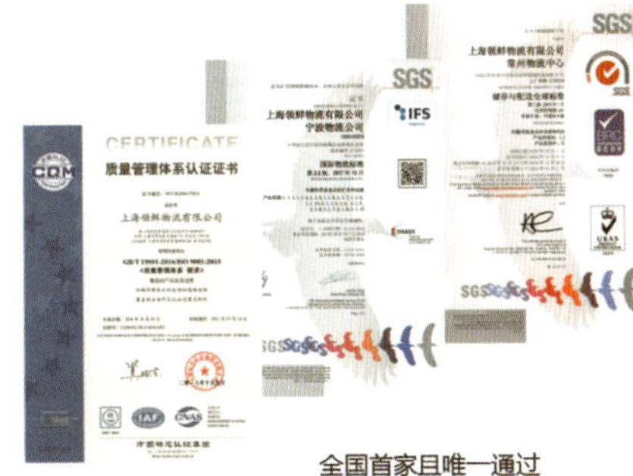

全国首家且唯一通过
BRC-S&D AA+
认证的冷链物流企业

完善的物流网络

全国范围布局物流中心，形成华东、华北、华南、华中、西南五大物流圈，并通过 300 条以上干线，实现以华东为纽带的各物流圈联动。

65 座综合物流中心

1008 辆冷藏配送车辆

17.3 万平方米库区面积

1500 条城市配送线路

50000 家终端站点

- 物流网可延伸至各县级城市及乡镇
- 每日始发干线线路 100 余条
- 客户下单 24 小时送达
- 城配规模全国第一

期待与您合作！
让更多人感受美味和健康的快乐！

最新动态
请关注微信公众号

11AN·食品安全数智化服务商

深圳市食易安科技有限公司（简称“食易安”）是深圳市易流科技股份有限公司（简称“易流”）的全资子公司。

食易安定位“食品安全数智化服务商”，由“易流冷链”业务板块全新升级而来，是在全球新冠肺炎疫情蔓延的特殊时期为食品安全而生，以“构筑人类食品安全防火墙”为企业愿景，致力让每一个人吃得安全、健康、愉悦。

食品冷链的透明监管，是食品安全领域的一个非常重要的板块。食易安基于易流冷链业务的15年沉淀，拥有6000多家企业客户，拥有覆盖全场景的全套冷链IoT产品和冷链物流平台产品，具备专业的全链条数字化能力，在行业冷链监控平台、冷链监控技术、监控规范等方面有丰富的经验。

过往的15年，“易流冷链”从冷链流通的视角来看食品安全。而食易安将从食品安全本身来看食品相关的产业链和场景，提供从工厂到卖场、从农田到餐桌、全场景覆盖、全链条追溯的“食品安全数智化”服务。

食品安全数智塔

食品安全数智塔通过掌握全场景的IoT数据，掌握食品供应链物流过程的数据，进而打造覆盖从产地到餐桌的食品安全数智应用，为企业、政府和公众提供食品安全服务。

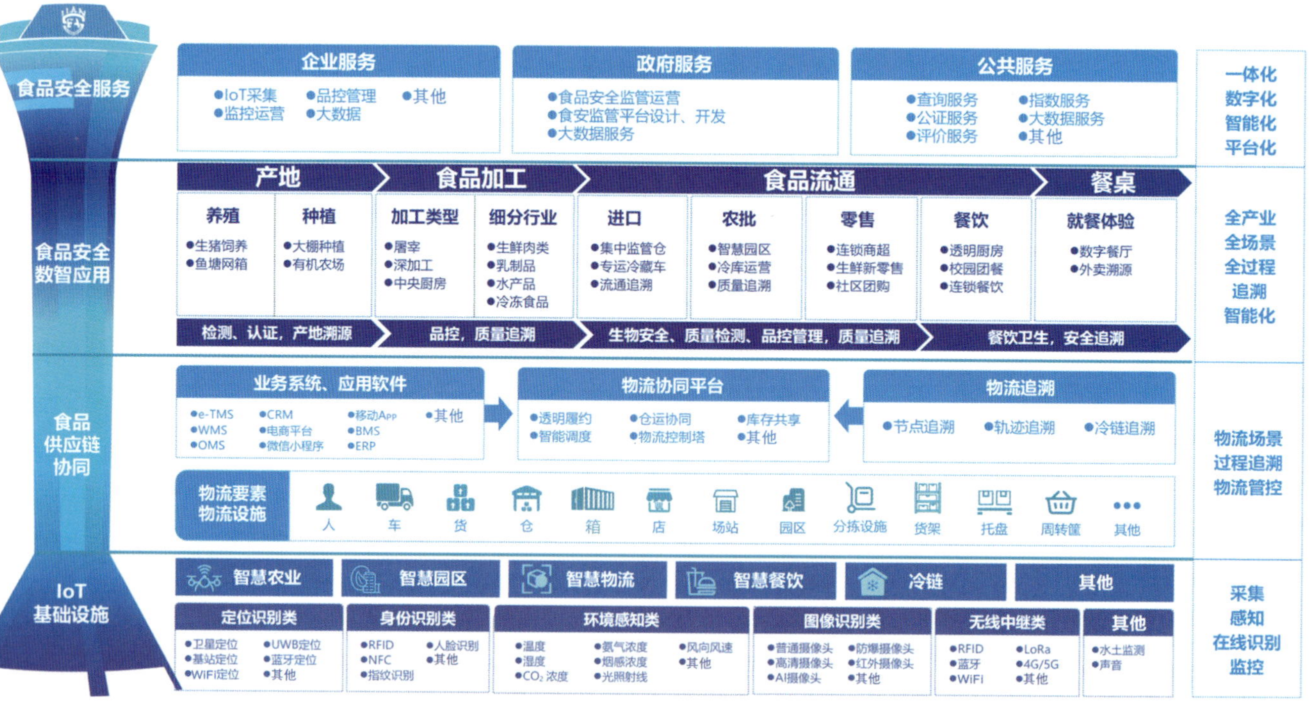

食易安以“食品安全数智塔”为蓝图，打造“食品安全数智化”

您的“冷链食安”，食易安全程护航

冷链智控产品线

智慧农业产品线

智慧餐饮产品线

物流协同产品线

食安监管产品线

品控溯源产品线

数智园区产品线

提供覆盖人、车、货、仓、店、箱等的环境温湿度动态监测的IoT设备和冷链品控管理工具

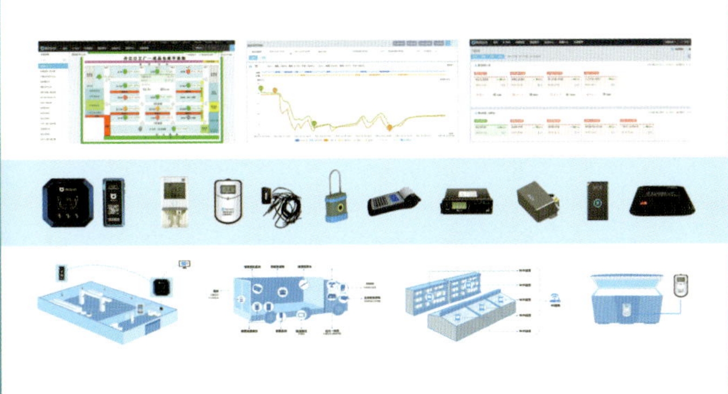

提供以“物流控制塔”为核心的订单履约协同，提供TMS、WMS、OMS等管理系统的功能和数据融合服务，提供智能调度、仓配协同管理服务等

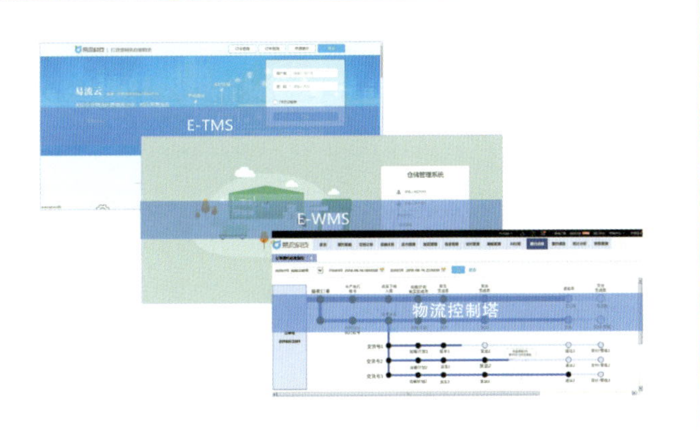

提供商品流通节点、商品物流轨迹、商品全链温控的全过程动态追溯

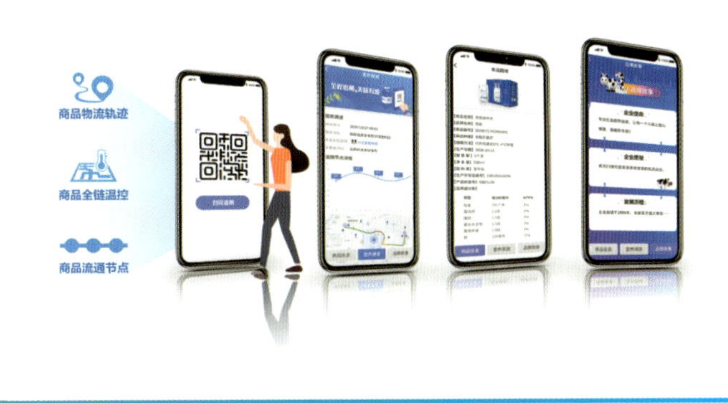

开利运输冷冻（中国）专业生产和销售冷藏运输制冷机组。我们的产品包括适用于小型货车的 CITIMAX,XARIOS,NEOS 和 PULSOR 系列，适用于大中型冷藏车的 SUPRA 和 OASIS 系列，以及适用于半挂冷藏车的 X4 和 VECTOR 系列。

非独立机组

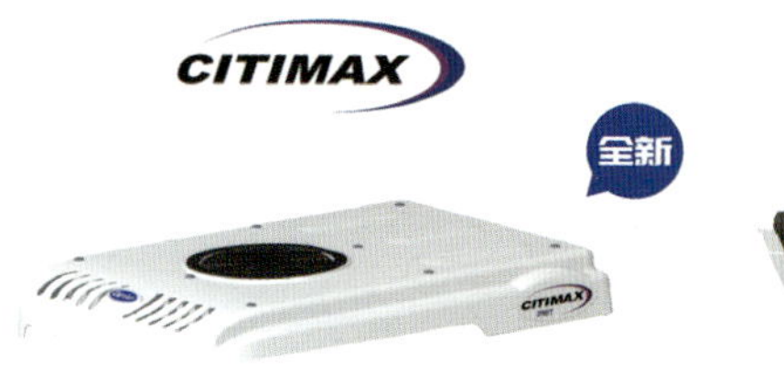

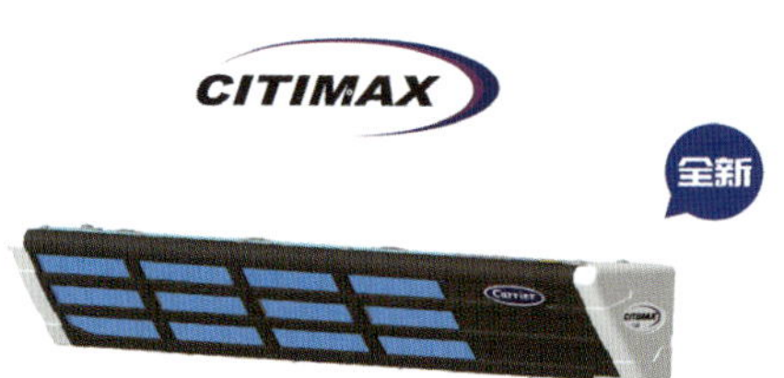

独立机组

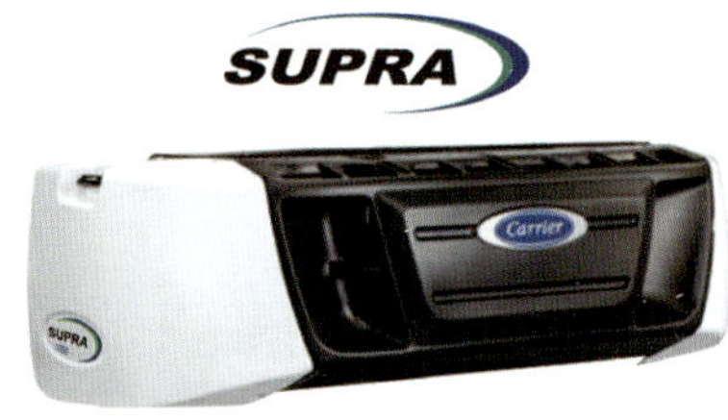

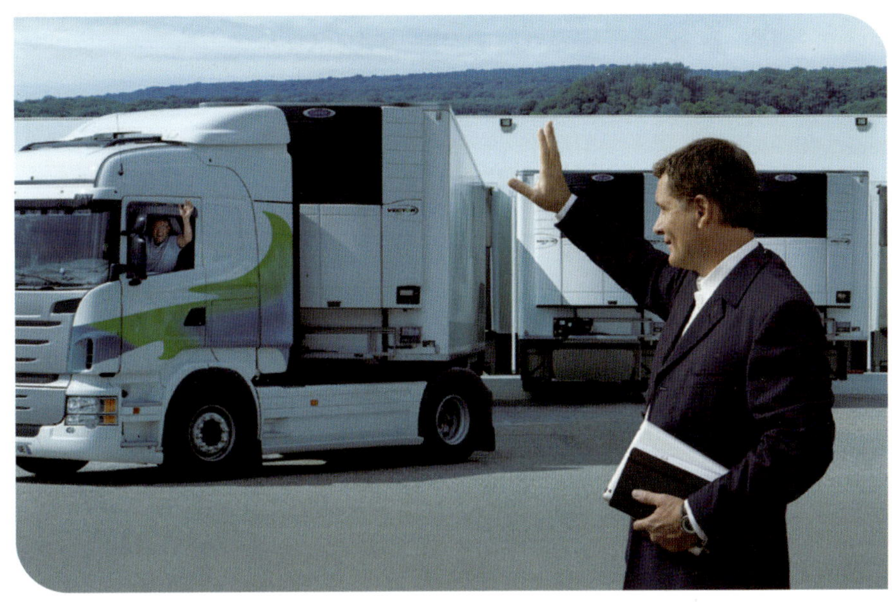

开利运输冷冻（中国）将生产、销售及服务中心设于上海，并在北京、广州和成都设有办事处，同时公司拥有覆盖全国的经销与维修服务网络。

开利运输冷冻（中国）在上海设立首家开利直营 4S 售后服务中心，集运输制冷机组维修保养、零配件供应等功能为一体，彰显开利运输冷冻（中国）作为运输冷链专业企业在质量管理和系统化服务上的实力。

半挂车机组

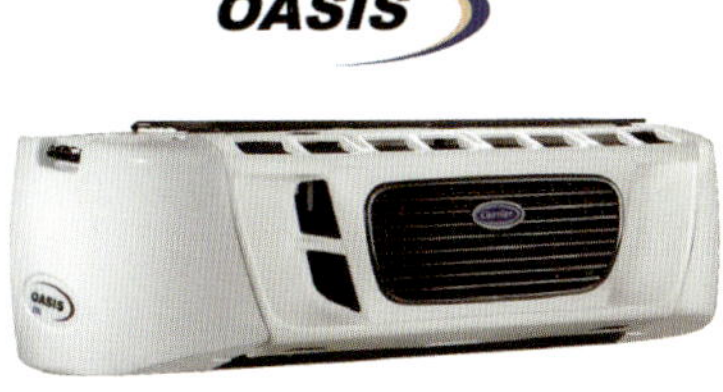

400-820-4909

3M 科技改善生活™

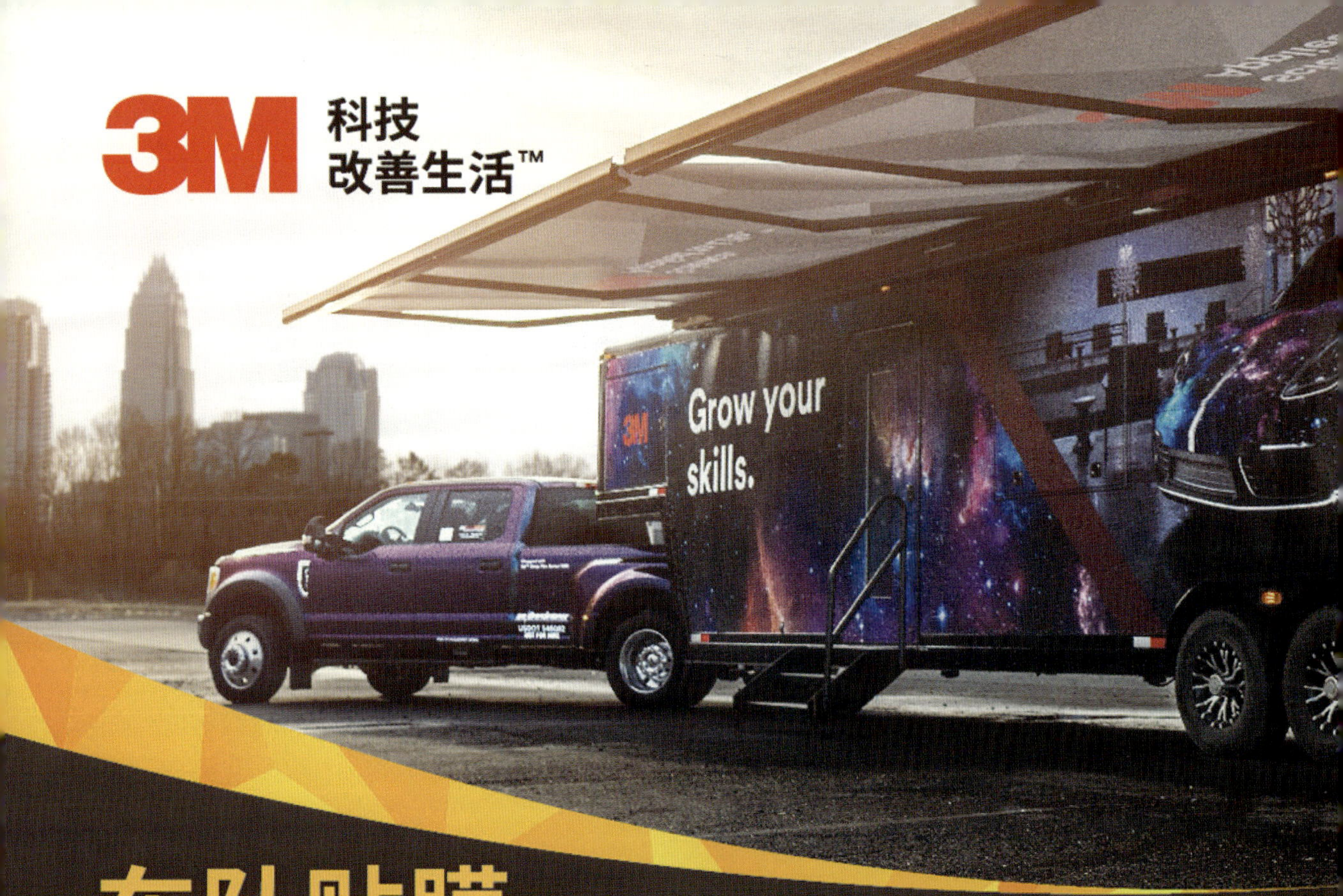

车队贴膜
赢得更多回头率

无论是何种企业车队，3M车身贴膜都能将其变成炫丽多彩的移动广告，大幅提升企业品牌形象，轻松为企业赢得更多关注。

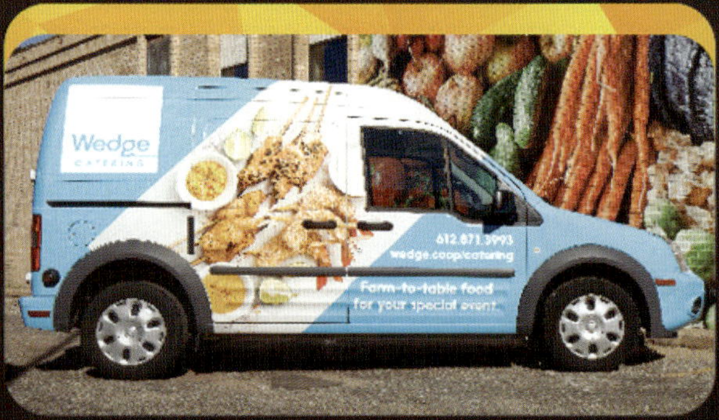

汽车和货车

每一次旅程对客户而言都是一次机会，他们不仅可以在爱车上表达自己的个性，还可以在商务车上使用商业贴膜，宣传和推广自己的品牌。

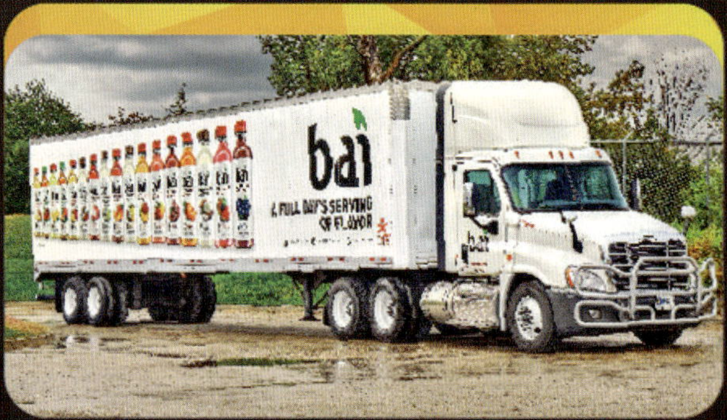

卡车及拖车

无论是自用还是为客户提供运输服务，3M车身贴膜都能够帮助宣传和展示个人或公司品牌。

家家送冷链　冷的是温度　暖的是服务

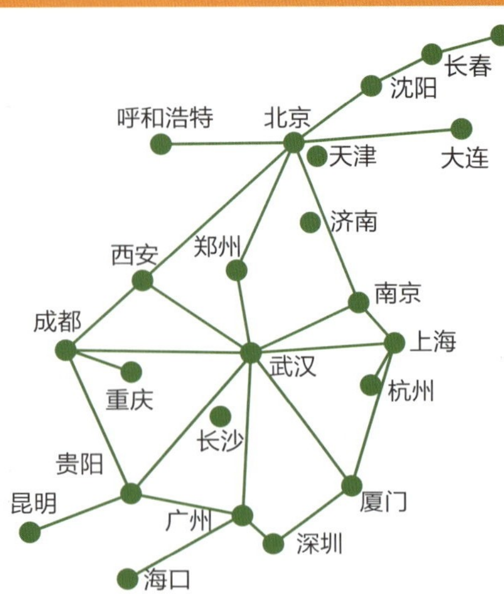

全国冷链卡班网络

卡班线路：**超30条**

仓库：北京、郑州、武汉、长沙、广州、合肥、南昌、福州、厦门、西安、成都、重庆、沈阳、长春、大连

配送城市：**超40个**

覆盖省份：**超30个**

冷藏车：**超3000辆**

北京仓库	成都仓库	武汉仓库	广州仓库	上海仓库	西安仓库
1000平方米冷藏	900平方米冷藏	1200平方米冷藏	3000平方米冷藏	3500平方米冷藏	3200平方米冷藏
1200平方米冷冻	1000平方米冷冻	900平方米冷冻	5000平方米冷冻	8000平方米冷冻	7000平方米冷冻

公司拥有0~8°C保鲜库2万平方米、–18°C冷藏库1万平方米